A VIDA SECRETA DA IDADE MÉDIA

Dados Internacionais de Catalogação na Publicação (CIP)
(Câmara Brasileira do Livro, SP, Brasil)

Percivaldi, Elena
    A vida secreta da Idade Média : fatos e curiosidades do milênio mais obscuro da história / Elena Percivaldi ; tradução de João Batista Kreuch e Leonardo A.R.T. dos Santos. – Petrópolis, RJ : Vozes, 2018.

    Título original: La vita segreta del medioevo : tutto quello che volevate sapere sul millennio più buio della storia
    Bibliografia
    ISBN 978-85-326-5690-2
    1. Idade Média – História I. Título.

18-12071   CDD-909.07

Índices para catálogo sistemático:
1. Idade Média : História   909.07

ELENA PERCIVALDI

A VIDA SECRETA DA IDADE MÉDIA

Fatos e curiosidades do milênio mais obscuro da História

Tradução de
João Batista Kreuch e
Leonardo A.R.T. dos Santos

EDITORA VOZES

Petrópolis

© 2013 Newton Compton editori s.r.l.

Título do original em italiano: *La vita segreta del medioevo – Tutto quello che volevate sapere sul millennio più buio della storia*

Direitos de publicação em língua portuguesa – Brasil.
2018, Editora Vozes Ltda.
Rua Frei Luís, 100
25689-900 Petrópolis, RJ
www.vozes.com.br
Brasil

Todos os direitos reservados. Nenhuma parte desta obra poderá ser reproduzida ou transmitida por qualquer forma e/ou quaisquer meios (eletrônico ou mecânico, incluindo fotocópia e gravação) ou arquivada em qualquer sistema ou banco de dados sem permissão escrita da editora.

CONSELHO EDITORIAL

Diretor
Gilberto Gonçalves Garcia

Editores
Aline dos Santos Carneiro
Edrian Josué Pasini
Marilac Loraine Oleniki
Welder Lancieri Marchini

Conselheiros
Francisco Morás
Ludovico Garmus
Teobaldo Heidemann
Volney J. Berkenbrock

Secretário executivo
João Batista Kreuch

Editoração: Leonardo A.R.T. dos Santos
Diagramação: Sheilandre Desenv. Gráfico
Revisão gráfica: Nilton Braz da Rocha / Nivaldo S. Menezes
Capa: WM design

ISBN 978-85-326-5690-2 (Brasil)
ISBN 978-88-541-6726-1 (Itália)

Editado conforme o novo acordo ortográfico.

Este livro foi composto e impresso pela Editora Vozes Ltda.

A meus filhos Riccardo e Jacopo.

A história é um grande presente, e nunca apenas um passado.
Émile-Auguste Chartier, dito Alain
(1868-1951)

Sumário

Introdução, 9

1 A mulher, a criança, o ancião, 13

2 No quarto de dormir (e não apenas), 46

3 O hábito faz o monge, 66

4 Viajando, 85

5 Na cozinha e à mesa, 106

6 Artistas e intelectuais – escrita e invenções, 131

7 Medos, terrores, tabus, 158

8 A medicina medieval, 181

9 A morte na Idade Média, 210

10 Festas e folclore no quotidiano da Idade Média, 235

11 Na Igreja, 258

12 Contra a Igreja: a heresia, 282

13 O ofício das armas, 315

14 Feudatários e servos da gleba, 344

15 Os excluídos, 370

Bibliografia essencial, 381

Agradecimentos, 395

Índice de nomes e lugares, 397

Índice geral, 439

Introdução

Poucos períodos da história foram tão vitimados por lugares-comuns quanto a Idade Média. Para referir-se a ela há expressões de todo tipo: Idade das Trevas, séculos negros, milênio da superstição e do obscurantismo, e assim por diante. Mas foi realmente assim ou se trata de um colossal preconceito?

Tudo começou entre o final dos anos 300 e o início dos anos 400 com o Humanismo, uma nova corrente filosófica e literária que, como a própria palavra diz, pretendeu pela primeira vez, após a Idade Clássica, colocar o ser humano novamente no centro do cosmos restituindo-lhe a dignidade que parecia ter perdido. Obviamente, foram parar no banco dos réus os séculos de predomínio do catolicismo que tinha teorizado uma sociedade fechada, rígida, dividida em três "classes" (os famosos *oratores*, *bellatores*, *laboratores*) e formada dentro de um sistema filosófico e religioso em que tudo, mesmo o incomensurável, era definido e explicável recorrendo sempre à supremacia da fé sobre as dúvidas da razão.

Mais tarde, no século XVIII com o Iluminismo, explodiu o ódio pela Idade Média como época bárbara. Os *philosophes*, devolvendo a dignidade à razão desvinculada da fé, tacharam como retrógrados e antiprogressistas os séculos precedentes a ponto de inventar até mesmo termos depreciativos que, em seguida, entraram no uso comum. Um exemplo geral: a palavra "gótico" indica a arte produzida nos séculos centrais da Idade Média, que foi acusada pelos pais do neoclassicismo e da arte útil à razão como sendo feia e disforme, barbárica e irracional. Não por acaso, o termo deriva do povo germânico dos godos, responsável pelo saque a Roma e que causou a ruína do Império Romano.

Hoje, embora ainda se aceite a definição da Idade Média como "Idade do Meio" e, portanto, de transição entre o mundo antigo e o moderno, não se tem mais disposição para aceitar o corolário depreciativo que pretende apresentá-la como um período de regressão da civilidade, da arte e do pensamento da história europeia.

A maior parte dos estudiosos, ao contrário, considera hoje a Idade Média como a base do nascimento da Europa moderna, uma Europa de povos autônomos e politicamente definidos, mas, ao mesmo tempo, bastante conscientes de pertencerem a uma entidade político-cultural, religiosa e social mais ampla, que tinha como denominador comum o mesmo sistema de valores e os mesmos fundamentos religiosos. Basta dizer que o próprio termo *europeenses* ("europeus") nasceu no século VIII em plena Alta Idade Média, para definir as tropas francas que, sob a liderança de Carlos Martel, derrotaram os árabes na célebre batalha de Poitiers (732), um claro sinal de uma identidade que estava nascendo e se configurando em contraposição à outra considerada estranha e portadora de um mundo e de valores opostos.

Este livro pretende deixar em segundo plano os grandes feitos militares e os desencontros epocais entre império e papado, as guerras e os grandes movimentos populares, os nomes e as datas que fizeram a história e que se encontram nos manuais clássicos. Fiel a uma linha mais "divulgativa", tem a ambição de "trazer" os homens e as mulheres da Idade Média para o alcance de todos nós, cidadãos do segundo milênio, apresentando aspectos menos conhecidos, mas, certamente, mais interessantes de sua vida. O que comiam? Como se vestiam? Como se divertiam? Em que acreditavam? Como faziam amor? Que relação tinham com a morte? Quais os seus temores e os seus terrores, para além do fatídico e desgastado conceito de milenarismo? É mesmo verdade que sua religiosidade era onipresente e carola e recobria praticamente todos os instantes da vida diária?

É um período longo – mil anos desde a queda do Império Romano no Ocidente (476) até a descoberta da América (1492). Mas, exatamente por isso, esse período foi tudo, menos monolítico. Talvez, ao contrário, nenhum período histórico tenha sido tão diversificado, contraditório, rico e fascinante do que esse – mesmo com seus momentos obscuros e obscurantistas. A Idade Média é um forno de elementos fascinantes de todo tipo, capazes de atingir o imaginário e, quem sabe, permanecer na memória coletiva. Como a célebre descrição, obra do cronista Rodolfo o Glabro (autor, ademais, da famosa expressão "parecia que o mundo se sacudia, deixando de lado toda a sua velhice e revestindo-se de um branco manto de igrejas"), dos horrores desencadeados pela carestia do ano 1003: Quando não havia mais animais para comer, os homens, impelidos pelos ataques terríveis da fome, se arranjaram com carcaças e raízes, chegando inclusive ao canibalismo ("Os andarilhos acabavam sendo agredidos por pessoas mais fortes do que eles e seu corpo, feito em pedaços, era cozido e devorado"), ao infanticídio e à necrofagia, retirando mortos de seus sepulcros e alimentando-se de sua carne. Ou ainda, o famoso episódio em que Alboíno, rei dos lombardos, obrigou a mulher Rosmunda a beber em uma taça feita com o crânio de seu pai, que ele acabara de derrotar e assassinar. Além disso, a grande cruzada desencadeada pela Igreja em 1306-1307 contra Frei Dolcino de Novara e seus seguidores que – considerados hereges – foram assassinados na fogueira após indescritíveis torturas. E, por fim, todos os mitos e as lendas em torno dos templários e associados com o Graal e o Santo Sudário...

O quanto é forte o interesse por essa época se pode perceber também pelas muitas festividades e representações históricas dedicadas à Idade Média que florescem cada vez mais em tantos lugares envolvendo milhares de figurantes, grupos históricos e espectadores. A história, diz-se, geralmente é feita por gente comum. Acrescentemos que as pessoas comuns decidem também o que é interessante e o que não é. Nem sempre a história tem razão, e às vezes se deixa levar por modismos. Mas, no caso da Idade Média, há algo mais. Há a intuição de que ela represente, no bem e no mal, o forno da nossa identidade e seja ali o lugar onde devemos ir para descobrir as verdadeiras razões de diversos fenômenos tão ligados a nós, hoje. Trazer novamente à vida a Idade Média, com suas histórias secretas e seus aspectos pouco conhecidos e muito curiosos, e estabelecer um fio de conexão com o passado distante, é o humilde objetivo desta obra.

1

A MULHER, A CRIANÇA, O ANCIÃO

A vida da mulher durava aproximadamente trinta e seis anos. Casava-se muito cedo, entre os doze e os quinze anos, dava à luz muitos filhos (boa parte dos quais morria em tenra idade) e apenas 39% delas chegavam a quarenta anos (contra 57% dos homens). Anjo do lar, geralmente submetida aos homens (seja ao pai, ao marido ou aos irmãos) e a Deus (dentro ou fora dos conventos), tinha pouquíssima autonomia e, além disso, era alvo das agruras de uma cultura difusa que a considerava a fonte de todo pecado, causa de tentação e de perdição[1]. No período em que os reinos romano-bárbaros se ajustam até tornar-se presenças estáveis, porém, as mulheres exercem um papel de primeiríssimo plano: são elas, de fato, que convencem os maridos ainda pagãos a se converterem ao cristianismo. Ou seja, são elas o veículo da romanização, por meio da qual os bárbaros deixam de ser tais e se tornam finalmente herdeiros, em pleno sentido, daquela antiga civilização romana que os fascina, os enfeitiça e acaba, lentamente – mesmo se não totalmente – englobando-os. Dois exemplos apenas: Clotilde, que no ano 496 converteu Clodoveu (Clóvis), o rei dos francos; Edelberga, que no século VII fez o mesmo com Edwin (Eduíno), o rei de Nortúmbria. Se gozasse de boa posição social, a mulher do ano mil se casava com um homem da mesma categoria, ou terminava em um convento; se fosse de baixo estrato social, passava a vida gerando filhos e trabalhando. Mas nesse quadro, aparentemente desconfortante, emergem figuras contraditórias e aparentemente fora dos padrões: Hildegard von Bingen, Christine de Pizan, Joana d'Arc, Matilde de Canossa, Catarina de Sena... no fim das contas, porém, são exceções que confirmam a regra geral segundo a qual a mulher, na Idade Média, era primeiramente, e acima de tudo, esposa e mãe.

---

1. DUBY, G. *Il cavaliere, la donna e il prete*. Roma/Bari: Laterza, 1982.

E a propósito de filhos, durante muito tempo se afirmou que a Idade Média não possuía o conceito – nem mesmo muito moderno – da infância como idade única e caraterísticas próprias. Mas esse clichê, graças aos novos estudos e descobertas arqueológicas, encontra-se amplamente desmontado.

Questões de múndio

Os germanos outorgavam às mulheres a função da educação e do cuidado dos filhos. Além disso, elas assistiam os feridos e ajudavam seus maridos e algumas delas eram profetizas e sacerdotisas. Sua ocupação principal, no entanto, era cuidar da economia doméstica, da produção de tecidos e da prole. A mulher germânica e, particularmente, a lombarda, de acordo com uma ótica que seria predominante em toda a Idade Média, estava submetida ao múndio, ou seja, à proteção, de um homem: até o matrimônio seu detentor era o pai, depois, passava a pertencer ao marido. Não podia jamais, em nenhum caso, ser *selpmundia*, ou seja, dona de si mesma. Se acontecesse de não ter parentes masculinos, o múndio sobre ela pertencia ao rei! Algo parecido existia também na Roma republicana: a mulher era submetida, realmente, à autoridade (*manus*) de um homem e, com o casamento, a *patria potestas* passava do pai ao marido, que adquiria sobre a mulher um poder análogo àquele exercido sobre os filhos e os escravos. Esse tipo de matrimônio, chamado *cum manu*, foi progressivamente substituído pelo casamento livre (*sine manu*), baseado unicamente no consenso dos esposos. A idade mínima para casar-se era de doze anos para a mulher e quatorze para o homem. E, enquanto no matrimônio *cum manu* apenas o homem podia repudiar a mulher, o princípio do consenso tornava legítimo o divórcio consensual e aquele que se dava sob iniciativa de um dos dois cônjuges, algo que podia acontecer sem necessidade da intervenção da autoridade pública. Com o advento do cristianismo, sobrepôs-se à legislação romana uma visão ético-religiosa da vida matrimonial derivada da nova moral. O matrimônio[2] era considerado um mal necessário para garantir a reprodução e manter sob controle a exuberância sexual (ou seja, era um *remedium concupiscentiae*): era único, entre um homem e uma mulher, e não podia ser desfeito. Já o princípio do consenso caiu no esquecimento. Foi recuperado

---

2. BROOKER, C.N.L. *Il matrimonio nel Medioevo*. Bolonha: Il Mulino, 1992.

pela primeira vez no ano de 866 (citado em uma epístola do Papa Nicolau I), mas voltaria a ser assunto comum apenas nos séculos XI-XII.

Mas voltemos à mulher. Na ética germânica ninguém podia atentar contra sua vida, nem a constranger a fazer algo que ela não quisesse ou submetê-la à violência, sob pena de perder o múndio e de ela retornar à família com seus bens. O marido representava a mulher no tribunal e administrava suas posses, embora não pudesse alienar seus bens sem o consentimento dela. Apenas entre os visigodos as mulheres podiam dispor livremente das suas propriedades e, se não tivessem filhos, decidir a quem deixá-las. Podiam representar a si mesmas nos tribunais e ser testemunhas, e depois dos vinte anos, ocupar-se pessoalmente de seu matrimônio. Mas tratava-se de uma exceção.

Quando os bárbaros se estabeleceram dentro dos confins do Império dando vida a reinos autônomos, mantiveram suas tradições, porém integraram-nas de maneira cada vez mais evidente às tradições romanas ainda vigentes junto aos povos conquistados. O resultado dessa integração permaneceria na base dos contratos sociais durante muitos séculos, ao menos até o ano mil. As leis disciplinavam os aspectos da vida cotidiana, econômica e social e determinavam também o papel coberto pelas várias categorias, destacando as diferenças entre os sexos. A mulher era objeto de muitas disposições que a tutelavam, mas, simultaneamente, tendiam a salientar sua condição de subalterna em relação ao homem, que exercia sobre ela um poder muito forte. Começando nas núpcias. Era-lhes demandado um regime de vida casto e se cometessem adultério eram sepultadas vivas. Na era mais arcaica, o matrimônio se dava de três maneiras: ou por aquisição da esposa por parte do marido, ou por rapto, ou por consenso. Para o casamento, antes se estabelecia um verdadeiro contrato entre o futuro marido e o pai da esposa. O acordo fixava a importância devida pelo *faderfio* (dote, entregue pelo pai) e da *meta* (o preço do múndio, pago pelo marido para resgatá-lo). Metade da meta ficaria para a mulher em caso de viuvez. Nesse ponto se estabelecia a data das núpcias. Na manhã seguinte à primeira noite, a esposa recebia o *morgingab* (presente da manhã) do marido para ser compensada pela virgindade perdida. Casar com uma serva era permitido, mas somente se antes ela fosse libertada.

Enquanto nas classes inferiores o matrimônio era submetido a poucos vínculos, e as uniões em geral acontecessem respeitando a vontade dos futuros cônjuges, para a aristocracia e os membros do governo prevaleciam os interesses políticos e dinásticos. Ou seja, os matrimônios eram combinados entre as famílias para firmar alianças e salvaguardar (ou ampliar) os próprios patrimônios fundiários. Há, no entanto, um caso que merece ser citado porque é bastante excepcional: o protagonizado por Teodolinda, futura rainha dos lombardos. De origem bávara, foi escolhida pelo soberano lombardo Autário como esposa para estabelecer uma aliança com o pai dela, Garibaldo, em uma função antifranca. Conta Paulo o Diácono que Autário, desejando ver a prometida esposa, dirigiu-se à Baviera disfarçado de embaixador e pediu para poder admirá-la com objetivo de referir suas virtudes ao rei. Era tão bela que ele pediu a Garibaldo permissão para receber de suas mãos uma taça de vinho, mas ao devolvê-la, secretamente lhe tocou a mão com o dedo e fixando-a acariciou-lhe com a mão direita o nariz e o rosto. Enrubescendo violentamente, Teodolinda correu até sua nutriz, que lhe explicou que se não se tratasse de seu futuro marido, ele jamais poderia ter ousado tocá-la daquele modo. Certamente, como era jovem e belo, era digno do trono e de uma mulher como ela. No dia 5 de maio de 589, em Verona, no Campo de Sardi, o matrimônio foi celebrado pomposamente. Porém, apenas um ano depois, Autário morreu envenenado e a Teodolinda foi concedido – caso raro para a época – escolher por sua conta o segundo marido. Diácono informa ainda que isso lhe foi permitido porque ela era "muito querida" por seu povo. De qualquer modo, reunida com seus conselheiros, optou por Agilulfo, duque de Turim, potente guerreiro turíngio da estirpe de Anawas. "Era – diz Diácono – um homem forte e valoroso, apto seja de corpo, seja de espírito, para governar o reino. Imediatamente a rainha mandou avisá-lo que viesse apresentar-se a ela e ela própria foi ao seu encontro na fortaleza de Lomello. Quando ele chegou, após algumas palavras, a rainha mandou que servissem vinho e, tendo bebido primeiro, ofereceu o resto para Agilulfo beber. Tomando a taça, ele beijou-lhe respeitosamente a mão, mas a rainha, sorrindo, ao mesmo tempo em que corava, disse que não devia beijar sua mão aquele que devia beijar-lhe a boca. E assim, erguendo-o com o beijo, anunciou-lhe as núpcias e a dignidade régia". A escolha foi muito feliz. Para além das particularidades romanceadas, fica claro que o que salvou o reino das discórdias internas e dos inimigos, fornecendo uma rápida sucessão, foi o prestígio indiscutível da rainha. O seu caso, no entanto, não deixa de ser algo isolado e visto como extraordinário já na época. Para outras mulheres, principalmente se fossem de boa condição, a expressão de uma vontade própria a esse respeito era considerada um opcional. Note-se, porém, que, nas leis germânicas, durante muito tempo constituíram a base dos pactos sociais, a mulher não podia ser dada a um marido contra sua vontade, senão o acordo era desfeito e o marido devia pagar uma multa de 900 soldos. Tratava-se de divórcio? Não. O Edito de Rotário ainda não o havia introduzido, e tampouco o repúdio. Para que fosse lícito – mediante pagamento de uma soma de dinheiro – seria necessário esperar meio século apenas, ou seja, as leis de Grimoaldo. Mas, mesmo nesse caso, somente ao homem cabia o direito de decretar o fim da relação.

Propriedade do homem

Até então, se o marido quisesse liberar-se da esposa, não lhe sobrava alternativa senão matá-la (a multa era alta, de 1.200 soldos) ou então acusá-la de adultério. No primeiro caso, as leis disciplinavam meticulosamente até mesmo o destino dos bens que a esposa havia levado consigo no ato do casamento:

> Se um marido mata a própria mulher sem que essa tenha culpa e não tenha merecido ser destinada à morte por lei (*sic!*), pague o valor de 1.200 soldos, sendo metade aos familiares que lha deram como esposa e receberam o correspondente do múndio e metade ao rei, de modo que seja obrigado a fazê-lo por meio de um agente a mando do rei e a mencionada pena seja aplicada. Se teve filhos da mulher, os filhos recebam o *morgingab* e o *faderfio* da mãe defunta; se não teve filhos com ela, seus bens retornem aos parentes que lha deram como esposa. Se não há parentes, então o valor e os mencionados bens sejam entregues à corte do rei (cap. 200).

No caso da acusação de adultério, por outro lado, seguia-se a mais clássica das ordálias – ou seja, o "juízo de Deus" – que consistia em uma prova a ser superada por quem acusava. Se o acusador perdesse, deveria pagar à mulher o seu *Wergeld* (o seu valor pecuniário, estabelecido por lei). Se, por outro lado, vencesse, adquiriria o direito de matá-la ou mutilá-la. As penas eram inferiores se cometidas contra uma *aldia* (i. é, uma semilivre), uma libertada ou uma serva. Essa última tinha um valor mínimo: basta pensar que, por espancar uma escrava grávida causando-lhe um aborto, pagavam-se apenas três soldos, enquanto que por cortar o rabo de um cavalo se chegava a pagar seis!

A pena de morte e de mutilação em caso de adultério foi abolida por Liutprando no ano de 731: para o marido que pegasse a mulher em flagrante era previsto apenas o direito de puni-la ou de vendê-la. Por trás dessa mudança de direção, provavelmente não erramos se percebermos o eco de um episódio horrível que vitimou, no ano de 702, exatamente a irmã de Liutprando, Aurora, seu irmão Sigiprando e sua mãe Teodorata. O que desencadeou do fato não fora uma vingança por questões de leito, mas um ajuste de contas de caráter político. O duque de Asti Ansprando, pai do futuro rei, tinha sido derrotado e obrigado a fugir perante o outro pretendente ao trono, Ariperto II. Este último, uma vez dono do campo, vingou-se brutalmente sobre as duas mulheres fazendo-lhes cortar as orelhas e o nariz e desfigurando-as para sempre[3]. A decisão de Liutprando deveu-se, sem dúvida, à influência que exercia sobre ele a moral católica, mas é possível que por trás dessa decisão também esteja – não sabemos o quão conscientemente – a recordação autobiográfica desse terrível fato de sangue.

Entre as populações germânicas era previsto, ao contrário, o repúdio ou divórcio consensual e era muito comum a prática do concubinato. Isto é, ao lado da mulher legítima, os soberanos (mas não apenas eles) mantinham outras mulheres de classes inferiores com quem procriavam tranquilamente. Carlos Magno teve quatro concubinas; Hugo de Espoleto, entre as muitas, escolheu três como favoritas e se esmerou para manter a numerosa prole que gerou com elas. Por toda a Idade Média os "bastardos" não apenas ocuparam importantes cargos de poder, mas vincularam seu nome em empreendimentos memoráveis. Veja-se, por exemplo, a dinastia dos Pipinidas que afastou a Merovíngia no reino dos francos; como também o célebre Guilherme, filho do duque da Normandia, Roberto, e da concubina Arlete[4], que conquistou a Inglaterra em Hastings no ano de 1066. Guilherme era descendente de uma longa fila de ilegítimos: o primeiro duque da Normandia, Rollo, tinha gerado Guilherme de Longa Espada de Poppa (e não da mulher, Giselle!); o bisavô de Roberto, por sua vez, era pai de Ricardo I – nascido da concubina Sprota – e avô de Ricardo II, nascido de Gonnor e não da nobre Emma. Os nobres em geral se cercavam de concubinas porque o matrimônio era concebido como uma questão política familiar e não tinha nenhuma relação com amor – salvo em casos raros. Certamente podia acontecer também que a relação se revelasse um sucesso e que no casal surgisse um terno e autêntico sentimento. Mas a regra era a indiferença. Os cônjuges dormiam via de regra em quartos separados

---

3. PAULO O DIÁCONO. *Historia Gentis Langobardorum*, VI, 22.
4. DUBY, G. *Il potere dele donne nel Medioevo*. Roma/Bari: Laterza, p. 105-133.

e se uniam apenas (ou praticamente) para cumprir seus deveres e procriar de modo a garantir a continuidade da dinastia. E, enquanto os homens encontravam tranquilamente a satisfação de seus prazeres em outro lugar, as mulheres eram mantidas à vista para evitar que se entregassem a amores fugazes.

Um caso muito famoso desse ponto de vista, e de grandes implicações político-culturais, foi o de Leonor da Aquitânia (1122-1204), também por ter causado muito escândalo. Nascida em Bordeaux, cresceu nas pompas e na fineza de uma corte onde lhe ensinaram – coisa rara para uma mulher – a ler e escrever em latim, a tocar instrumentos musicais, a fazer contas, e inclusive a cavalgar e caçar. De caráter forte, passional e anticonformista, teve muitos amantes – entre verdadeiros e presumidos –, casou-se duas vezes, fez os filhos rebelarem-se contra o pai e cercou-se de poetas e letrados que cantavam o amor cortês também em prosaicas cordas. Uma mulher, no fim das contas, claramente fora do padrão em uma época em que mesmo as rainhas, se não se demostravam moderadas como as antigas matronas, arriscavam-se a terminar seus dias entre as paredes geladas de um convento. Aos oito anos, devido à morte do irmão mais velho, tornou-se herdeira de um território que se estendia do condado de Poitou aos ducados da Aquitânia e Gasconha. Também foi prometida em casamento pelo pai, prestes a morrer, ao futuro rei da França Luís VII. O matrimônio foi celebrado em 25 de julho de 1137. No Natal, Leonor e Luís VII foram coroados em Bourges: ela tinha apenas 15 anos, e ele, só dois a mais. A união foi infeliz desde o começo: após oito anos de matrimônio sem filhos, nasceu uma menina, Maria, e não o suspirado herdeiro masculino. A ruptura se consumou, porém, por ocasião da cruzada que Bernardo de Claraval apregoava depois da queda de Edessa nas mãos dos infiéis: no evento de Vézelay, no ano de 1147, Leonor se apresentou diante das tropas do marido e do Imperador Conrado III montada em um cavalo branco e revestida de uma brilhante armadura. Inoportuna foi considerada também a iniciativa, promovida por ela com trezentas mulheres da nobreza, de acompanhar o exército para dar assistência aos feridos. Surda a toda crítica, a rainha lançou-se na missão arrastando consigo um dos seus trovadores favoritos, Jaufré Rudel, para fazer-lhe escolta. A expedição foi um desastre e, ao final, o Sínodo de Beaugency sancionou, com o consentimento papal, a anulação do matrimônio entre os dois por "consanguinidade de quarto grau", visto que ambos descendiam do mesmo antepassado, Roberto II.

Além da separação por si só, para aumentar o escândalo, se ainda era possível, também ajudou o fato de Leonor, em 18 de maio de 1152, ou seja, apenas três meses após a anulação, haver desposado ninguém menos que Henrique Plantageneta: onze anos mais jovem, e destinado ao trono da Inglaterra com o nome de Henrique II, ao qual acederia com a nova consorte em 19 de dezembro, dois anos mais tarde. E visto que Leonor continuava em plena posse de suas terras, a união produziu a excepcionalidade de uma coroa inglesa dotada em solo francês de mais territórios do que o próprio rei da França possuía. Henrique, por sua vez, não era um santo. Apesar dos oito filhos que Leonor lhe deu, traía a mulher sempre que podia e teve numerosa prole ilegítima. Do matrimônio nasceram Guilherme, Henrique o jovem, Matilde, Ricardo, Godofredo, Leonor, Joana e João. O rei, porém, a todos esses preferia um outro Godofredo, que tivera com uma prostituta exatamente no momento em que a consorte lhe dava à luz o primogênito. Teve até mesmo a coragem de reconhecê-lo e criá-lo na corte de Westminster, demonstrando aquele temperamento arrogante e desrespeitoso para com Leonor que, com o tempo, decretaria o fim do seu relacionamento.

A corte de amor

Leonor já havia se afastado do marido por longos períodos diversas vezes. Durante um desses períodos, aproveitara para retomar sua antiga paixão pela música, a poesia e a literatura. Em Poitiers, criara uma corte que convidava artistas e literatos de toda a França e tornou-se célebre em toda a Europa. Esse berço de cultura tornou-se não apenas a residência definitiva da rainha e dos seus filhos Godofredo e Ricardo (o predileto), mas também espaço de rancores e conjuros contra o soberano inglês.

Leonor e a filha Maria, também ela mecenas, cercaram-se de poetas, músicos, letrados e sobretudo de trovadores (ou troveiros), poetas que cantavam em *langue d'oc* (provençal) o amor cortês com melodias suaves, acompanhando-se de instrumentos musicais de corda. Uma paixão que, provavelmente, herdara do bisavô Guilherme (1071-1127), duque de Aquitânia e Gasconha e conde de Poitiers, também ele trovador. Na verdade, parece que é ele o primeiro poeta a fazer uso de uma língua vulgar para compor poemas profanos, o que – conforme reconhecido pelo próprio Dante, que conhecia o provençal e apreciava as canções de amor cortês a ponto de poetar, inclusive, obedecendo àqueles cânones – o torna o pai da poesia vulgar europeia.

De que tratava, exatamente, o amor cortês? Era, pode-se dizer, um modo elegante de obter um pouco de satisfação sem perder a cabeça. O *fine amour*, ou amor refinado, foi "inventado" na França no século XII e estabeleceu uma espécie de modelo que se espalhou largamente, graças à literatura, também por outras partes. Resumidamente, a dama (do latim, *domina*, patroa), geralmente a esposa de um senhor, era cortejada por um jovem que frequentava o círculo do marido. Ele, enamorado, tentava conquistá-la submetendo-se a ela como um vassalo e lhe jurava fidelidade eterna. A dama podia decidir se correspondia ou não (e em que medida) ao seu amor: se aceitasse tornava-se, por sua vez, prisioneira porque, neste tipo de vínculo assentado na base do modelo feudal, a um dom recebido devia corresponder outro dom em troca. O jogo – porque era disso que se tratava – era aparentemente regido pela mulher. Aparentemente, de fato, porque, na realidade, o sistema era concebido para demarcar, também ali, o domínio do homem sobre o sexo oposto. Em um mundo em que a reputação feminina estava ligada em tudo e por meio de tudo à sua conduta sexual, mesmo uma pequena suspeita de traição em relação ao marido – que era seu senhor – podia custar-lhe o repúdio e a ruína. O prazer, em suma, "culminava no desejo em si". O amor cortês concedia à mulher um poder seguro, mas o mantinha confinado no interior de um campo bem definido, o do imaginário e do jogo"[5]. Mais do que isso: o sistema era funcional à manutenção da ordem e, aliás, à demarcação nítida do papel preponderante do homem de posição nobre no interior da sociedade feudal. Em outras palavras, o homem de corte, tratando as mulheres com fineza e conquistando-as – pois eram sempre presas! – com versos e modos gentis em vez da violência, legitimava a sua pertença ao mundo aristocrático e marcava sua diferença em relação ao aldeão, que se caracterizava pela rusticidade e pela incivilidade. Também nesse caso de aparente força, portanto, as mulheres se revelavam pela enésima vez um objeto funcional para os homens distinguirem seu papel no interior de uma sociedade típica e inexoravelmente masculina.

De qualquer modo, devemos a Leonor e ao seu refinamento o patrimônio cultural imponente elaborado por dezenas de poetas. Entre eles salta a figura de

---

5. DUBY, G. "Il modelo cortese". In: KLAPISCH-ZUBER, C. (org.). *Storia delle donne* – Il medioevo. Roma/Bari: Laterza, 1990, p. 312.

Bernart de Ventadorn (1130-1200 c.) que, enamorado como todos pela rainha, dedicava a ela os seus versos de amor. A dama que faz sofrer, mas que, ao mesmo tempo, parece conceder uma esperança; a amada que não presta atenção ou prefere os louvores de outros, a maldosa, invejosa do *joi d'amour* e a mulher, inatingível, exaltada como a essência da perfeição e muitas vezes ocultada por trás de um apelativo fictício, o *senhal*, tudo isso são características das *cansos* (canções) da época, mas escondem quase certamente também elementos biográficos. Outros poetas ativos na corte de Leonor foram Benoît de Sainte-Maure, que escreveu o célebre *Roman de Troie* ("O romance de Troia") – sobre as épicas vicissitudes da cidade antiga e dos seus heróis –, Robert Wace e Arnaut Guilhem de Marsan, autor de um "manual do perfeito cavaleiro".

Maria de Champagne, por sua vez, teve predileção pelo grande trovador Chrétien de Troyes (1135-1183), autor – além das obras perdidas – de cinco romances inspirados em lendas bretãs: *Erec et Enide*, *Cligès*, *Lancelot ou le Chevalier de la charrete*, *Yvain ou le Chevalier au lion*, *Le Roman de Perceval ou le conte du Graal*. Obras-primas que deram impulso decisivo à difusão do mito do Rei Artur, dos Cavaleiros da Távola Redonda e da busca do Graal em toda a Europa.

Distantes do mundo

Um *status* especial era o das viúvas. A partir das leis germânicas, elas podiam (Edito de Rotário, cap. 182) escolher um novo marido, desde que estivesse livre. Se, ao contrário, decidiam ir para um convento, tinham de esperar ao menos um ano para fazê-lo e levavam consigo um terço de seus bens se tivessem filhos, e metade, se não os tivessem. Tudo ficava para o mosteiro. Consideradas indefesas, na época feudal figuravam entre as categorias que o cavaleiro tinha o dever de empenhar-se para defender. E, com efeito, durante muito tempo, entrar em um convento representou um modo de proteger-se da violência e estar a salvo. É verdade que até mesmo "bárbaros" como o rei dos godos Totila no ano 546, assediando Roma, proibiram os seus homens de estuprar as mulheres, e que a lei dos burgúndios considerava a violência sexual e o rapto como crimes muito graves. Mas nos tempos conturbados e muito inseguros caracterizados por guerras e incursões constantes, nem mesmo o claustro era garantia absoluta de uma vida tranquila, e as crônicas nos transmitem frequentes episódios não apenas de saques e destruição de mosteiros (com relativos estupros cometidos contra as freiras), mas também de raptos de freiras da aristocracia por parte de capangas de algum senhorzinho que pretendia desposá-las a todo custo. A ponto de levar os reinantes a legislar a respeito: o franco Clotário II, por exemplo, no ano de 614, estabeleceu a condenação à morte para quem raptasse uma mulher. Obviamente que fundar um convento – e quem sabe refugiar-se nele! –, além de proporcionar a uma mulher da nobreza um extremo respeito e venerável memória para todo o sempre, representava também um modo de toda a família obter um enorme prestígio social. Ansa, mulher do último rei dos lombardos, Desidério, por exemplo, fundou os mosteiros de Leno e Sirmione, e o importantíssimo de São Salvador e Santa Júlia em Bréscia, e não foi, claro, a única.

Na Alta Idade Média são conhecidos casos de mulheres sacerdotizas ou diaconisas[6]. Na Bretanha, em 511, alguns bispos souberam que os sacerdotes locais andavam pelos interiores administrando os sacramentos e distribuindo a comunhão acompanhados de algumas *conhospitae*. Provavelmente se tratava de viúvas que, depois de ter feito os votos, tinham sido consagradas e participavam da celebração das missas. Isso deve ter assustado o clero das cidades porque, no ano de 533, o Sínodo de Orléans retirou das mulheres a possibilidade de aceder às funções religiosas; o Concílio seguinte, de Auxerre, foi além e declarou que as mulheres eram impuras por natureza e, portanto, deviam cobrir-se com o véu e abster-se de tocar qualquer objeto sagrado. Mas também há uma rica documentação sobre diaconisas – como, por exemplo, Santa Radegunda – e mulheres com esse título estão presentes em Pavia, na Dalmácia, em Roma e em outras partes. Acrescente-se, porém, que, principalmente na França, a legislação eclesiástica era restritiva contra as mulheres que frequentavam sacerdotes: impunha, por exemplo, aos padres de abster-se de ter relações com elas, sob pena de perder as funções. Mas as ordens continuavam a ser amplamente descumpridas, pois não era absolutamente incomum encontrar concubinas nas casas dos padres. Estes acolhiam, ao que parece, também prostitutas e tinham filhos com elas. De acordo com Aton de Vercelli, no final do século X havia religiosos que, para presentear suas concubinas – nomeadas inclusive herdeiras de seus bens! –, derrubavam as

---

6. FONAY WEMPLE S. "Le donne tra la fine del V e la fine del X secolo". In: *Storia delle donne*. Op. cit., p. 236-239.

igrejas e atormentavam os pobres. Uma conduta totalmente contrária ao que se espera de servos de Deus.

Mulheres eruditas

Voltando às mulheres, no abrigo do claustro podiam ter acesso àquilo que, em geral, era inacessível, ao menos até o século XI, exceto em casos raros, às leigas, ou seja, a cultura. Roswitha, abadessa de Gandersheim (935-974 c.), escreveu muito em latim, inclusive sete estórias dramáticas que trazem protagonistas santos, pecadores e demônios, seis comédias e versos ritmados – à maneira das antigas comédias latinas, particularmente de Terêncio – e as *Gesta Othonis*, em que narra a vida do Imperador Óton I da Saxônia. Hildegard von Bingen (1098-1179), santa e doutora da Igreja, foi médica, botânica, música, artista, linguista, filósofa, poetiza e até mesmo conselheira do Imperador Frederico Barbarossa. Produziu inúmeras obras que percorrem todas as áreas do saber e chegou a inventar uma nova língua. Herrad de Landsberg, abadessa do Mosteiro de Hohenburg na Alsácia (1125 c.-1195), compôs uma verdadeira enciclopédia do saber, o *Hortus deliciarum*, rica de citações da Bíblia, dos Santos Padres, dos escritores medievais, mas também de autores latinos profanos, musicou algumas partes e ilustrou outras com preciosas miniaturas. Infelizmente, o manuscrito foi destruído no ano de 1870 durante o terrível incêndio da biblioteca de Estrasburgo, onde era conservado. Um meio-termo entre vida laica e monacal, por outro lado, podemos considerar Heloísa (falecida em 1164), sobrinha do cônego parisiense Fulberto, que se destacou graças à sua doutrina louvada pelo grande abade de Cluny, Pedro o Venerável, que o definiu, admirado, de "célebre pela erudição". As sete artes liberais, o trívio (gramática, retórica, dialética) e o quadrívio (aritmética, geometria, astronomia, música) codificadas pelo filósofo latino Marciano Capela como síntese de todo o saber, não tinham segredos para ela, assim como o latim, o grego, há séculos praticamente esquecido em toda parte e até mesmo o hebraico. Passou à história pela célebre correspondência que manteve, após o ingresso no mosteiro, com seu grande amor, o teólogo Pedro Abelardo, seu preceptor que a seduziu e engravidou. Ele sofreu a castração por parte dos parentes dela, por vingança. Heloísa foi para o convento, os dois sublimaram seus afetos no amor por Deus. Mas quando, em 16 de maio de 1164, vinte e dois anos depois da morte de Pedro, Heloísa foi unida a ele no sepulcro, diz a lenda que, quando o ataúde foi aberto, os braços dele se abriram para envolver a amada em um último e eterno amplexo. Embora o epistolário seja de autenticidade bastante discutível – pela falta de manuscritos anteriores ao final do século XIII, mas também por algumas incongruências incluindo citações bíblicas "atualizadas" com base em usos posteriores, que sugeririam uma redação sucessiva à morte dos dois amantes ou, ao menos, uma reelaboração tardia – prevalece, hoje, a convicção de que o documento seja verdadeiro e represente uma fonte extraordinária não só para o conhecimento do que aconteceu, mas também pela interpretação do modo de pensar medieval.

A cultura, de qualquer modo, era apanágio – raro, mas documentado – também de muitas leigas. Não se pode, por exemplo, falar da educação das crianças medievais sem mencionar um célebre tratado escrito no século IX: o *Liber manualis*, texto de Dhuoda (800-843 c.). Era uma nobre, talvez filha do duque de Gasconha: casou-se com o Marquês Bernardo de Settimânia e lhe deu dois filhos, Guilherme e Bernardo, e o primeiro foi a quem o manual foi dedicado – uma obra muito douta e rica de citações, que demonstra a vastidão da cultura da autora – com o objetivo de ensinar-lhes os princípios da moral cristã e o respeito aos papéis estabelecidos por Deus. Paris no final dos anos 1200 produzia mestres e dirigentes de escola em grande número. Em 1321, o Duque Carlos de Calábria conferiu até mesmo a láurea em medicina a certa Francesca, mulher de Matteo Romano: uma exceção, é verdade, mas que evidencia – e isso pode ser observado no capítulo dedicado à saúde falando de Trotula e das "mulheres salernitanas" – como o *feeling* entre as mulheres e a medicina era uma constante, mesmo na Idade Média.

Mais tarde, Christine de Pizan (1362-1431, veneziana de origem, mas parisiense de adoção), seguiu, após a morte do marido e mesmo tendo filhos, uma carreira de "escritora profissional" e inclusive de empreendedora: geria, de fato, um *scriptorium* que produzia exemplares de códices finamente ornados com iluminuras. Também ela fala de amor em suas composições líricas, mas o faz de um modo completamente original, a ponto de sua poesia ter sido interpretada como uma obra "feminista" *ante litteram*. Escreveu um poema sobre Joana d'Arc, versos, tratados ricos em metáforas em que encorajava as mulheres a tomar consciência de si e, sobretudo, o *Livre de la cité des Dames* ("Livro da cidade das mulheres"), uma eficaz resposta à misoginia alastrada em muitas obras contemporâneas, até famosas, como o *De claris mulieribus* ("Sobre as mulheres famosas) de Boccaccio ou o *Roman de la Rose*. Apresenta um utópico lugar em que se reconhecem e se exaltam as capacidades e peculiaridades das mulheres. Entre as outras coisas, fala daqueles que prevaricam as mulheres apenas por serem homens e não porque a natureza os tenha criado mais inteligentes que elas e lamenta, com certa ironia, essa diferença, não biológica, claro, mas cultural: "Pobre de mim, meu Deus, por que não me fizeste nascer homem? Todas as minhas capacidades estariam ao teu serviço, não me equivocaria em nada e seria perfeita em tudo, como os homens afirmam ser".

As santas anoréxicas

Na Idade Média, porém, nem todas eram inconformistas como Christine. Como vimos, a maior parte das mulheres vivia submissa ao homem – fosse pai ou marido – e provavelmente nem mesmo sonhava em subverter essa ordem "natural" das coisas que fora estabelecida – ouvia-se repetir em toda parte – diretamente por Deus. Para as mulheres, uma maneira de afirmar seu papel social foi então a utilização da religião.

A experiência mística foi particularmente concebida como um meio de obter credibilidade e sair do clichê da mulher pecadora e maligna, e ademais, para tornar-se um exemplo de santidade. Para fazer isso, no entanto, era necessário renunciar completamente ao próprio corpo, aos impulsos e aos desejos. Um caminho para chegar a isso era a anorexia. Como se sabe, privar-se do alimento de maneira quase completa gera consequências diversas no corpo feminino, sendo uma das mais evidentes a amenorreia, ou seja, a interrupção de menstruações decorrente, entre outras coisas, da perda de peso. O corpo feminino perde, digamos, de modo real ou simbólico, sua capacidade fisiológica primária de procriar (mediante o sexo e, portanto, o pecado). Purificada desse modo, a mulher pode aceder ao divino sem o estorvo que a condena por natureza à perdição. Além disso, o estado particular de privação induz visões e hiperatividade corroborando a força de vontade: não é de admirar, assim, que muitas dessas jovens fossem conhecidas por sua vontade de ferro e sua tendência à mística. Além de jejuar, muitas vezes até a morte, praticavam pesadas penitências e se flagelavam.

A "santa anorexia" – como foi batizada – é um fenômeno que atinge, na Idade Média (e também em outros períodos...), centenas de mulheres. Um célebre estudo de Rudolph Bell[7] revelou como, por meio do exame da biografia de mulheres italianas que viveram entre 1206 e 1934, em 261 delas faziam-se presentes sintomas evidentes de anorexia. Uma centena delas foram proclamadas santas. Observando os dados, parece que na zona entre a Úmbria e as Marcas se observaria, nos séculos centrais da Idade Média, uma verdadeira "epidemia": no século XIII, Bell computou 36 casos; 26 no século XIV; outros tantos no século XV; das 42 santas italianas que viveram no século XIII cuja biografia foi examinada por Bell, ao menos 17 praticavam o jejum extremo. Quase todas viveram em Assis e arredores.

Rejeitavam todo alimento, exceto a Comunhão; se por acaso vinham a engolir qualquer coisa, provocavam o vômito para ser "dignas" de receber o corpo de Cristo, único nutriente para a alma. Acentuava-se assim a ruptura entre corpo e espírito. A mais célebre, sem dúvida, é Catarina de Sena (1347-1380)[8]. Filha de um tintureiro, crescida em uma família numerosa (a mãe chegou a 25 gestações!), após a morte de uma irmã – em consequência do parto – foi destinada a casar com o viúvo. Mas ela se nega a fazê-lo. Começa então o calvário da anorexia. De nada adiantam as tentativas de seu pároco para convencê-la a comer: afirma ser levada por Deus a não aceitar. Depois de meses de luta, o pai concorda em deixá-la seguir sua vocação.

> Catarina se fecha em sua pequena cela e começa a flagelar-se, não se alimenta e não dorme, em meio à raiva e o desespero de sua mãe que, mesmo sem poder se opor, acaba manifestando sua incompreensão. Também os amigos da família, influenciados por Lapa, a consideram louca ou enfeitiçada, alimentando dúvidas sobre sua identidade. Catarina continua sua batalha para ser reconhecida em sua família. Em vez de fechar-se em um convento, consegue entrar, apesar de sua pouca idade, na Ordem das Mantelatas. É uma ordem militante, em que pode exercer um papel de assistência aos doentes no hospital de Santa Maria della Scala, mesmo permanecendo com a família. Consegue isso por meio de um "estratagema" de "morte aparente", fazendo com que lhe prometessem o ingresso na ordem dos dominicanos no leito de morte. No dia seguinte, "fica curada" repentinamente e se encaminha ao hospital para assistir aos necessitados.

---

7. BELL, R.M. *La santa anoressia*: Digiuno e misticismo dal Medioevo ad oggi. Roma/Bari: Laterza, 1987.
8. REDA, M. & SACCO, G. "Anoressia e santità in Santa Caterina da Siena". In: *Informazione in psicologia, psicoterapia, psichiatria*, 26, 1996, Roma, p. 3-10.

O jejum, exceto da Eucaristia, continua:

> Para não causar escândalo, pegava de vez em quando um pouco de salada, legumes crus e frutas e os mastigava, e depois os cuspia escondido. Se acontecesse de engolir um pedacinho que fosse, o estômago não lhe dava sossego até que o tivesse rejeitado: e aqueles vômitos lhe causavam tanto sofrimento que a faziam ficar com o rosto todo inchado. Nessas ocasiões, afastava-se com uma das amigas e cutucava a garganta com um talo de funcho ou com uma pena de ganso, até que se livrasse do que tinha engolido. E a isso chamava "fazer justiça". Vamos fazer justiça com essa miserável pecadora, costumava dizer.

Além de Catarina, santa e doutora da Igreja, devem ser listadas entre as "santas anoréxicas" Clara de Assis (1193-1253), Humiliana de' Cerchi (1219-1246), Margarida d'Oingt (1240-1310), Ângela de Foligno (1248-1309), Margarida de Cortona (1247-1297) e muitas outras.

Espírito guerreiro

Se a vida das santas anoréxicas foi uma batalha – conduzida primeiramente contra si mesmas –, a Idade Média também conheceu mulheres de armas em sentido nem um pouco metafórico.

É sabido que, no mundo celto-germânico, as mulheres às vezes portavam as armas. O caso mais famoso é o de Boudica, rainha da tribo celta dos icenos que, em 60 d.C., guiou os seus a uma memorável revolta contra os romanos na Bretanha não apenas os impelindo graças a potentes discursos, mas combatendo em primeira pessoa. Eis como a descreve o historiador Dião Cássio[9]:

> Era uma mulher muito alta e de aspecto destemido. Tinha os olhos ferozes e a voz áspera. A cabeleira ruiva lhe caía abundante sobre os ombros. Quanto às vestimentas, trajava invariavelmente um colar de ouro e uma túnica variegada. Por cima de tudo, cobria-se com um espesso manto preso com um alfinete. Enquanto falava, segurava firme uma lança, que contribuía a suscitar terror em todos que olhavam para ela.

Boudica não foi a única. Na Batalha de Águas Sêxtias (Aix-en-Provence), travada em 102 a.C. entre os romanos de Caio Mário e a população germânica dos

---

9. DIÃO CÁSSIO. *Historia Romana*, LXII, 2.

ambrones – aliados dos teutos e dos cimbros, que eram igualmente germânicos, mas fortemente celtizados nos costumes – as mulheres combateram armadas de espadas e machados, arrancando as armas das mãos dos inimigos e infligindo-lhes ferimentos e mutilações[10]. No ano seguinte, nos Campos Raudios, nas proximidades de Vercelli, as mulheres dos cimbros foram protagonistas de atos e coragem excepcional: vestidas de preto, firmes em cima dos carros, exterminaram maridos, irmãos e pais que tentavam fugir do inimigo e se entregaram por sua vez à morte lançando-se embaixo das rodas dos carros ou das patas dos cavalos, depois de ter estrangulado os próprios filhos[11]. Ainda durante as guerras címbrias, de acordo com São Jerônimo, trezentas mulheres teutonas feitas prisioneiras pelos romanos pediram para ser destinadas ao serviço nos templos de Ceres e de Vênus, mas com o pedido negado, mataram os próprios filhos e depois se estrangularam mutuamente durante a noite[12].

Muitas seriam também as mulheres presentes na história germânica: tanto César quanto Tácito não ocultam o papel de extrema importância que a figura feminina tinha junto a esses povos, seja como combatentes, seja como incentivadoras nas batalhas, visto que seguiam os próprios maridos na guerra incitando-os nos carros e pegando nas armas se necessário.

Mas se as fontes antigas são abundantes, não se pode dizer o mesmo dos achados arqueológicos: não existem, em suma, tumbas propriamente ditas de "mulheres guerreiras", apesar de haver uma descoberta que gera mais problemas do que os resolve. É de nossa casa [a Itália]: trata-se da tumba n. 53 encontrada na necrópole de Oleggio (Novara), pertencente a uma comunidade local de celtas ínsubres aqui alojados entre o século II e a era romana tardia. Escavada nos anos 1990, encontra-se conservada atualmente no Museu de Antiguidades de Turim. Entre os achados, encontra-se uma panóplia de armas praticamente completa, constituída de uma espada longa de ferro de duplo corte com bainha, lança com ponta de lâmina folhada, bossa de ferro (o escudo, de material perecível, obviamente se perdeu) e facas[13]. Até aqui nada de estranho: as armas pertenciam, com

---

10. PLUTARCO. *Vita di Mario*, 19, 7.
11. Ibid., 27, 2.
12. SÃO JERÔNIMO. *Epistulae*, CXXIII, 8. Cf. tb. VALÉRIO MÁXIMO. *Factorum et Dictorum Memorabilium*, 6, 1, 3.
13. "Le tombe e i loro corredi". In: SPAGNOLO GARZOLI, G. (org.). *Conubia gentium* – La necropoli di Oleggio e la romanizzazione dei Veramocori. Turim: Omega, 1999, p. 112.

toda probabilidade, a um guerreiro de posição muito elevada. Mas o que é excepcional é o fragmento de pátera que emerge entre os restos de cerâmica queimados sobre a pira fúnebre junto ao defunto: ele traz, na verdade, a inscrição, em alfabeto ínsubre-lepôntico e da esquerda para a direita, *rikanas*, isto é, o feminino de *rikos* (*rix*), que não significava "soberano" ou "rei", como entendemos hoje, mas – considerada a particular articulação da sociedade celta em muitos grupos sociais distintos – "chefe da *touta*, ou seja, da tribo[14]. A mulher aqui sepultada – o exame dos restos ósseos confirmou o sexo feminino da defunta – era, portanto, realmente a chefe da sua gente e, como parecem sugerir os utensílios, seria sua líder também nas batalhas? Nunca o saberemos. A sua situação é semelhante àquela das duas mulheres depositadas na típica tumba viquingue com formato de barco descoberta em Oseberg, perto de Tønsberg na Noruega, no ano de 1904. A sepultura, datável do final do século, possuía uma equipagem presumivelmente muito rica (infelizmente foi depredada já antigamente), com traços de vestes em seda, e continha ainda restos de animais (14 cavalos, um boi e três cães), sacrificados para a ocasião. Túmulos desse tipo eram reservados a chefes ou reis, e do sexo masculino. O fato de ali terem sido depositadas duas mulheres – as análises estabeleceram que uma delas tinha entre sessenta e setenta anos e a outra entre vinte e cinco e trinta – é algo ainda desconhecido. Há, contudo, quem considere que essa sepultura demonstre a necessidade de rever as convicções que se têm a propósito dos papéis reservados aos sexos na sociedade viquingue[15].

É certo que os germânicos, embora partilhassem parcialmente com os celtas do mesmo substrato cultural, no que diz respeito às mulheres em batalha tinham uma posição muito mais conservadora. Rotário, por exemplo, condenava abertamente as mulheres que participassem de sedições ou entrassem armadas em uma corte. O mesmo vale para Liutprando:

> Foi referido que alguns homens pérfidos e dotados de uma astúcia malvada, não ousando por si entrar com mãos armadas em um vilarejo, reuniram suas mulheres, livres e servas, e as mandaram contra homens que tinham uma força inferior; elas, capturados os homens daquele lugar, aplicaram-lhes violentos ferimentos e outros males, com mais crueldade

---

14. GAMBARI, F.M. "Le iscrizioni vascolari della necropoli". In: *Conubia gentium*. Op. cit., p. 388-389.
15. MOEN, M. *The Gendered Landscape*: A Discussion on Gender, Status and Power in the Norwegian Viking Age Landscape. British Archeological Reports Limited, 2011.

do que costumam mostrar os homens. Considerando que essas notícias chegaram a nós e que aqueles homens mais fracos moveram uma acusação por essa violência, decidimos acrescentar a esse edito que se, futuramente, mulheres ousarem praticar semelhante tipo de coisa, e se ficarem feridas, não poderão pedir ressarcimento algum. A autoridade preposta tome tais mulheres e ordene que sejam esfoladas e chicoteadas pelos vilarejos vizinhos; os maridos paguem os danos cometidos.

Para as mulheres que subvertiam seu papel, enfim, era prevista uma punição exemplar.

Apesar disso, a Idade Média pulula de heroínas, resistentes, e mesmo de guerreiras. Basta que recordemos o exemplo de Joana d'Arc (1412-1431), bastante conhecido para precisar ser tratado também aqui. Ainda na França, antes dela encontramos Genoveva, futura santa e padroeira de Paris que, em 451, convenceu os habitantes da cidade – na época ainda se chamava Lutetia – a resistir ao assédio por parte dos unos de Átila. Ela o fez ousando pronunciar palavras pesadíssimas como as seguintes: "Que os homens fujam, se quiserem ou se não forem mais capazes de lutar. Nós, mulheres, rezaremos tanto a Deus que Ele escutará as nossas súplicas". Foi escutada, o assédio foi vencido e Átila, desviando por Orléans, foi derrotado nos Campos Catalúnicos pelo general romano Flávio Aécio. Mais tarde, ela salvaria novamente os parisienses, transtornados pela carestia, subindo novamente o Sena em busca de grãos para fazer pão. Depois da donzela de Orléans encontramos Jeanne Fourquet – sobre cuja figura histórica ainda muitos se questionam – que em 1472 teria repelido os borgonheses durante o assédio de Beauvais liderado por Carlos o Temerário, manejando um machado, razão por que seria chamada de Jeanne Hachette ["machado", em francês – N.T.].

Mulheres assim encontram-se não apenas entre o povo, mas também na *high society*. São feudatárias e entre os seus deveres está também, na falta do marido, o de exercer o poder com firmeza – sob pena de enfrentar rebelião dos subalternos – comandando, se necessário, inclusive os exércitos. Foi o que fez Branca de Castela (1188-1252), rainha da França e mãe de Luís IX o Santo, que assediou vitoriosamente alguns feudatários que haviam ousado rebelar-se contra sua autoridade aproveitando-se da morte do rei e da minoridade do herdeiro. Continuando na França, outra regente, Anna de Beaujeu, foi obrigada a enviar um exército contra os revoltosos e os justiciou. Pulso de ferro também foi o de Matilde de Canossa (1046-1115), a "Gran Condessa" que, além de governar cidades e castelos e fundar igrejas e mosteiros, não hesitou em comandar ("ferocíssima contra os inimigos", na definição de Petrarca) os seus exércitos. Intercaladas entre domínios imperiais e papais, as terras de Matilde atraíam os apetites dos dois máximos poderes da Europa medieval, empenhados em uma dura disputa que, por trás de um aparente formalismo, selava uma luta ácida pela supremacia. A guerra de golpes de deposição e excomunhões teve como protagonista exatamente Matilde, que, graças aos seus dons de mediadora, hospedou em seu castelo de Canossa o encontro decisivo entre os contendentes. O imperador se humilhou e pediu perdão ao papa. E embora a repacificação tenha sido momentânea (a questão se resolveria apenas em 1122, com um acordo que separou os dois poderes), o desdobramento dos eventos colocou em evidência as qualidades de Matilde, que demonstrou grande resolubilidade. Administrava a justiça viajando por seus territórios, sem se preocupar com os perigos. Enfrentou as rebeliões de Mântua, Ferrara, Módena, Bolonha e Régio contra seu domínio feudal. Comandou seu exército contra os inimigos. Deixou uma marca indelével em suas terras construindo fortalezas, castelos e igrejas. As fontes a descrevem como o modelo do príncipe laico, mas cristão; fiel à Igreja, mas politicamente habilidoso; mecenas nas artes e reformador no campo jurídico. Morreu de gota aos sessenta e nove anos em julho de 1115, em Pó, a poucos quilômetros do mosteiro predileto de São Bento, merecendo os louvores do monge Donizo que a cantou com estas palavras:

> Tudo quanto possa eu cantar de uma mulher tão grandiosa,
> Vós sabeis, como eu, que será pouco diante de seus méritos:
> Quero que saibais todos que ela pode apenas ser admirada.
> Ela é tão luminosa quanto fúlgido é o astro de Diana:
> A fé a ilumina, a esperança a envolve de modo admirável,
> E nela habita o dom maior, a caridade.

Fora do coro

As mulheres podiam criar confusão na sociedade de muitas maneiras. Sendo prostitutas (falaremos disso no capítulo dedicado à sexualidade), mas também, por exemplo, praticando a feitiçaria (ou sendo suspeitas de fazê-lo). Mas nesse ponto a legislação nos surpreende. Rotário, na verdade, considerava um "crime nefasto" essa acusação e obrigava o querelante a prová-la sob pena de perda do múndio ou o pagamento de uma imensa multa. No capítulo 197 de seu edito, de fato, se lê:

> Se alguém, detendo o múndio sobre uma donzela ou uma mulher livre, a chama de bruxa, ou seja, *masca*, a menos que seja o pai ou o irmão como dito acima, perca o seu múndio e ela tenha a faculdade, com os bens de sua propriedade, de voltar para sua parentela ou comendar-se à corte do rei que deverá deter o seu múndio. Se o homem nega ter pronunciado tal acusação, seja-lhe lícito desculpabilizar-se e continuar a deter o múndio como antes, se pedir desculpas.

A acusação – como a de prostituição! – podia ser movida também por parte de alguém que não detivesse o múndio. O fato era muito grave: se o acusador houvesse falado da boca para fora e se arrependesse, devia jurar

> com seus doze sacramentos de ter movido aquela acusação nefasta levado pela raiva, sem saber do que estava falando. Então, por essas vãs palavras de injúria, que não devia pronunciar, pague uma composição de 20 soldos e não seja mais acusado indevidamente.

Mas e se insistia afirmando poder provar a acusação? Ia-se a ordálio: "Se a acusação for provada, a mulher seja condenada à pena como se lê neste edito; mas se quem moveu a acusação não puder prová-la, seja obrigado a pagar o valor da mulher previsto em lei de acordo com seu nascimento" (cap. 198).

Mais tarde, são conhecidos e condenados (por Liutprando) casos de indução à prostituição por parte dos próprios maridos:

> Se alguém diz à sua mulher dando-lhe permissão indevida: "Vai, deita-te com aquele homem", ou diz a um homem: "Vem, uni-te carnalmente com minha mulher", e essa ação malvada é realizada, estabelecemos que a mulher que tiver cometido essa ação e consentiu cometê-la seja condenada à morte, enquanto o marido pague aos parentes uma composição como se tivesse sido assassinada em um tumulto.

O catolicíssimo e pruriginoso Liutprando intervém sempre de novo em questões inerentes ao sexo e à liberdade (obviamente ilícita!) dos costumes. São previstas multas para quem

> com malícia e arrogância ousa tocar ou cutucar uma mulher livre que esteja sentada para suas necessidades corporais ou em qualquer outro lugar em que se encontre nua por uma necessidade sua (80 soldos) e

para quem subtrair as roupas de uma mulher enquanto foi banhar-se obrigando-a a expor publicamente suas vergonhas: foi-nos referido que um homem perverso, enquanto uma mulher se lavava em um rio, tomou-lhe todas as roupas e ela ficou nua e quem passava via em modo pecaminoso a sua vergonha. Portanto, estabelecemos que quem cometer essa ilícita impudência pague o seu valor específico definido em lei, porque os parentes da mulher poderiam levantar um direito de vingança e provocar mortes.

Havia até mesmo mulheres que se divertiam com jovenzinhos:

> Surgiu nestes tempos uma praxe perversa, por demais vã, supersticiosa e ávida, que parece a nós e a todos os nossos juízes uma união ilícita, ou seja, que mulheres adultas, já em idade madura, se unam com meninos pequenos abaixo da idade legítima e digam que são seus homens, embora nem tenham condições de unir-se com elas. Portanto, estabelecemos que, no futuro, nenhuma mulher ouse fazer isso antes que o jovenzinho tenha completado treze anos.

Mas tratava-se mesmo de pedofilia ou, em vez disso, era uma forma afetuosa de adoção?

Que as mulheres, segundo a visão misógina prevalecente na Idade Média (veja-se, novamente, o capítulo sobre o sexo) gostassem de entregar-se ao prazer e fossem escravas da luxúria e do pecado é algo suficientemente consolidado. Tampouco bastava, para aplacar seu "espírito ebulitivo", encaminhar-se ao convento. Algumas jovens, por exemplo, acediam ao noviciado, mas sem se tornarem monjas. Tendo ficado no meio do caminho entre a casa e a clausura, se tivessem relações com um homem não podiam ser condenadas por não estarem vinculadas à castidade de quem tinha votos. O bom Liutprando, porém, não tinha dúvidas: uma vez ingressadas no convento, não podiam mais sair, porque o noviciado, de qualquer modo, representava um compromisso com a Igreja semelhante ao que se contraía com o casamento.

Em Benevento, mais tarde, em pleno século VIII, havia mulheres que não hesitavam em dar-se aos mais perversos prazeres escondendo-se sob o véu monástico, mas sem entrar no convento. O que faziam de tão terrível? Leiamos o que prescreve o Príncipe Arechi a propósito dessas senhorinhas que, "mortos os maridos, liberadas da autoridade marital, gozam desenfreadamente da liberdade segundo seu próprio arbítrio": Elas, escreve, recebem no segredo de sua casa o hábito da santidade, por não suportarem o vínculo das núpcias. Assim, sob o pretexto da religião, abandonado todo temor, realizam sem freios tudo aquilo que agrada ao seu espírito. E, de fato, buscam os prazeres, procuram os banquetes, tragam copos de vinho, frequentam banhos e, tanto quanto conseguem, mais fazem mau uso daquele hábito na distensão e no luxo das vestes. Portanto, quando comparecem na praça maquiam o rosto, cobrem as mãos de pó de arroz, acendem o desejo de modo a suscitar o ardor em quem as vê. Muitas vezes também desejam observar descaradamente a um de belo aspecto e ser observadas e, para resumir, soltam os freios do espírito para toda dissolutez e desejos. Assim, sem dúvida, uma vez acesas as chamas de uma vida luxuriosa, os estímulos da carne ardem nelas de tal modo que secretamente se submetem não a uma apenas, mas (o que é nefasto dizer) a muitas prostituições.

Naturalmente, se a barriga não cresce não é fácil que se prove. O que fazer, portanto, para confrontar "uma peste tão abominável"? Simples: estabeleçamos que todo aquele que estiver ligado por parentesco a uma solteira ou uma viúva que toma o véu e não entra no mosteiro tenha que pagar ao palácio o seu *Wergeld*, ou seja, o valor pessoal definido em lei; o príncipe a faça entrar no mosteiro com o *Wergeld* e os seus bens pessoais". E foi exatamente o que aconteceu, no século X, à romana Marósia que, com sua mãe Teodora, mesmo sendo analfabeta, exerceu com sua beleza um poder enorme não apenas na Cidade Eterna, mas também sobre toda a Igreja da época. Casou-se três vezes – com Alberico de Espoleto, Guido da Toscana e Hugo de Provença –, foi concubina de um papa – Sérgio III, seu primo, do qual teve um filho que mais tarde mandou matar – e, no âmbito das lutas de facção que ensanguentavam Roma, fez prender e, quem sabe, eliminar um outro pontífice, João X. Marósia – que o bispo Liutprando de Cremona definiu sem meios-termos "bela como uma deusa e fogosa como uma cadela" – conseguiu fazer com que fosse eleito para a Cátedra de Pedro até mesmo seu filho com o nome de João XI. Todavia Alberico II, meio-irmão do papa, rebelou-se contra a influência da mãe mandando arrastá-la e prendê-la no convento, onde morreu por volta de 955.

Infância negada?

Quando não transgrediam as regras impostas pela cultura dominante, as mulheres na Idade Média eram – como já foi dito – esposas e mães. E o nascimento e criação de filhos constituía uma das funções primárias. O parto acontecia no quarto, deitadas no leito e rodeadas por outras mulheres entre as quais parteiras geralmente de classe pobre. O batismo do recém-nascido acontecia, nos primeiros séculos da Idade Média, por ocasião do Pentecostes ou da Páscoa, mas com o tempo impôs-se o costume de batizá-lo logo ou ao máximo após poucos dias, por medo de que morresse em pecado original, e, portanto, entregue à danação, e não pudesse ser sepultado em terreno consagrado. O aleitamento era mantido até aproximadamente os dois anos de idade e ficava aos cuidados da mãe: apenas as famílias mais abastadas podiam se permitir uma ama de leite remunerada.

A expectativa de vida de uma criança, na Idade Média como também na Era Moderna, era bastante baixa. As doenças eram muitas e contagiosas, as condições higiênicas muitas vezes precárias (cf. o cap. 8, sobre a higiene e a medicina) e a alimentação em grande parte muito escassa ou inadequada. Segundo uma boa estimativa, calcula-se que 25% das crianças morressem dentro de um ano de vida, 12,5% entre 1 e 4 anos e 6% entre 5 e 9 anos de idade[16]. A maior parte dos sobreviventes, de qualquer modo, tinha diante de si uma vida difícil em que a juventude durava pouquíssimo e era, ademais, uma condição pouco ou nada reconhecida. Os filhos dos trabalhadores braçais, dos camponeses, dos artesãos começavam a trabalhar muito cedo, assim que conseguiam segurar nas mãos os instrumentos de trabalho, embora para os serviços mais pesados fosse preciso esperar que adquirissem força física adequada. Quem era de classes mais altas aprendia a combater ou acabava nos conventos. As meninas eram educadas desde a mais tenra idade a exercer o papel a elas estabelecido na economia doméstica: cuidar dos irmãozinhos, aprender a costurar e realizar as várias atividades cotidianas. Ensinava-se a elas a ser antes de tudo esposa e mãe de família. As famílias de classe alta costumavam, uma vez combinados os casamentos, enviar a futura esposa ainda menina para a casa dos futuros sogros de modo que se acostumasse com o ambiente. Entre as classes inferiores, por outro lado, o costume era mandá-las a trabalhar junto a outras famílias – embora o costume fosse válido para ambos os sexos – de modo que aprendessem o ofício, adquirissem experiência e aliviassem a família do custo de mantê-las.

---

16. Para esses dados e outras informações: ORME, N. *Medieval Children*. New Haven/Londres: Yale UP, 2001.

O flagelo do abandono

Muitas vezes, no entanto, acontecia de as famílias não terem condições de ter mais filhos e se livrarem deles por meio da eliminação ou do abandono. Por quê? Por pobreza, principalmente. Para as meninas, o problema que se apresentava era que, enquanto as de famílias humildes tinham menos resistência do que os filhos homens e não podiam exercer trabalhos mais pesados, aquelas de famílias mais abastadas tinham de ter um dote para virar esposas. Nobres e burgueses resolviam o problema com o ingresso forçado em mosteiros, ao passo que os camponeses recorriam ao abandono ou então – o que é pior – à morte no nascimento: uma opção que, por mais que nos pareça – e com razão – inaceitável, devia na época ser muito comum, considerando que a punição prevista era bastante branda, ou seja, jejum a pão e água durante três anos. Uma penitência, portanto, considerada aceitável, pois, além de tudo, era uma boca a menos para ser alimentada. Mas as crianças também eram abandonadas para esconder a prova de uma traição, de uma relação ilícita, de uma violência: ou seja, para eliminar o fruto do pecado. Em uma época em que a ignorância era generalizada – e não era assim até poucas décadas atrás, também nas nossas fazendas fechadas? – as crianças nascidas com alguma imperfeição eram escondidas ou eliminadas diretamente no nascimento. A superstição era sempre uma cilada. Deformidades e doenças eram consideradas obra do demônio ou demonstração claríssima de uma concepção originada fora do âmbito lícito: durante o ciclo menstrual, nos momentos de penitência, em uma relação adúltera ou praticando posições sexuais consideradas (cf. o cap. sobre a sexualidade) ilícitas e imorais. Não era nem mesmo muito raro que se vendessem os filhos como escravos, mas essa ação também era punida com severidade: na Espanha, com a fogueira e, na Sicília, com a amputação do nariz e, às vezes, com a morte.

No início do século X, uma série de decretos remodelou o assunto retomando em parte o que já fora estabelecido por Justiniano no *Corpus iuris civilis*. Foram estabelecidas penas mais severas para o infanticídio e para a morte acidental do neonato ou por sufocamento ou por injúria da parte dos pais. Decidiu-se ainda que os filhos abandonados podiam ser criados não mais apenas como livres – isso é o que o *Corpus* já prescrevia –, mas também como escravos por parte de quem os recolhesse, enquanto quem os tivesse abandonado à própria sorte não podia retomá-los sem o seu consentimento, a menos que os resgatasse mediante uma soma de dinheiro ou substituindo-os com um servo. As medidas, propostas pelo abade e cronista Regino de Prüm (morto em 915) na coletânea de cânones *De synodalibus causis et disciplinis ecclesiasticis*, previam uma explícita exortação dirigida às mães a fim de que não eliminassem os filhos indesejados, mas antes os deixassem em frente às igrejas. A motivação era, sobretudo, a salvação de suas almas: por isso os filhos eram imediatamente batizados e, se fossem encontrados já mortos, seu corpinho, na dúvida, era sepultado em terreno não consagrado.

Entre os primeiros a decretar a acolhida e o cuidado das crianças encontradas por parte do Estado foi Constantino, que estabeleceu também que o infanticídio fosse punido com a pena capital, enquanto ainda no século IV São Basílio, no Oriente, criou uma espécie de cidade – exatamente a Basiliade – onde se acolhiam doentes, pobres necessitados de vários tipos de assistência, crianças abandonadas. Havia brefotroféus e orfanatos: os primeiros acolhiam as crianças recém-nascidas abandonadas; os segundos, crianças maiores. No Ocidente, instituições desse tipo se impuseram mais tarde. Talvez a primeira tenha sido a aberta em Milão pelo Arcipreste Dateu graças a um legado testamentário. O escrúpulo era de tipo moral. Diz o documento, datado de 22 de fevereiro de 787:

> As mulheres que conceberam em decorrência de um adultério, para que o caso não venha a público, matam os próprios filhos assim que nascem e assim os mandam ao inferno sem o banho batismal. Isso acontece porque não encontram um lugar onde possam conservá-los em vida, mantendo oculta ao mesmo tempo a impura culpa de seu adultério. Por isso atiram-nos nas valas, nas esterqueiras e nos rios. Portanto, eu, Dateu, confirmo por meio do que aqui está disposto, que seja instituído um brefotroféu para as crianças na minha casa e quero que este brefotroféu seja posto juridicamente sob a potestade de Santo Ambrósio, ou seja, do bispo *pro tempore*[17].

O bom prelado estabelecia, além disso, que "providencie-se uma remuneração regular a algumas amas de leite que amamentem as crianças e se encarreguem de sua purificação batismal. Terminado o período de aleitamento, os pequenos permaneçam no lugar por sete anos ininterruptos, recebendo adequada educação com todos os meios necessários; o próprio brefotroféu lhes forneça alimento, vestes e calçados". Institutos desse tipo floresceram lentamente por toda

---

17. FIORIO, M.T. "San Salvatore in xenodochio". In: *Le Chiese di Milano*. Milão: Electa, 1985, p. 230.

parte seguindo principalmente o modelo dos hospícios construídos na França no século XII pelos membros da Ordem do Santo Espírito – fundada por Guido de Montpellier – para acolher órfãos e encontrados. Ainda em Milão, por exemplo, no final do século III, o Hospital do Brolo hospedava até 350 crianças que eram amamentadas por amas adequadamente remuneradas pela cidade, como informa meticulosamente o poeta milanês Bonvesin de la Riva (1240-1315 c.) no *De magnalibus urbis Mediolani*, em que louva as muitas excelências de sua terra.

Crianças expostas e oblatas

Mas há que se dizer que, infelizmente, apesar de tudo, eram poucos os recém-nascidos e crianças que chegavam ainda vivas e que, uma vez aceitos, sobreviviam dentro de seus muros[18]: as condições higiênicas eram escassas, a promiscuidade era tanta, as doenças tão comuns e a alimentação muitas vezes inadequada. Mas sempre era melhor do que nada... Sua obra de caridade foi reconhecida pelo Papa Inocêncio III que decidiu por sua vez criar em Roma um hospital com o mesmo objetivo: o lugar escolhido foi do outro lado do Tibre, onde, em 728, Ina, de Wessex, o rei dos saxões, mandara construir um edifício para hospedar os peregrinos de sua nação que vinham rezar na Cidade Eterna. A ideia era mostrar uma alternativa possível às mães que se dirigiam às margens do rio para livrar-se dos recém-nascidos que não podiam criar. Para garantir o anonimato, o hospital possuía uma *rota* (roda) imitando aquela que funcionava em Marselha já a partir de 1188. O mecanismo era simples: na parede externa uma abertura para este fim permitia colocar o neonato dentro de uma caixa de madeira; acionando uma alavanca, o "berço" girava sobre um eixo vertical e era exposto do lado de dentro do edifício com seu conteúdo. O som de um pequeno sino permitia a quem estava de guarda ser avisado da chegada de uma criança e providenciar imediatamente sua acolhida. As crianças assim entregues eram inscritas, no momento de seu ingresso, em um registro: em Roma, da frase abreviada "*filius m[atris] ignotae*", ou seja, "filho de mãe desconhecida", teria derivado a correspondente expressão mais vulgar [*mignota*, em italiano, é um palavrão bastante comum que poderia ser traduzido como "prostituta"]. Outro importante instituto de acolhida de crianças era

---

18. BOSWEL, J. *L'abbandono dei bambini*. Milão: Rizzoli, 1991.

o Hospital dos Inocentes de Florença, criado no século V sob projeto do grande arquiteto Filippo Brunelleschi para ampliar os precedentes (e já insuficientes) brefotroféus de Santa Maria em San Gallo e de Santa Maria della Scalla, que acolhiam os "descartados".

Um modo certamente menos traumático para salvar uma criança era o da oblação: isto é, oferecia-se o pequeno ao mosteiro como "dom". Ele recebia um teto, roupas, comida e uma instrução, o que abria possibilidades enormes também a alguém que teria ficado excluído, por origem social ou outros motivos. Um caso famoso é aquele de Beda, o futuro grande historiador e erudito da Ânglia, que entrou com apenas sete anos no Mosteiro de São Pedro e São Paulo em Wearmouth.

Em troca, porém – como aos poucos se impôs –, devia fazer os votos: o Concílio de Toledo, em 633, estabeleceu sem meias palavras que "tanto a devoção dos pais quanto a devoção pessoal podem fazer um monge. Ambos os meios são vinculantes. Por isso, rejeitamos qualquer possibilidade de retornar ao mundo e qualquer retorno à vida secular". A pena para quem o recusasse seria a excomunhão. A opção da oblação – embora feita pelos pais no lugar de uma criança ainda sem consciência – tornou-se, portanto, realmente irreversível, sob os olhos de São Basílio e seus seguidores que, na verdade, haviam considerado oportuno aguardar um consenso dos interessados, expresso ou negado uma vez atingida a idade para fazê-lo.

O fenômeno dos abandonos, todavia, por mais que tenha sido parcialmente controlado, não foi jamais inteiramente vencido. Ainda no século XIV, Boccaccio – em uma conversa mole contra o "execrável sexo fêmineo" – lamentava a propagação do triste costume:

> Quando você parte, apesar de eles terem crescido direito, nos braços da sorte se lançam! Observem-se os hospitais. Quantos mais, antes que tenham saboreado o leite materno, são assassinados! Quantos no bosque, quantos às feras são lançados, ou aos pássaros! Tantos e de maneiras tão variadas perecem assim que, se formos considerar tudo, o menor pecado delas é ter seguido o apetite da luxúria[19].

Como cabra-cega...

Liberadas rapidamente, mandadas ao trabalho cedo, acostumadas a viver em comunidades numerosas onde ficavam junto com muitíssimas como elas, sem

---

19. RICCI, P.G. (org.). *Classici Ricciardi-Einaudi*. Turim: Einaudi, 1977, p. 31-32.

atenções particulares. Enfim, para as crianças da Idade Média, tempo para ficar se distraindo, brincando e passando o tempo havia, somando tudo, bem pouco. E, talvez, seja emblemático que praticamente ninguém se tenha preocupado em conservar, colocando por escrito, as rimas e versos que cantavam durante suas brincadeiras[20]. Parece podermos concluir que o mundo onde viviam fosse feito para adultos, e a infância fosse vista como um acidente incômodo do qual era oportuno livrar-se o mais rápido possível. A própria legislação, além de tudo, considerava adultos (e, portanto, puníveis por eventuais infrações cometidas) garotos de quatorze anos, meninas de doze, ou seja, quando entravam na puberdade e podiam legitimamente se casar. Isso reduzia consideravelmente o *gap* geracional, visto que, se tudo fluía de acordo com as regras, o primeiro filho de um casal chegava quando os esposos ainda eram adolescentes.

Tudo isso, porém, não significa que às crianças não fosse absolutamente reconhecido um estatuto particular e, na verdade, está completamente superada a visão que vigorou até poucas décadas atrás, segundo a qual na Idade Média não haveria a ideia de infância[21]. Isso fica claro, por exemplo, pela difusão em todas as classes de jogos – mais ou menos simples, mais ou menos ricos – adaptados aos pequenos. Sendo, em grande parte, de material perecível (madeira, pano, tecidos), não se conservaram. No entanto, os materiais encontrados nas escavações arqueológicas permitem afirmar com certeza que, por exemplo, as bonecas de terracota eram muito conhecidas desde os tempos do antigo Egito. Nos primeiros séculos da Idade Média não era raro sepultar as crianças defuntas com seus brinquedos, adereços e pequenas bibelôs: conhecem-se, por exemplo, várias tumbas lombardas em que o pequeno morto era depositado junto com suas armas, enquanto em Spilamberto (Módena) as três sepulturas de meninas trouxeram à tona até mesmo um belíssimo medalhão com pedras preciosas, um chifre para beber de vidro trabalhado e um pequeno unguentário romano turquesado que provavelmente era utilizado como brinquedo. Bastante atestadas são também as armas de brinquedo que parecem ter conhecido picos de sucesso nos períodos de incidência de guerras: essa, pelo menos, é a hipótese sugerida

---

20. Algumas rimas e versos para crianças foram recolhidas em ORME, N. *Fleas, Flies and Friars: Children's Poetry from the Middle Ages*. Ithaca: Cornell University Press, 2012, mas se trata de documentação datável do século quinto em diante.
21. ARIÈS, P. *Padri e figli nell'Europa medievale e moderna*, Roma/Bari: Laterza, 1981.

pelo fato de que em Bergen, na Noruega, o maior número de achados desse tipo – como o conjunto de punhais de madeira descoberto em Bryggen, um bairro da cidade, e hoje conservados no museu local – data das últimas três décadas do século XII, marcado por fortes conflitos[22].

No século XIV, no entanto, reaparece o cavaleiro de metal descoberto nas cercanias do Tâmisa, perto de Londres: era obtido por meio de uma impressão, portanto, produzido em série. Na mesma escavação foram encontrados pratos, copos, panelas em miniatura que, muito provavelmente, eram usados pelas meninas para brincar de cozinheiras, assim como fazem hoje. A mesma coisa em Esslingen, na Alemanha, junto com um verdadeiro tesouro de jogos da Idade Média tardia que incluía bonecos de cerâmica, cavalinhos e até mesmo um guizo em forma de passarinho[23]. Outros brinquedos comuns eram apitos de argila, barquinhos de madeira e piões. São conhecidos inclusive casos de altares em miniatura, destinados, obviamente, a familiarizar o futuro homem da Igreja, com diversos utensílios litúrgicos. Muitas ilustrações sobre códices mostram finalmente grupos de meninos brincando de cabra-cega, de bolinhas, bolas, enquanto empurram uma roda de madeira com um pauzinho ou cavalgam um cavalo imaginário obtido com um simples graveto: em suma, os mesmos passatempos que ocupavam nossos avós.

Pequeno e indefeso?

Qual era a imagem da criança na Idade Média? Pode parecer estranho, mas na representação iconográfica se distinguia muito pouco dos adultos. Se examinarmos miniaturas, afrescos e esculturas – exceção feita para o Menino nos Braços da Virgem –, as crianças aparecem quase sempre como adultos em miniatura e partilham da mesma expressão grave. Será preciso esperar a Idade Média tardia

---

22. SAMSET MYGLAND, S. "Behind fragments and shards: children in medieval Bergen". In: *AmS- -Skrifter* 23 (Stavanger, 2010): 83-93.
23. ELDERS, J.A. *Farmersm Friars, Millers, Tanners. A study of the development of a medieval suburb bases on recente excavations on the site of Carmelite friaru in the Obertorvorstadt, Esslingen am Neckar, Germany*. Tese inédita de doutorado na Universidade de Nottingham 1996, British Library.
• SCHÄFER, H. "Das Karmeliterkloster in der Obertorvorstadt in Esslingen". In: *Archäelogische Ausgrabungen in Baden-Württenberg 1991*. Stuttgart, 1992. • Id. "Befunde "Auf dem Kies" – Grabungen südlich des Karmeliterklosters in Esslingen. In: *Archäelogische Ausgrabungen in Baden-Württenberg 1992*. Stuttgart, 1993.

e o Renascimento para que os meninos se reaproximem das estripulias típicas de sua idade, adotando vestes e comportamentos conformes com seu papel: o puto se tornará então um ícone gracioso e formoso, de grande sucesso sobretudo nos ambientes de corte como símbolo de uma inocência absoluta que fincava suas raízes mais profundas no mito. Isto, porém, não significa, como já sublinhamos, que a infância não fosse percebida como uma idade própria e com suas características peculiares também no plano do vestuário e dos ornamentos. Durante a primeiríssima infância, bebês eram quase totalmente enfaixados (exceto o rosto, claro) com tiras de linho. Assim que começavam a engatinhar recebiam roupas parecidas com as usadas por todos na comunidade, apenas de tamanho pequeno. Também os calçados tinham o mesmo aspecto que os dos adultos, exceto pelas dimensões: para dar-se conta disso, basta observar, por exemplo, as muitas (2.088, na verdade!) solas encontradas em 27 sítios arqueológicos escavados em Bergen, na Noruega, que eram calçadas pelas crianças até os doze anos de idade e equivaliam, nas medidas europeias modernas, aos números de 14 a 33[24]. A partir dessa idade, as diferenças deixavam de existir: de resto, era exatamente no limiar dos doze a quatorze anos que indicava o ingresso – também do ponto de vista jurídico, como mencionamos – na idade adulta.

Provavelmente jamais saberemos qual era a verdadeira natureza e a intensidade da relação entre pais e filhos nesses séculos tão distantes. Mostra-se superada a visão que pretendia que a infância medieval fosse comparável a um verdadeiro pesadelo, em que as crianças viviam entregues a si mesmas, privadas de atenção e de afeto: como se os pais, em uma espécie de autodefesa mais ou menos consciente, se recusassem a afeiçoar-se dos filhos por temor de sofrer muito dada a frequência com que morriam em tenra idade. Vejamos esse testemunho dos anos 1270 de uma mãe, uma camponesa húngara, proclamado diante dos inquisidores por ocasião do processo de canonização de Margarida da Hungria. Dormia com o filho pequeno para poder amamentá-lo mais comodamente; ao acordar, descobriu-o morto. Eis a sua reação:

> [...] e, pegando-o pelos pés em meus braços, eu o tirei do leito e comecei a chorar e a gritar por causa do menino. Toquei-o, mas não se mexia mais, jazia como morto. Então fiquei muito triste e aflita porque meu

---

24. SAMSET MYGLAND, S. Op. cit.

filho estava morto, assim como a minha outra filha, e rezei a Santa Margarida que fizesse o meu filho reviver..."[25].

As mães, quando perdiam os filhos, se desesperavam, e muito. Assim como hoje!

Se é verdade que em geral as crianças eram vistas como frágeis e indefesas, a literatura nos transmite exemplos de crianças em nada passivas e, aliás, muitas vezes, violentas. Egill Skala-Grímsson, o protagonista da saga homônima islandesa, aos três anos é o dobro maior do que as crianças de sua idade, tem uma loquacidade fora do comum e coloca em maus lençóis nos jogos não apenas a seus coetâneos, mas também os adolescentes. Aos sete anos, enquanto jogava bola ao lado do Rio Hvítá, é vencido por Grím Heggsson de doze anos e os dois começam a brigar. Egill se dá mal e acaba no chão, ridicularizado pelos companheiros. Nessa hora, seu amigo e mentor Thord Granason lhe passa uma machadinha com a qual o garoto mata Grím para se vingar da ofensa sofrida. Curiosamente, o comportamento não é estigmatizado pelos pais; em vez disso, a mãe o elogia porque assim agindo demonstrou a todos que é um verdadeiro viquingue. E esse não é, certamente, um caso isolado[26].

O fim da vida

E depois das mulheres e das crianças, um rápido olhar também para os anciãos, para mostrar como, na Idade Média, não havia uma clara consciência de sua situação e de suas necessidades. As pessoas que não eram mais jovens, na verdade, não eram percebidas como uma categoria "especial", porque de fato continuavam a realizar as suas atividades – combater, viajar, rezar, trabalhar – enquanto tivessem força para tanto. A velhice propriamente dita, aquela que se manifesta depois dos setenta anos, era, no fim das contas, uma condição a que poucos chegavam. Envelhecia-se mais cedo e se morria antes por doenças, dificuldades da vida, carestias, guerras. Quem chegava à idade venerável suportava com cristã resignação

---

25. Apud: OPITZ, C. "La vita quotidiana delle donne nel Tardo Medioevo". In: *Storia delle donne*. Op. cit., p. 355-356 [Essa obra fornece ainda outros exemplos].
26. Cf. JAKOBSSON, Á. "Troublesome children in the Sagas of Icelanders". In: *Sagabook*, vol. XXVII. University College London – Viking Society for Northern Research, 2003, p. 5-24.

as desgraças e se preparava com maior ou menor serenidade para a morte. Conventos e mosteiros acolhiam os mais indigentes e doentes entre seus muros e lhes davam assistência enquanto esperavam a fatídica passagem à vida eterna. Com o final da Idade Média e o nascimento do Humanismo, porém, a percepção mudou de maneira significativa. Em uma idade em que beleza física e vigor se tornaram – um pouco como hoje – totens aos quais, mesmo conscientes de sua extrema fugacidade, muito devia ser sacrificado não havia mais lugar para a velhice, manifestação plástica de decadência, fragilidade e debilidade. Para que alguém se ocupasse dos anciãos de uma maneira exclusiva e sistemática seria preciso esperar até o ano de 1489, quando seria impressa a *Gerontocomia* do veronês Gabriele Zerbi. Mas o Renascimento já se esboçava.

2
No quarto de dormir (e não apenas)

Prazer: como hoje, na Idade Média se atribuía a essa palavra um significado meramente carnal, estritamente ligado ao sexo. Uma concepção parcial e limitada, mesmo porque, além do gozo sexual, existiam as alegrias proporcionadas pelos outros sentidos. Procurados e apreciados tanto pelos ricos quanto pelos pobres, os prazeres sexuais eram, no entanto, condenados pela Igreja que os considerava um artifício excogitado pelo demônio para afastar as pessoas da salvação e, vice-versa, precipitá-las na danação.

Os prazeres da vida

Adentremo-nos no assunto. A Idade Média conhecia e apreciava o prazer de comer, embora nem todos dispusessem de suntuosos banquetes. Se nobres e soberanos podiam se permitir muitas entradas e pratos elaborados e belos de olhar por suas formas e cores especiais, os mais humildes e rústicos esperavam geralmente as festas para gozar dos alimentos e bebidas mais abundantes. A fome, de resto, estava sempre à espreita: bastava uma carestia, uma seca ou, ao contrário, uma inundação, para comprometer as provisões de regiões inteiras. Parece que podemos afirmar que os medievais, sempre que houvesse disponibilidade de bebida e comida, não perdiam a oportunidade para usufruir desse prazer. Isso, sempre sob os olhos dos eremitas e dos ascetas, que se mortificavam no jejum, e dos frades, que pregavam – como o franciscano Bertoldo de Ratisbona – a moderação e estigmatizavam (inclusive por questões de saúde) os excessos no comer e no beber. Os banquetes eram vistos pela Igreja com suspeita porque implicavam, além do paladar, também outros sentidos: olfato (para o perfume das comidas), audição (geralmente nessas ocasiões se contava com espetáculos musicais), visão (à mesa, também os olhos exigiam sua parte!).

Não era raro, além disso, que os banquetes, junto com o beber sem modos, terminassem entre diversões também sexuais desenfreadas. Entre os prazeres da vida, além da taverna (celebrada nos famosos *Carmina Burana*), um lugar de destaque era ocupado pelas atividades físicas: a caça, sobretudo, mas também os jogos em área aberta – como a bola, o carrossel e os torneios –, os dados e o xadrez. Mas ao lado dos prazeres do corpo havia os do espírito: o reconhecimento e a busca da beleza, tanto produzida quanto natural; e a arte, a música, a literatura, a leitura e a escrita.

A vida, portanto, para o homem medieval, podia, apesar de tudo, ser prazerosa. Primeiramente, porque breve. "Oh como é bela a juventude / que logo escapa, todavia! / Quem quiser aproveitá-la, o faça / do amanhã nada sabemos", escrevia Lourenço de Médici. E não era o único. Mas havia também quem, convencido de que o pouco tempo à disposição devia ser utilizado unicamente para buscar a salvação, evitava decididamente todos os prazeres: o *contemptus mundi*, ou seja, o desprezo pelo mundo, tornou-se uma doutrina muito seguida, sobretudo, nos mosteiros, e produziu tratados e poemas (célebre especialmente aquele composto no final do século XII por Lotário dei Conti de Segni, futuro papa Inocêncio III) que elencavam as seduções terrenas e os motivos para evitá-las. A beleza, a riqueza, a juventude, as honras, o poder: todas quimeras falazes, votadas a pronto desaparecimento, não sem antes ter carregado o homem à perdição.

Amor ou sexo

Um tratado muito célebre do século XII, o *De amore*, de Andrea Cappellano, verdadeira suma do erotismo juntamente com *Roman de la Rose*, de Jean de Meung (1270), fazia do amor uma leitura intelectual. Segundo suas teorias, o amor nascia a partir dos olhos: o olho era o "espelho do coração", e ver e enamorar-se eram uma coisa só. Depois de "atingido pela flecha" era preciso passar à ação: primeiro, declarando-se; depois, conversando com a pessoa amada; por fim, obtendo dela o tão almejado "prêmio de amor". Que, formalmente, porém, não era o ato sexual, e sim uma grande quantidade de carícias e beijos. Não que o acasalamento em si não pudesse acontecer naturalmente. Aliás, os *fabliaux*, romances de amor da França setentrional, chegam a ser bastante explícitos. Mas o *fin' amors*, o "amor cortês" teorizado pelos autores provençais era, sobretudo, um jogo intelectual reservado à elite, aos nobres e aos cortesãos. Os camponeses eram considerados incapazes de experimentar o verdadeiro prazer: rudes e incultos, em termos de amor seguiam seus instintos, assim como os animais. Até aqui, a ficção literária. Mas como era vivido o amor, na realidade? De modo muito mais prosaico. Os jovens cortejavam as mocinhas que mais agradavam, mas o matrimônio, geralmente, era um assunto tratado entre as respectivas famílias. Às vezes, então, se decidia recorrer ao rapto. Traições e relações extraconjugais não eram raras, como fica demonstrado pelo número – imponente – de filhos ilegítimos.

Passando ao sexo, demonizado e condenado pela Igreja, que o considerava uma armadilha do diabo, era, no entanto, buscado e praticado. Na realidade, não se conhecia muito sobre os mecanismos que regulavam o prazer físico. A dissecação de cadáveres com finalidade científica foi praticada somente a partir de 1200. Até então, tinha-se de acreditar nos autores clássicos e alguns esporádicos tratados médicos, na verdade, nada precisos. Com amparo das teorias do grego Galeno (séc. II), mais vezes retomadas e divulgadas na Idade Média, considerava-se que a mulher deveria ter prazer para conceber, porque o prazer permitiria ao corpo feminino a emissão de uma "semente" semelhante à do homem. Uma concepção que foi em seguida recusada e com enormes consequências: quando, no final do século XIII, Egídio Romano afirma que a mulher pode ser fecundada até mesmo sem chegar ao orgasmo se chega perto da verdade, mas escreve a palavra final para que o homem não se preocupasse mais em provocar o prazer à sua companheira durante o ato sexual.

Para a Igreja, naturalmente, a busca do prazer ligada ao sexo era um pecado condenável sem exceção. Como veremos detalhadamente, o sexo, admitido somente com vistas à procriação – e sempre no vínculo conjugal – era considerado pecado carnal. Se o Apóstolo Paulo afirmava que "é bom para o homem não tocar mulher: todavia, para evitar a fornicação, cada homem tenha a própria mulher, e cada mulher tenha o próprio marido", São Bernardo lembrava que "adúltero é também o homem que ama a mulher apaixonadamente demais"! A continência e a moderação nas relações, portanto, eram sempre recomendadas. Era proibido acasalar durante as festividades, na noite de domingo, durante a gravidez e no período menstrual da mulher. Caso isso não fosse observado, era preciso fazer penitência jejuando a pão e água por alguns dias. Apenas no século XIII, o prazer relacionado ao sexo começou um lento percurso rumo a uma, ao menos, parcial legitimação.

O aborto e a contracepção (expedientes conhecidos pelas mulheres e, particularmente, pelas parteiras) eram condenados sem exceção, especialmente para os mais pobres. Condenados eram também os, assim chamados, desvios: homossexualidade (tanto masculina quanto feminina), relações carnais com os animais, mas também alguns atos que, como o coito interrompido ou as posições sexuais "anômalas", impediam ou punham em risco a procriação. Quanto ao autoerotismo, a posição era ambivalente: se a Igreja, com o apoio dos textos bíblicos – que proibia desperdiçar o sêmen – geralmente o condenava, um ilustre teólogo como Alberto Magno admitia, na adolescência, que a masturbação feminina podia ter, inclusive, uma função terapêutica. De qualquer modo, se na Alta Idade Média não era considerado um pecado grave, do século XIII em diante começou a ser considerado um vício contra a natureza. No entanto, o autoerotismo feminino continuou sendo visto como menos grave em relação ao masculino.

Mas que pena!

Depois dos excessos, era hora de arrepender-se. O senso do pecado, inculcado pela Igreja, recordava ao homem a fugacidade do prazer e a necessidade de remediá-lo com uma adequada penitência para escapar da condenação eterna. De resto, legiões de comentadores das passagens bíblicas, teólogos e pregadores insistiam continuamente sobre o conceito do pecado original. A história bíblica é conhecida: Eva, tentada pela serpente do Éden, induz Adão a comer do fruto proibido (a maçã) infringindo assim uma proibição específica de Deus. A culpa mais grave, além do ato em si, era ter pretendido desafiar Deus e elevar-se ao seu nível. Expulsos do paraíso terrestre, Adão e Eva foram obrigados a vagar sobre a Terra, a trabalhar para sobreviver e Eva a parir com dor: justa punição para uma culpa que não poderá jamais ser redimida senão com o batismo e com o arrependimento e que, de todo modo, não anula as consequências do pecado original.

A humanidade, portanto, está condenada a sofrer, mas não eternamente. O homem, destinado a perecer, frágil por natureza e submetido a provas que põem em risco sua própria sobrevivência, ainda é tentado pelo demônio a cometer o pecado novamente, e a perpetuar sua condenação até o fim dos tempos. As insídias inventadas pelo diabo são tantas, os riscos de cair vítima de suas armadilhas e presa dos vícios capitais é altíssimo. Soberba, avareza, luxúria, inveja, gula, ira e acedia: Como fugir das tentações? Um caminho, praticado pelos monges, era o da fuga do mundo; mas também aqui o pecado sempre estava à espreita e a luta para vencer o demônio era sempre sobre-humana. Ou, então, se buscava uma dura penitência: primeiro, ela devia ser cumprida publicamente, nos séculos VI-VII também de forma privada, desde que regulamentada nos mínimos detalhes graças aos *Penitenciais* (manuais de confessores). Confessar-se também era uma obrigação, sobretudo a partir de 1215, quando o Quarto Concílio de Latrão introduziu a prescrição de fazê-lo ao menos uma vez ao ano. Também porque o encontro marcado com a morte podia dar-se sem aviso: melhor, então, estar com as contas em dia, fazer testamento (inserindo uma boa doação para a Igreja), ou, talvez, retirar-se ao convento. E evitar assim o risco de acabar no inferno. Este, de fato, o destino certo de quem peca e não se arrepende.

Não desejar o cônjuge alheio

A Igreja sempre condenou de maneira unívoca o sexo fora do matrimônio. Mas esse "pecado", antigo como o mundo, continuava a ser praticado da mesma forma. O que acontecia com quem era pego em flagrante? Depende: se o pulador de cerca era do sexo masculino, podia-se até colocar panos quentes. Mas se era uma mulher, a questão era decididamente problemática. Em linha de princípio, as mulheres eram trancadas no convento. Mas eram previstas algumas penas mais ou menos "espetaculares", como a fustigação pública, a exposição ao público, escárnio e a raspagem dos cabelos até o crânio. O marido podia, então, decidir entre repudiar a mulher trancafiando-a em um convento ou retomá-la consigo. As normativas eclesiásticas costumavam chamar à atenção para o caráter da mulher como tentadora e, portanto, as punições reservadas a ela eram mais pesadas. No entanto, com o tempo, começou a surgir a ideia que, se a mulher havia pecado, o homem que havia consentido com a relação também era culpado. No sul da França, por exemplo, a fustigação por adultério era prevista para ambos os traidores.

O adultério era considerado, no entanto, um pecado "menor", a menos que um dos dois tivesse cometido homicídio contra o esposo (ou esposa), ou contra o amante. Em tal caso, se um homem matasse a mulher, era incriminado e perdia todas as propriedades da consorte; não podia mais casar-se senão depois de obter uma dispensa especial.

Mas sempre foi assim? Antes da imposição do cristianismo, os maridos tinham o direito de matar as mulheres que os traíssem. Com a queda do Império Romano e o nascimento dos reinos romano-bárbaros, impôs-se uma visão no conjunto mais "pragmática", na qual em geral se privilegiava o ressarcimento pecuniário à pena capital. Que, porém, era acionada caso a acusação de adultério fosse provada.

Retomemos as já citadas leis lombardas, postas por escrito (em latim) pelo Rei Rotário no ano 643 e destinadas ao seu povo, que vivia seguindo uma normativa diferente dos súditos itálicos, ligados ainda ao direito romano.

> Se o prometido esposo diz de sua futura esposa que ela cometeu adultério depois de ter contraído os esponsais com ela, seja lícito aos parentes isentá-la de culpa com doze sacramentais seus; e depois que tiver sido desculpada, o prometido esposo a tome por mulher como estava estabelecido antes no acordo. Mas se, depois que foi desculpada, deixa de tomá-la por esposa, o prometido esposo seja condenado a pagar metade do dobro do valor correspondente ao que tinha sido concordado no dia em que assinou o acordo. E se, no entanto, os parentes, como dito, não puderam desculpá-la daquela acusação, o prometido esposo retome para si os bens que havia dado e a culpada seja punida com a pena de adultério como estabelecido nesse edito (cap. 179).

Pena que podia ser inclusive capital: "Se alguém acusar outrem de ter fornicado com sua mulher, seja lícito ao acusado isentar-se de culpa ou com um juramento ou mediante um representante; e se a acusação for provada, seja condenado à morte" (cap. 213). Este, parece, era o caso sobretudo quando o adultério era cometido dentro do matrimônio. Se a acusação fosse feita em relação a uma moça solteira, a situação que se criava era diferente. Para complicar as coisas, havia o instituto do múndio, típico do âmbito germânico, que previa a tutela do homem sobre a mulher (e sobre outras categorias consideradas não ainda emancipadas como os menores de idade até que tivessem chegado à idade de portar as armas). Prescreve ainda:

> Se alguém, detendo o múndio sobre uma moça ou uma mulher livre, a menos que seja o pai ou o irmão, move contra ela a acusação de adultério, perca o seu múndio e ela tenha a faculdade, com os bens de sua

propriedade, de voltar para sua família ou encomendar-se à corte do rei que deverá deter o seu múndio. Se o homem nega ter pronunciado tal acusa, seja-lhe lícito declarar-se sem culpa e, se puder, continuar a deter o múndio como antes (cap. 213).

O que acontecia se a mulher fornicasse voluntariamente? Depende. Se era livre, os parentes tenham a faculdade de vingar-se dela. Se, por acaso, ambas as partes decidem que aquele que fornicou com ela a tome por esposa, ele pague uma composição por sua culpa, ou seja, o *anagrift*, de 20 soldos; se não chegam a um acordo sobre ele a tomar por mulher, pague uma composição de 100 soldos, metade ao rei e metade a quem detém o múndio sobre ela. Se os parentes recusam ou transcuram de vingar-se dela, então seja lícito ao gastaldo do rei ou ao juiz entregá-la nas mãos do rei e sentenciar em relação a ela o que ao rei convier (cap. 189).

Por outro lado, se quem fornicava fosse uma escrava de um lombardo, este último seria considerado "vítima" do que a havia seduzido, e teria de pagar "ao senhor dela uma composição de 20 soldos; se fosse a serva de um romano, pagaria uma composição de 12 soldos" (cap. 194).

O sexo fora do casamento, portanto, era considerado não tanto um "pecado" no sentido prescrito pela Santa Igreja Romana, mas uma "afronta" à honra do homem, fosse ele o marido ou o dono (no caso de uma escrava seduzida): como tal, portanto, era punido severamente com sanções de tipo econômico. A mulher era vítima e acabou. Mesmo no caso de estupro. Quem o cometia perdia no máximo a posse do múndio sobre a vítima, se o possuía; mas se conseguisse inocentar-se da acusação, não sofria qualquer sanção (cap. 195).

Com o advento da sociedade feudal o adultério passou a ser considerado cada vez mais um "assunto de família": a nobreza, por maior ou menor que fosse – para não falar dos soberanos – se preocupava em garantir uma prole "certificada". Apesar disso, os filhos ilegítimos (os bastardos) não só eram frequentes como geralmente assumiam funções de primeira importância no interior da família, a ponto de não terem sido poucos os que fizeram da própria condição uma questão de orgulho, inserindo a apelação de "bastardo" entre aquelas utilizadas para autoapresentar-se em público. Bastardos famosos e de sucesso, ademais, foram personagens como Carlos Martel, vencedor de Poitiers no ano 732 e primeiro consolidador – embora mordomo de palácio – do reino dos francos, e Guilherme o Conquistador que, vencendo em Hastings no ano 1066, deu início à conquista normanda da Inglaterra.

Devemos também destacar que existiam cortes, como a famosíssima – e já citada – de Leonor da Aquitânia, que teorizavam, além do amor cortês e da adoração da "mulher angelical" por parte dos trovadores e troveiros – também o amor "aberto" às escapadelas extraconjugais, em linha com quanto era louvado nos *fabliaux* franceses, pequenos poemas em versos compostos pelos goliardescos *clerici vagantes* ("clérigos vagantes"). Esses estudantes que perambulavam pela Europa em busca de aventuras, que permaneceram em geral anônimos, escreviam com o objetivo de entreter os ouvintes. E – como no século XIV farão Boccaccio, com o *Decameron*, e Chaucer, com os *Contos de Cantuária*, ambos ricos de episódios licenciosos – eram muito bem-sucedidos.

A negação do prazer

A postura medieval no que diz respeito ao sexo era bastante ambígua. Enquanto os teólogos em geral o condenavam, os médicos o consideravam um aspecto essencial da vida, além de indispensável para a manutenção da saúde: sem sexo, o corpo corria o risco de acumular um excesso de humores (a teoria dominante era a dos humores, como se pode ver no capítulo sobre a medicina) que podia tornar-se prejudicial ao organismo. Com base nos textos clássicos, no caso de ser impossível praticá-lo, podia ser até mesmo recomendado recorrer à masturbação. Não era assim, obviamente, que pensavam os teólogos; a dispersão do sêmen era estigmatizada fortemente e se citava como exemplo a passagem bíblica que narra o caso de Onã (Gn 38,8-10):

> Então Judá disse a Onã: "Deves casar com Tamar, pois é o que a nossa lei exige do irmão de um homem que tenha morrido, de forma a que o primeiro filho que tiveres dela seja herdeiro do teu irmão".
> Mas Onã não estava de acordo em ter filhos que não viessem a ser considerados como seus; por isso, embora tendo aceitado esse casamento, quando se deitava com ela deixava a sua semente desperdiçar-se fora dela, a fim de evitar ter filhos que se tornassem descendentes do irmão. Isto que ele fazia era reprovado pelo Senhor; por isso também lhe tirou a vida.

A única dispersão do sêmen, por assim dizer, justificada era aquela que acontecia involuntariamente durante as poluções noturnas: nos outros casos tratava-se de vício.

Se o sexo devia ser praticado, ao menos para cumprir o mandamento divino de multiplicar-se, então devia ser sem prazer. O melhor, absolutamente, seria permanecer castos e puros. A virgindade, com base no exemplo de Maria que concebeu sem pecado e permaneceu ilibada mesmo depois do parto, era considerada a condição mais apreciada principalmente pelas mulheres. Porém, mesmo esposas e mães podiam esperar uma "reabilitação" se a última parte da vida transcorresse em castidade ou – melhor ainda – se faziam os votos. O termo "reabilitação" não é escolhido por acaso: a visão comum era que a mulher, enquanto descendente de Eva, a primeira pecadora, fosse um modelo de vícios. Para compreender o alcance misógino dessa visão, basta ler um famosíssimo trecho de Odo, abade de Cluny (878 c.-942), que recita, textualmente: "Se os homens pudessem ver aquilo que se oculta sob a pele, a vista das mulheres lhes daria náusea [...]. Como podem, na verdade, desejar e abraçar um saco de excrementos?" A Idade Média, portanto, tendencialmente, vê a mulher como causa de tentação e portadora de perdição para o homem. Para ela a única salvação, ou quase, advinha da castidade, e se pecava podia redimir-se apenas aceitando viver na pureza dos costumes, quem sabe terminando seus dias em um convento. As "monacações" eram fortemente encorajadas pela Igreja e não apenas por preocupações de caráter espiritual, visto que ao ingressar no claustro os bens destinados pelos parentes à jovem para as núpcias eram entregues ao ente eclesiástico como dote por seu "matrimônio" místico com Cristo. Entrando no convento a mulher perdia as características demoníacas porque renunciava ao mundo e às suas insídias para conquistar um tesouro muito mais precioso: a salvação da alma. Além disso, mantinha a flor mais preciosa aos olhos de Deus, a pureza, o que equivalia para as viúvas a readquirir a virgindade perdida. Virgindade que era decretada – como atesta, por exemplo, o *De secretis mulierum* ("Os segredos das mulheres"), atribuído erroneamente ao teólogo Alberto Magno (1206 c.-1280) – de modo às vezes empírico (inspeção da urina, reação a determinados alimentos...), que hoje, evidentemente, fazem rir.

Quanto às posições

A maior parte dos teólogos e dos pregadores tinha horror ao prazer enquanto portador de perdição e, portanto, o demonizava. A Igreja disciplinava o comportamento sexual de maneira praticamente completa, a começar pelos períodos de abstenção obrigatória: as festas litúrgicas, os momentos de penitência como a quaresma, os meses em que a mulher estava grávida ou amamentando ou durante a menstruação, considerada impura pela Bíblia. Regulamentadas também eram as posições do amor. Alberto Magno fazia cinco classificações em ordem decrescente de licitude: missionário (papai e mamãe), lado a lado, sentado, em pé, por trás. A única natural era a primeira: as demais quatro eram moralmente discutíveis, mas, ao menos na sua visão, usá-las não equivalia a cometer um pecado mortal. A opinião generalizada, porém, não era assim liberal. Na prática, nenhuma além da posição clássica do missionário era consentida, e isso porque se considerava que essa fosse a única natural e favorável à procriação. Como o sexo era orientado a esse fim e unicamente a ele – e não, claro, ao prazer como fim em si mesmo, estigmatizado como qualquer forma de prazer corporal – sair disso implicava necessariamente na condenação das autoridades eclesiásticas. Eram demonizadas seja a posição com a mulher por cima do homem, que ademais carregava a "pecha" de subverter os papéis, quanto a penetração *a tergo*, isto é, por trás, porque evocava o coito dos animais. Obviamente, banidos eram também o sexo anal e o oral, enquanto ambos não eram voltados para a procriação.

Essas últimas eram comuns também entre homossexuais e, sobre a homossexualidade – mais ainda que sobre as transgressões hétero, que, de qualquer modo, estavam no campo daquilo que era considerado "natural" –, a posição da Igreja era de intransigência absoluta. Fundamentando-se no que afirmavam São Paulo e Santo Agostinho, o Papa Gregório Magno (540 c.-604) no seu *Moralia in Iob* (Moral em Jó)[27], recordando o episódio de Sodoma, não hesita a afirmar o quanto foi "justo que os sodomitas, ardendo de desejos perversos originados do fedor da carne, perecessem ao mesmo tempo por meio do fogo e do enxofre, para que do justo castigo se apercebessem do mal realizado sob o impulso de um desejo perverso". Duas das maiores vozes teológicas, Pedro Damião (1007-1072) e Tomás de Aquino (1225-1274), falavam de "ato contra a natureza", o primeiro afirmando que "esse vício não deve ser absolutamente considerado um vício ordinário, porque supera em gravidade todos os outros. Ele, de fato, mata o corpo, destrói a alma, contamina a carne, extingue a luz do intelecto, expulsa o Espírito Santo do templo da alma"[28]; já o segundo defende que, "nos pecados contra a natureza em

---

27. Cap. XIV, 23.
28. *Liber Gomorrhanus*. In: *Patrologia Latina*, vol. 145, col. 159-190.

que é violada a ordem natural, se ofende o próprio Deus na qualidade de ordenador da natureza"[29]. E ainda, os dois sieneses Santa Catarina[30] (1347-1380) e São Bernardino (1380-1444) – veja-se sua pregação XXXIX – consideravam a homossexualidade o pecado mais grave em absoluto depois do pecado contra o Espírito Santo. Muitos ampliavam o campo bem além da relação propriamente dita entre dois indivíduos do mesmo sexo, incluindo práticas como a masturbação. Em outras palavras, qualquer ato que não fosse o acasalamento natural entre homem e mulher era considerado pecado mortal.

E não cair em tentação

Quais eram as punições previstas para os amantes da transgressão? Muitas e não tão leves. Os já citados *Penitenciais* (manuais de confessores) mesmo fazendo distinção entre clérigos e leigos, elencavam detalhadamente as penitências conforme os pecados cometidos. Desnecessário dizer que os sexuais eram os mais "esmiuçados". Um dos manuais mais conhecidos é o redigido entre 1008 e 1012, por Burcardo, bispo de Worms, autor também de um pesado *Decreto* que reunia em si toda a legislação canônica elaborada até sua época. Naturalmente, o esteio de tudo era a confissão: se não se confessava o pecado, não se recebia punição alguma. Mas o peso sobre a alma permanecia: razão por que muito poucos, considerando o terror de serem pegos pela morte imprevista – coisa nada incomum na época – sem ter recebido a absolvição ou a extrema-unção, se arriscavam a escorregar sobre os erros que cometiam.

O que acontecia, portanto, a quem caía em tentação? Vamos por ordem. Burcardo considera o incesto uma culpa apenas pouco inferior ao homicídio, sobretudo se cometido com a cunhada, com a mãe ou com a irmã: a condenação é o celibato perpétuo e períodos de jejum, ou seja, abstensão de alimentos que não sejam pão e água, que variava da vida inteira a dez anos. Os outros tipos de incesto são punidos consequentemente, conforme a gravidade. O mesmo vale para o adultério, condenado também por outros manuais, assim como todos os "desvios" sexuais. Eis alguns exemplos: "Se alguém cometeu atos como o homicídio ou a sodomia, fará dez anos de jejum. Se um monge fornicou uma vez apenas:

---

29. TOMÁS DE AQUINO. *Summa theologica*, II-II, p. 154, a. 12.
30. *Diálogo da Divina Providência*, cap. 124.

três anos de penitência. Se o fez mais frequentemente, sete anos de penitência". "Para o pecado da masturbação, um ano de jejum se o culpado é ainda jovem". Interessante a prescrição a seguir: "quando um clérigo fornica com uma mulher sem engravidá-la e quando esse pecado fica em segredo, fará jejum por três anos se se trata de um clérigo das ordens inferiores; por cinco se for um monge ou diácono; por sete se for padre; por doze se for um bispo": ou seja, se o "crime" tinha sido cometido, importante era que não fosse conhecido. Se o adúltero era um leigo menos sortudo, ou seja, que tinha tido um filho com a mulher de outro, a penitência prevista era "por três anos", abstendo-se dos alimentos gordurosos e do uso do matrimônio, pagando também o preço da desonra ao marido da mulher violada". E quem, mesmo sendo casado, cedia àquele "vício"? "Se um marido tiver fornicado de modo sodomítico faça penitência por sete anos, os primeiros três nutrindo-se apenas de pão, água e sal, e legumes secos; nos outros quatro abstenha-se do vinho e das carnes. Assim o seu pecado será perdoado e o confessor rezará por ele e o readmitirá à comunhão".

Frutos do pecado

Tanto a contracepção quanto o aborto eram considerados crimes graves. Partindo do pressuposto que – recordemos mais uma vez – o sexo sem finalidade de procriação era considerado pecaminoso, toda prática voltada a impedir a concepção era abertamente condenada pela Igreja e também pela moral pública. Mas, privadamente, as mais variadas práticas para evitar gravidezes indesejadas eram amplamente comuns da mesma forma. Os sistemas eram aqueles já conhecidos desde a Antiguidade, ou seja, o coito interrompido, mas também o preservativo: tratava-se de uma bainha rudemente obtida do porco ou dos intestinos de animais e era usada principalmente para evitar doenças venéreas. Que tipo de proteção pudia oferecer é muito difícil de definir: era, de fato, reutilizada diversas vezes até que se rompesse. Mas nesse caso a desgraça já estava feita.

Para afastar o perigo de ficar grávidas, as mulheres também faziam amplo uso de misturas à base de mel, que eram acrescidas dos mais variados ingredientes: inseridas na vagina, agiam – ou ao menos era o que se acreditava – como espermicidas. Trotula, exemplo excepcional de mulher médica que viveu em Salerno no século XI, em seu tratado *De passionibus mulierum ante in et post partum* ("Sobre as doenças das mulheres antes e depois do parto") cita como anticoncepcional uma pedra que chama *gagate*. Essas práticas eram consideradas altamente pecaminosas pela Igreja e, portanto, adequadamente punidas com jejuns. O mesmo vale para o aborto, sancionado com abstinências que variavam de trinta e seis a doze meses, conforme – ainda segundo Burcardo – o estágio da vítima: um feto ou um embrião "provido de alma". Uma curiosidade deriva da legislação lombarda, que vigorou muito além da queda do reino em 774: o capítulo 75 da já citada lei de Rotário prevê para o aborto, causado involuntariamente por terceiros, que o culpado reponha por inteiro o valor estimado da mulher se essa era livre, além da metade do valor da criança; se, por outro lado, se tratava de uma serva, a composição pecuniária prevista era de apenas 3 soldos (cap. 333); nada mais que três vezes o valor de uma égua levada a abortar em consequência de um maltrato.

Retidão e perversão

Voltando ao juízo sobre o sexo, esta é a lista das perversidades masculinas de acordo com o Abade Odo de Cluny:

> Possuíste tua mulher ou outra mulher ao modo canino? Tiveste relações sexuais durante as menstruações? Tiveste relações com tua irmã ou tua tia? Tiveste relações homossexuais? Exercitaste a sexualidade com um homem imitando, como fazem alguns, o ato sexual entre as coxas? Te entregaste ao onanismo recíproco, até a satisfação sexual? Buscaste a satisfação sexual servindo-te, quem sabe, de uma cavidade lenhosa ou semelhante? Tiveste relações contra a natureza, unindo-te a um homem ou mesmo com um animal, como éguas, vacas ou mulas?

Há um pouco de tudo: das posições pecaminosas ao incesto, da homossexualidade à masturbação, até mesmo a dendrofilia e a zoofilia. E tudo é igualmente condenado. A mesma coisa vale para as mulheres:

> Comportaste-te também tu como fazem algumas mulheres que arrumam objetos e outras coisas para si imitando o membro viril? Adaptaste-os à tua intimidade ou de outrem para obter prazer com outras mulheres ou ser por elas possuída? Também tu te comportaste como algumas mulheres que se dão prazer sozinhas? Também tu te comportaste como algumas mulheres que obtêm prazer colocando seus filhos sobre suas partes íntimas quase imitando o ato sexual? Também te comportaste como aquelas mulheres que, deitadas sob um animal, se servem de todo tipo de técnicas para ter com ele uma relação sexual?

É um documento muito interessante: para além da previsível condenação de tudo que passava ao largo da procriação, a reprimenda de Odo fornece ao mesmo tempo uma documentação a respeito das práticas sexuais mais comuns (ou que supostamente o fossem) na época em que ele escreve. Assim ficamos sabendo que também na Idade Média continuavam a ser utilizados falos postiços ou objetos semelhantes, já conhecidos desde a Antiguidade e conhecidíssimos no mundo greco-romano (cf. p. ex., a *Lysistrata* de Aristófanes). Há, no entanto, uma prática, citada por Odo, que supera todas as outras em termos de fantasia:

> Fizeste aquilo que certas mulheres costumam fazer, ou seja, pegar um peixe vivo e introduzi-lo no sexo até que ele morra para em seguida cozinhá-lo e dá-lo para o marido comer? Bebeste do sangue ou do sêmen do teu marido para fazê-lo amar-te mais? [...] Fizeste aquilo que certas mulheres costumam fazer, isto é, deitar-se de barriga para baixo com as nádegas descobertas e mandar que façam pão sobre seus flancos nus, para depois, cozido o pão, dá-lo para seus maridos comerem, a fim de que as amem mais?

Sobretudo às mulheres, mais uma vez, era atribuído o papel de implacáveis sedutoras. Eram elas que fabricavam poções e afrodisíacos de todo tipo para atrair a si os amantes (ou manter ligados os maridos). Se a credulidade popular atribuía a elas uma segura eficácia mágica, na realidade eram totalmente inúteis ao objetivo e podiam, antes, ser prejudiciais para a saúde ou tóxicas. De qualquer modo, para a Igreja as mulheres que adotavam ou difundiam essas práticas eram condenadas inevitavelmente. Disso a que fossem consideradas bruxas a passagem seria muito rápida.

Lendo entre as linhas, fica também claro o quanto, na verdade, eram comuns os objetos aptos a proporcionar o prazer durante ou em substituição à relação com o parceiro. Aliás, parece que um dos centros de maior produção era a Itália. Também nesse caso o uso por parte das mulheres de estimuladores ou de verdadeiros substitutos do membro viril era condenado pela Igreja, que prescrevia uma penitência "adequada": cinco anos a pão e água, descontando as festividades. O que fazer, então, se a tentação se tornava perigosa? Para Odo era simples: resistir! Bastava "apertar contra as partes inguinais lâminas de chumbo, como faziam os atletas antigos para evitar que as poluções noturnas os privassem das forças".

Excessivamente puros

Além de tudo, o que escreviam os teólogos e ilustravam os pregadores – como o já citado Bernardino de Sena, desse ponto de vista um dos mais intransigentes absolutamente –, havia também seitas que praticavam abertamente a castidade e a continência e condenavam todo e qualquer aspecto da vida que tivesse a ver com a reprodução, considerada o máximo pecado contra Deus. A mais importante foi a dos cátaros, ou dos *boni christiani*, difundida como mancha de óleo na segunda metade do século XII no sul da França e na Planície Padana. Por trás, havia a vontade de recuperar uma rígida moralidade depois dos excessos – simonia, ruína dos costumes, ignorância, concubinato – que haviam sacudido o clero até a reforma gregoriana. A visão que tinham sobre a vida era dualística: de um lado o bem, de outro o mal; o bem identificado com o espírito e o mal com a carne. Para chegar à perfeição, o adepto devia renunciar, portanto, à carne e afastar-se dos prazeres terenos alcançando assim o perfeito conhecimento da verdade. Eram banidos os contatos de natureza sexual e o consumo de qualquer alimento que tivesse vínculo com a procriação, ou seja, a carne, os ovos, o queijo, o leite. Banidos inicialmente e exterminados em seguida, no começo do século XIII com uma verdadeira cruzada – mas disso falaremos amplamente no capítulo dedicado às heresias –, os cátaros, no entanto, olhando bem, eram menos rígidos do que podia parecer: em meio à generalizada condenação do onanismo, não desprezavam totalmente aquelas formas de erotismo que se concluíam com a dispersão do sêmen. O importante, em suma, era que as relações não dessem frutos e, portanto, não contribuíssem para a ulterior propagação da espécie.

Idade Média moralista?

Do que foi exposto até aqui parece emergir um quadro da Idade Média como por demais autoritária, moralista e amplamente sexófoba. Mas era isso mesmo? Partindo da premissa – e a precisação é suposta, mas necessária – de que não é possível etiquetar um período de mil anos como homogêneo nem mesmo nessas coisas, é evidente que a abordagem da sexualidade era muito mais complexa. Basta lembrar que Dante, na *Divina Commedia*, põe como é óbvio os luxuriosos impenitentes (heterossexuais, os sodomitas estão mais embaixo!) no inferno, mas no segundo círculo, logo após o limbo: ou seja, no lugar de expiação destinado ao pecado mais leve.

Na realidade, esse modelo citado é o idealizado principalmente pela Igreja e popularizado sobretudo no século XIX, filho do romantismo primeiro e da moralidade vitoriana em seguida. As fontes mais antigas são muito problemáticas. Gildas, abade e historiador escocês que viveu no século VI, em seu *De Excidio et conquestu Britanniae* ("A conquista da Britânia") descreve sem meios-termos os cavaleiros como sanguinários e violentos e atribuía-lhes o hábito dos piores vícios, como adultério, a fornicação e inclusive a poligamia. A visão de Gildas brota naturalmente de suas convicções morais e religiosas. Mas, olhando bem, mais que de imoralidade se pode falar de sobrevivência de uma visão de mundo (e da sexualidade) muito mais antiga e que tinha suas raízes no paganismo, ou seja, antes que por lá dessem as caras os missionários cristãos. É proverbial, por exemplo, como os costumes sexuais entre os celtas não eram particularmente dos mais castos e moderados. O próprio matrimônio era um contrato social e, como não tinha nenhuma implicação de caráter religioso, podia ser desfeito (ou, diversamente, renovado) sem problemas. Em caso de morte do cônjuge, seja a mulher ou o homem, ficavam em posse da parte do dote e podiam casar-se novamente. O concubinato era admitido e até mesmo regulamentado por normas rígidas. Parece, porém, que as escapadas extraconjugais por parte dos maridos (ou as aventuras amorosas dos jovens rapazes antes do casamento) acontecessem preferencialmente com pessoas do seu mesmo sexo. O historiador grego Diodoro narra com certo embaraço como não apenas as relações homossexuais eram comuns e procuradas, mas como também os celtas se ofendiam quando seus *avanços* fossem barrados. A prática da homossexualidade masculina em sociedades baseadas prevalentemente na guerra não deve, em todo caso, surpreender, se compararmos com o que acontecia no mundo clássico, sobretudo grego. Mesmo a nudez era bastante comum: é conhecido o costume de alguns guerreiros lutarem tenazmente e sem vestir nada, ou quase nada, mas também as mulheres não faziam diferente, se é verdade que – como se lê no ciclo de lendas irlandesas referentes ao herói Cú Chulainn – a rainha da Ulster e suas seiscentas e dez damas de corte se apresentaram a ele nuas da cintura para cima e o saudaram levantando a saia e mostrando-lhe as partes íntimas.

Promíscuos e felizes

Pode parecer estranho e causar espanto, mas a promiscuidade era, geralmente, uma condição comum. As casas eram pequenas, não havia aquecimento: até para dormir se tendia a fazê-lo juntos. O historiador francês Jean Verdon recolheu uma rica casuística a respeito disso. Os leitos eram grandes. O do rico mercador do século IV Francesco Datini di Prato e de sua mulher Margherita tinha três metros e meio de largura: não é de surpreender, portanto, que pudesse hospedar não apenas o marido e a mulher, mas também os filhos, empregados e inclusive os hóspedes[31]. A intimidade, mesmo entre cônjuges, muitas vezes não era mais que uma miragem: apenas no final da Idade Média passa a ser vista como algo a ser buscado. Nas casas dos ricos, o quarto de dormir se distingue assim da sala de refeições. Sobre isso, é precioso o testemunho referente às casas populares de Montaillou, na França, em que a parte central é constituída pela cozinha, ao passo que os quartos para dormir eram vizinhos ou no primeiro plano.

> Raymonde, filha de Pierre Michel, assim descreve a casa em que vive em Prades d'Aillon, um vilarejo vizinho. "Havia, em um ambiente da nossa casa, dois leitos: um no qual dormiam meu pai e minha mãe, e outro destinado aos hóspedes de passagem". Esse ambiente é "adjacente à cozinha, com a qual se comunicava por uma porta. Eu e meus irmãos dormíamos em um quarto que ficava do lado da cozinha, que ficava no meio".

A cama ficava separada do resto do ambiente por cortinas e tecidos. Se no quarto não houvesse lareira, para esquentar-se usavam as cobertas que, para os mais ricos, eram de pelúcia e bem largas, como a de Carlos V, que chegava a medir 8,36 x 5,64, com uma superfície total de 38,79m². Mesmo porque em geral se dormia nus, principalmente entre as camadas mais simples. Com o tempo, dormir nus e juntos assume uma conotação sexual, como mostram duas historinhas tiradas de diversos romances corteses. No primeiro, o Rei Marcos descobre Tristão e Isolda dormindo juntos. A suspeita de traição, no entanto, é afastada quando se verifica que a rainha está vestida com a camisola e Tristão com os calções. No segundo, Lancelot – narra Chrétien de Troyes no romance de mesmo nome escrito entre 1171 e 1181 – se encontra diante de uma situação difícil: "Um leito é preparado no meio da sala. Os lençóis são branquíssimos, bem largos e finos. Uma coberta feita de dois pedaços de seda florida é estendida sobre o leito. E a mocinha se deita, mas sem tirar a roupa". Lancelot, porém, quer permanecer fiel à sua dama; então "também ele se deita, mas sem despir-se da roupa, assim como havia

---

31. VERDON, J. Au lit: sans chemise sans pyjama. In: *Historia*, 656, 1º de junho de 2001.

feito sua companheira. Tenho grande temor de tocá-la". A menina compreende e o deixa só, indo deitar-se, nua, em outro quarto. Evidentemente, o costume de usar camisola para dormir, ao menos entre as classes sociais elevadas, tem, portanto, o objetivo de preservar distinção e castidade. A nudez em todo caso devia ser um espetáculo nem um pouco raro. Ia-se, por exemplo, como já dissemos, seminus à *sauna* e ao banho. E também se costumava dormir nus.

Mulheres de má fama

A prostituição, como é óbvio, já existia também na Idade Média. Em geral, era exercida em bairros ou estradas bem diferenciadas do resto da cidade. O isolamento e a facilidade no reconhecimento das mulheres públicas eram garantidos inclusive pelas leis suntuárias que desde a era romana limitavam o vestuário e os ornamentos com o objetivo de conter o luxo. No século XIII, leis foram emanadas pelas autoridades civis com a dupla finalidade de manter certa austeridade e, no caso das mulheres, distinguir facilmente as prostitutas das senhoras "de fato". Uma distinção que se tornaria um verdadeiro marco, considerando que perto do final da Idade Média, no século XV (mas há documentos de casos também anteriores), às prostitutas era obrigatório utilizar um sinal distintivo particular, geralmente um véu amarelo. A "profissão" era exercida também nos muitos banhos, ou saunas, que, contrariamente ao que se pensa, eram muito comuns e presentes em quase todas as cidades. Herdeiras diretas das termas romanas, as saunas tinham se tornado muito populares após as invasões dos bárbaros – que as haviam adaptado a partir dos banhos a vapor, apreciados pelos povos das estepes de quem importaram diversos usos e costumes – e em decorrência dos contatos com o mundo muçulmano que, por sua vez, os copiou dos bizantinos.

O que impulsionava as mulheres ao exercício da profissão mais antiga do mundo era, geralmente, a necessidade. Se uma menina não conseguia encontrar um marido, vender o próprio corpo era um modo eficaz (e muitas vezes o único) de garantir a própria subsistência.

A Igreja teve uma postura ambivalente em relação ao "ofício". Se, por um lado, o sexo era demonizado, por outro, a sua presença, em todo modo, continuava a ser, obviamente, insuprimível. A prostituição podia, na verdade, inclusive ajudar a mantê-lo sob controle evitando a difusão incondicional de práticas "degeneradas" como o adultério e a homossexualidade. Se não houvesse a prostituição, escrevia Santo Tomás, a sociedade inteira estaria submetida à luxúria.

Mas, enquanto as autoridades eclesiásticas toleravam o exercício da prostituição, as civis em certos casos até mesmo o favoreciam especulando sobre isso. Em Avignon, por exemplo, havia bordéis públicos criados para controlar o fenômeno, ao passo que na liberal cidade imperial de Ulm, em Baden-Württemberg, as estradas eram oportunamente iluminadas cada vez que o imperador se dirigia para visitar as casas de prazer.

Modas obscenas

Muitos lugares comuns, portanto, parecem ruir diante de uma leitura mais atenta das fontes. Além do já citado comportamento "libertino" dos cavaleiros da Alta Idade Média, de que outra maneira se poderia interpretar a afirmação de São Bonifácio (680-754) quando diz que na Britânia se prefere a poligamia ao matrimônio, com homens que se afundam no vício do adultério e da fornicação em vez de tomar para si uma legítima esposa? Um manuscrito do já mencionado *Roman de la Rose* de Jean de Meung (BnF, fr. 25.526) traz, na folha 163, uma miniatura que ilustra duas monjas recolhendo falos de uma árvore, e canções licenciosas e desbocadas (até ao limite do pornográfico) eram comuns e apreciadas pelo povão – mas não apenas. Nem mesmo os teólogos eram intransigentes. Como mostrou ainda Verdon[32], o próprio Tomás de Aquino, cuja influência foi enorme sobre todo o pensamento medieval (e não só), em seu esforço por harmonizar fé e razão leva a avaliação sobre o prazer a conclusões decididamente originais: considerando que ele decorre do ato que o gerou, ambos são vistos segundo o mesmo parâmetro. Como as relações conjugais são uma coisa boa, também o prazer ligado a elas o é. Mais do que isso: Deus teria acrescentado o prazer ao acasalamento exatamente para convidar o homem a realizá-lo e garantir assim a sobrevivência da espécie! Ainda no século XIII, o franciscano inglês Richard Middleton chega a defender o prazer como finalidade em si, na medida em que ele não pode ser mau em si e por si. Se for moderado pela temperança, torna-se um fim aceitável para o matrimônio. Diga-se, porém, que suas ideias, exatamente por serem revolucionárias,

---

32. VERDON, J. *Il piacere nel Medioevo*. Milão: Baldini & Castoldi, 1999, p. 86.

"não tiveram repercussão alguma por séculos". Será preciso esperar o século XV, e Martin Le Maistre, para que voltem a ser ouvidas.

Que a sexualidade, de qualquer modo, fosse vivida na experiência cotidiana da maneira mais natural que o quadro acima delineado pudesse dar a entender, isso parece ficar bastante evidente se analisarmos a própria moda. Perto do final da Idade Média, de fato, os homens gostavam de exaltar sua virilidade vestindo pequenas próteses de couro preenchidas com tecido semelhantes ao falo, que ficava ainda mais evidente com o costume de usar calças aderentes e camisas justas na cintura. Um exemplo eloquente, embora um pouco mais tardio, encontra-se no retrato de Henrique VIII, realizado por Hans Holbein o Jovem (1498-1543), que mostra o rei em toda a sua pujança ostentando orgulhosamente uma dessas próteses. Também era comum usar calçados especiais com pontas longas, que faziam alusão ao tamanho do pênis: quanto mais longos, mais dotado era o homem que os exibia. Quanto aos famosíssimos cintos de castidade, símbolo popular por excelência da sexofobia medieval, convém dizer que sua existência é bastante controversa. O clássico cinto de castidade era de couro ou de metal e trazia aplicadas, de maneira mais ou menos sofisticada, tiras de metal revestidas internamente de peles para cobrir as genitais. Duas pequenas aberturas correspondendo aos orifícios permitiam a satisfação das necessidades fisiológicas, ao passo que impediam de maneira absoluta a penetração. É opinião comum que tenham sido introduzidas no período das cruzadas por parte dos cavaleiros que se dirigiam à Terra Santa para combater e rezar, e queriam assegurar a fidelidade das esposas, evitando também o risco de se deparar com prole ilegítima. Mas sua primeira atestação segura é apenas do século XV, razão pela qual, provavelmente, trata-se de uma invenção tardia dos chamados "séculos das trevas". Séculos que, no entanto, de noite e sob os lençóis, eram mais cheios de vida do que um clichê vetusto e já superado gostaria que fossem.

3
O hábito faz o monge

Vestir-se na Idade Média

Existia a moda na Idade Média? Se a compreendermos como um ato hedonístico compulsivo, baseado em critérios efêmeros e mutantes, ao menos nos primeiros séculos, certamente não. As roupas eram poucas, geralmente simples e nem mesmo muito diferenciadas entre os sexos. As pessoas tendiam a vestir-se sempre do mesmo modo, em geral por camadas com capas sobrepostas que podiam ser colocadas ou tiradas, conforme as estações ou as exigências da vida cotidiana. A moda, pode-se dizer, nasceu no século XIII, contemporaneamente à ascensão, nas cidades, das novas classes "burguesas": a maior disponibilidade econômica trouxe consigo um novo hedonismo, a necessidade de emergir e – por que não? – se fazer notar e admirar por aquilo que se era e se tinha. O modelo de referência era o das cortes e da nobreza, que se procurava imitar o máximo possível ostentando pompa em tecidos, cores e sedas preciosas. Esse comportamento, juntamente com muitos excessos nas maquilagens e nos ornamentos sobretudo por parte das mulheres, levou as autoridades a promulgar, a partir do século XIII, leis de moderação em uma desesperada (e geralmente frustrada) tentativa de "blindar" a sociedade mantendo as diferenças de classe social e virou alvo de moralistas e pregadores; tudo isso, porém, não significa que a Alta Idade Média não conhecesse o gosto pela estética ou o cuidado do corpo. O modo de usar cabelo e barba, por exemplo, recebia muita importância, assim como para as mulheres eram decisivos os cosméticos, ornamentos e joias. E, enquanto monges e eremitas desposavam a Dama Pobreza renunciando à magnificência e às insídias do mundo, poetas e trovadores cantavam, as belezas da mulher angelical e ao mesmo tempo médicos e escritores aconselhavam métodos infalíveis para conservar a pele clara, tornar densa a cabeleira e rosadas as bochechas. Ao longo de toda a Idade Média, no entanto, o hábito – como se costuma dizer – fazia o monge, ou seja, refletia a classe social de pertença e comunicava (inclusive por meio das cores das roupas) a profissão de quem as vestia. Assim os clérigos, os reinantes, os profissionais, os mercadores, os peregrinos, os burgueses, mas também os excluídos como os hebreus, os doentes, os mendicantes, as prostitutas... por último, não se pode deixar de recordar que era comum também na Idade Média o costume, sempre que possível, de travestir-se: um costume ligado em geral ao Carnaval (mas não apenas) e que, em uma sociedade onde o hábito fazia o monge, representava a oportunidade – entre outras – de "alterar" os papéis. Via de regra, era comum apenas vestir as roupas de sempre ao contrário, subvertendo simbolicamente a ordem, ao passo que é raro o caso em que um rico se despia de seus preciosos panos para experimentar a ebriedade do contato com as massas de pobres.

Sempre as mesmas vestes (ou quase)

Mas vamos por partes e comecemos do início. As vestimentas rotineiras nos séculos da Alta Idade Média eram muito simples e se estruturavam com base no princípio das sobreposições. As pessoas se vestiam por camadas, garantindo assim a possibilidade de defender-se do frio ou do calor com a máxima praticidade. Em geral se utilizavam capas herdadas do mundo antigo, romano, bizantino ou celto-germânico que fosse. As túnicas, de fato, eram resquício do mundo clássico, mais curtas as romanas, mais longas as bizantinas – enquanto as calças (as *bracae*) eram derivação celto-germânica e tinham evoluído, provavelmente, de vestimentas análogas em uso entre as populações das estepes com quem especialmente os germanos tiveram contato.

Esta, por exemplo, é a famosíssima descrição do vestuário típico dos lombardos de acordo com seu maior historiador, Paulo o Diácono:

> Expunham a frente barbeando tudo em volta até a nuca e os cabelos eram divididos com um risco central em duas partes que caíam lateralmente até a boca. Seus vestidos eram geralmente largos, feitos principalmente de linho, como em geral costumam usar os anglo-saxões, e enfeitados de malhas mais folgadas e costuradas de várias cores. Usavam também calçados abertos até a ponta dos dedos e amarrados com laços de couro entrançados. Em seguida, começaram a usar as polainas, sobre

as quais, andando a cavalo, punham grevas de lã avermelhadas: uso este que tinham derivado dos romanos [ou seja, dos bizantinos].

Além de ser um contemporâneo, tinha visto em Monza uma série de afrescos que a Rainha Teodolinda havia mandado executar no palácio real com o fim de retratar usos e costumes do seu povo. O ciclo, infelizmente, já se perdeu antigamente, mas o testemunho do diácono se confirma com a iconografia que aparece em moedas, baixos-relevos e anéis de sinete. Era típico de povos habituados a passar grande parte do tempo ao ar livre, geralmente em condições climáticas difíceis e, portanto, adaptados à comodidade. A capa "básica" era o casaco de linho longo até os joelhos, sobreposta por outro casaco mais curto com as mangas, a base e a abertura ao longo do pescoço decoradas com passamanarias com motivos geométricos, geralmente de cores vivas e realizadas com o tear de mesa. Essas bordas podiam ser, para personagens particularmente eminentes, também em ouro. Para proteger-se do frio, usavam coletes de pele ou pelúcia sem mangas, ou mantos largos fechados com fíbulas. As pernas eram cobertas com calças de linho e faixas de tecido envoltas em torno dos membros, ou então polainas de feltro ou lã grossa, e o conjunto fechado com tiras de couro. Aos pés os *arimanni* (i. é, os nobres) calçavam botinas de couro altas até as cavilhas presas por meio de laços e fitas, ao passo que os mais despossuídos se contentavam com simples tamancos de madeira ou calçados baixos de couro, às vezes abertos na frente deixando descobertos os dedos dos pés. Presa na cintura, uma bolsa continha o fuzil, a pedra pederneira e cogumelo secos que eram usados para acender o fogo.

A vestimenta feminina tinha como base uma túnica larga e longa até os tornozelos, recoberta por um manto aberto na frente e fechado sobre o peito com auxílio de alfinetes de vários tipos e dimensões: dos clássicos àqueles de formato circular, influenciados pelo costume bizantino e com vivas decorações *cloisonné*, ou seja, esmaltados. A cintura recebia uma cinta de couro à qual eram pendurados um pentinho de osso, uma adagueta, as chaves, uma algibeira de couro que continha pequenos objetos de uso cotidiano e uma ou mais fíbulas arcadas, verdadeiras obras-primas da ourivesaria inclusive de grandes dimensões. Os ornamentos típicos, que variavam quanto às formas e o luxo de acordo com a riqueza, eram brincos, grampos de cabelo, pulseiras e colares de pasta vítrea. A cabeça das donas casadas era coberta com um véu de linho, enquanto as solteiras viajavam de cabeça descoberta e de cabelos longos: parece que eram ritualmente cortados quando a jovem era data como esposa.

No século XII começaram a aparecer elementos decorativos em cores vivas – mangas pendentes, meias-calças, caudas longas – que alongavam a figura. Até o século XIV pode-se dizer que não havia, na realidade, toda essa diferença entre os vestuários masculino e o feminino. Na primeira metade do século, porém, impôs-se progressivamente na cidade e na corte a vontade de distinguir os dois sexos com base na forma das vestes, que deviam seguir mais ou menos de maneira semelhante as linhas do corpo: portanto, não mais as sóbrias túnicas retangulares amarradas na cintura com um simples cinto, mas casacos, gibões, blusas sempre mais aderentes e amigáveis. Caminho livre, para as jovens e as senhoras da sociedade médio-alta, a decotes apertados em vestidos largos com pregas que, presos apenas abaixo dos seios por uma faixa, exaltavam a macia redondez do ventre aludindo a uma onipresente fertilidade. Do mesmo modo, os homens exaltavam a projeção física com gibões aderentes sobre o peito e as costas, curtos até a cintura, e por baixo vestiam calças justas – parecidas com as modernas meias-calças – com coberturas de couro na altura da pube, fazendo maliciosamente intuir (e quem sabe, aumentando-os artificiosamente com próteses de couro!) os "contornos" de sua virilidade. Comuns eram, além disso, também os calçados pontudos, que aludiam ao tamanho do pênis.

O fascínio das cores

Triunfavam, agora, sobre as vestes, não só dos nobres, mas também da rica burguesia, tecidos preciosos e coloridíssimos graças à habilidade dos tintureiros que, com o tempo, foram adquirindo uma perícia cada vez maior[33]. Obter cores brilhantes e permanentes não era simples e custava muito também por conta das matérias-primas utilizadas. Por exemplo, o azul em sua vasta gama de tonalidades era obtido a partir do pastel (*Isatis Tinctoria*), uma planta de origem oriental cuja produção estendeu-se pela Toscana, Emília e na região do Piemonte e da Lombardia. As folhas, trituradas em moinhos próprios para isso, eram depois dessecadas e embaladas. Antes de ser utilizadas – junto com os fixadores em um banho onde se imergiam os panos para serem tingidos – tinham de passar por uma série de tratamentos: quanto mais intensa era a cor desejada, mais alto o custo de produ-

---

33. O vestuário medieval tardio, com suas implicações socioeconômicas, foi estudado por M.G. Muzzarelli em *Guardaroba medievale*: Vesti e società dal XIII al XVI secolo (Bolonha: Il Mulino, 1999).

ção. O mesmo valia para as outras cores. Além de corresponder a ideais estéticos e de gosto, tinham uma determinada função simbólica. O Papa Inocêncio III, no Concílio de Latrão de 1215, por exemplo, decretou no cânone 68 que hebreus e muçulmanos deviam usar vestes ou cores particulares de modo que pudessem ser reconhecidos pelos demais membros da comunidade "*qualitate habitus*" (pela forma de se vestir). Aos hebreus foi imposto ora o uso de um tipo de chapéu, ora de um indicativo em cor amarela, considerada a cor da infâmia e da traição: geralmente se tratava de um círculo, enquanto a tristemente famosa estrela dessa cor surgiu pela primeira vez em Verona no ano de 1433. O amarelo era, em certos casos, obrigatório também para as prostitutas que, desse modo – além da liberdade de maquiar-se e vestir-se como quisessem –, se distinguiam das demais mulheres "respeitáveis". Outras marcas de indentificação eram costuradas também nas vestes de algumas categorias de doentes considerados altamente contagiosos como os leprosos, que ademais viviam segregados às margens das cidades. Por isso, o amarelo não era muito benquisto. As cores mais usadas eram o vermelho, o verde e, do século XIII em diante, o azul. Este último, até então visto como tinta eminentemente barbárica, do século XIII em diante foi-se impondo concomitantemente com o culto mariano (Nossa Senhora tinha o manto azul) e tornou-se sinônimo de realeza e nobreza concorrrendo com o clássico vermelho escarlate (termo que, originariamente, significava simplesmente puro e se aplicava a todas as cores, mas que passou, aos poucos, a impor-se como sinônimo do vermelho por antonomásia). O preto, ao contrário, geralmente associado ao luto, do século XIII em diante se afirmou cada vez mais como cor de prestígio e distinção para algumas profissões como juízes, notários, homens das leis. Em Veneza, era a cor da nobreza, dos médicos e dos advogados, mas também dos paramentos festivos.

Quanto aos materiais, se o couro tinha sempre sido comum em todas as classes para os calçados e acessórios desde a Alta Idade Média, por ser prático, fácil de consertar e de adquirir, as peles – sobretudo aquelas para revestimento e proteção, como de martas, zibelinas, esquilos e outros pequenos roedores – ficavam reservados apenas aos mais afortunados. As classes pobres, para se cobrirem, se arranjavam com peles mais modestas, obtidas de animais domésticos ou de criação como ovelhas e cabritos, coelhos, fuinhas, raposas e até mesmo gatos. O material mais comum era a lã – protetora no inverno e fresca no verão – seguida pelo linho e por outras fibras naturais como o fustão, produzido a partir do algodão. Com a retomada do comércio e dos contatos com o Oriente, porém, para os ricos a seda tornou-se um artigo indispensável; nos séculos XIV e XV, os calçados e as bolsas mais *fashion* eram desse material, assim como, de resto, as roupas. Tudo isso, naturalmente, sob auspício das desesperadas tentativas por parte das autoridades citadinas ou dos soberanos, com leis limitativas cada vez menos obedecidas, de manter bem claras as distinções sociais.

Primeiro, não exagere!

No século XIII, de fato, apareceram pela primeira vez as assim chamadas "leis suntuárias", promulgadas pelas autoridades das cidades – muitas vezes impelidas pela Igreja – para limitar os excessos mais vistosos. Se em Régio da Emília no ano de 1242 era obrigatório aos ricos ter ao menos uma roupa colorida *"pro honore et utilitate comunis Regii"*, ou seja, para garantir o prestígio da comuna, os estatutos de Bolonha, por sua vez, proibiam usar, tanto em casa quanto fora, brincos de pérola e pendentes, verdadeiros ou falsos – uma das primeiras testemunhas da existência de bijouterias? – ao passo que os de Módena[34] (1327) proibiam o uso de caudas. Ainda em Bolonha, havia até mesmo oficiais encarregados de fazer os controles, que se postavam diante das igrejas nos domingos para pegar em flagrante mulheres e homens que aproveitavam da missa para exibir suas vestes mais suntuosas:

> Paravam as pessoas, liam para elas a lista das proibições, tanto para refrescar a memória a quem ignorava ou fingia ignorar as restrições quanto para, em seguida, perguntar-lhes se tinham alguma coisa ou alguém para denunciar. Em um domingo de maio do ano 1300, nas proximidades da Igreja de São Francisco de Bolonha foram interpeladas algumas testemunhas que, questionadas sobre as normas suntuárias que lhes foram relembradas pela leitura dos capítulos, disseram invariavelmente nada poder informar: "*Testis iuratus dicere veritatem* [...] *ante dictam ecclesiam examminatus super dicta inquisitione sibi lecta, dixit se inde nihil scire*". De domingo em domingo, de maio a outubro, foram reiteradas as interrogações a dezenas de pessoas, sempre homens, e todos afirmaram não saber de absolutamente nada. Certamente havia transgressões, mas parece que podemos entender que não houvesse grande

---

34. Esses documentos foram editados por M.G. Muzzarelli na série *Fonti*, vol. XLI, das publicações dos arquivos do Estado com o título *La Legislazione Santuaria – Secoli XIII-XVI, Emilia-Romagna*, pelo Ministério dos Bens e Atividades Culturais, Direção Geral para os Arquivos (Bolonha, 2002).

interesse em denunciá-las. Talvez as coisas tenham mudado um pouco quando foi estabelecido que parte da multa aplicada fosse destinada a quem denunciava[35].

Nem mesmo os mortos escapavam das prescrições: ainda em Bolonha, por exemplo, no ano de 1376 proibiu-se de vestir os defundos com vermelho escarlate ou com roupas que pudessem valer mais do que 30 soldos. Nem todas as leis suntuárias, porém, eram restritivas. As de Milão, emanadas em duas ocasiões com cem anos de distância (1396 e 1498), eram, na verdade, brandas e o motivo deve ser buscado no fato de que, uma vez decretada a obrigação de salvaguardar, ao menos no papel, a moralidade pública, as autoridades milanesas não tinham nenhuma intenção de limitar um setor – o da produção e do comércio de roupas e acessórios – que estava entre os mais importantes para a economia da cidade[36].

Naturalmente, o vestuário procurado, luxuoso e "licencioso" não deixava indiferentes os moralistas e os eclesiásticos que, de seus púlpitos, atiravam flechas contra essa moda "indecente". O célebre pregador Bernardino de Sena, por exemplo, alvejava as formas bizarras dos penteados do século XV, esbravejando: "As mulheres têm penteados endiabrados, umas os têm em tripas, outras em tranças, outras ainda em cachos; há quem avolume o cabelo em cima, quem embaixo, uma tem cabeça de coruja, outra enrola o cabelo como um fardo, há penteados em forma de merlos e torres"[37]. E é famosa a invectiva lançada por Dante, no *Purgatório* (canto XXIII, v. 101-102) contra as "impudentes damas florentinas que têm, mostrando os seios, ufania". No interior, no entanto, as roupas de quem trabalhava nos campos ou vivia de ocupações manuais continuavam sendo praticamente as mesmas, ou seja, completas com túnica curta e calças, sobrepostas com um avental para todo serviço, de cor natural ou cinza, simples não apenas enquanto mais econômicas, mas também porque, ao menos em algumas zonas da Europa, assim eram previstos da legislação.

---

35. MUZZARELLI, M.G. *Vestire a festa*: gusti, usi e regole tra Medioevo ed Età Moderna [Disponível em: http://www.issmceccodascoli.org/repository/image/TESTO%20Muzzarelli%202.pdf].
36. LEVI PISETZKY, R. "Come vestivano i milanesi alla fine del Medioevo". In: *Storia di Milano V – La Signoria dei Visconti (1310-1392)*. Milão, 1955, p. 875-908.
37. Apud: FRANZON, S. "I gioielli da capo nelle raffigurazioni quattrocentesche della Vergine Maria". In: *OADI* (Rivista dell'Osservatorio per le arti decorative in Italia), 03/06/2011 [disponível em: http://www.unipa.it/oadi/oadiriv/?page_id 791].

Vale a pena recordar que a imensa maioria dos dados à nossa disposição sobre o vestuário medieval não contam com iconografia ou outra documentação indireta como inventários, crônicas, testamentos (na maior parte das vezes, inclusive, referem-se principalmente aos séculos posteriores): por causa da fragilidade e da perecibilidade dos materiais, os casos de vestes conservadas mais ou menos parcialmente são muito raros. É claro, portanto, que, ao menos no caso das representações pictóricas (mas também das miniaturas e das esculturas) deve-se considerar com cautela, na medida em que sua função não era tanto a de retratar uma informação verdadeira, mas de transmitir um conceito, um símbolo, uma ideia. Um comentário à parte deve ser feito, no entanto, sobre a área escandinava, onde condições particulares permitiram que se conservasse certo número de vestes quase intactas. Em Herjolfsnes, na Groenlândia, escavações arqueológicas em um cemitério trouxeram à luz quinze vestes, dezessete capuzes, chapéus e calças datáveis entre o final do século XIV e o início do XV. As vestes se constituíam de longas túnicas de lã, que se vestiam pela cabeça (as mais antigas) ou graças a uma abertura sobre o peito (as mais recentes), ao passo que os capuzes tinham formato de cone (*struthätta*) e traziam um escapulário para cobrir os ombros. Achados felizes e semelhantes a esses emergiram também nas regiões pantanosas da Dinamarca (em Kragelund e Moeslund), enquanto, nos pântanos noruegueses de Boskstens, encontrou-se um conjunto completo do século XIV, composto por capuz, manto, túnica, calças e calçados[38]. Dados que não contradizem o que foi descoberto e reconstruído no resto do continente.

Se queres parecer bela

Além das roupas, outros fatores concorriam – assim como hoje – para determinar o aspecto do homem e da mulher medievais. A utilização de cosméticos era bem conhecida desde a mais remota antiguidade e, aliás, estava relacionada – junto com outras práticas como a tatuagem, o *piercing*, o emagrecimento etc.– à esfera do sagrado e da magia. As populações das estepes, por exemplo, se tatuavam com objetivo mágico-religioso, enquanto os celtas costumavam pentear os cabelos para trás e branqueá-los com alvaiade para adquirir um aspecto hirsuto com o fim de amedrontar os inimigos. As mulheres egípcias, como também as sírias,

---

38. Cf. *Enciclopedia dell'Arte Medievale* (Roma: Treccani, 1991), s.v. *Abbigliamento*.

as gregas, as persas e as romanas, costumavam usar maquilagem e perfumes para parecer mais agradáveis. O costume, naturalmente, passou também para a Idade Média, embora mitigado pela Igreja que – basta ler o *De Cultu feminarum* de Tertuliano – não via com bons olhos a prática da maquilagem porque indicava vaidade e provocava luxúria e pecado.

Quem usava cosméticos eram, sobretudo, as prostitutas. As mulheres de costumes impecáveis, por sua vez, para salvar sua alma, deviam ter a aparência mais natural possível. Ainda mais porque unguentos e perfumes provinham geralmente do Oriente e eram bastante caros.

Mas esses ditames eram respeitados? Absolutamente, não! Porém, ao menos nas cortes e nas cidades, se buscava aproximar o quanto possível da imagem da beleza ideal tornada popular na sequência dos poemas corteses: a mulher angélica, com os cabelos longos e louros, o rosto pálido como porcelana, os olhos grandes e claros, o queixo e os lábios vermelhos. Eis como Trotula, médica de Salerno, sugeria fazer para deixar as bochechas vermelhas:

> Pegar raízes de briônia vermelha e branca, lavá-las, triturar bem fino e pôr para secar. Depois, reduzi-las a pó e misturar com água de rosa e, com um paninho de algodão ou linho bem delicado, ungir o rosto que ficará levemente vermelho. No caso da mulher naturalmente muito branca, ficará com um colorido rosado se ficar enrubescida de modo que, com um tipo de palidez artificial, o colorido vermelho parece natural.

Os cabelos eram deixados loiros com diversas técnicas, entre as quais uma tintura obtida da casca de sabugueiro, flor de giesta, açafrão e gema de ovo, ou então com cinzas de abelha misturadas com óleo e leite de cabra.

No entanto, e Trotula o sabia muito bem, sobretudo em sua região, as mulheres tinham a tendência de ter um aspecto um tanto distante daquele das cortesãs normandas. Por que, então, não valorizar seus traços mais marcadamente mediterrâneos? Eis, portanto, os ingredientes de seu fascínio.

> As mulheres de Salerno põem uma raiz de clematite no mel e depois, com esse mel, ungem seu rosto que assume uma esplêndida cor rosada. Outras vezes, para maquiar o rosto e os lábios, recorrem a mel refinado, ao qual acrescentam clematite, pepino e um pouco de água de rosas. Colocam para ferver todos esses ingredientes até se consumir pela metade e, com o unguento obtido, ungem os lábios durante a noite, lavando-os pela manhã com água quente. Isso fortalece a pele dos lábios e a torna

macia e suave, preservando-a de todo tipo de rachadura e, se já estiver com rachaduras, promove a cura. Além disso, se uma mulher quiser pintar os lábios, esfregue-os com casca de nozes, cobrindo os dentes e as gengivas com algodão. Depois molhe-o em uma cor artificial e com ele unja os lábios e o lado interno das gengivas. A cor artificial é preparada do seguinte modo: toma aquela alga com que os sarracenos tingem as peles de verde, ponha para ferver em um vaso de argila novo e com clara de ovo até que se reduza a um terço, depois coe e acrescente salsa cortada em pedacinhos; ponha para ferver de novo e deixe novamente esfriar. Então acrescente pó de alume, coloque em uma ânfora de ouro ou de vidro e conserve-o para o uso. É esse, portanto, o modo com que as mulheres sarracenas maquilam o rosto: quando o unguento seca, para clarear o rosto são aplicadas quaisquer dessas substâncias mencionadas, como o unguento de cera e óleo, ou alguma outra coisa, e daí se obtém uma belíssima cor, misto de branco e rosa.

A cor escura dos cabelos, por fim, podia ser deixada mais brilhante graças a um unguento baseado em cabeças e caudas de lagartos verdes fervidas no óleo.

A maquilagem existe e é vista

A maquilagem, de qualquer modo, nem sempre tinha o efeito esperado. O risco era sair por aí com verdadeiras carrancas que alteravam as feições. Os cabelos eram mantidos presos em tranças, cujo cumprimento era de tal modo importante a ponto de as mulheres mais abastadas recorrerem até mesmo a apliques sem sequer se preocuparem muito com o fato de que as madeixas viessem, às vezes, de pessoas que tinham acabado de morrer[39]. Até os véus de mulher que, em tese, serviriam para esconder castamente a cabeça, na realidade eram utilizados como ornamento para exaltar as linhas do rosto e exibir cores e tecidos preciosos. Tudo isso, obviamente, desencadeava a ira dos pregadores, dos moralistas e de alguns letrados como Dante, que, lamentando a morigeração da Florença de outrora, apreciava a pudica modéstia das mulheres de Bellincion Berti, que caminhavam majestosamente atrás dele "sem rubor fingido" (*Paraíso*, canto XV, 114). O franciscano Jacopone de Todi (1233-1306), inclusive, escreveu toda uma Lauda (a VIII) intitulada *De l'Ornamento delle donne dannoso* (O ornamento danoso das

---

39. SNYDER, J. *From Content to Form:* Court Clothing in Mid-Twelfth-Century Northern French Sculpture. Basingstoke: Palgrave Macmillan, 2002, p. 101.

mulheres), chegando a comparar as mulheres que disfarçam seu aspecto usando adornos e maquilagem ao basilisco, a criatura mítica que era considerada capaz de matar só com o olhar. Sob acusação estavam também os saltos dos calçados, presentes nas assim chamadas "planinhas" que de planas tinham pouco, pois podiam ter até meio metro (!). Aumentando "incorretamente" a estatura, eram acusadas pelos pregadores – a começar pelo costumeiro Bernardino de Sena – de alterar as proporções do corpo, colocar em muita evidência a mulher que os usava, desperdiçar tecido para as roupas (que tinham de ser evidentemente mais longas) e, por fim, causar perigosas quedas.

Havia, porém, quem negasse toda ostentação de luxo e riqueza e, ao contrário, fazia do aspecto descuidado e malvestido o valor mais autêntico do próprio ser. Obviamente, estamos falando de quem, como os monges, havia renunciado às tentações mundanas assumindo os votos (entre os quais o de pobreza), ou então dos eremitas. O hábito monástico se constituía para todos de um saio longo até os calcanhares, apertado na cintura por um cinto de corda e acompanhado de um manto com capuz. Só o que mudava era a cor, que servia para definir a ordem a que pertencia: preto para os beneditinos, branco para os cistercienses, marrom natural para os franciscanos, branco e preto para os dominicanos. Bem diferente, por sua vez, o vestuário dos membros do clero e dos altos prelados que, exatamente na riqueza e no luxo das roupas, exaltavam, já não a sua pessoa, e sim... a glória divina.

Questão de... cabelo!

Mas falemos agora de cabelos. O modo de usá-los variava de maneira consistente conforme os lugares, mas também a época. Os povos germânicos, por exemplo, cultuavam as cabeleiras longas e fluentes, e os achados arqueológicos, perfeitamente conservados, de indivíduos sacrificados nos pântanos mostram cabelos surpreendentemente espessos e macios. Se, para as mulheres, eram sinônimo de beleza e fertilidade, para os homens eram indicativos de virilidade, força e, sobretudo (o confirma o historiador latino Tácito), liberdade: os servos e os escravos, de fato, tinham cabelos curtos. Também na antiga Irlanda o comprimento dos cabelos masculinos era proporcional ao seu valor de guerreiro. A cor servia para confirmar o conceito: se fosse loiro, tratava-se de um indivíduo nobre e remetia diretamente à realeza. As cabeleiras, estando relacionadas ao *status* do guerreiro, eram protegidas por lei, a ponto de puxar os cabelos ou a barba ser considerado uma profanação: assim, no capítulo 383 do Edito de Rotário lemos que se a "vítima" fosse um nobre, o autor do gesto era condenado a pagar uma multa de 6 soldos. A antiga lei dos francos (*Pactus Legis Salicae*) previa uma multa de 45 soldos para quem cortasse os cabelos de um menino de cabelos compridos sem o consentimento dos pais; os burgundos puniam pesadamente o corte de cabelos das mulheres livres.

Já para os romanos, ao contrário, cabelos e barba longos eram sinais de desleixo e barbárie. Imperadores e senadores raspavam com muita frequência a barba e mantinham o cabelo bem curto. E Juliano o Apóstata, em seu breve reinado (361-363), escandalizou os contemporâneos não apenas porque tentou restaurar o paganismo, mas também porque usava orgulhosamente barba. Escreveu inclusive uma invectiva contra os antioquenos, que faziam piadas sobre sua incúria. Mas o seu caso foi uma exceção.

Havia uma complexa simbologia relacionada aos cabelos (e à barba). Para dar-se conta disso, basta lembrar o caso, conhecidíssimo, dos reis "cabeludos" merovíngios, que governaram o reino franco antes do advento dos "prefeitos de palácio" da dinastia dos Pipinidas (Carlos Martel e Pepino o Breve) que tinha levado Carlos Magno ao poder. Os reis merovíngios se autodefiniam *reges criniti*, "reis cabeludos", fazendo depender seu próprio *status* de soberanos do fato de usar cabeleira longa. O historiador bizantino Agátias afirma que os cabelos não eram mais cortados a partir da infância, e que, inversamente, aos seus súditos era imposto de mantê-los curtos para marcar a diferença. Os cabelos, enfim, tinham para os merovíngios um valor sagrado e possuíam propriedades de tipo mágico. Eis um episódio revelador, nesse sentido. Ele tem como protagonista a Rainha Clotilde (falecida em 554), esposa de Clodoveu, primeiro rei franco convertido ao cristianismo. Tornando-se viúva, dividiu o reino entre os quatro filhos: Teodorico (nascido de uma concubina), Clodomiro, Quildeberto I e Clotário I, e retirou-se para um mosteiro. No entanto, continuava exercitando uma espécie de protetorado sobre os dois netos nascidos de Clodomiro, a ponto de provocar o ciúme de seus outros próprios filhos. No ano 524, Quildeberto e Clotário mandaram capturá-los e depois colocaram a rainha diante de um dilema: poupar os netos consentindo que lhes fossem cortados os cabelos, ou condená-los à morte. A escolha, embora sofrida, foi pela morte. Salvou-se, informa o cronista franco Gregório de Tours, o terceiro neto, Clodoaldo (futuro santo), porque fez a tonsura em si mesmo e retirou-se para um convento. A história merovíngia pulula de exemplos semelhantes. Mas não só ela. Em 680, o rei visogodo da Espanha, Vamba, desmaiou e foi considerado quase morto. O arcebispo de Toledo, Juliano, ordenou então que lhe fossem cortados os cabelos e o vestissem com o hábito monástico para que morresse em paz. Mas Vamba despertou. Infelizmente, com base nos ditames estabelecidos em 451 pelo Concílio de Calcedônia – que decretara a impossibilidade de clérigos e monjes aceitar encargos seculares –, não podia mais exercitar o poder e foi obrigado a abdicar em favor de seu duque, Erwig.

Vamos dar um corte!

O culto pelos cabelos dos soberanos terminou quando os merovíngios, como dissemos, foram substituídos por seus prefeitos de palácio. Os Pipinidas (o nome vem de seu progenitor, Pepino de Herstal) se proclamavam descendentes de Santa Gertrudes, que havia ingressado no mosteiro fundado por ela em Nivelles para escapar de um matrimônio combinado e das insídias do mundo, recebendo ao mesmo tempo a tonsura de sua mãe. Um deles, Carlos Martel, mandou, em sinal de amizade, seu filho Pepino à corte do soberano longobardo Liutprando para que esse, cortando-lhe os cabelos, o "adotasse". Os Pipinidas etiquetaram os merovíngios com o apelido pouco lisonjeiro de "reis vagabundos" e marcaram abertamente sua diferença deles no que diz respeito não apenas às escolhas políticas, mas também às estéticas. Carlos Magno, não por acaso, usava os cabelos curtos.

Na medida em que o tempo passou, também com a cumplicidade da Igreja, o sentimento continuou a mudar e os cabelos longos em âmbitos masculinos foram sendo vistos progressivamente com ressalvas. Se alguém, como o bispo Ernulfo de Rochester (1114-1124), chamava a atenção sobre a higiene observando que cabelos (e barba) compridos iam parar na sopa emporcalhando tudo, para a maioria se tratava de uma questão de cunho moral. Para Guilherme de Malmesbury, por exemplo, eram indício de costumes discutíveis e de homossexualidade porque deixavam tênues os confins entre os sexos. Em 1049, o arcebispo Anselmo de Cantuária se recusou a abençoar quem, entre os homens, tivesse cabelos longos "como as fêmeas" e, dois anos depois, em Rouen, foi definido até em um concílio que homem algum podia deixar os cabelos crescerem, tornando obrigatório que os cortasse, "como um cristão". Houve até mesmo quem, como o arcebispo de Seez, na Normandia, não satisfeito em criticar Henrique I e seus cortesãos por conta das cabeleiras longas, lançou mão de tesouras e se pôs a cortá-los pessoalmente!

Isso valia ainda mais para os clérigos. Beda o Venerável, no século VIII, afirmava que, mais do que o hábito, era a tonsura – com sua cerimônia, símbolo tangível da ruptura com o mundo – o sinal distintivo entre clérigos e leigos. Nesse ponto, ademais, registramos a conhecida polêmica de que se fez porta-voz em relação aos vários tipos de tonsura em uso nos mosteitos insulares: auspicável, de acordo com o erudito britânico, era aquela que se fazia remontar a São Pedro, ou seja, com o crânio completamente raspado, exceto um círculo de cabelos na base, a modo de coroa, imitando exatamente a coroa de espinhos de Cristo. Por outro lado, havia a tonsura, espalhada pelos mosteiros irlandeses, que se caracterizava pela presença de uma faixa de cabelos na altura da fronte. A tonsura "petrina" foi a que se impôs a todos os mosteiros ocidentais, incluindo a Espanha (Concílio de Toledo, 633) e, depois, a própria Britânia (Sínodo de Whitby, 664). De resto, já o Concílio de Agade (506) havia estabelecido que o arquidiácono devia cortar os cabelos dos clérigos que os tivessem muito compridos, e Columbano, o grande santo irlandês fundador de mosteiros, prescreveu severas penitências para os monges que não costumavam fazer a barba. E, no século XI, o Papa Gregório VII ordenou que os clérigos deviam ter o rosto barbeado para distinguir-se dos leigos. A obrigação, diga-se, não foi observada escrupulosamente por todos. Eremitas, ascetas e monges rigoristas em geral usavam preferencialmente a barba grande. Mas, mesmo os peregrinos, devido à dificuldade de barbear-se durante a viagem, fossem leigos ou homens da Igreja, quando encaravam as longas viagens aos lugares santos, tornavam-se a contragosto "barbudos".

Boa barba não mente

Na sociedade laica, a barba era considerada um sinal distintivo de masculinidade e separava, exatamente, o homem do menino imberbe. Os lombardos (ou longobardos) teriam seu nome derivado, de fato, do costume de usar as barbas longas. Segundo a lenda registrada por Paulo o Diácono e presente também na *Origo gentis Langobardorum*, originalmente se chamavam vinilos (de *winnili*, combatentes) e viviam na Escandinávia. Tendo a população aumentado a ponto de os recursos já não serem suficientes para mantê-la, uma parte foi obrigada a migrar para o Sul em busca de novas terras. Os mais corajosos e fortes elegeram como chefes dois jovens irmãos guerreiros, Ibor e Aio, e deixaram as frias terras do Norte; com eles partiu também a mãe Gambara, mulher inteligente cujo conselho era muito respeitado. Chegando a uma região chamada Scoringa (talvez a hodierna Ilha de Rugen, entre a Alemanha e a Suécia), os vinilos se chocaram com a tribo germânica dos vândalos, que nesse meio-tempo dirigiram-se ao Deus Wotan (Odin) para lhe pedir a vitória: o deus lhes respondeu que a daria àqueles que visse primeiro ao nascer do sol. Gambara, astutamente, pensou então em resolver a situação recorrendo a Frea, mulher de Wotan. A deusa aconselhou-a a mandar as mulheres dos vinilos soltarem os cabelos e ajustá-los em volta do rosto de modo que parecessem barba; e arranjadas dessa forma, as mulheres deviam depois colocar-se ao lado de seus homens no lugar aonde Wotan, ao acordar, costumava olhar para o Oriente. De manhã Frea girou a cama onde dormia o marido de fato para Oriente e o acordou. Vendo os vinilos, o deus exclamou: "Quem são esses barbas-longas?" Então Frea lhe pediu que desse a vitória àqueles que havia acabado de nomear. E assim foi: os vinilos obtiveram, portanto, graças à astúcia feminina, a primeira e decisiva vitória e, mais importante, um novo nome: de agora em diante se chamariam lombardos (ou longobardos). A importância da barba para esse povo é atestada, ainda, por uma rica documentação iconográfica, mas também se verifica em inúmeros episódios de sua história, como o de Caco e Tasso, duques do Friul entre 610 e 615-625 *circa*. Tendo o patrício bizantino Gregório prometido a Tasso adotá-lo como filho com um fio da barba, ele e o irmão foram ao seu encontro em Oderzo. Mas Gregório lhes havia preparado uma emboscada: fechando as portas da cidade, os dois foram atacados e mortos. Depois disso, o patrício ordenou que lhe trouxessem a cabeça de Tasso e, conforme prometido, cortou-lhe a barba.

Ruivo de cabelo ruim

Se a situação nos primeiros séculos da Idade Média, considerando-se a prevalência dos "bárbaros", é clara, para a plena Idade Média a documentação sobre a barba é pouquíssima. Parece pacífico, por exemplo, que na Alemanha dos séculos X e XI, os imperadores da dinastia Otoniana a usassem. Mas naquela época, para um monarca ocidental ter barba era, de qualquer modo, algo bastante raro. Tinham-na, lembremos, em geral pessoas com qualidades "particulares", como os santos, os penitentes e os eremitas, ou então os peregrinos e os militares – que não tinham, claro, a comodidade de barbear-se – ou ainda indivíduos malvistos ou marginais. Os reis, ao contrário, havia séculos, preferiam seguir o modelo dos antigos romanos e raspar a barba perfeitamente, uma vez que o rosto barbeado era considerado sinal de distinção e nobreza. Menos para o Imperador Frederico de Hohenstaufen (1122-1190). Ele começou a gostar de barba desde jovem, ao participar da terceira cruzada, um pouco enquanto soldado, um pouco pelo contato com os peregrinos, um pouco vendo os muçulmanos e bizantinos para quem, no entanto, ela representava um traço distintivo. E tendo, como bom alemão, cabelos ruivos, a barba avermelhada certamente devia chamar bastante a atenção. Pouco depois de sua coroação como rei da Alemanha, em 1152, Frederico proibiu por lei de puxar ou arrancar os cabelos e os pelos da barba, fazendo-se restaurador dos costumes antigos de seus antepassados. Após alguns anos, os lombardos fariam alvo dessa sua peculiaridade dando-lhe, de forma depreciativa, exatamente o apelido de *Barbarrossa*, que trazia à memória um outro célebre "Barbarrossa": Lucio Domizio Enobarbo, mais conhecido como Nero, porque Enobarbo, em latim *Aenobarbus*, quer dizer, barba de cobre. Visto também o comportamento em relação aos cristãos que a lenda lhe atribuía, Nero tinha merecido a comparação com o anticristo e, dali em diante, o pelo vermelho se tornaria sinônimo de crueldade, traição e, inclusive, proximidade com o demônio.

Barba e cabelo serviam ainda para diferenciar a proveniência étnica das diversas gentes. Tácito já conhecia o uso por parte dos germanos suábios de fazer nós nas cabeleiras, de maneira característica (quem sabe para "elevar" a estatura" ou, de qualquer modo, para intimidar os inimigos). Os ávaros, povo nômade de cepa uralo-altaica, aparentados com os unos, usavam os cabelos longos sobre os ombros e trançados. De acordo com o cronista Guilherme de Malmesbury, autor dos *Gesta Regum Anglorum* (Atos dos reis ingleses), no século XII saxãos e normandos se distinguiam com base na maneira diferente de usar os cabelos e pela presença ou ausência de barba e bigode. Diferenças testemunhadas pelas representações de ambos os povos presentes na tapeçaria de Bayeux e que representam os primeiros com espessos bigodes, ao passo que os segundos têm o rosto barbeado.

Feios de dar medo

Às vezes, o esforço estético (e cultural) se transformava em verdadeiras deformações permanentes do corpo. Leiamos um trecho:

> Não existe outra raça de gente parecida com eles. Pensam que a nobreza seja proporcional ao comprimento do crânio. Por isso, praticam o seguinte hábito: imediatamente após o nascimento, enquanto os ossos do crânio ainda estão brandos, modelam-no com as mãos e os forçam a assumir uma forma oblonga aplicando bandagens e outros sistemas de constrição. Desse modo, a forma esférica da calota é destruída e a cabeça cresce alongada.

Trata-se da descrição dos *macrocephali*, escrita pelo célebre médico Hipócrates (séc. V-IV a.C.). Eram uma população da Ásia Menor que costumava deformar o crânio dos neonatos com o fim de criar indivíduos que pudessem ser, por meio de características morfológicas peculiares, imediatamente distinguidos dos outros do grupo. As razões para esse costume antiquíssimo, presente tanto na Ásia quanto na Europa, e que sobreviveu até tempos recentes em algumas partes da América Setentrional e Meridional, ainda precisam ser parcialmente discutidas. De fato, se é sabido que na América pré-colombiana o costume tinha referência com a esfera ritual e religiosa, na Europa a questão parece ser decididamente mais complicada. Em todos os casos, a deformação acontecia por meio de complexos sistemas de bandagem, conforme cada cultura, com auxílio também de mesinhas de madeira ou de outros meios mecânicos. Na prática, agia-se sobre os ossos do crânio que, como se sabe, no neonato ainda são moles. Aplicavam-se faixas de modo a fazer o crânio assumir a forma desejada e depois, com o crescimento, se obtinha o resultado desejado.

Com certeza, ao menos se levarmos os escritores antigos em consideração – sobretudo aqueles inseridos no culto da beleza clássica – esse costume era "bárbaro" e deturpava a imagem, contribuindo para fazer aumentar o sentimento de pavor e terror que os povos do Mediterrâneo nutriam, de fato, pelos bárbaros. Basta lembrar que Péricles, vítima de uma ligeira deformação natural do crânio que o fizera dolicocéfalo, era alvo de piadas dos cômicos de sua época. Entre os povos bárbaros, ao contrário, uma cabeça formatada desse modo era vista como símbolo de altas faculdades intelectuais e, ao mesmo tempo, o perfil assumia um porte mais marcial e um ar de nobre firmeza.

Quando, no século V, os unos constituíram um reino na Europa Centro-oriental, incorporaram grupos de populações tributárias entre as quais alanos, gépidas, esciros, rúgios, sármatas, eslavos e godos. Eis como os descreve um célebre contemporâneo, Sidônio Apolinário: "Horríveis eram também o rosto de seus bebês, cuja cabeça era uma informe massa redonda. Os olhos eram afundados, sob a fronte, o nariz amassado que quase não sobressaía no rosto". As mesmas imagens citadas pelo historiador dos godos, Jordanes, que afirma que a cabeça dos unos era deformada ("*deformis ossa*") e seus olhos afundados a ponto de parecerem pontos ("*puncta*"). O costume foi transmitido, com toda probabilidade por motivos de prestígio, às populações que lhes pagavam tributos: burgundos, francos, alamanos, ostrogodos, gépidas, longobardos. Mas, se para esses povos o percentual se mantém baixíssimo (trata-se, em geral, de 5% de crânios deformados, que o torna um fenômeno de elite), o percentual de crânios deformados entre os alano-sármatas (de base germânica, estabelecidos, na época, em áreas orientais) que viveram entre o século II e IV, é de aproximadamente 80%.

Entre os primeiros a observar a correlação entre o costume "europeu" e o "asiático" está o anatomista francês Paul Broca (final do séc. XIX), tal correlação foi, depois, desenvolvida por José Imbelloni (1925), cujas pesquisas representaram um ponto de referência. De acordo com Imbelloni, indivíduos com crânio deformado chegaram à Europa e às nossas regiões em duas grandes ondas sucessivas. A primeira teve origem comum, ou seja, do ambiente cítico juntamente com as massas provenientes da fronteira urálica e georgiana; a segunda, atravessada a Ásia iraniana durante a Idade Média, chegou à Europa ao longo das grandes vias fluviais. A primeira onda, a urálica, teria trazido uma massa de indivíduos com crânio deformado circularmente por meio de bandagens, isto é, os famosos *macrocephali* de Hipócrates; a segunda, a asiática, por sua vez, teria conduzido indivíduos portadores da assim chamada "deformação tabular", ou seja, obtida por meio de mesas de madeira. Além da cabeça, que se tornava mais alta e, portanto, mais imponente, e da estatura que assim se elevava, o que mudava sensivelmente eram os traços somáticos, assemelhando-se aos asiáticos ou, melhor ainda, mongóis. O uso era reservado apenas a alguns, não a todos. E ter o crânio deformado representava um *status* social diferente, como demonstra, por exemplo, o fato de que, na necrópole suíça de Sezegnin, todos os indivíduos com essas caraterísticas estão sepultados no mesmo setor do cemitério.

Não sabemos se esses indivíduos eram sacerdotes ou chefes militares. O certo é que, com a queda do Império Uno, o uso de deformar o crânio desaparece rapidamente. Talvez fosse possível afirmar que a perda do poder e do prestígio por parte dos unos tenha decretado também que esse costume saísse de moda. No entanto, crânios deformados descobertos na necrópole de Saint-Etienne, na Borgonha, lugar onde foi sepultado um grupo de burgundos do século V-VI, mostram que eles continuaram também depois disso a aplicar esse costume nos próprios filhos exatamente com o objetivo de torná-los "diferentes" dos outros e, portanto, reconhecíveis. Na Itália, os casos até agora conhecidos foram registrados no pequeno cemitério godo de Collegno (Turim), de *status* elevado, em que a deformação intencional do crânio foi verificada não apenas em um indivíduo adulto, mas também em um menino nascido na Itália, o que mostra que o costume deve ter-se mantido em vigor até a primeira metade do século VI; também em Frascaro (Alexandria), onde se tem a presença de uma necrópole ostrogoda perto de um povoado com restos de *Grubenhaus* (depósito, séc. V-VII), e, por fim, em algumas tumbas lombardas pertencentes à necrópole de Fiesole (Florença). E o uso continua na época moderna, terminando por ser descrito pelos anatomistas e médicos, nos séculos XVII e XIX, com tons de estupor ou mesmo de aberta condenação pelas implicações higiênicas. Do século XIX em diante, na onda do positivismo e do avanço dos conhecimentos médicos, a prática começou a ser estigmatizada por razões higiênicas e acabou, inexoravelmente, por cair no esquecimento.

4
Viajando

Para nós, hoje, é inconcebível começar uma viagem sem ter em mãos, no mínimo, um mapa detalhado dos lugares que queremos visitar e sem saber com bastante precisão qual a distância que percorreremos e o que nos espera – que conforto teremos e quais serviços existem no local. Os mais tecnológicos terão consigo um navegador via satélite de última geração, e os mais tradicionais um guia de viagem, mas ninguém mais se move no escuro. Na Idade Média não era bem assim. Não havia o Guia 4 Rodas à disposição, nem indicação alguma exata sobre as distâncias, nem sequer uma bússola (foi introduzida, e lentamente, apenas a partir do séc. XII) para orientar-se em um espaço muitas vezes hostil e desconhecido. A medida de um itinerário, mais do que pela distância (em milhas, ou em mil passos duplos: um dado nem um pouco objetivo!) se dava pelos dias de caminhada necessários para percorrê-lo. E as estradas? Eram um percurso com obstáculos.

A Terra ao centro

Fiéis ao pensamento dos antigos, os sábios medievais tinham por certo que a Terra estava no centro do universo e que o Sol, a Lua e os vários planetas (eram conhecidos apenas Mercúrio, Vênus, Marte, Júpiter e Saturno: a época dos telescópios ainda não havia chegado) girassem em torno dela. Essa concepção, fixada na Grécia por Aristóteles e por Ptolomeu, foi reelaborada em chave cristã no século XIII por Tomás de Aquino, que atribuiu a esse esquema um valor teológico fundamental. Segundo o frade dominicano, a Terra esférica se encontra no centro de um sistema de dez círculos (chamados também de céus) em perene movimento.

Cada céu é sede de um planeta, menos o mais externo, o *Primum Mobile*, que gira mais velozmente na medida em que está em contato próximo com Deus e transmite assim o movimento a todos os outros por meio de fileiras de anjos dispostos em ordem hierárquica em cada céu individualmente. Terra e Empireu são imóveis, mas por motivos opostos: a primeira, de fato, é imperfeita e dominada pelo mal, enquanto o segundo, puro e perfeito, é a sede de Deus. Dante se serviu desse complexo sistema de pensamento para elaborar sua *Divina Commedia*, o além e seu "paraíso", a que acrescentou, em harmonia com a tradição, um inferno posto sob a terra e um purgatório disposto em oposição a Jerusalém: imaginando-o como uma ilha em forma de montanha, o poeta florentino foi dos primeiros a dar um vulto físico a um lugar que, na realidade, tinha sido introduzido havia pouco tempo na elaboração doutrinal da Igreja. Um universo finito, portanto, tão distante do nosso a ponto de não parecer nem mesmo se tratar do mesmo. E tão granítico que passaram séculos – até as teorias heliocêntricas de Nicolau Copérnico (1473-1543) e as lentes de Galileu – antes que fosse questionado.

E a Terra, contrariamente ao que se pensa, era imaginada redonda segundo uma tradição intelectual científica que remontava aos antigos gregos. Eratóstenes (conservado graças às citações contidas na *Naturalis Historia* de Plínio o Velho), Estrabão e Ptolomeu (conhecidos graças a Sêneca) tinham calculado a curvatura do meridiano terrestre e suas teorias tinham sido retomadas pelos Padres da Igreja e, na primeira Idade Média, por dois grandes eruditos provenientes da Europa insular: o inglês Beda o Venerável, e o irlandês Virgílio[40], bispo de Salzburgo. Para esse último, a questão a ser debatida era, sobretudo, aquela que se relaciona com os "antípodas", ou seja, os habitantes do outro hemisfério: Eles existem? Quem são? Provêm do nosso hemisfério e se transferiram para lá em uma época antiquíssima ou nasceram diretamente naquele lugar? No primeiro caso, como podem ter passado através do equador sobrevivendo aos incandescentes raios solares? No segundo: Qual o destino deles se não conheceram a Revelação e, portanto, a salvação? São questões teológicas, certo. E levantam também mais de que uma suspeita de heresia. Mas que, em todo caso, sobre um ponto não deixam margem a dúvidas: habitado na região dos antípodas ou não,

---

40. GAROFALO, F. *San Virgilio di Salisburgo, ovvero la Terra è rotonda* [disponível em: https://ilpalazzodisichelgaita.wordpress.com/2013/01/16/san-virgilio-di-salisburgo-ovvero-la-terra-e-rotonda/]. Um agradecimento particular à autora.

o mundo é esférico. E os *mapae mundi* planos que aparecem nos códigos dos comentários de Macróbio e das obras de Isidoro de Sevilha? São, como hoje, simplesmente tentativas de "planisférios" que mostram em duas dimensões aquilo que, na verdade, possui três.

O centro do mundo terreno, na percepção comum, era Jerusalém, a "cidade santa" por excelência. Uma miniatura do século XIII conservada na biblioteca universitária de Uppsala a representa como um círculo perfeito dividido em duas por uma cruz, cujos braços indicam as estradas principais. Uma representação fortemente simbólica, portanto, e de forte valor escatológico. Todo o mundo conhecido, de resto, era representado de maneira simbólica. Começando pelo número dos continentes: três, número perfeito, correspondente à Europa, Ásia e África. No mapa eram desenhados ou como três círculos concêntricos divididos por uma nesga de água ou como uma língua de terra repartida em três por um T (novamente a cruz). E os confins? Eram bastante lábeis. Ao Ocidente, o mapa-múndi terminava com as "Colunas de Hércules" que, situadas pouco além do Estreito de Gibraltar, delimitavam as terras e os mares conhecidos, e com elas as ambições cognoscitivas humanas. Ao Sul, o mundo terminava com os imensos desertos da África Setentrional, ao passo que ao Norte alguns relatos muito difundidos (como a *Navigatio Sancti Brendani*) deixavam entrever, além da névoa dos mares setentrionais, misteriosas terras onde o sol nunca se punha e, no meio do *mare concretum* (a calota polar?), a mítica Ilha de Thule. Mas o que causava mais fascinação mesmo era, sem dúvida, o Oriente.

A estrada e seus perigos

Antes de seguir as pegadas de algum viajante medieval, convém considerar brevemente as condições das estradas. Caídas em desuso as velhas artérias romanas e destruídas as pontes e outras infraestruturas construídas em época medieval, restavam, muitas vezes, apenas alguns caminhos malconservados e sem pavimentação que, com a chuva ou na primeira nevasca, transformavam-se em rios de lama, quando não em verdadeiros pântanos. Embora não fosse assim em toda parte. Mas se é verdade que depois da queda do Império Romano no Ocidente, as guerras e as invasões barbáricas, as condições das estradas sofreram uma rápida decadência, é igualmente verdade que o tráfego não se interrompia absolutamente. A partir do ano mil, com o aumento do povoamento decorrente da expansão demográfica, ao lado dos antigos traçados (ou pouco distante deles) foram construídas outras vias para conectar entre si os diversos vilarejos e permitir um transporte mais ágil das mercadorias e dos alimentos rumo aos mercados centrais.

Ao longo da estrada os perigos eram muitos. Além do risco decorrente das más condições do percurso, não era raro encontrar brigantes e ser assaltado, ou até mesmo assassinado. Por isso se tentava, quanto possível, manter-se nas estradas conhecidas e mais frequentadas, e evitar os caminhos marginais e principalmente os bosques, passíveis de encontros indesejáveis com animais ferozes. Forçoso era, assim que o sol se pusesse, encontrar um refúgio: a casa de um camponês, uma pousada, na hospedaria de um mosteiro, ou, no pior dos casos, embaixo de uma árvore. O importante era não passar a noite ao relento. As condições higiênicas e climáticas, certamente, não eram as melhores. E o risco de contrair doenças estava sempre à espreita. O tempo demandado pelos deslocamentos, além disso, era realmente longo. Pôr-se em viagem significava, muitas vezes, deixar sua própria terra para nunca mais voltar: razão por que, antes de partir, era comum fazer um testamento. De fato, foi exatamente o temor pelos *pericula in eundo et redeundo* (perigos no ir e regressar) que impeliu, por exemplo, o trevisano Bartolomeu de Pizolo da Montebelluna a ditar, em 28 de fevereiro de 1350, o testamento antes de iniciar sua viagem a Roma: entre suas últimas vontades, predispunha uma soma para acolhimento dos mendigos, órfãos e as viúvas.

Mais rápidos, mas não menos arriscados, eram os deslocamentos por via aquática, principalmente pelos rios. Relativamente fáceis para percorrer e velozes nos períodos de cheia, as vias fluviais eram utilizadas também durante a estação seca: as embarcações, então, eram tracionadas graças a um complexo sistema de cordas, por cavalos e bois que procediam lentamente pela margem. E a canseira era tanta que às vezes os próprios marinheiros tinham de ajudar os animais. Apesar de tudo, barcos e barcaças cruzavam regularmente, por exemplo, as águas do Pó e de seus afluentes que, ligados a partir do século XI às outras vias hídricas da Planície Padana por um sistema de canais cada vez mais complexo, se impuseram na Idade Média como uma das principais e mais utilizadas vias de comunicação (juntamente com o Brennero), de todo o continente, unindo o Norte e o Centro da Europa com o Mediterrâneo.

Além disso, o mar. O Atlântico era sulcado em todos os sentidos pelos *drakkar* dos viquingues, que colonizavam as ilhas do extremo norte da Europa e chegavam até os umbrais do Novo Mundo, e antes ainda pelos *currach* (barcas de pele) dos monges irlandeses, que se deixavam levar pelas ondas e eram arrastados pelos ventos e pelas correntes aos lugares mais intransitáveis e inóspitos, onde fundavam novos mosteiros.

O Mediterrâneo, por outro lado, desde a Antiguidade utilizado para o tráfego comercial, voltou a ocupar uma posição central com o progressivo crescimento das repúblicas marítimas e durante as cruzadas. A viagem de navio, de todo modo, não tinha nenhuma segurança, pois que ao risco (realmente alto) de naufragar somava-se a possibilidade (também essa não rara) de um encontro nada agradável com os piratas ou com os sarracenos. Apesar dos perigos, em todo caso, para ir à Terra Santa convinha zarpar de Veneza: no verão, para chegar à meta bastavam cerca de vinte dias de navegação, pouco mais do que o dobro disso no inverno. Sempre era melhor do que atravessar as incertas estradas da Europa do Leste onde, além de ter de percorrer uma enorme distância, se corria o risco de encontrar os ferocíssimos salteadores eslavos.

Quem viajava, na Idade Média? Não apenas os mercadores. Antes de tudo príncipes, soberanos e imperadores, que passavam grande parte do tempo a deslocar-se entre as terras de seu domínio. Carlos Magno, por exemplo, embora tivesse escolhido Aachen como capital, não possuía uma corte permanente e, quando não estava ocupado com uma guerra, se movia continuamente de uma região para outra de seu vastíssimo império, que media mais de um milhão de quilômetros quadrados. Depois, pontífices e eclesiásticos que se deslocavam para participar de concílios e sínodos por toda a Europa. Para esses, naturalmente, a viagem era menos incômoda, graças ao uso de cavalos e carrroças (na verdade, não era exatamente cômoda, e sujeita a contínuas sacudidas, avarias e tombamentos) e mais velozes para as repentinas trocas de cavalgadura.

A maior parte dos demais viajantes, fossem mercadores ou simples peregrinos, procedia a pé ou no máximo no dorso de uma mula e muito mais raramente a cavalo, até porque a utilização de animais obrigava a prover também o sustento deles e aumentava imensamente o já alto custo da viagem. Entre os incômodos mais sentidos, enfim, estavam os inúmeros controles a que os viajantes eram continuamente submetidos nos "postos de parada" ao longo das estradas, nos estreitos e na entrada das cidades: e se não era nada agradável, nas aduanas, ter as bagagens revistadas pelos guardas, igualmente odioso era ter de pagar os pedágios cada vez que se cruzava uma ponte ou se entrava pelas portas de uma cidade. Deviam ser muitos também que viam uma taverna isolada como um refúgio quente e confortante: foi o sentimento que teve, em 1483, o dominicano alemão Felix Faber quando, vencidos os Alpes para dirigir-se à Terra Santa, depois de ter atravessado florestas, corrido o risco de cair em profundas grotas nas montanhas e tropeçado nas raízes dos caminhos, deu de cara com uma pequena e solitária hospedagem entre Cortina e Dobbiaco: Finalmente a salvo bem no meio de um vale arenoso e estéril onde, como ele nos informa, "muitos morriam de noite pelo frio e pela fome"[41].

Nas pegadas dos peregrinos

Entre os viajantes mais assíduos estavam, certamente, os peregrinos que, vestidos de túnicas rudes e mantos e "armados" com bastões (um simples bastão nodoso), se dirigiam de toda parte da Cristandade rumo às tumbas dos santos e dos mártires, mas também aos chamados "lugares santos". Os destinos preferidos, naturalmente, eram a Terra Santa – onde se visitavam as basílicas do Santo Sepulcro e do Calvário, de Belém e do Monte das Oliveiras – e Roma – onde eram veneradas as tumbas dos apóstolos Pedro e Paulo. Com o tempo, porém, surgiram em toda parte, do Mediterrâneo ao coração do continente, igrejas e catedrais que atraíam multidões de devotos. Entre os santuários mais visitados estavam Santiago de Compostela na Espanha, São Martinho de Tours e a Catedral de Colônia, sede, desde a segunda metade do século XII, dos espólios dos Reis Magos, retirados da Basílica de Santo Eustórgio, em Milão, por ordem do Imperador Frederico Barbarossa, após terminar vitoriosamente o assédio de Milão. Para ligar entre si todas essas localidades tão distantes havia estradas nem sempre de fácil utilização, longuíssimas, pouco frequentadas e cheias de perigos. A mais célebre, sem dúvida, é a Via Francígena que, partindo da França, chegava até Roma atravessando as árduas cordilheiras apenínicas. A estrada era trafegadíssima e muito servida:

---

41. BORTOLAMI, S. *"Locus magne misericordiae – Pellegrinaggi e ospitalità nel Veneto medioevale"*. In: RIGON, A. (org.). *I percorsi della fede e l'esperienza della carità nem Veneto medioevale*. Pádua: Poligrafo, 2002, p. 81-132.

foi calculado que, apenas na parte toscana, a média era de uma hospedaria a cada cinco quilômetros. Muitas vezes eram os próprios romeiros (*romei*, de Roma) que construíam estradas e pontes e, com seus deslocamentos, faziam a interação entre culturas e povos diversos.

Além do Caminho de Santiago e da Via Francígena, havia outros itinerários que ligavam igrejas e lugares de culto diferentes por características particulares. Uma "ramificação" da Francígena – a assim chamada "Via dos Abades" até agora pouco documentada historicamente – unia Pavia a Roma passando pelo Mosteiro de Bobbio, fundado em Val Trebbia em 614 pelo abade irlandês Columbano em um terreno recebido do casal real lombardo Agilulfo e Teodolinda. Exatamente Bobbio e o Piacentino em geral se tornaram destinos obrigatórios para monges e peregrinos provenientes da Irlanda: contando com a hospedaria vizinha à Igreja de Santa Brígida em Placência – construída já em torno do ano de 862 – iam à abadia para rezar sobre o túmulo de São Columbano e depois prosseguiam passando por Pontremoli, a caminho da Cidade Eterna.

Muito popular era também o itinerário que ligava os principais santuários dedicados a São Miguel Arcanjo, cujo culto havia se difundido muito na Alta Idade Média, graças sobretudo às populações de origem germânica como os godos e os lombardos: partindo de Mont Saint-Michel, na Baixa Normandia (onde no começo do séc. VIII foi construído um famosíssimo santuário ainda hoje destino de turistas de todas as partes do mundo), o percurso transpunha os Alpes, alcançava a Abadia de Saint-Michel no Val de Susa e depois, passando por muitos lugares ermos, cavernas e igrejas rupestres, chegava até o grande santuário em Gargano.

Considerada lugar de encontro e de passagem para embarcar para a Terra Santa, Veneza muitas vezes é ignorada como destino de peregrinação. Mas a cidade, tanto dentro quanto um pouco fora (Marghera, Mestre, Caorle, Chioggia...), contava com muitas hospedarias para acolhimento não só daqueles que se preparavam para partir rumo ao Oriente, como também de quem queria ver as inúmeras relíquias guardadas em suas igrejas. Um testemunho precioso[42] a esse propósito é o de certo Leonardo Frescobaldi, que no seu relato de viagem escrito em 1394 conta:

---

42. Ibid.

> Encontramos em Veneza muitos peregrinos franceses e venezianos e nos fizerem muitas homenagens [...]. Fomos visitar a Igreja da Virgem Santa Luzia, onde está exposto seu santíssimo corpo. No Mosteiro de São Zacarias, pai de São João Batista, em um altar belíssimo, estão expostas muitas relíquias, e ainda o corpo do dito São Zacarias, o de São Jorge e o de São Teodoro mártir. Na Igreja de São Jorge fora de Veneza vimos seu braço e o corpo de São Paulo, e a cabeça de Santa Felicidade. Na Igreja de São Cristóvão vimos o santíssimo corpo e também um joelho, que é um milagre ver. Na Igreja de Santa Helena, mãe do Imperador Constantino fora de Veneza, vimos seu corpo inteiro e vimos ali um grande pedaço do lenho da Santa Cruz e um dedo de Constantino. Na Igreja de São Donato em Murano fora de Veneza, vimos na igreja uma arca enorme de pedra contendo cento e noventa e oito crianças, isto é, inocentes inteiros, ou seja, aqueles que Herodes mandou matar por Cristo e se via neles todos os golpes dos ferimentos, dizem que costumavam ser duzentas, mas, quando o rei da Hungria fez a paz com os venezianos, foram-lhe dadas duas dessas crianças.

O Vêneto inteiro estava no centro dos deslocamentos de peregrinos que chegavam, através da Via Alemanna e da Via Ongaresca, respectivamente da área alemã e da eslava. E quem provinha daquelas nações, às vezes parava para ajudar a sistematizar as coisas para os próprios conterrâneos. Assim, por exemplo, em Treviso, havia oito hospedarias geridas por alemães.

Fugindo do (próprio) mundo

Para fazer uma peregrinação eram necessários meses ou mesmo anos de caminhadas a pé ou no lombo de uma mula, em condições de segurança precárias e contando com a hospitalidade de mosteiros ou de algum proprietário provado sensível. Por sorte, podiam-se contar com alguma ajuda, como o *Guia do peregrino* compilado no século XII, que fornecia preciosas sugestões a quem decidia empreender tal viagem e sobretudo defendia a sacralidade do hóspede: "Pobre ou rico, deve ser por todos recebido com caridade e cercado de veneração. Pois quem quer que o receba e procure diligentemente dar-lhe hospedagem, terá como hóspede não apenas São Tiago, mas o Senhor em pessoa, Ele que disse no Evangelho: 'Quem acolhe um de vós, a mim acolhe'".

Quem eram os peregrinos? Homens, com certeza, mas também mulheres, velhos e crianças, sãos e doentes que se encaminhavam para fazer um voto, para pedir perdão, para expiar algum pecado, para obter uma cura, procurar relíquias de santos, mas também (coisa bem menos edificante!) para... escapar dos próprios deveres. Havia até quem fizesse a viagem em nome de alguém impossibilitado de fazê-lo: ser peregrino, nesses casos, equivalia a um verdadeiro "trabalho", muito bem remunerado.

Um extraordinário e precoce perfil das dificuldades e aventuras que faziam parte de uma peregrinação consta no célebre *Itinerarium Egeriae* (ou *Peregrinatio Aetheriae*, em uma variação do nome), relato de viagem aos lugares santos realizada, no final do século IV, por uma mulher chamada Egéria. Da obra, descoberta em Arezzo no ano de 1884 em um códice manuscrito, resta, infelizmente, apenas a parte central: o resto perdeu-se. A excepcionalidade do achado, mais do que pela narrativa em si, reside na sua datação e no fato de ter sido escrito por uma mulher, muito provavelmente originária da costa atlântica da Espanha ou da Gália, dotada de discreta cultura e de conspícuos meios econômicos. A viagem, de fato, dura quatro anos (a datação geralmente aceita é o período entre 381 e 384), durante o qual a autora, embebida de autêntico espírito cristão, faz anotações – a que dará forma definitiva apenas depois de retornar a seu país – que se revelam uma fonte preciosa para conhecer edificações, instituições e aspectos da liturgia daquela época.

Outro relato interessante, dentro da infinita literatura sobre o tema, é o *Libro d'Oltramare* do franciscano Nicolau de Poggibonsi, que viveu no século XIV. O texto narra a aventurosa peregrinação realizada nos anos 1345-1350 de Veneza à Terra Santa e é riquíssimo de preciosas anotações, entre as quais a informação de que a casa de Maria, em Nazaré – ainda existente no ano 1289 –, tinha sido destruída e reduzida a pouco mais do que uma gruta. A viagem, que durou cerca de cinco anos, levou-o a visitar a Palestina, Damasco, o Egito, a Península do Sinai, Chipre. Dali tentou retornar à sua pátria, mas a navegação, cheia de dificuldades, durou mais de quatro meses, durante os quais chegou a ser sequestrado por piratas. Tendo conseguido fugir, chegou em Veneza no fim de 1349, e, após uma estadia de alguns meses em Ferrara, pôde rever sua casa.

Mais tardio, mas não menos rico em detalhes – sobretudo no que diz respeito aos aspectos gastronômicos: descreve, de fato, as iguarias que lhe foram servidas durante a viagem –, o diário do milanês Pedro Casola (1427-1507) conta a viagem realizada em 1494 também à Terra Santa, a Jerusalém. De caráter mais místico, porém, o relato da viagem a Roma, Jerusalém e Santiago de Compostela do inglês Margery Kempe (1373 c.- *post* 1438), em que a narrativa é intercalada pelas orações e pelas "conversas" que teve com Cristo por mais de quarenta anos.

Mas a peregrinação não era uma prerrogativa apenas cristã: prevista como forma de devoção por quase todas as religiões, era um dever preciso de todo muçulmano, que devia ir, ao menos uma vez na vida, a Meca, a cidade santa do Islã.

Marco Polo e os outros

Entre os viajantes mais famosos da Idade Média, um lugar de primeiríssimo plano é ocupado por Marco Polo. Nascido em Veneza em 1254 de uma rica família de mercadores, Marco esteve, juntamente com o pai Matteo e o tio Niccolò, entre os primeiros ocidentais a lançar-se a terras tão distantes que beiravam o inconcebível, em terras que o imaginário da época considerava povoadas de criaturas monstruosas ou considerava, ao contrário, que fossem a sede do paraíso.

A Ásia, dominada no século XII pelo mítico Gengis Khan, representava para os ocidentais um verdadeiro mistério. As populações das estepes – mongóis, pechenegues e tártaros, principalmente – eram vistas, no embalo da onda de terror semeada nos territórios abrigados na Europa do Leste, como ordas impiedosas e sanguinárias, não sem evidentes traços demoníacos. Mas ao lado do terror e da suspeita se colocava também a curiosidade: Que aspecto tinham, como viviam, que segredos guardavam? Na primeira metade do século XIII, alguns frades dominicanos foram mandados pelo Papa Inocêncio IV como legados a Khan, mas com pouquíssimo sucesso, ao passo que o Franciscano João de Pian del Carpine deixou também um relato detalhado de sua viagem que teve uma importância notável. Mas ninguém superou o empreendimento levado a cabo pelos Polo e, particularmente, por Marco: Tornar-se embaixadores do Grande Khan. Matheo e Niccolò Polo organizaram em 1250 uma longa expedição à Ásia que se estendeu até o Catai (China). Partindo de Constantinopla, os dois irmãos venezianos da Crimeia (onde possuíam uma loja) chegaram ao Uzbequistão e dali à corte do Gran Khan Khubilai, que lhes consignou uma missiva para entregar ao papa. Retornando a Veneza em 1270, partiram novamente no ano seguinte com o jovem Marco que contava quinze anos. O itinerário seguido espanta até hoje: Cilícia, Armênia, Golfo Pérsico, Afeganistão, Pamir, Deserto de Gobi e Turquestão, este último alcançado através da Via da Seta, a crucial junção que levava os tecidos preciosos do Extremo Oriente à Pérsia e depois ao Ocidente. Aqui, em sua residência estiva de Clemenfu (Ciandu), o Grande Khan nomeou Marco embaixador e o autorizou a viajar à vontade por toda a China. A Marco o Khan confiou a delicada missão, levada a cabo apesar das dificuldades (dos seiscentos membros do séquito apenas dezoito sobreviveram), de levar como esposa ao rei da Pérsia a Princesa Cocacin.

Da Pérsia, os Polo voltaram finalmente para a Europa passando pelo Mar Negro e por Constantinopla: quando desembarcaram em Veneza em 1295, depois de praticamente dezessete anos de ausência, ninguém os reconhecia mais porque já tinham adotado os costumes dos tártaros. Mas a vida aventurosa de Marco Polo não terminou na Sereníssima [i. é, Veneza [N.T.]]. Capturado pelos genoveses durante uma batalha naval, em 1298, conheceu no cárcere um outro prisioneiro ilustre, o pisano Rustichello. De sua amizade nasceu *Il Milione*, escrito primeiro em francês (o vulgar preferido pelos letrados): obra que, provavelmente escrita com base em alguns cadernos de anotações de Marco, contém a narrativa detalhada de suas míticas viagens. Embora incompleto – talvez pela imprevista soltura de Marco e seu retorno a Veneza –, o texto logo tornou-se um *best-seller* traduzido em inúmeras línguas e versões. Apesar de, com o tempo, muitos historiadores terem mostrado sérias dúvidas sobre a autenticidade das narrativas presentes, *Il Milione* (o título deriva de *Milion*, um ramo da família dos Polo) representa um documento excepcional não apenas pelo que concerne às condições de vida das populações orientais na virada do século XIV, mas também pelo que diz respeito à imagem que tinham delas os ocidentais cristãos.

Marco Polo morreu no ano 1323 deixando à sua mulher e às três filhas não as extraordinárias riquezas (sedas, marfins, pedras preciosas) que lhe são atribuídas pela lenda, mas tecidos e objetos típicos do *status* de um mercador bem-sucedido da Veneza dos séculos XIII-XIV.

O caso dos Polo, de qualquer forma, não foi uma exceção na Idade Média. Grandes viajantes foram, por exemplo, os frades missionários como o franciscano João de Pian del Carpine que, em 1245, foi enviado pelo Papa Inocêncio IV como embaixador junto aos tártaros. Devia conduzir ao Gran Khan do Império Mongol, Güyük Khan, neto do grande Gengis Khan, duas bulas pontifícias, e aproveitou para descrever com abundância de particulares, e pela primeira vez (a viagem dos Polo aconteceria apenas 27 anos mais tarde!), os usos e costumes dos mongóis. Sua obra, intitulada *Historia Mongolarum*, permite reconstruir com precisão o itinerário que seguiu de Cracóvia a Kiev (passando por Breslávia, onde se juntou a ele outro frade, Bento de Polônia), vencendo em seguida o Rio Volga e o Mar Cáspio, até o Mar de Aral. Dali dirigiu-se rumo ao Lago Balcache, para chegar finalmente a Caracórum onde encontrou o Khan.

Grandes viajantes foram registrados também no mundo árabe. O mais importante foi Ibn Battuta (1304-1368/1369) que, de Tânger, chegou em Pequim (depois de uma primeira tentativa fracassada) passando pelo Iêmen, o Quênia, a Síria, o Afeganistão, beirando Delhi, Calcutá, as Maldivas, o Sri Lanka, a Malésia, Java e Sumatra, a ponto de merecer o apelido de "Marco Polo Árabe". Fascinante como suas aventuras, é também o verdadeiro título de sua obra, conhecida como *Riḥla* ("viagem, em árabe), mas que, na realidade, soa como *Tuḥfat al-naẓār fī gharā'ib al-amṣār wa 'ajā' ib al-asfār*, "Um dom de grande valor para quem quiser lançar um olhar sobre cidades incríveis e périplos encantadores"...

Apenas em 1928 foram publicados (em inglês) os extraordinários feitos do monge chinês (cristão nestoriano[43]) Rabban bar Sauma (1220-1294 c.), que no mesmo ano dos Polo partiu do Oriente para encontrar o papa e os soberanos ocidentais por conta do Khan persa Arghun e, atravessando a Itália e a França, chegou a tratar com a delegação do rei da Inglaterra para em seguida retirar-se a Bagdá, onde viveu seus últimos anos. Foi dele que o Papa Nicolau IV recebeu o pedido do imperador chinês Kublai Khan (1260-1294) de enviar missões cristãs ao Extremo Oriente: quem partiu foi o franciscano João de Montecorvino (1246-1328). A pregação do frade foi bem-sucedida: em 1299 construiu a primeira igreja de Pequim (da qual tornou-se bispo em 1306), aprendeu o chinês para pregar e celebrar a liturgia e traduziu àquela língua o Novo Testamento e os Salmos. Por sua longuíssima e excepcional experiência nos confins do mundo então conhecido, também ele merece ser mencionado entre os grandes viajantes da Idade Média.

Sistematizações precárias

A Idade Média, portanto, sem dúvida, foi uma época de viagens. Mesmo, como vimos, em meio a dificuldades. Um dos maiores problemas enfrentados

---

43. O nestorianismo, elaborado pelo patriarca de Constantinopla Nestório no século V, afirmava que em Jesus Cristo coexistiam duas pessoas, o homem e Deus, e que Maria era mãe apenas da pessoa humana. O nestorianismo rejeita, portanto, o título de "mãe de Deus" a Maria, que é apenas "mãe de Jesus".

por quem quer que se punha em viagem, fosse mercador ou clérigo, rico ou pobre, consistia em encontrar alojamento. Um problema que soberanos, reis e imperadores não tinham – sorte deles – uma vez que, da era carolíngia até a Baixa Idade Média, tinham decretado por lei que os mosteiros, as abadias e os grandes feudatários, tinham obrigação de hospedá-los (sempre que não existissem propriedades pertencentes ao governante) com toda a sua corte durante os inúmeros deslocamentos de uma ponta a outra de seus domínios. Essa obrigação, conhecida como "direito de hospedagem", com o tempo foi substituída por uma taxa anual ou recompensada em forma de isenções e privilégios.

Quanto ao resto, nos primeiros séculos da Idade Média quando, no fim das contas, a mobilidade era mais contida, era muito comum a hospitalidade gratuita. Com base no princípio, regulamentado pelas leis dos reinos romanos e bárbaros, de que o hóspede era sagrado e gozava da proteção do soberano, quem batia à porta de qualquer casa podia esperar receber, além de um teto sob o qual dormir, também alimento e água para si e seu cavalo ou sua mula. Naturalmente, não infinitamente: dois, três dias no máximo (daqui vem, provavelmente, o famoso ditado segundo o qual o hóspede, depois de três dias, começa a feder). Depois disso, ou retomava sua viagem, ou procurava um trabalho para se manter. Oferecer hospedagem a um viajante também podia se revelar, de fato, dispendioso: principalmente nas áreas mais isoladas e escassamente mantidas, porém hospedar um forasteiro sempre constituía uma agradável novidade e era uma boa ocasião para saber o que acontecia em outras partes do mundo, ou ao menos em uma cidade não muito distante.

Que a hospitalidade fosse considerada um dever não é uma novidade. Desde os tempos mais antigos, em quase todas as civilizações, havia formas gratuitas de hospedagem com base na convicção, por exemplo, no mundo greco-romano, e no mundo germânico, de que os deuses vagassem sobre a terra, assumindo veste de viajantes, recompensando ou punindo quem se mostrasse generoso ou avaro. Já no século I, o historiador latino Tácito, em sua *Germania* – obra que descreve em detalhes os usos e costumes das tribos da Europa Centro-setentrional até então pouco conhecidos – destaca a acolhida como uma das qualidades maiores e mais genuínas dos germanos:

> Nenhum outro povo possui mais destacado o senso da convivência e o da hospitalidade. Para eles é inadmissível não aceitar alguém em sua casa. Todos acolhem o hóspede em sua mesa, servida de acordo com

os meios de que dispõem. Faltando alimento disponível, quem tinha oferecido a hospitalidade lhe indica uma outra casa e o acompanha até ela; mesmo sem convite, entram na casa vizinha e não há diferença: são acolhidos com a mesma deferência. No que diz respeito à hospitalidade ninguém faz distinção entre pessoas conhecidas e desconhecidas. Quando o hóspede parte, é costume dar-lhe o que pedir, e a franqueza no pedir é equivalente. Os dons são para eles uma alegria, nem quem dá se sente em crédito, nem quem recebe, em dívida.

No início da Idade Média, as leis bárbaras (séc. VII) coletadas confirmam o dever da hospitalidade, que durava de dois a três dias e incluía alojamento, lugar para o fogo, água, lenha para queimar e capim para os cavalos. A comida, por sua vez, não estava incluída, e o hóspede devia providenciar por si, adquirindo-a em outro lugar, ou, se era fortunado, no mercado local. No direito dos francos era proibido acolher algumas categorias de pessoas que tinham se envolvido em delitos ou ações consideradas inaceitáveis: profanadores de tumbas, mulheres livres que haviam dormido com escravos e ladrões. No direito lombardo, por sua vez, quem hospedasse um fugitivo – sobretudo se se tratasse exatamente de um escravo *in fraida*, "em fuga" – era punido com uma multa igual ao valor do próprio escravo (Edito de Rotário, lei 275-276). Essas "disposições" permanecem em vigor, com algumas variantes, por quase toda a Alta Idade Média, até o início do ano mil, embora, nas regiões mais periféricas daquele que, no meio-tempo, havia se tornado o Sacro Império Romano, se tendia a oferecer hospitalidade aos estrangeiros apenas em caso de mau tempo ou no inverno: em todo caso, o forasteiro era gentilmente convidado a acampar em área aberta e arranjar-se o que comer.

Além das casas privadas, a hopitalidade gratuita também era ofertada pela Igreja. Nos primeiros séculos da era cristã, de início no Oriente e depois no Ocidente, a obrigação de acolher os viajantes era exercida nos denominados *xenodochia* (ou seja, hospedarias), próximas aos mosteiros, mas separados deles para evitar perigosas distrações: como, porém, a obrigação da acolhida caridosa por parte dos mosteiros e das igrejas se estendia aos peregrinos e aos pobres, logo essas hospedarias já não eram mais suficientes. Os *xenodochia*, com o tempo, se tornaram cada vez menos disponíveis para forasteiros e mais voltados à assistência dos pobres, dos órfãos e dos anciãos. Foi preciso esperar até o século XI para vê-los povoar-se novamente de peregrinos e viandantes de todo tipo.

A renovada mobilidade europeia a partir do ano mil marcou o nascimento – ou o renascimento – de locandas e albergues. Com o aumento da população e das transações comerciais, de fato, também os pedidos de alojamento aumentaram desmedidamente, e a hospitalidade gratuita não era mais suficiente para satisfazer a demanda. Também porque há tempos havia sido introduzido o costume de impor aos hóspedes o pagamento, pelo menos, das refeições. Mesmo assim nem sempre se encontrava lugar. Por ocasião das feiras populares e dos mercados, as cidades eram de tal modo tomadas que os viajantes tinham de pernoitar em alojamentos emergenciais ou a céu aberto. Nesses casos, um bom alojamento era garantido apenas se se dispunha de um valor em dinheiro ou de bens para empenhar. Pela leitura de um sermão – estamos em 925 – do bispo Aton de Vercelli que admoestava os fiéis contra a prática de hospedar apenas a quem se apresentava com bens preciosos, intui-se que havia quem se aproveitasse chegando a explorar a situação de necessidade para enriquecer.

Albergues militares

A partir do século XI, com a abertura do capítulo das "cruzadas", um novo fenômeno invade a Europa: o das ordens cavaleirescas. Os pressupostos para seu nascimento foram lançados durante a reforma gregoriana, quando elaborou-se o conceito de *militia christi*, um exército de Cristo, preparado para defender até mesmo com as armas os princípios da Cristandade. Fundadas na sequência da conquista de Jerusalém (1099), as primeiras ordens eram, na verdade, compostas por leigos que viviam em comum, respeitando os votos de pobreza, castidade e obediência, mas jurando simultaneamente proteger os peregrinos e combater os infiéis. Não se tratava, portanto, de monges em sentido estrito: a Igreja, aliás, se recusou por muito tempo a reconhecer esses grupos como "ordens religiosas", porque era contrária à ideia de que um monge pudesse pegar em armas. Desses, tampouco faziam parte apenas cavaleiros, já que a maior parte dos membros se constituía de não nobres (os assim chamados *servientes,* de onde originou-se o nosso termo "sargento").

A primeira a ser fundada foi a Ordem dos Cavaleiros de São João (cujo nome foi tomado da hospedaria homônima de Jerusalém): nascida leiga no ano de 1099, tornou-se religiosa apenas em 1154. Nascida para fins de assistência, participou ativamente de todas as batalhas contra os muçulmanos. A mais importante foi a dos templários, que tinha o quartel-general na área do antigo Templo de Salomão (surgida em 1118, oficializada em 1163), ao passo que a última foi a dos teutônicos, nascida durante a terceira cruzada (1143) em São João de Acre e tornada oficial em 1199. Outras ordens militares surgiram na Espanha durante a *Reconquista*.

O surgimento e o desenvolvimento das ordens religiosas militares foi também resposta aos inúmeros perigos que ameaçavam peregrinos durante as viagens. Elas os defendiam contra os assaltos dos ladrões e contra os infiéis, mas também lhes davam assistência em caso de epidemias, principalmente a peste. As cruzadas determinaram deslocamentos em massa: centenas e centenas de pessoas que se moviam sobre as estradas, chegavam aos portos, pululavam nas cidades. A presença das ordens cavaleirescas na Terra Santa, portanto, foi essencial para garantir condições de hospitalidade satisfatórias: até aquele momento, de fato, quem se encaminhava ao Oriente Próximo podia contar com abrigos decadentes, com dezenas de pessoas amontoadas e imundos almofadões de feno. Graças à criação de postos de assistência (*mansiones*) ao longo das estradas, nos portos e nas cidades, quem ia combater ou rezar nos lugares santos podia ao menos contar com uma acolhida melhor, mais espaço e condições higiênicas decisivamente melhores.

Tabernas em comum

Voltando aos lugares ordinários para alojamento, se os mercadores, sobretudo em cidades nodais como Veneza, acostumaram-se a se alojar em construções específicas, metade alojamento, metade armazéns (os *fondaci*), os peregrinos e viandantes ocuparam as locandas que, caídas em desuso depois das invasões bárbaras ou transformadas em locais duvidosos, frequentados por pessoas sem dinheiro, passaram por uma verdadeira recuperação até tornar-se, no século XIV, o único ponto de referência para quem viajava.

Essas locandas não tinham nada a ver com os nossos albergues. Na Europa Ocidental e Central, em geral, eram edifícios de pedra ou de madeira com uma única lareira, e hospedavam ao mesmo tempo pessoas e animais. O número de leitos oscilava entre três e vinte, colocados em círculo nos andares superiores, ao passo que nos inferiores se encontravam os estábulos, depósitos, cozinhas e salas de refeição. Para os hóspedes mais endinheirados havia a possibilidade de ficar em quartos privados. Nas locandas mais equipadas, os leitos eram com baldaquino ou com rodinhas, com cobertas e lençóis, enquanto nas mais humildes o pernoite era em um simples colchão de palha.

Normalmente todos comiam juntos, sem distinção, e a comida era bastante frugal: vinho e pão, às vezes algum acompanhamento. Apenas hóspedes importantes podiam consumir refeições mais abundantes (com peixe e carne) em quartos separados. Nas zonas menos desenvolvidas, como na Europa do Leste, ou na Espanha – onde multidões de peregrinos acorriam pelos caminhos que levavam a Santiago de Compostela –, a situação era claramente pior: o antigo provérbio francês "O amor é como uma locanda espanhola: cada um encontra somente aquilo que leva consigo" é muito eloquente a esse propósito. Nem todas as locandas eram iguais. As da cidade, em geral, eram melhores do que as rurais. Na Alemanha e na França, ademais, elas se dintinguiam com base na tipologia dos fregueses: senhores a cavalo, cocheiros, forasteiros a pé. Existiam locandas para estudantes, operários, mulheres, enfermos e, obviamente, os bordéis. Em todas, de qualquer modo, as condições higiênicas estavam muito longe das nossas. Água corrente não havia, os viajantes eram muitos e dormiam nas mesmas camas, em toda parte reinava a promiscuidade. Avistar piolhos se movendo sobre os colchões de palha não devia ser um espetáculo muito raro.

Tabernas e locandas – as primeiras com uma fama nitidamente péssima – eram lugares onde, além de pernoitar, se podia comprar mercadorias como em um verdadeiro mercado, o que explica por que, com a difusão dos comércios e a ascensão da classe mercantil na Baixa Idade Média, essa segunda "atividade" foi sendo deixada em segundo plano até desaparecer quase por completo.

Como se reconhecia uma locanda? Com certeza, ao menos a partir do século XIII, pela insígnia: em geral era uma coroa ou um barril com um círculo metálico suspenso, que indicava a venda de vinho. A isso, passou a ser cada vez mais comum acrescentar, da Baixa Idade Média em diante, o nome: "Da Coroa", "Ao Cervo", e assim por diante. De resto, pela aparência não se distinguia muito das demais habitações.

Os proprietários das tabernas, contrariamente ao que os clichês difundidos levariam a pensar, nem sempre eram pessoas de condição humilde. Havia, nessa categoria, também um conspícuo número de gente conhecida, rica e respeitada; isso, obviamente, se refletia na "fama" da locanda. Em Florença, por exemplo, os *Estatutos das Artes* contemplavam três categorias de taberneiros: os melhores ofereciam comida e alojamento ao viajante e à cavalgadura; os médios hospedavam apenas uns ou outros; e os inferiores forneciam ou comida ou alojamento. Naturalmente, não eram obrigados a acolher todo mundo, aliás, tinham o dever de manter distantes pessoas suspeitas não apenas por disposição legal (a obrigação específica apareceria somente no séc. XV), mas também porque seriam chamados a responder por eventuais crimes ou ações desonestas que essas pessoas cometessem. Antes de entrar no local, os hóspedes (salvo raras exceções) tinham de entregar as armas: se não o fizessem, o taberneiro podia recusar-se a atendê-los. Uma vez acolhidos, eles tinham de observar algumas normas de comportamento, sob pena de ser denunciados à autoridade competente. O jogo era proibido ao menos nos períodos das festas, assim como não eram permitidas apostas de bebidas, embriaguez, xingamentos e palavrões. O quanto essas regras eram de fato obedecidas, é impossível dizer.

Viagens fantásticas

As viagens na Idade Média, portanto, comportavam uma série de provas físicas significativas. Conseguir realizá-las sem danos era, em certo sentido, um empreendimento que nem todos eram capazes de levar a termo. Mas havia um outro tipo de viagem, a "espiritual", feita na imaginação, em busca de terras prometidas, do paraíso, ou da Verdade. Era possível ser um *viator* ("viandante", literalmente, "aquele que vai pela via") por itinerários preestabelecidos, ou então um *peregrinus* ("peregrino"), não apenas no sentido que acabamos de abordar, mas também no sentido espiritual e religioso. A viagem podia ser uma metáfora da vida, ou uma busca no mundo das ideias e das imagens mentais.

Um caso todo particular é a narrativa fantástica relacionada à navegação de São Brandão, um monge que realmente viveu no contexto histórico da Irlanda dos séculos V-VI, em sua grande parte ainda pagã e percorrida de Norte a Sul por missionários que pregavam o Evangelho e construíam mosteiros. A trama da obra é simples. Depois de apresentar o protagonista, narra-se o seu encontro com o Abade Barinto, que o informa de uma viagem realizada com seu discípulo Mernoc em busca da misteriosa "Terra prometida dos santos": uma ilha onde o sol nunca se põe, e não existe nem fome nem sede, e o ar é cheio de um perfume maravilhoso. Ao ouvir isso, Brandão decide partir para encontrá-la. Tendo escolhido quatorze monges, depois de um jejum preparatório de quarenta dias, a comitiva zarpou em direção à Ilha de Santo Enda. Recebida a bênção, os frades preparam um barco de madeira recoberta de couro, o *currach*, e iniciam uma viagem cheia de peripécias que os levará, por sete anos, a visitar as mesmas ilhas, cada ano por ocasião da mesma festividade: a Ilha das Ovelhas, a Ilha Baleia, a Ilha dos pássaros e a de Santo Abão, habitada por uma comunidade de frades dedicados ao silêncio. Os frades se mantêm graças à intervenção divina.

Navegando, Brandão e os seus enfrentam monstros marinhos, precisam abrir passagem no mar denso pelo gelo, assistem a épicos combates entre feras, desembarcam em uma ilha habitada por três comunidades diferentes cuja ocupação é cantar perpetuamente os salmos, recebem como dons frutos enormes capazes de nutri-los com seu suco. E também se deparam com águas transparentes povoadas de peixes, encaram uma coluna de cristal infinita que surge do mar e toca o céu e são agredidos com projéteis ardentes atirados por ferreiros selvagens. Chegando às portas do inferno, encontram Judas preso a um rochedo no meio do mar: essa não é sua punição eterna, mas apenas um "refresco" momentâneo que lhe foi concedido pela clemência de Cristo, pois geralmente ele ferve como uma massa de chumbo derretido no interior da montanha infernal. A companhia parte novamente e encontra, em outra ilha, o eremita Paulo, que sobrevive, coberto apenas com seus cabelos e pelos, graças à água milagrosa de uma fonte. Alimentados pela última vez, os viajantes chegam à sua meta. Aqui um jovem prediz ao santo que sua morte está próxima e o exorta a carregar o barco com frutos e brotos antes de partir de volta para casa. Chegando em sua pátria, e depois de narrar tudo que viu, Brandão entrega a alma a Deus.

A figura de Brandão é uma perfeita síntese tanto do *peregrinus* quanto do *viator*: como o primeiro, é estrangeiro em relação ao lugar aonde vai e precisa de sustento, no seu caso, oferecido pela providência; como o segundo, sabe que está cumprindo um caminho que lhe é indicado por Cristo e tem em Cristo a proteção que o guardará até alcançar sua meta.

A viagem de Brandão, assim como outros itinerários imaginários medievais (não por último, a *Divina Commedia* de Dante), oferece vários níveis de interpretação. De fato, pode-se entendê-la como a viagem de um monge que se entrega à providência divina movido pela curiosidade de ver o paraíso. Ou pode-se entender a narrativa como o simples relato de uma viagem. Mas talvez a melhor chave seja ler Brandão como um herói temerário, nisso muito moderno, que, desafiando as forças da natureza, chega a saborear os mistérios do conhecimento.

O mundo mágico do Preste João

Um pouco mais tarde, por volta do início do século XII, começaram a circular no Ocidente várias histórias lendárias sobre a existência, fora a Terra Santa e as Índias, de um poderoso rei chamado *Presbyter Johannes*, isto é, "Preste João". O primeiro a registrá-las por escrito foi, em 1147, o cronista austríaco Óton de Freising que, em sua *Chronica*, cita um "certo Preste João, que habita no Extremo Oriente além da Pérsia e da Armênia, rei e sacerdote, cristão como o seu povo, porém nestoriano". O seu reino é imenso; situa-se nos confins da Ásia, onde nenhum ocidental jamais penetrou. Sua terra era legendária e povoada de toda espécie de animais e plantas, de homens estranhos com características a meio-caminho entre o misterioso e o horrendo.

Preste João era riquíssimo: seu palácio infinito transbordava, segundo os relatos, ouro e pedras preciosas. Mas era também pio e generoso. Assim que soube da queda da Terra Santa na mão dos infiéis, teria, inclusive, partido para libertá-la. Era de tal modo virtuoso que até mesmo os seus súditos se acasalavam apenas para procriar e não existiam ladrões nem criminosos.

Verdade ou fantasia? Na segunda metade do século XII, o imperador de Bizâncio Manuel Comneno recebeu do elusivo rei uma suposta carta que, depois, veio parar no Ocidente com Frederico Barbarossa. O escrito teve um sucesso tão grande que até Marco Polo, mais de um século depois, chegou a falar do Preste João como se o tivesse encontrado pessoalmente. O reino, na realidade, nunca existiu. Formou-se, com o tempo, na imaginação dos ocidentais que, jamais tendo chegado tão longe, extraíam informações a partir das histórias contadas pelos mercadores, por sua vez ouvidas dos guias de caravanas que se deslocavam ao longo da Via da Seta. Relatos que combinavam com o que tinham escrito os autores antigos, de Plínio a Solino, de Marciano Capela até os Padres da Igreja. Nesses relatos apareciam também seres estranhos dos confins da realidade: os monópodes, homens que tinham uma só perna e apenas um – enorme – pé, e viviam nas Índias; os blêmias na África, sem cabeça e com a face no peito; os panotis, dotados de orelhas longuíssimas... Reunidas pelo grande enciclopedista Isidoro de Sevilha nos séculos VI-VII, essas cognições imaginárias forneceram – monstros à parte – a descrição do paraíso terrestre, situado pela tradição exatamente na Ásia. E proporcionaram aos que viveram na Idade Média um lugar mágico, quase um modelo a ser aspirado, mas que, como os sonhos, jamais poderia ser alcançado.

5
Na cozinha e à mesa

Ao contrário do que se poderia pensar, os séculos da Idade Média em que a alimentação foi qualitativamente melhor foram os primeiros. Carestia à parte, os grandes espaços incultos que surgiram após o despovoamento causado pelas guerras e invasões eram, de fato, utilizados para a criação de animais: gado bovino, ovino e caprino nas áreas mais abertas; suíno, nas florestas e nos bosques. A carne, portanto, era comum mesmo nas mesas dos mais pobres, sobretudo a de porco, cujo consumo foi importado ao mundo mediterrâneo pelos bárbaros. Os últimos séculos, porém, se caracterizaram por uma maior diversificação alimentar: os ricos comem caças e carnes, os pobres legumes e alimentos mais frugais. Os temperos, usados não para camuflar os sabores, mas para ostentar riqueza, impuseram-se como símbolo de *status*. E se nos conventos se pregava (e se praticava com toda a distinção do caso) a moderação, fora dos claustros os excessos serviam – quando se podia – também para exorcizar no gozo o sempre ameaçador perigo das carestias.

O bom prato

Comecemos tomando o exemplo dos lombardos, que se instalaram na Itália no ano 568 conquistando em poucos anos grande parte da península. Os dados obtidos graças à análise química dos restos ósseos descobertos em duas necrópoles de Cividale del Friuli (Udine) demonstram que a população nessa época comia muito e de variadas maneiras, embora com alguma diferença de acordo com os rendimentos. Se as sepulturas de Santo Estêvão em Pertica parecem atestar uma prevalência do consumo de carne vermelha, as de São Mauro sugerem uma utilização maior de cereais e verduras. Provavelmente se tratava de áreas cemiteriais pertencentes a classes sociais diferentes. Mas também os restos descobertos na necrópole dos menos abastados contêm uma elevada relação entre zinco e sódio, própria de um consumo de carne abundante.

A prevalência de áreas incultas em relação àquelas de campos com cultivos regulares permitia, ademais, praticar amplamente a criação, a pesca e a caça, que, em plena conformidade com o espírito dos povos germânicos – nômades e voltados ao pastoreio – tornou-se também na Itália da Alta Idade Média o principal meio de sustento. A base da alimentação se constituía de animais selvagens, aves de capoeira, ovinos, javalis e porcos, esses últimos criados em estado selvagem nos bosques e nutridos com bolotas, enquanto os bovinos eram usados para os trabalhos nos campos e sacrificados apenas mais tarde, quando já não rendiam mais.

A importância do porco era decisiva, a ponto de servir como "unidade de medida" para calcular o tamanho dos bosques, determinado com base no número de cabeças que podia sustentar. Mosteiros e senhorios estabeleciam, também, aos seus rendeiros que o pagamento das rendas, além de em cereais, podia ser feito por meio de um número específico de porcos (e outros animais), a entregar anualmente.

O que diferenciava as dietas não era tanto a qualidade do alimento, mas, no caso, a quantidade. Na mentalidade germânica, o guerreiro – que era parte da aristocracia – "devia" comer muito porque somente assim podia ser valoroso, robusto e também fisicamente imponente. Alimentar-se principalmente de grande quantidade de carne era um sinal distintivo e era intolerável não o fazer, por ser um indicador da força e da violência que distinguia quem tinha a função de guerrear. Apenas com esse conceito em mente é que se pode compreender plenamente a gravidade da punição – descrita em uma legislação de 811 e que previa a proibição de comer carne – reservada a quem fosse renitente ou se apresentasse atrasado para a chamada às armas. Era, enfim, como negar a pertença ao grupo dominante. Uma anedota citada por Massimo Montanari, historiador da alimentação na Idade Média, ajudará a esclarecer esse conceito:

> Quando Carlos Magno percebe que um de seus comensais despolpou e esmigalhou uma grande quantidade de ossos, chupando-lhes o miolo e fazendo um pequeno monte embaixo da mesa, não hesita em reconhecer que deve tratar-se de um "fortíssimo soldado" e identificá-lo com Adalghis, filho do rei dos Lombardos. "Comia como um leão que devora a presa", se diz dele, e a indisfarçável admiração dos presentes é a melhor prova daquilo que se entendia por virilidade. No fundo, tinha

razão Aristófanes: "Os bárbaros consideram você um homem apenas se for capaz de comer uma montanha"[44].

O próprio Carlos Magno, com efeito, era um grande comilão. De acordo com seu biógrafo Eginhardo, apesar da gota, fazia como queria e aos médicos que lhe aconselhavam (leia-se "proibiam", mas tratava-se sempre de um soberano!) evitar os assados e preferir os cozidos, respondia como se pode facilmente imaginar.

Sobre as mesas, as louças eram simples: tigelas, taças, colheres, geralmente de madeira, material barato e facilmente transportável. O garfo não existia na Alta Idade Média e se comia com as mãos, cortando o alimento e espetando-o com a faca. A cerâmica aparecia, via de regra, nas mesas mais abastadas: panelas, tigelas, jarros e potes decorados com motivos geométricos em estampilha ou transparentes.

Ao lado das carnes, principalmente as classes menos favorecidas consumiam vegetais e legumes em abundância, geralmente em forma de sopas. Sua variedade chegou a nós através do *Capitulare de villis*, a célebre lei emanada pelo próprio Carlos Magno, em 795, para reorganizar as fazendas (*villae*) do reino. No capítulo 70 elenca todos os cultivos indispensáveis nas hortas:

> Queremos que nas hortas seja cultivado todo tipo de plantas: lírios, rosas, trigonelas, balsamitas, sálvia, arruda, abrótanos, pepinos, melões, abóboras, feijões, cominho, alecrim, alcaravia, grão-de-bico, scilla, gladíolo, artemísia, anis, as colocíntidas, endívia, visnaga, antrisco, alface, barbas-de-velho, rúcula, mastruz, bardana, pulicária, snúmio, salsa, aipo, levístico, genebreiro, aneto, funcho, chicória, fraxinela, mostarda, segurelha, zimbro, menta, hortelã-verde, tanaceto, cataia, eritrea, papoula, beterraba, vulvagine, alteia, malva, cenoura, pastinaca, armole, amarantos, nabos, couve, cebola, cebolinha, alho-poró, rábano, chalota, alho, ruiva-dos-tintureiros, cardos, favas, ervilhas, coentro, cerefólio, eufórbia, selarcia. E o hortelão faça crescer sobre o teto de sua casa a barba-de--Júpiter. Quanto ao nome das árvores, desejamos que haja frutíferas de vários tipos: pés de marmelo, de avelã, de amêndoas, amoras, louro, pinha, figo, nozes, cerejas de várias espécies. Nomes de maçãs: gozmaringa, geroldinga, cerevedella, spiranga, doces, azedas, todas as de longa duração e aquelas de consumo rápido e as de estação. Três ou quatro tipos de peras de longa duração, as doces, as de cozinhar, as temporãs.

---

44. MONTANARI, M. *La fame e l'abbondanza*. Roma/Bari: Laterza, 1993, p. 31-32.

Identificar algumas dessas "ervas" é quase impossível. Mas o que importa é mostrar como na Alta Idade Média se tinha à disposição variedade e quantidade, não apenas para os ricos, mas para o resto da população.

O queijo era produzido com leite ovino e caprino, mais salgado e aromático, e era muito apreciado o leite coalhado – antepassado do iogurte – que, por exemplo, os lombardos (mas não apenas eles) conheceram dos povos das estepes com quem tiveram contato durante sua estadia nas vastas planícies da Panônia (que corresponde aproximadamente à atual Hungria).

Os condimentos mais utilizados, o lardo e a banha de porco, garantiam um adicional calórico adequado para a vida e o trabalho nos campos, assim como as frutas secas. Para dar sabor (e conservar) os alimentos, recorria-se aos temperos, ao passo que para adoçar se usava o mel, porque o açúcar de cana era difícil de fabricar e muito caro.

As bebidas dos deuses

Bebia-se sobretudo cerveja que, diferentemente da nossa, não era gaseificada e tinha uma cor mais escura e consistência muito mais encorpada, enquanto, difuso sobretudo entre os guerreiros, era o hidromel, bebida alcoólica obtida da fermentação do mel e de forte valor ritual, bebida durante cerimônias e banquetes nos característicos "chifres de beber".

Nas sagas nórdicas Odin, o chefe da divindade de Asgard, é considerado o deus portador do hidromel aos homens. Mas a *Edda* em prosa de Snorri Sturluson (1178-1241) conta que antes ainda foram os dois anões Fialarr e Galarr que o produziram:

> Ele andou longamente pelo mundo para levar aos homens sabedoria, e foi hospedado por dois anões, Fialarr e Galarr, e estes o convidaram a um colóquio privado e o mataram; fizeram correr seu sangue em dois recipientes e em uma caldeira, chamada Odrerir e os recipientes se chamam Son e Bodn. Misturaram o sangue com mel e daí veio aquele hidromel que torna quem dele bebe poeta e sábio. Os anões contaram aos Asi que Kvasir estava sufocado em sua própria sabedoria, porque não havia ninguém tão sábio a ponto de poder alcançar seu saber.

Depois Odin, fugindo em forma de águia, "deixou cair para trás um pouco de *met* (hidromel) e ninguém se apercebeu disso, e houve quem o quis. Nós a chamamos "a parte do poetastro". E Odin deu o hidromel aos Asi e àqueles homens que sabem poetar. Por isso, nós chamamos a poesia "pega" ou "descoberta" de Odin e "surgida" dele e seu "dom" e, ainda, "bebida dos Asi". O hidromel, portanto, bebida divina por excelência, tornou-se onipresente nas mesas e nos banquetes –as valquírias o servem aos guerreiros no Valhalla (o além nórdico dos mortos em batalha – e era consumido ritualmente em salas preparadas (*höll*, a propósito). Tal costume é testemunhado tanto pela literatura – o palácio de Hrothgar no *Beowulf* (poema épico saxão do séc. VIII) – quanto pelos achados arqueológicos, como a *longhouse* (casa longa) do século IX, descoberta em Lejre, na Dinamarca, que chega a ter 28,5m de comprimento.

As bebidas eram servidas em taças ou copos de madeira; o vidro – para cálices e chifres finamente decorados – era apanágio apenas das classes mais destacadas. Havia também um uso que hoje definiríamos macabro, mas que na realidade seria interpretado sob um ponto de vista totalmente diferente. É conhecidíssima a libação imposta pelo rei lombardo Alboíno à mulher Rosmunda, obrigada a beber usando como taça o crânio do pai de Cunimondo, que ele mesmo havia assassinado. O caso aconteceu durante um banquete em Verona e teve consequências dramáticas: a mulher conjurou com o irmão Helmiques e o potente guerreiro Peredeo, fazendo com que o marido fosse assassinado em 26 de junho de 572. Mas o brinde no crânio, na verdade, não parece que tivesse valor de escárnio: conservar o crânio do inimigo morto e usá-lo como taça para beber era, de fato, um tributo à sua força e uma tentativa de apropriar-se dela. O ato de Alboíno, portanto, não foi uma afronta, mas um reconhecimento do valor de Cunimondo e, quem sabe, até mesmo uma oferta religiosa e de paz, segundo um costume que havia aprendido na Panônia com os ávaros, ferocíssima população das estepes.

A bebida "ordinária", para os germanos, que até conheciam e apreciavam o vinho por meio dos contatos com o mundo mediterrâneo, era, ademais, como já se disse, a cerveja. Não se pense, porém, que tenha sido "inventada" por eles. Na realidade, os primeiros testemunhos de sua utilização nos levam ao Antigo Egito e até os sumérios. A cerveja, além disso, também era bem conhecida por nós [italianos] antes da chegada dos germanos. O testemunho mais antigo de produção transalpina remonta ao século IX a.C.: trata-se de uma ânfora encontrada perto de Kulmbach no Nordeste da Baviera. Mas já os celtas golasequianos (séc. IX-IV a.C.), instalados entre o Ticino e as margens do Lago Maior e do Lago de

Como, eram notáveis produtores de cerveja. Em uma necrópole descoberta em 1995 em Pombia (Novara), uma tumba milagrosamente intacta trouxe à luz, além dos utensílios clássicos, um jarro globular, muito comum na época, cujo fundo conservava um material depositado de cor avermelhada, parecido com uma areia finíssima. Tratava-se dos restos liofilizados de uma bebida fermentada baseada em cereais, quase certamente cerveja vermelha, obtida da cevada e de outros cereais e – uma absoluta novidade – inflorescência de lúpulo. As peças são datáveis de meados do século VI a.C. Do ponto de vista meramente histórico, contudo, o uso dessa planta como ingrediente na produção é testemunhado pela primeira vez em 822 (aparece nos escritos de um abade) e, sobretudo, pela doutíssima abadessa Hildegard von Bingen, que em 1067 a cita expressamente escrevendo: "Se alguém quiser fazer cerveja com aveia, prepare-a com o lúpulo".

Se o processo fermentativo não obtivesse sucesso (às vezes era iniciado com uma simples cuspida: a saliva contém enzimas...), recorria-se à adição de mel ou fruta, ricos em fermentos naturais: o sabor da cerveja antiga, portanto, era muito diferente daquele com que estamos acostumados hoje, mesmo porque era servida em temperatura ambiente. Não é de admirar que os romanos, grandes amantes (como os gregos) do vinho, a considerassem bebida dos bárbaros. Mas devemos igualmente dizer que o vinho que eles bebiam também não tinha absolutamente nada a ver com o nosso: era diluído com água ou mel para abaixar a gradação alcoólica e aromatizado com temperos.

O mundo mediterrâneo, durante muito tempo, manteve-se cético e, no fim das contas, impermeável ao uso da cerveja. Ainda em 1256 o médico Aldobrandino de Sena, que viveu muito tempo na França e, portanto, a conhecia bem, assim falava a respeito dela:

> Não importa com o que seja produzida – aveia, cevada ou com trigo –, dá dor de cabeça e de estômago, cria dificuldades na respiração e estraga os dentes; enche o estômago com vapores prejudiciais, e se alguém a bebe junto com o vinho fica rapidamente embriagado; mas tem a propriedade de facilitar a micção e deixa a pele branca e macia.

A cultura do vinho se afirmou não sem resistências. Um episódio do século VI é eloquente: Quildeberto, rei dos francos, ordenou a um monge que saísse de um terreno que havia ocupado sem ter o direito, e ele, em resposta, ofereceu-lhe, como gesto de paz, um gole de vinho que tinha produzido das uvas que havia plantado. O rei recusou aquele "suco vulgar" e foi embora. Pouco depois, o cavalo empacou como que por encanto e o rei entendeu que havia cometido uma injúria. Portanto, retornou e bebeu o vinho. Para além da metáfora edificante, é evidente que nos séculos da Alta Idade Média os costumes dos germanos se chocassem fortemente contra os dos povos "latinos", e o "conflito" se manteria por muito tempo. A vida do irlandês Columbano, escrita por seu discípulo Jonas de Bobbio após a morte do santo, o representa em alguns episódios "temperados" com cerveja. Enquanto se encontrava entre os germanos pagãos na Suábia, tentando (a muito custo) convertê-los, ficou sabendo que pretendiam fazer um sacrifício de acordo com seus costumes. Diante deles estava preparado um grande caldeirão cheio de *cervogia*, ou seja, de cerveja. Columbano então soprou dentro do caldeirão e, como por encanto, o recipiente se despedaçou derramando, junto com o líquido, também o demônio que, evidentemente, pretendia apoderar-se das almas dos participantes do rito exatamente por intermédio da bebida. Mas a relação de Columbano com a cerveja nem sempre foi asssim conflitiva. Aliás, em Luxeuil e em geral em todos os cenóbios da Irlanda, faltando completamente o vinho, era ela o que se bebia. De fato, um episódio lembra que solicitaram a Columbano, já que ela estava em falta, que providenciasse a sua "multiplicação", juntamente com a do pão, referindo-se ao milagre evangélico do pão e dos peixes.

O triunfo (?) de Baco

Com a progressiva difusão do cristianismo, também no norte da Europa e nas zonas de influência germânica, alguns hábitos mudaram. Impulsionados por motivos de caráter litúrgico e simbólico-religioso, difundiram-se mais o vinho (e, consequentemente, a vinicultura se propagou para as áreas setentrionais até onde as condições climáticas o permitiam) e o pão, pouco valorizado em economias baseadas na caça, na coleta e na pecuária e pouco sobre a cultura de cereais. Nas mesas, foi aparecendo cada vez mais, portanto, também o pão, preferencialmente preto, de centeio, ao passo que ao branco tinham acesso apenas os mais abastados. E, simultaneamente, difundiu-se também um outro modelo cultural relacionado ao alimento: o dos monges e dos ascetas, que reduziam (ou mesmo recusavam) a nutrição e particularmente a carne como meio de mortificar o corpo e alcançar a propagada recompensa celestial.

Isso, naturalmente, em teoria. Não faltam exemplos de prelados e outros eclesiásticos, sobretudo pertencentes à aristocracia, que mantinham o comportamento típico de suas castas. Mas, em geral, aos eclesiásicos se recomendava o jejum ou uma alimentação baseada em vegetais – melhor ainda se crus – porque equivalia a renunciar aos prazeres do mundo. Acreditava-se, particularmente, que comer (e beber) desmedidamente favorecesse o calor do corpo e, portanto, o impulso sexual. Algumas passagens esclarecem melhor o conceito, presente em toda a Idade Média: dos Padres da Igreja ("São nocivos todos os alimentos que aumentam a excitação [do corpo] e faz mais bem à saúde ingerir sempre alimentos frios": São Jerônimo, 347-420) até os escolásticos ("Os genitais são incitados ao acasalamento com maior ardor quanto mais o estômago é enchido com abundância de alimentos e muitos goles de bebidas": São Pedro Damião, 1007-1072) passando inclusive pelos *diktats* do papa ("Da garganta nasce a luxúria"): Gregório Magno (540 c.-604). Lógico, então, que no começo as regras monásticas insistissem na continência para tornar mais fácil aos frades... a abstinência.

Como o consumo de carne evocava a tríade "maldita" corpo-prazer-pecado, a proibição era, geralmente, peremptória. De que outro modo interpretar a maior parte das regras monásticas mais rigorosas, como a do já citado São Columbano? Em outros casos (a *Regula Magistri*, cap. LII, séc. V-VI), ela era consentida, muito embora "*abstinere vero melius*", isto é, abster-se dela seria melhor.

Mas nem sempre os eclesiásticos eram bem-sucedidos em suas tentativas. Certo, temos testemunhos de sobrevivência dessa forma (testemunhos literários, é verdade, mas, mesmo assim, significativos) de ascetismos extremos como o do eremita Paulo, que se encontra na *Navigazione di san Brandano*: o santo – se recordará – viveu em uma ilha deserta, entre as cavernas, por noventa anos, como ele mesmo especifica, "trinta nutrindo-me de peixes e sessenta da água da fonte", por um período de ao menos cento e cinquenta anos. O bispo de Langres se mortificava comendo pão de centeio, considerado o pior de todos e, para não exibir suas virtudes, o fazia escondido. Sabemos pela *Vida dos Padres do Deserto* que sobreviviam alimentando-se de gafanhotos e daquilo que crescia espontaneamente, ou seja, quase nada, além de ervas e raízes amargas.

Algumas dessas não eram comestíveis e provocavam crises de vômito por vezes letais (e, acrescentamos, elas também podem ser uma explicação mais racional para as visões de luta com o demônio que Santo Antão teve diversas vezes).

Quando o santo estava já no extremo porque, por medo de envenenar-se, não encostava mais em alimento, costumava aparecer-lhe um *deus ex machina*: um animal – em geral uma cabra – aparecia no local permitindo-lhe alimentar-se sem riscos. Uma dieta desse gênero poderia parecer paupérrima. Mas muitos anacoretas, ao que parece, viviam mais de cem anos: em primeiro lugar, o já citado Antão, que morreu aos cento e seis anos. Decerto, o aspecto desses últimos devia incutir veneração (talvez também temor) porque eram magros ao limite da subsistência.

O alimento e a penitência

Mas era assim em toda parte? Absolutamente não. A partir do ano mil, o problema é que muitas vezes quem se tornava monge pertencia à aristocracia e sua mentalidade era a mesma dos demais ricos da época, que identificavam o consumo de carne com um conceito de força e poder. Renunciar a isso significava, assim, renunciar duplamente ao mundo: tanto o "físico" quanto o "cultural" ao qual sempre se tinha pertencido.

E se alguém, monge, mas também leigo, em certos momentos do ano se desgarrava? Quem determinava a punição adequada eram os Penitenciais, que continham verdadeiros "tarifários" para emendar os pecados mais diversos. Em um dos mais importantes, compilado entre 1008 e 1012 por Burcardo, bispo de Worms e insigne jurista, lemos a propósito da punição para quem transgredia o jejum prescrito:

> Quebraste o jejum quaresmal antes das vésperas, sem que estivesses enfermo? Três dias de penitência a pão e água para cada dia que deixaste de jejuar. [...] Desprezaste os dias do jejum estabelecidos pela Igreja, não os observando como fazem os outros cristãos? Vinte dias de penitência a pão e água. Quebraste o jejum das quatro têmporas ou não o observaste como os outros cristãos? Quarenta dias a pão e água. Infringiste o jejum das litanias maiores, das rogações, das vigílias dos santos? Vinte dias de penitência a pão e água.

E assim por diante, de casuística em casuística. E no caso de quem se deixava levar pela gula e pela embriaguez? As punições eram severas:

> Tiveste, talvez, o hábito de beber ou comer além do devido? Se o fizeste, dez dias de penitência a pão e água [...]. Ficaste, por acaso, bêbado a ponto de vomitar? Quinze dias de penitência a pão de água. Ficaste

bêbado em uma aposta, ou para te vangloriares de seres capaz de beber mais que qualquer um, arrastando com sua presunção estúpida outros na embriaguez? Se o fizeste, trinta dias de penitência a pão e água.

Se, além disso, por conta da bebedeira se vomitava o Corpo e o Sangue de Cristo, a penitência subia a quarenta dias. Tamanha era a "obsessão com o alimento, a importância dada ao comer e, em contrapartida, o sofrimento (e os méritos) das mortificações alimentares".

A abstinência de alguns pratos era, ademais, estabelecida para todos também em vários períodos do ano, como, por exemplo, a Quaresma, mesmo que, em caso de carestia, alguma tolerância a mais fosse sempre admitida: os *Annales Lauresha-menses* narram, por exemplo, que em 793, devido à *"fames validissima"* muitos não puderam abster-se do consumo de carne nem mesmo durante o período do ano tradicionalmente dedicado à continência e ao jejum. A carne, além do mais, era concedida a quem tinha problemas de saúde e quem, por causa da debilidade, não poderia suportar privações alimentares.

A glutonaria dos conventos

Voltando agora aos monges: Se não a carne (estamos certos disso? Veremos logo mais), o que comiam então? Para sabê-lo, leiamos antes de tudo a Regra de São Bento que, nos capítulos XXXIX e XL, disciplina respectivamente a quantidade de alimento e as bebidas:

> Cremos que são suficientes para a refeição cotidiana, quer seja esta à sexta ou à hora nona, em todas as mesas dois pratos de cozidos, por causa das fraquezas de muitos, a fim de que aquele que não puder, por acaso, comer de um prato, coma do outro. Portanto, dois pratos de cozidos bastem a todos os irmãos; e se houver frutas ou legumes frescos, sejam acrescentados em terceiro lugar.

As refeições dos monges aconteciam em dois horários precisos, o almoço na hora sexta (12h) e a janta à hora nona (às 15h). Mas ambas deviam se dar em perfeito silêncio, na claridade, por isso no inverno sofriam alguma variação de horário. Em que consistiam os "pratos de cozidos"? No almoço, um era de legumes (geralmente favas ou ervilhas), e outro de verduras (couve, saladas, alho--poró, salsa etc.), a que se acrescentava, aos domingos, terças, quintas, sábados, cinco ovos e, às vezes, queijo cozido. Às segundas e sextas-feiras, no lugar desse "prato", se servia queijo cru, mole ou duro, além de quatro ovos. Nos domingos e nas quintas-feiras, se disponível, havia o peixe. A carne de quadrúpedes não era jamais permitida, exceto aos enfermos muito debilitados. O jantar era certamente mais leve: fruta e cereais, uma espécie de "lanche reforçado".

Uma receita clássica preparada em Cluny, um dos maiores e mais importantes mosteiros de todo o Ocidente, por volta do ano mil, revela-nos o particular ritual a que eram submetidos os alimentos antes da preparação. Primeiro de tudo, os que trabalhavam na cozinha lavavam as mãos e rezavam por três vezes (o número, obviamente, é simbólico). Depois, tomavam as favas, lavavam-nas três vezes, e em seguida as punham para ferver. Aquelas que ficassem boiando ou que grudassem no fundo eram eliminadas. Assim que os grãos começavam a se abrir, as favas eram retiradas e passadas três vezes na água fria. Por fim, terminavam a fervura em outro recipiente junto com bastante toucinho. As favas, finalmente, eram servidas sem o toucinho – que era usado para dar sabor a outros pratos –, salgadas e temperadas com outras gorduras, dando vida a um prato certamente muito energético, adequado às necessidades nutricionais da época (considerando-se também a ausência de aquecimento). Os ovos eram cozidos ou fritos e servidos com pimenta e eram, como se viu, muitos. Para acompanhar tudo, uma libra de pão, cuja quantidade efetiva se discutiu por muito tempo: parece que, de qualquer modo, não se tratava de uma unidade de medida romana, equivalente a cerca de 350 gramas, mas a quase um quilo, porque a esse correspondia o peso em bronze que, segundo uma antiga tradição, era conservado em Montecassino desde os tempos do próprio São Bento.

Uma cozinha monótona assim, com o tempo, inevitavelmente submeteria a dura prova também o espírito. Por isso, não é uma hipótese tão equivocada pensar que exatamente nos conventos e justamente para aliviar essa monotonia, os frades encarregados da cozinha se tenham empenhado em experimentar preparados "particulares" – sempre nos limites do permitido, obviamente! – criando receitas que depois estariam na base da gastronomia europeia. Em 1066, na Abadia de Westminster, por exemplo, o prior conseguiu convencer seus confrades a abrir mão da carne graças à habilidade de seus cozinheiros que serviram apetitosíssimos patês à base de... peixe. Evidentemente, mesmo entre as frias muralhas dos conventos, sendo o caso, a necessidade aguçava a criatividade.

Quanto às bebidas, o vinho era permitido, mas em quantidade mais do que moderada: embora a regra insistisse no fato de que "o vinho não é, absolutamente, para os monges", admitia-se que, "nos dias que correm, não é possível convencê--los". Concedida, portanto, uma *emina* por dia, ou seja, cerca de meio litro, não mais, servida em um recipiente que continha o dobro (portanto, para satisfazer a sede de dois monges). Em Cluny manteve-se o costume de beber "em duplas" até o século XII, quando foi introduzido o copo "individual". Obviamente não se devia exagerar nem na comida e nem na bebida, porque "nada é mais contrário ao cristão do que a gula, como diz Nosso Senhor: 'Ficai atentos para não sobrecarregar o vosso coração'". Devia ser absolutamente evitada a embriaguez, antessala do pecado: de fato, "o vinho faz com que se desviem também os sábios". Pecado, porém, como nos lembram os conhecidos versos dos *Carmina Burana* extraídos do trecho *In taberna* – citamos a quadra inteira – que os membros do clero frequentassem as tabernas, e como!: "*Bibit hera, bibit herus, / bibit miles, bibit clerus, / bibet ille, bibit illa, / bibit servus cum ancilla...*" (Bebe aquele e bebe aquela, / bebe o soldado, bebe o padre, / bebe ele, bebe ela, / bebe o servo com a ancila"), e sendo além do mais frequentada por ambos os sexos, era facílimo cair também em outros tipos de tentação... E como não lembrar, sempre com os *Carmina Burana*, o famoso *abbas Cucaniensis* (o abade do País de Cocanha) que realiza os seus conselhos "*cum bibulis*", isto é, com beberrões, varando a noite até a aurora? Canções jocosas, decerto, devido ao clima goliardesco estudantil que floresceu em torno do ambiente universitário dos "clérigos viandantes" entre os séculos XI e XIII. Mas que certamente satirizavam qualquer coisa que pudesse fornecer material para suas brincadeiras.

Que os clérigos e prelados fossem tentados pela boa mesa, ademais, aparece um pouco em toda a novelística tardo-medieval, como também na anedótica. Basta lembrar o Papa Martinho IV, no século Simão de Brion (1210-1285), inclusive colocado por Dante no sexto círculo do purgatório, entre as almas dos gulosos, por causa de sua famosa paixão pelas *enguias alla vernaccia*[45].

---

45. *Divina Commedia*, Purgatório, canto XXIV, v. 22-24: "ebbe la Santa Chiesa in le sue braccia:/dal Torso fu, e purga per digiuno / l'anguille di Bolsena e la vernaccia". [Trad. de J.P. Pinheiro: "Foi em Tours; já na Igreja exerceu mando. / Stá, por jejuns, anguilas de Bolsena, / Ver na ceia, afogadas, expurgando".]

Antes foi citada a proibição relacionada à "carne de quadrúpede": ou seja, a de bovinos, suínos e equinos, em máxima parte. O que, evidentemente, deixava bastante espaço à fantasia quanto ao que dizia respeito, por exemplo, à carne de aves e, sobretudo (e aqui a bicharada medieval atendia plenamente), de outros animais como o castor, que era admitido nas mesas por ser semelhante ao peixe. Como assim? Porque sua cauda... ficava sempre na água.

O importante era que as carnes consumidas não fossem "vermelhas", cor que evocava a violência, mas também o tabu – que provinha do mundo hebraico, mas que circulava também no Ocidente cristão – do sangue. "As normas do século XIII proíbem rigorosamente aos cristãos de adquirir em açougues judeus a carne não consumida pelos próprios hebreus, e que os cristãos consideram a um tempo como carne contaminada de sacrilégio e sanguinolenta, e resultado de descarte", escreve Jacques Le Goff. Eram preferíveis, portanto, as assim chamadas "carnes brancas": de cabra, de ovelha, de cordeiro, de frango (não o peru: esse chegou, obviamente, após a descoberta da América).

Comer pouco ou comer muito?

Mas era verdade que os monges comiam "pouco"? Não é o que parece, ao menos se nos atemos a cálculos recentes. Nos mosteiros mais ricos as rações cotidianas raramente ficavam abaixo das 5-6 mil calorias. Em Aachen (estamos no ano 816) os canônicos comiam, de acordo com o estabelecido, tanto a mais do que era considerado "normal" que o sínodo lateranense de maio de 1059 definiu a quantidade "mais adequada aos ciclopes do que à temperança cristã".

Os períodos de jejum, ou seja, quando se comia uma só refeição por dia, eram muitos: não apenas os clássicos quarenta dias da Quaresma, mas também os cinco meses que intercorriam dos idos de setembro (13 de setembro) à Quaresma em si, e as quartas e sextas-feiras entre Pentecostes e os idos de setembro. No fim, fazendo as contas, os monges tinham direito a duas refeições diárias apenas da Páscoa até Pentecostes e durante as festividades de Natal, no oitavo dia depois do Natal, na Epifania, no domingo de Páscoa, na Ascensão e na Assunção. As refeições eram coletivas e – se realmente é preciso dizer – feitas em religioso silêncio. Somente tinha permissão para falar o monge que, enquanto os outros comiam, lia em voz alta trechos da Escritura. Havendo necessidade de alguma coisa, pedia-se com gestos.

As regras, portanto, ordenavam a moderação, mas não é fácil estabelecer o quanto elas eram aplicadas na realidade e, desse modo, quanto se comia, com efeito, nos conventos. As proibições relacionadas à carne eram "contornadas" substituindo-a por peixe e aves. Mas conhecemos bem as contínuas tentações a que os monges eram submetidos. Um episódio ocorrido no já citado Pedro Damião, bispo e cardeal, além de constar entre os teólogos mais importantes do século XI, é bastante emblemático. Como faltava peixe, seus confrades o aconselharam a comer carne. Ele tentou resistir durante vários dias, até que chegou ao ermo uma carga de peixes enviada pelo conde de Ímola e da cidade de Faenza. Então Pedro contou aos seus a anedota de um monge convidado para jantar com um conde, e que, não estando na mesa ainda o peixe, atirou-se sobre um suculento pedaço de porco e o comeu, convencendo-se de que não era carne. Naturalmente, logo depois trouxeram à mesa um grande lúcio. Ao monge, que o comia com os olhos, o conde disse em tom de brincadeira: "Tu que comeste carne como um leigo, por que agora olhas o peixe como um monge?"

A sacralidade do alimento

A propósito da abordagem tipicamente "barbárica" da carne, já se falou do vínculo existente entre a abundância de alimento de origem animal e a força física do guerreiro (geralmente, urso ou lobo). Não se pode, porém, ignorar ainda outro valor desse tipo de alimento: o valor sagrado. Se o alimento (e alguns deles eram especiais, como o pão e o vinho) assumia um papel particular entre os cristãos, por recordar a Última Ceia e o sacrifício de Jesus na cruz, entre os germanos e, antes ainda, os celtas e os pagãos em geral, perpetuava-se bem outro tipo de holocausto: o dos animais às próprias divindades. A carne obtida dos animais imolados era consumida em um banquete ritual que era parte essencial do culto.

Trata-se de um aspecto pouco conhecido que, quando aparece nas fontes da época, é sempre com certo embaraço, visto que se tratava quase sempre de fontes ou crônicas produzidas por eclesiásticos e, portanto, fortemente estigmatizadas. É eloquente, por exemplo, o episódio pertencente à cultura lombarda citado nos *Diálogos* do Papa Gregório Magno: os lombardos teriam obrigado uns quarenta camponeses ("rústicos"), evidentemente itálicos, ou seja, súditos conquistados) a comer carnes que tinham imolado a deuses pagãos. Estes últimos, evidentemente cristãos, não quiseram fazê-lo e pagaram com a vida sua recusa.

Igualmente interessante, mas também bastante escabrosa, contudo, é a "refeição ritual" que o cronista Giraldo Cambrense descreve escandalizado em sua *Topographia Hibernica*, uma descrição da Irlanda feita depois de uma viagem. O relato tem o filtro do olhar de um douto eclesiástico formado na refinada corte parisiense do século XII e é, portanto, carregado de juízos negativos e estereótipos sobre uma Irlanda bárbara, selvagem e repleta de pecadores que viviam em condições animalescas: algo que sabemos que não condiz com a realidade. Se, de fato, a pregação dos monges, desde o século V, havia levado o Evangelho à ilha e reorganizara em torno de mosteiros e abadias – que se impunham como centros culturais e de poder – uma sociedade de outra forma dispersa amplamente pelo território vasto e difícil de controlar, certo é que sobrevivessem ainda (e sobreviveriam por muitos séculos mais) cultos de clara matriz pagã.

Leiamos a passagem:

> Existem comportamentos sobre os quais, se o desenrolar da tratativa não o exigisse, o pudor sugeriria calar. E, no entanto, o rigor histórico não pode poupar nem a verdade nem a verecúndia. No Cenél Conaill, no extremo norte de Ulster, há uma população que conserva o costume de instituir um rei com um ritual particularmente barbárico e abominável. Toda a população da região se reúne em um único lugar e ao centro da assembleia é conduzida uma jumenta branca. Então aquele que deve ser elevado ao posto não de príncipe, mas de um animal, não de rei, mas de um fora da lei, tem diante de todos (com ela) uma relação bestial, assim mostrando ser ele mesmo uma besta. Logo depois, a jumenta é morta, cortada em pedaços e colocada para cozinhar na água e com aquela mesma água se prepara para ele um banho. O homem imerge na água e, circundado por sua gente, ele come juntamente com os outros a carne da jumenta que é oferecida a todos. Não com uma taça, nem com a mão, mas apenas com a boca, bebe sorvendo o caldo em que se lavou. Quando tudo isso termina, a sua autoridade de rei e soberano, ritualmente, mas não retamente, é consagrada.

Idade Média "condimentada"

Perto do ano mil, o novo crescimento demográfico e a consequente fome por terras cultiváveis reduziu notavelmente a superfície das áreas incultas, cujos direitos de utilização, comuns antes, começaram a partir do século XI a ser progressivamente reservados aos grandes proprietários e aos senhores. A consequência foi que as camadas mais humildes (sobretudo camponeses), praticamente impossibilitados de praticar a criação de gado, teve de se contentar com uma dieta à base de cereais e hortifrutigranjeiros (em casos de carestia, era uma catástrofe), enquanto os segundos, praticando a caça, continuaram alimentando-se de carne, que passou, assim, de nutrição potencialmente acessível a todos a símbolo de *status*. Foi, portanto, nos séculos centrais da Idade Média que pobres e ricos passaram efetivamente a distinguir-se como tais também à mesa. E a dicotomia tornou-se sempre mais evidente na medida em que o desenvolvimento das cidades engolia terreno do interior. No panorama que caracterizou os séculos XII e XIII, a economia europeia veria, de um lado, a cidade (e os ricos) que comiam bastante e, de outro, os camponeses que se viravam com o que sobrava.

Um indicador importante é o que se relaciona com o uso das especiarias. Estavam muito presentes nas mesas dos mais abastados, mas é totalmente infundada a opinião, ainda muito difundida, de que serviam para disfarçar o gosto das carnes em vias de estragar ou, ao contrário, para ajudar a conservá-las. Os únicos (ou quase) que podiam permitir-se as caríssimas especiarias eram de fato os ricos, e os ricos consumiam carnes "do dia", caçada ou comprada nos mercados. Em vez disso, usar condimentos em abundância equivalia a ostentar as próprias riquezas, tanto mais que, além de serem caros (chegando a custar quarenta vezes mais do que nos mercados de origem!), se considerava que proviessem de distantes "paraísos", sem melhor definição. Especiarias eram usadas como meio de pagamento, para temperar os alimentos (segundo os manuais de medicina da época, melhoravam a digestão porque, liberando calor no estômago, favoreciam um "segundo cozimento" dos alimentos), eram usadas para curar doenças e também consideradas poderosos afrodisíacos (mas sobre isso falaremos no capítulo dedicado à farmacopeia). A raridade das especiarias ficou comprometida quando foram descobertas novas rotas de navegação e, sobretudo, com a descoberta da América, mas essa é uma outra história.

Mas quais eram as especiarias mais famosas? Além do sal, que servia para conservar os alimentos e era usado inclusive como moeda de troca, sem dúvida, a canela. Caríssima, era um "ingrediente" para dons intercambiados entre soberanos e, embora já fossem conhecidas suas virtudes curativas contra a tosse e a dor de garganta, era utilizada sobretudo nas cozinhas de corte para preparar pratos exclusivos, doces ou salgados, como a salsa camelina inventada pelo grande cozinheiro cortês Guilhaume Tirel (1310-1395), chamado Taillevent ("Cortavento") ou como o *"verte souce"* (molho verde), mencionado no receituário do Rei Ricardo II da Inglaterra (séc. XIV).

Muito popular também era a amêndoa. Era componente fundamental do chamado "manjar branco", que jamais faltava sobre as boas mesas como símbolo de refinamento: tratava-se de uma sopa de arroz cozido com leite de amêndoas, açúcar e especiarias. Apreciada já pelos romanos como remédio para a embriaguez, a amêndoa era estimada por Carlos Magno como alimento nutritivo, completo e estimulante. E, com efeito, tinha razão: no âmbito nutricional, contém o dobro de proteínas do que a carne de boi. Por isso, era abundantemente utilizada nos mosteiros, onde a carne não era admitida, para extrair um leite fortemente energético. Os monges se interessavam também pelo aspecto meramente simbólico do fruto: se para os "profanos" a forma evocava a do órgão feminino pronto a abrir-se no ato de gerar a vida – e, portanto, era usado como ingrediente (hoje ainda!) em pequenos confeitos presenteados nas núpcias e batismos –, para os homens da Igreja ela representava a vida, e, portanto, Cristo. De fato, na arquitetura e nos afrescos, mas também nas miniaturas que os mesmos ilustravam nos *scriptoria*, a amêndoa era chamada *vesica piscis* ("vesícula de peixe") e era a forma ogival obtida com dois círculos com o mesmo raio que se entrecortam de tal modo que o centro de cada círculo se encontra sobre a circunferência do outro. O símbolo da intersecção dos dois mundos, o material e o espiritual, com Jesus de mediador entre eles: nada de pecaminoso, portanto, muito ao contrário. Mas os pobres monges não sabiam (já os árabes, ao contrário, sim!) que a amêndoa enquanto fruto tinha também... poderes afrodisíacos ocultos.

Mais adiante se verá como os condimentos fizeram parte da produção de estimulantes e poções de amor, no capítulo sobre a farmacopeia. Aqui basta dizer que no grupo dos afrodisíacos "populares" aparecia também uma espécie bastante comum como a mostarda, bem conhecida – e documentada – desde os tempos de Roma. Os cravos, por sua vez, eram sinônimos de riqueza. Ignorados no mundo clássico, difundiram-se no Ocidente a partir do século IV e eram tão caros que um punhado deles valia meio boi ou um carneiro. Não por acaso, Dante estigmatiza, no canto XXIX do *Inferno* (v. 127-129), o comportamento esbanjador de um rico sienense do século XIII, Niccolò de' Salimbeni, que adquiriu quantidades colossais de cravo para aromatizar as carnes de seus lautos banquetes:

> Salvo Nicoló, aquele que inventado
> Do cravo tinha a rica especiaria,
> O seu uso deixando enraizado!

Tanto que um comentador dantesco, Benvenuto de Ímola, afirma que o jovem mandou assar a carne, não em cima do fogo de madeira, mas sobre uma brasa de cravos, mandando inutilmente pelos ares uma cifra astronômica: de fato, "*ista fuit expensa maxima vanissima*" [esta foi despesa totalmente vã].

A pimenta, em todo caso, era sempre soberana: havia uma particularmente – chamada, a propósito, "pimenta dos monges" – que servia para aplacar os ardores que atormentavam os clérigos nas celas dos conventos. Nas cortes, por outro lado, se abusava das especiarias para ostentar riqueza e, claro, o estômago dos comensais tinha de ser realmente forte para conseguir digerir – só para citar um exemplo – uma sopa temperada com vinte e seis gramas de cravo, três nozes-moscadas, pimenta, gengibre, canela e açafrão".

As boas maneiras à mesa

A educação à mesa permaneceu, ao menos até o século XIII, quase como um opcional. Foi até lembrada a admiração que um soberano como Carlos Magno sentiu diante de um desconhecido forasteiro que se lançava impetuosamente sobre a comida quase a dilacerá-la, considerando isso muito mais uma virtude do que sinal de falta de respeito pelos comensais. Em geral, comia-se com as mãos, no máximo contando com uma faca e com o pão. Por isso, a comida era servida já dividida em porções. Entre um prato e outro, porém, se lavavam as mãos em "lavandas" dispostas para esse fim e que, nas cortes, eram enchidas com água perfumada com essências ou pétalas de rosa.

O uso do garfo difundiu-se na Europa apenas na Modernidade, ou seja, no início do século XIV, e apenas na Itália. Não quer dizer que não existisse antes: encontramo-lo, de fato, representado em alguns manuscritos do século XI entre os quais o *De Universo* de Rábano Mauro, e em uma miniatura do Sacramentário de Warmondo, representando as bodas de Caná. Mas era considerado um utensílio de cozinha e não um modo de pegar comida para levá-la à boca. O costume mais comum era o de comer com as mãos porque esse era considerado um modo – em uma época, aliás, bastante "física" como a Idade Média – de apreciar melhor o alimento. Nem por isso se atacava o prato com descontrolada voracidade: devia-se pegar o alimento entre o polegar, o indicador e o médio, sob pena de ser desprezado ao nível dos animais.

Mas não era assim em toda parte. A história a seguir é bem esclarecedora. Quando – estamos no fim do século XI – a princesa bizantina Teodora Anna, filha do Imperador Miguel VII Ducas, futura esposa do doge de Veneza Domenico Selvo, chegou à Sereníssima [Veneza] para conhecer seu esposo, insistiu não apenas em lavar-se com água de orvalho aromatizada com flores, mas que seus alimentos fossem cortados por seus servos eunucos e de usar um garfo de ouro para comer. Os comensais ficaram desconcertados e Pedro Damião – que, além do mais, pregava abertamente a falta de higiene como sinal de humildade e virtude do bom cristão! – estigmatizou de modo violento o seu comportamento falando de soberba, e quando a pobrezinha morreu, ainda em plena juventude, por causa de uma forma terrível de gangrena, o bispo de Óstia escreveu satisfeito que seu corpo, "apesar de sua excessiva delicadeza, se decompôs completamente". Ou seja, como todos os outros.

O garfo, de qualquer modo, se difundiu primeiramente pelas mesas dos mais abastados, e em seguida também entre as demais camadas sociais e aos poucos e inexoravelmente na medida em que eram introduzidas novas receitas que requeriam uma ajuda concreta para serem apreciadas. Por exemplo, a massa longa. Frustradas as tentativas de enrolá-la em torno a uma vareta de madeira, foi necessário render-se ao garfo – "instrumento do diabo" para os moralistas mais intransigentes – tanto que, por exemplo, no *Trecentonovelle* de Franco Sacchetti (1332-1400), aparece sobre a mesa de certo Giovanni que se encontrou dividindo a mesa com um grande glutão chamado Noddo d'Andrea: como o primeiro, usando um garfo, comia lentamente em relação ao segundo que, por sua vez, devorava o macarrão ainda pelando, também o comilão viu-se impelido a maneirar visto que, nesse ínterim, o comensal começava a dar a massa ao cachorro para evitar que Noddo comesse também a sua parte (Novella CXXXIV).

Fazer dieta ou viver em dieta

Quanto comsumiam, de fato, os nossos antepassados? Alguns pesquisadores ingleses tentaram estimar a necessidade calórica de um camponês médio ativo na Europa Medieval. Apenas para dormir e caminhar, em uma época em que se andava quase sempre a pé, um adulto consumia cerca de 1.800 calorias por dia. A isso somava-se o gasto energético decorrente do trabalho cotidiano, que podia chegar a doze horas. Eis uma hipótese de consumo de calorias de um adulto (a cifra é calculada sobre oito horas):

Mulher (30 anos, altura 165cm, peso 55kg)

Dormir: 392kcal

Caminhar (velocidade de 5km/h): 1.437kcal

Atividade agrícula: 1.960kcal

Ficar de pé ou desenvolver tabalhos de intensidade moderada: 1.742kcal

Transportar água: 1.960kcal

Cortar lenha: 5.552kcal (em seis horas)

Cuidar dos animais: 2.613kcal

Homem (30 anos, altura 165cm, 55kg)

Dormir: 392kcal

Caminhar (velocidade de 5km/h): 1.437kcal

Trabalhos de carpintaria: 3.266kcal

Preparar o feno: 3.484kcal

Tratar os animais: 2.613kcal

Cavar a terra: 3.701kcal

Cortar lenha: 7.403kcal

Daqui se deduz que um homem jovem e ativo tivesse uma necessidade calórica extremamente alta se comparável à nossa: de 5-6 mil calorias. A mulher, que além do trabalho nos campos e na granja (mais leve, mas não é óbvio) tinha também a tarefa de acudir (e amamentar) os filhos, mais ou menos a mesma. Não surpreende, portanto, que a dieta fosse muito rica de legumes, ovos e gordura. Eis três dietas básicas:

Dieta I

3 ovos, 750g de pulmentum (o prato costumeiro à base de legumes), 1,5l de cerveja, 240g de queijo: total: 3.515kcal.

Dieta 2

500g de feijão, cozido com banha de porco, 750g de pão, 1,5l de cerveja, 1kg de verdura. Total: 4.358kcal.

Dieta 3

240g de carne suína, 750g de pão, 1,5l de cerveja, 500g de verdura. Total: 4.081kcal.

São, obviamente, suposições. Mas na falta (digamos penúria) de documentação direta, o que temos para nos revelar os segredos alimentares são os esqueletos encontrados nas sepulturas e os restos de comidas ou de carnes encontrados nas habitações escavadas pelos arqueólogos. No sítio do *Castrum* ("castelo") de Tremona, perto de Mendrisio (em Canton Ticino), por exemplo, a última campanha de escavações trouxe à luz mais de 7.000 fragmentos ósseos em bom estado de conservação graças ao terreno calcáreo. Os ossos pertencem em geral a mamíferos domésticos: bois, porcos, ovelhas e cabras; em menor medida, restos de equinos e de cães e um úmero de gato. Quanto a animais selvagens, há restos de cervo (ossos e chifres), corça e lebre, ao passo que são raros os roedores. Entre os voláteis tem-se galos, pombas, tordos, corvos e passarinhos, raros (apenas dez) os fragmentos de peixe (ciprinídeos). Muitos fragmentos apresentam marcas de esmagamento e a incisão presente em uma mandíbula de cachorro sugere até um "uso alimentar" desse animal.

Outro indício era o desgaste dos dentes. Vamos dar um exemplo. Na necrópole dos séculos X-XIII de São Lourenço de Aversa (Caserta), os restos dentários dos sepultados mostraram uma baixíssima ocorrência de cáries dentais, o que é um dado excepcional até em relação a outras populações contemporâneas dos Abruzos: isso sugere certa arcaicidade do regime alimentar. A dieta era, portanto, rude, pobre de açúcares simples e rica de fibras, composta de pedaços maiores e difíceis de mastigar, os quais produziam uma eficaz detersão dental (anticariosa), mas provocavam, ao mesmo tempo, um desgaste mais forte dos dentes. De fato, cerca de 23% das amostras dentárias apresenta sinal de desgaste grave sobretudo nos molares e pré-molares, o que demonstra que a população se alimentava de alimentos bastante abrasivos. Não esqueçamos, por exemplo, que as farinhas eram obtidas com auxílio de pedras e, muitas vezes, se não houvesse uma cuidadosa limpeza, ficavam misturados pedacinhos de grãos e outros elementos que, ao serem mastigados, com o tempo lesavam a dentição.

Entre carestias terríveis...

Mas assim como não eram os médicos que decidiam qual dieta seguir (basta lembrar o caso de Carlos Magno, que fazia como bem lhe parecia), às vezes o que fazia apertar o cinto eram as periódicas carestias que afligiam com a fome a Europa, geralmente após guerras e devastações. Mas não apenas. As páginas mais sugestivas e terríveis a esse propósito são as dedicadas pelo monge Rodolfo o Glabro (980-1047) no livro IV da sua *Historiae* à carestia que se abateu sobre parte da Europa em 1033. O sinal anunciador fora, parece-nos, no ano precedente, a morte de muitos "vexilíferos da nossa Santa Religião": Papa Bento VIII, o rei dos francos Roberto II, o bispo de Chartres e seu amado Guilherme de Volpiano. O ano começou com um tempo tão inclemente que era impossível semear. Choveu por três anos. O flagelo havia partido do Oriente e em seguida espalhou-se por quase todo o continente até a distante Ânglia (a Inglaterra), atingindo com fúria sobretudo a Itália e as Gálias. A inflação estava nas alturas por causa da extrema escassez de alimentos. Quando não há mais animais para comer, as pessoas, levadas pelos golpes terríveis da fome, se arranjam com as carcaças ou com raízes imundas. Chegando ao mais indescritível dos horrores, o canibalismo: "Viajantes eram agredidos por pessoas mais robustas do que eles e seu corpo, cortado em pedaços, era cozido e devorado". Não se hesita nem mesmo em recorrer ao infanticídio ou à necrofagia, tirando mortos das sepulturas e alimentando-se de suas carnes.

A periodização de Rodolfo mostra perfeitamente o clima de horror, de dor e de loucura irracional que parecia ter se apossado do gênero humano, reduzido a uma massa informe de seres chafurdando na lama. Os homens caíam como moscas, os cadáveres jaziam por toda parte atraindo lobos e outras feras, até que mãos piedosas decidissem dar-lhes sepultura, amontoando-os às dezenas em uma fossa comum nos cruzamentos ou às margens das estradas. Dessa atrocidade, Rodolfo, testemunha da mentalidade dos monges da época, consegue dar uma só explicação: a cólera divina. E fica desconcertado: nem mesmo nos flagelos os homens retornam, com o coração contrito e humilhado pelos pecados cometidos, para invocar a ajuda de Deus.

Todas as certezas haviam desmoronado, temia-se até mesmo "que a sucessão das estações e a ordem dos elementos, que sempre haviam regulado o correr dos séculos anteriores, tivesse entrado no caos perpétuo indicando assim o fim do gênero humano".

O pesadelo durou três anos. Depois as chuvas cessaram, os campos tornaram-se novamente verdes e deram uma abundante colheita. Todos, lembrados dos recentes lutos, comportavam-se como bons cristãos. Mas o olhar de Rodolfo, sempre pessimista, porque era, no fundo, bom conhecedor do ânimo humano, mostra impiedoso que "os homens se esquecem logo dos benefícios dados por Deus e, atraídos como tinham sido nas origens pelo mal, como o cão pelo seu vômito e a porca banhada na lama onde chafurda, violaram diversas vezes os compromissos solenes assumidos diante de Deus". Um novo castigo, de alguma forma e em algum momento, estava sempre para chegar.

...e comer até explodir

De banquetes pantagruélicos temos informações suficientes nas fontes. Tomemos um caso. A testemunha é Salimbene de Adam, religioso e cronista de Parma (1221-1288), a descrição diz respeito à visita que o Rei Luís IX fez ao convento dos frades menores de Sens: pão branquíssimo e cerejas como antepasto; depois, favas frescas cozidas ao leite, peixes e camarões, empadas de enguia; arroz ao leite de amêndoa com canela em pó; mais enguias, agora assadas e acompanhadas de um molho; e, por fim, um monte de tortas e frutas. Note-se que a refeição é considerada "magra", portanto, não suntuosa. Imagine então os grandes banquetes...

Ouçamos agora Giovanni de Mussis falar do que acontecia em Placência em 1388, verdadeira terra da abundância:

> Na comida todos fazem maravilhas, sobretudo nos banquetes de casamento, que via de regra seguem a seguinte ordem: vinhos brancos e tintos para começar, mas antes de tudo, confeitos de açúcar. Como primeiro prato servem um capão ou dois e um grande pedaço de carne para cada mesa [cada um servia duas pessoas], cozido com amêndoas e açúcar e outros bons temperos. Em seguida, servem carnes assadas em grande quantidade, isto é, capões, frangos, faizões, perdizes, lebres, javalis, cabritos ou outra coisa, dependendo da estação do ano. Depois, servem tortas e ricotas com confeitos de açúcar por cima. Por fim, depois de ter lavado as mãos, antes que as mesas sejam retiradas, se dá algo para beber e um confeito de açúcar, e mais bebida. No lugar das tortas e ricotas, alguns oferecem no início da refeição tortas preparadas com ovos, queijo e leite, com uma boa quantidade de açúcar por cima. Para o jantar, servem-se, no inverno, gelatinas de carnes selvagens, de capões, galinha ou vitelo, ou gelatinas de peixe;

em seguida, assado de capão e de vitelo; e depois frutas. Tendo lavado as mãos, antes que as mesas sejam tiradas, servem bebida e confeitos de açúcar, e mais bebidas. No verão, por sua vez, servem-se, para o jantar, gelatina de galinha e capão, de vitelo, cabrito, porco; ou gelatina de peixe. Depois, assado de frango, cabrito, vitelo; ou de pato, marreco, ou de outras carnes, conforme a disponibilidade do momento. [...] No segundo dia depois das núpcias servem-se lasanhas com queijo ou açafrão, uvas e os temperos. Depois, assado de vitelo e fruta. Para a janta, cada um retorna à sua casa: a festa terminou.

Ainda bem, diríamos!

Os cátaros, puros e abstêmios

Por outro lado, havia também aqueles que tinham o alimento, mas o rejeitavam *a priori* (ao menos alguns tipos) por motivos religiosos. Entre esses devem ser mencionados, sem dúvida, os *boni christiani*, os "bons cristãos", como se autodefiniam: uma das seitas heréticas mais "perigosas" para a Igreja, a ponto de que essa não hesitou, em 1208, a travar contra eles uma verdadeira cruzada que se resolveu com um banho de sangue e reduziu a ossos uma região inteira de Languedoc, na França.

Por que tanta fúria? Os cátaros – o nome vem de *katharós*, "puro" – nunca foram moderados. Veremos isso em detalhes mais adiante. Basta, por ora, recordar que buscavam a pureza a qualquer custo e uma nova espiritualidade, distante das sirenes mundanas e dos aparatos de poder, com os quais não queriam ter nenhuma proximidade. Seu modelo de sociedade, de fato, era completamente diferente do existente na Europa do século XII, embora, para falar a verdade, eles também fossem filhos da mesma sociedade. Sua concepção de vida era dualista: de um lado estava o bem; do outro, o mal. O bem era identificado com o espírito; o mal, com a carne. Consequentemente, pretendiam viver segundo a pureza originária, renunciando à carne e apartando-se dos prazeres terrenos para conquistar o perfeito conhecimento da verdade.

Sua organização era estruturada de acordo com um modelo hierárquico: no degrau mais elevado estavam os "perfeitos", aqueles que haviam atingido o conhecimento. Nos patamares inferiores encontravam-se os demais adeptos, que eram progressivamente "iniciados" no mesmo conhecimento e, por intermédio de uma rígida ascese, eram ajudados a libertar-se dos prazeres terrenos e a alcançar a perfeição do espírito. Para obtê-la, deviam renunciar a qualquer contato sexual e a todo alimento que tivesse de algum modo relação com a procriação, ou seja, carne, ovos, queijo, leite. Nada que pudesse colocá-los em contato com o mundo terreno e, portanto, com o pecado.

A epopeia dos cátaros, como se sabe, terminou em sangue: após a destruição de Albi, em Provença (sua cidade principal), os cátaros ou foram mortos ou encarcerados, ou ainda se refugiaram na Planície Padana. E aqui deram novo impulso aos seus "irmãos" cisalpinos de modo que, em meados do século XIII, os encontramos em Concorezzo, perto de Milão, em Desenzano, Mântua, Vicenza, Verona, e continuaram a ser perseguidos até sua extinção. Para além dos aspectos meramente teológicos, o que aqui é necessário destacar é uma experiência rigorista muito forte que quis, nesse caso, por meio da rejeição a alimentos e a qualquer afrouxamento, reencontrar um espírito de pureza que parecia perdido.

Claramente nos limites do patológico, no entanto, é a privação de alimento a que se submetiam muitas místicas medievais, cujos sofrimentos foram recentemente analisados como manifestações de uma doença que se acreditava fruto da sociedade contemporânea, mas que, evidentemente, acometia suas vítimas já no passado: a anorexia. O antecedente era "nobre": Jesus mesmo, antes de iniciar sua missão, passou quarenta dias em jejum no deserto. A ausência e a recusa do alimento eram experimentadas como a tentativa – extrema – de se autodissolverem em Cristo. Para a santa anoréxica, não comer significa afirmar a própria vontade, negar a própria corporeidade para poder alcançar a única meta realmente importante, a espiritual, rebelando-se contra um sistema opressivo que muitas vezes relegava a mulher a mero objeto de tentação. Mas já falamos dessas santas no final do primeiro capítulo.

6
Artistas e intelectuais – escrita e invenções

A Idade Média foi tudo menos um período culturalmente fraco. Prova disso são as muitas invenções que, em mil anos, vieram à luz. Os óculos, o relógio, o papel, os botões, os algarismos arábicos, as notas musicais: algumas dessas são uma "invenção" no verdadeiro sentido do termo; outras, uma introdução ou uma adaptação de técnicas já conhecidas em outros lugares, fora do Ocidente europeu. A Era do Meio também é aquela na qual o artista encontra, aos poucos, sua dignidade de criador de obras de caráter universal. A partir do pano de fundo repleto de santos e diabos das catedrais românicas, emerge lentamente das sombras a figura do artífice, que assume pela primeira vez um nome e assina a própria obra. Da mesma forma que, depois de um longo monopólio eclesiástico, nasce a figura do intelectual leigo de profissão, ligado à universidade e protagonista do renovado debate cultural que animava os centros urbanos. No mundo medieval, a cultura viajava de boca em boca, mas também – aliás, principalmente – por meio dos livros: copiados nos mosteiros por incansáveis escribas que desenhavam lentamente cada letra à luz de velas, eles transmitiram o saber do mundo antigo e o seu contemporâneo. Deixaram-nos, em muitos casos, autênticas obras-primas da arte embelezadas com preciosas miniaturas.

Não artista, mas artífice

"*Rienhardus fecit pius hoc opus abba / per manus artificis Liebhardi Passaviensis*": o pio Abade Reinardo fez essa obra pela mão do artífice Liebardo di Passau.

É uma inscrição de 1333 nos muros do mosteiro austríaco de Baumgartenberg e é muito eloquente sobre a concepção que se tinha, na Idade Média e ainda em pleno século XIV, a respeito do artista: um mero executante material. Um artífice, exatamente. O testemunho forma par com outro, de alguns séculos antes, do Abade Suger de Saint-Denis (1080-1151), que não tem nenhum receio de parecer vanglorioso ou megalômano ao citar, em algumas passagens de seus escritos, os trabalhos que mandou realizar ou que copiou, inclusive, como se fosse o idealizador. Totalmente ausente, aqui como alhures, qualquer aceno ao ato criativo, àquele toque "divino" que torna quem produz a obra de arte uma espécie de profeta que, com seu gesto, imita o artífice por antonomásia, Deus. Um gesto que o coloca em condições de participar de sua essência e de sua glória. Claro, para os teólogos, a perfeição do trabalho do artífice é sim a metáfora de Deus, artífice do mundo. Mas para todos os outros, o artista – pintor, arquiteto, escultor ou o que quer que seja – é um artesão que possui uma técnica, ou seja, uma perícia particular naquele que é, no fim das contas, um "simples" trabalho manual. É sua, portanto, a mera realização do "manufato". A concepção intelectual, a superintendência dos trabalhos e, também, em última análise, o mérito da obra, ao contrário, são atribuídos ao comitente.

Ao artífice Liebhard de Passau, o Abade Reinardo concede ao menos a honra de ser citado; mas estamos no século XIV e as coisas, embora lentamente, estavam mudando também no coração frio da Europa. Na Itália, por outro lado, já há tempo está em ação uma fina flor de artistas dos quais conhecemos não apenas o nome, mas também – com detalhes a mais ou a menos – a biografia: Cimabue, Duccio de Buoninsegna, Pietro Lorenzetti... O maior deles é Giotto de Bondone (1267 c.-1337), precursor daquele Renascimento que logo em seguida, por meio de uma verdadeira revolução cultural, levaria o artista para o centro da cena com o papel de grande protagonista.

Antes disso, a maior parte dos artistas permanece anônima: em alguns casos, lá onde se consegue individuar traços estilísticos comuns, uma mão ou uma escola, os trabalhos são atribuídos pelos modernos a "mestres" particulares. Temos então o Mestre de Badia em Isola, o Mestre de San Martino, o de Tolentino, o de Bigallo... Mas os fatos da vida deles estão envolvidos nas névoas da história. Muito mais conhecidos, por outro lado, são os dois grandes oriundos da região comasca e que atuaram na região emiliana entre o final do século XI e o final do século XII, Wiligelmo e Benedetto Antelami. O primeiro talvez seja considerado o mais intenso mestre da escultura românica: os relevos que esculpiu por volta de 1099 da Catedral de Módena pululam de figuras vivas, dotadas de personalidade e movimento, reproduzidas com realismo e grande cuidado nos particulares. Antelami, um pouco posterior (nasceu em Val d'Intelvi, para cima do Lario, por volta de 1150, e morreu aproximadamente em 1230), por sua vez, trabalhou em Parma onde deixou o esplêndido Ciclo dos Meses presente no batistério e a Deposição na catedral. Se para Wiligelmo existem questões abertas sobre a cronologia e a lápide que o recorda sobre a catedral – "Quanto entre os escultores / tu és digno de honra / está claro agora, ó Wiligelmo / por tuas obras" – é posterior, para Benedetto o caso é mais simples: as duas obras são datadas (respectivamente 1196 e 1178) e assinadas. Ambas, em todo caso, já possuíam um conceito "moderno" de artista, ou seja, eles tinham consciência do papel que ocupavam e do próprio valor. Mesmo contando com o precioso aporte de sua oficina, dedicavam-se a dar ao seu trabalho uma contribuição intelectual e criativa de que se sentiam orgulhosos: a assinatura embaixo demonstra que queriam eternizar seu nome e sua fama aos póstumos.

Os "mestres" de Como

A experiência de Benedetto e Wiligelmo rompe séculos de anonimato em que, sobretudo no que se refere às construções religiosas, o produto era resultado da obra coletiva de um canteiro em que trabalhavam arquitetos, estucadores, pintores, escultores, artesãos dotados de uma perícia técnica notável. Em meio a essas maestrias distinguiu-se um grupo de artistas itinerantes que, por gerações, circulou através da Europa construindo igrejas e catedrais: os Magistri Comacini (Mestres Comacinos). O primeiro registro de sua existência aparece no Edito de Rotário (643), nos capítulos 144-145, enquanto nas leis de Liutprando de 713 consta o tarifário de suas prestações. O nome é misterioso: poderia derivar de Comum, Como, lugar de onde se originavam ou onde eram mais atuantes, mas também há quem, como Hugo Monneret de Villard e seus seguidores, tenha proposto uma etimologia ligada aos instrumentos de trabalho – principalmente guinchos e andaimes – que utilizavam. Os Magistri Comacini seriam, portanto, mestres que trabalhavam com as "máquinas", *cum macinis*, ou *machinis*, de fato. A questão não está resolvida ainda e é, no fim das contas, de menor importância em relação à quantidade e à qualidade das obras que essas corporações criaram não apenas na Itália, mas também na França, na Alemanha, e alcançando até a Península Escandinava.

Suas criações se encontram na base da arte românica, que entre os séculos X e XII propôs uma síntese eficaz entre a arte clássica e a sensibilidade barbárica. As decorações com motivos vegetais que podem ser admiradas nos capitéis, nos arcos e sobre os portais das igrejas românicas têm muito em comum também com a arte celta. Basta lembrar a semelhança existente entre as monstruosas esculturas de pedra chamadas *Sheela na Gig* – difusas na Irlanda e na Inglaterra – e as divindades esculpidas em inúmeras estelas encontradas na Gália. Além disso, há uma afinidade entre os crânios uma época espostos na entrada dos santuários celtas (como o das Bouches-du-Rhone, na França) e as cabeças esculpidas na decoração, por exemplo, do portal da pequena Catedral de Clonfert (séc. XI), na Irlanda. De resto, decepar a cabeça dos inimigos mortos em batalha era para os celtas um costume ritual, e a esposição dos crânios sobre as portas dos lugares sagrados ou de passagem era considerada apotropaica. Na época românica, costumava-se fixar cabeças esculpidas em pedra nas fachadas de palácios importantes, sobre as pontes, e até mesmo nas paredes das igrejas. Em Milão, a designação da não mais existente Igreja de São João das Quatro Faces sugere exatamente a presença de um desses santuários nas vizinhanças em um passado já remoto e não mais documentável. Obviamente, o uso das "cabeças decepadas" era comum também entre os germanos, e motivos estilizados desse tipo se encontram, em épocas diversas, mesmo em decorações de metal dos grandes navios, os *drakkar*, dos viquingues, e nas espadas e vasos dos citas e dos sármatas. Nada muito estranho: eram todas populações indoeuropeias provenientes de uma matriz cultural comum. Os pavimentos dos plúteos das igrejas, as placas de mármore dos sarcófagos e as cercaduras de pedra que aqui e ali afloram em alguns edifícios sagrados remanejados mais tarde são parentes próximos das decorações que se veem em espelho de bronze, fíbulas, empunhaduras de espada, mesmo nas miniaturas dos códices irlandeses.

Os portais das igrejas românicas contêm, desse ponto de vista, a síntese de todo o repertório iconográfico medieval, com seus santos e profetas, o Cristo e a Virgem, os beatos e os condenados, monstros e demônios, o tetramorfo com os quatro evangelistas representados simbolicamente, tendo por base o *Apocalipse*, e diversos "viventes": Mateus, por um homem alado, Marcos por um leão, Lucas pelo boi – ou touro –, João pela águia. Um exemplo: o magnífico portal da igreja da Abadia de Sainte-Foy, em Conques, na França, edificada na metade do século XI, traz sobre o tímpano uma espetacular e animadíssima representação do Juízo Universal, com o Cristo em majestade circundado por ao menos 124 personagens dispostos sob três ordens. Na inferior, que representa o inferno, estão esculpidas legiões de monstruosos demônios entre as almas dos condenados atormentando-os das formas mais diversas e puxando-lhes a cabeça para baixo por meio de algumas roldanas. Todo o espaço está ocupado com imagens, preenchendo o horror do vazio típico da mentalidade medieval. E nos cordões das arquivoltas, maliciosamente, desponta inclusive uma figurinha grotesca que parece brincar de esconde-esconde com quem a observa.

Um mundo de invenções

A vivacidade da Era do Meio é testemunhada ainda pelo grande número de invenções[46] que vieram à luz exatamente nesses séculos. O papel (de que falaremos logo adiante), os óculos, os algarismos arábicos, o relógio mecânico, as notas musicais são todas inovações (ou introduções de fora, em um mundo que ainda não as conhecia) que contribuíram para tornar menos difícil ou mais cômoda a vida cotidiana de muitas pessoas resolvendo ao mesmo tempo diversos problemas de caráter especialmente prático. Como se fazia, sem um método preciso, para medir o tempo? E como realizar operações matemáticas complexas tendo à disposição um sistema de numeração atravancado como o romano? E como fazer com aqueles homens cultos que, chegando a certa idade, não se acomodavam ao passar dos anos, mas queriam continuar a ler, estudar e questionar-se sobre as glórias e as misérias humanas como quando eram ainda jovens e dotados de olhos de águia?

Partamos daqui. Estamos em 1305. O dominicano Jordano de Pisa, durante uma apaixonada homilia, conta que "não faz vinte anos desde que se encontrou na arte de fazer óculos que permitem enxergar bem, que essa é uma das melhores e mais necessárias artes do mundo, e é tão pouco o que se fez: uma arte nova, que nunca existiu. E disse o leitor: eu vi aquele que primeiro os inventou e fez, e falei com ele". Mas quem os inventou? Não se sabe e provavelmente nunca se saberá. Outro dominicano, Alexandre della Spina, morto em 1313, sabia fabricá-los e ensinar os outros a fazê-lo, mas não foi ele quem deu corpo à ideia de que uma

---

46. FRUGONI, C. *Medioevo sul naso* – Occhiali, bottoni e altre invenzioni medievali. Roma/Bari: Laterza, 2001.

lente tratada pudesse aumentar uma escrita, anulando a perda natural da vista: em Veneza, a lente já era usada ao menos desde metade do século anterior. É o que parece demonstrar uma lei de 2 de abril de 1300, que proibia os fabricantes de lentes de vidro de fazer pensar que fossem de cristal. De qualquer modo, desde então a invenção, que permite aumentar a letra escrita e torna possível a leitura mesmo a quem tem defeitos acentuados de visão, torna-se muito popular: pares de óculos rigorosamente sem hastes, que se apoiavam simplesmente sobre o nariz, aparecem em inúmeros afrescos, miniaturas e retratos e se impõem como objeto indispensável entre os acessórios de todo homem douto e estudioso que se preze.

Outra "novidade" foi a dos algarismos arábicos. Uma espécie de revolução em um mundo – o europeu – desde sempre acostumado a fazer contas segundo o uso dos romanos, que computavam utilizando o ábaco. O sistema era trabalhoso e não permitia realizar as operações mais complexas: para cálculos diferentes das operações simples de adição ou subtração era necessário, portanto, dirigir-se a matemáticos profissionais. Na Índia, no entanto, existia um sistema de numeração que atribuía às cifras um valor com base na posição: unidade, dezena, centena, milhar e assim por diante. Nove números – os mesmos que conhecemos ainda hoje– diferentes um do outro e ainda o zero, que indicava o nada. Seja dito que tal sistema não era totalmente desconhecido dos europeus: os contratos entre Oriente e Ocidente, mesmo na Alta Idade Média, sempre tinham sido abundantes e não era incomum que mercadores e intelectuais se deslocassem para fora da Europa para fazer comércio ou por motivos de estudo. O grande douto Gerbert d'Aurillac (950-1003), futuro Papa Silvestre II, estudou na Espanha e em Fez, no Marrocos, onde entrou em contato com os números "arábicos", que adotou para promover o estudo das disciplinas científicas, de que era apaixonado cultor. Com efeito, o primeiro manuscrito ocidental conhecido que contém as cifras "árabes" foi copiado em 976 no convento de Albelda, no norte da Espanha, por um monge chamado Vigila (razão por que o manuscrito é conhecido sob o nome de *Codex Vigilanus*). Falta, porém, o zero, exatamente como em outros códices que, a partir do século XI, começam a se espalhar pela Europa. Esse sistema de numeração, porém, por mais conhecido que fosse, era utilizado exclusivamente nos mosteiros. Para que ele conquistasse também a "sociedade civil", seria preciso esperar pelo pisano Leonardo Fibonacci (1170-1240). Leonardo era um mercante e, em Argel, onde se encontrava por questões comerciais, ocupou-se com esse método de cálculo e o achou cômodo e funcional, decidindo, portanto, "importá-lo". O seu *Liber abbaci*, no qual explicava o significado das novas cifras "indianas" e introduzia sobretudo o sinal do zero, foi publicado pela primeira vez em 1202 e depois, em versão revista e corrigida, em 1228. No início, a inovação foi tratada com receio e inclusive proibida em algumas cidades (como Florença) devido à sua origem "infiel" e porque se achava que gerasse confusão. Mas com o tempo suplantaria o antigo método romano por ser muito mais simples e intuitivo. O nome do zero, *sephirus*, deriva do árabe *sifr* (que traduzia por sua vez o sânscrito śūnya, "vazio") e aparece pela primeira vez no *De Aritmetica Opusculum* de Filippo Calandri, impresso em Florença em 1491.

As notas musicais foram dispostas sobre um pergaminho pelo douto monge Guido de Arezzo, no século XI. Quanto ao cômputo do tempo, no mundo antigo e medieval, até o final do século XIII, era feito conforme as antigas horas "romanas": prima, sexta, nona, cada uma com intervalo de três e, naturalmente, com uma aproximação notável devida ao fato de que se seguia o curso do sol. Também a duração variava com base nas estações. A Igreja acrescentou as matinas, as laudes, as vésperas e as completas, utilizando as horas para orações específicas que davam cadência à jornada. A partir dos séculos X-XI, os sinos começaram, com seus repiques, a marcar a passagem do tempo: ouvidos de longe, são particularmente preciosos para quem se encontra imerso nos trabalhos do campo e, estando ocupado com as fadigas agrestes, perderia de outro modo a percepção da passagem do tempo. O repique das completas é lembrado também por Dante em versos altamente sugestivos: o peregrino distante da pátria "a voz do campanário ouvindo / que ao dia a morte, flébil, denuncia" e se comove (*Purgatório*, canto VIII, v. 5-6). Muito provavelmente se tratava das campanas de um dos muitos conventos que povoavam as cidades medievais, mas poderia ser também a da comuna, que indicava o toque de recolher, depois do qual não era mais permitido circular pelas estradas.

Esse aspecto "romântico" e, no fim das contas, subjetivo e variável do tempo foi-se perdendo ao final do século XIII, quando surgiu o relógio mecânico que subdividia o dia em horas iguais. Entre os primeiros relógios de que se tem notícia na Itália está aquele que começou a funcionar no ano de 1351 em Orvieto: o assim chamado "*Maurizio*" – provável corruptela de "*ariologium de muriccio*" – instalado no alto da torre da catedral, possuía um autômato de bronze – chamado Maurizio, exatamente, que batia as horas. Já Dante, porém, no *Paraíso* (canto X, v. 139-148), demonstra conhecer o mecanismo dos relógios mecânicos, comparando o movimento circular das almas beatas ao das rodas acionadas, no equipamento, por uma série de pesos. A introdução do relógio não foi apenas uma inovação técnica, mas trouxe consigo uma nova concepção do tempo: desvinculado da oração, não mais pertencente unicamente a Deus, mas laico para todos os efeitos.

Outras invenções medievais, que mencionamos no capítulo sobre o vestuário, são os botões – que aparecem por volta do século XIII revolucionando a moda –, as mangas separáveis das vestes e intercabiáveis – que permitiam, nas classes mais abastadas, variar o *look* com frequência sem ter de trocar a peça inteira –, e as meias justas aparentes. Na mesa, estreou por volta do século XI (o primeiro testemunho iconográfico consta em um códice do Edito de Rotário transcrito nessa época), o garfo. Hostilizado pelas autoridades eclesiásticas como instrumento diabólico, custou a impor-se até tornar-se praticamente indispensável para levar à boca um outro alimento inventado no século XII, a massa de macarrão. Os vidros difundiram-se do século XIV em diante (e apenas na casa dos ricos ou nos palácios públicos), enquanto antes as janelas eram fechadas por meio de simples peças de madeira ou por uma tela impermeável. Mas, entre as inovações que foram introduzidas nesses séculos, a mais revolucionária – se não por outra razão, ao menos pelo impacto cultural que viria a ter a partir da introdução da prensa – foi o papel.

A douta ignorância

Papel significa escrita. Portanto, antes de tudo, é lícito perguntar-se quem escrevia na Idade Média. Com efeito, era atividade de poucos. Na ruína generalizada de entes e instituições ocorrida no final da Era Antiga, também a alfabetização – comum no império graças a um sistema capilar de escolas – havia se reduzido a prerrogativa de um número restrito de pessoas. Queimadas ou desfeitas as bibliotecas, e desaparecidas as escolas laicas, o monopólio da instrução era administrado pelas instituições eclesiásticas, nem sempre, ademais, irrepreensíveis pelas qualidades morais e culturais. Na Alta Idade Média, quem escrevia, portanto, eram quase exclusivamente os clérigos que se formavam nos mosteiros e utilizavam um latim que, recheado de termos emprestados das línguas germânicas, pouco ou nada tinha ainda a ver com o latim clássico de um Cícero. Entre os leigos, apenas algum raro notário podia ostentar uma modesta instrução, ao passo que os soberanos, salvo raras exceções, eram escassamente cultos. Pode parecer estranho, mas muitos sabiam ler, mas não escrever: que as duas coisas estivessem intrinsecamente ligadas é um conceito absolutamente moderno, assim como a leitura "mental", visto que geralmente os textos eram declamados ou, ao máximo, sussurrados em voz baixa. As bibliotecas dos conventos medievais, longe de ser silenciosas, eram pervadidas pelo burburinho dos que liam, como um perpétuo salmodiar.

Havia quem fizesse de sua "ignorância" um ponto forte; Carlos Magno, por exemplo. Segundo seu biógrafo Eginhardo, embora mal soubesse escrever, era amante das letras e das artes e conhecia bem, não apenas o latim (e o franco, sua língua materna), mas inclusive algumas palavras em grego. Aprendeu-as graças à proximidade de um círculo de doutos, que ele mesmo reuniu na Academia (*Schola*) palatina de Aachen: entre eles, nomes de destaque como Alcuíno de York – que foi durante muito tempo seu mestre –, o historiador lombardo Paulo o Diácono, Teodulfo d'Orléans e Paulino, poeta e patriarca de Aquileia. Curioso por natureza, Carlos solicitou à corte, além da prática das "clássicas" artes do trívio (gramática, retórica e dialética), também o estudo das artes do quadrívio: música, matemática, geometria e astronomia, de que foi um grande apaixonado. Esforços esses que tiveram de haver-se com a falta de livros e a insuficiência do sistema escolástico sobrevivente no final da Idade Antiga. Carlos remediou esse quadro de desolação geral insistindo na formação dos eclesiásticos (exemplar o tratado *De institutione clericorum*, de Rábano Mauro) e restaurando as bibliotecas, criando em muitos mosteiros *scriptoria* adequados para permitir que fossem copiados e transmitidos os textos antigos. Foi elaborada também uma nova escrita, a "minúscula carolina", tão simples e legível que se impôs como modelo, durante o Renascimento, para a invenção dos caracteres de impressão. Um verdadeiro paradoxo, se considerarmos que a mão do imperador, empunhando o cálamo, era totalmente titubeante a ponto de precisar ser guiada para escrever sua própria assinatura (um monograma com as letras engastadas a modo de cruz) por um normógrafo.

Santos e cultores

Até aproximadamente o ano mil, dizia-se, o monopólio da cultura e da escrita foi exercido pelos monges e clérigos. Houve, naturalmente, também muitas exceções, até mesmo mulheres – como vimos ao tratar da condição feminina – como Dhuoda que, em pleno século IX, escreveu um tratado para o filho. Mas não havia intelectuais leigos de profissão, ao menos como os entendemos modernamente: para encontrá-los é preciso, como veremos adiante, esperar o século XII e o surgimento da universidade. Até então a cultura se transmitia nos mosteiros com base no que foi prescrito na Regra de São Bento, pautada sobre o equilíbrio entre a vida contemplativa e a vida ativa. A ideia de fundo – resumida na conhecida máxima "*Ora et labora*", "reza e trabalha" – era que o monge, para ser santo, devia recitar as orações, mas também cumprir tarefas manuais. Portanto, cultivava os campos, plantava ervas, cozinhava, criava animais e desenvolvia – inclusive com ajuda de pessoas de fora do mosteiro – uma diversidade de trabalhos. Mas também devia contribuir para o progresso espiritual e cultural da comunidade. Não apenas com a oração e a meditação, mas com o estudo e a cópia de textos sagrados e obras clássicas a serem realizadas nos eficientes *scriptoria*, os locais reservados à escrita dos volumes. Além dos beneditinos, distinguiram-se nessa operação os monges irlandeses, que viajavam sempre acompanhados pelos livros. Seus preferidos eram os tratados de gramática: por ser a língua das Sagradas Escrituras o latim, uma língua estrangeira para os irlandeses, pois nunca haviam vivido a dominação romana, sabê-la perfeitamente era fundamental para poder dominar a Palavra de Deus e exercitar a missão de evangelizar que era constitutiva de seus contingentes. O ensino da gramática e da retórica teve um papel de primeiríssimo plano nos mosteiros irlandeses medievais: códices com obras de gramáticos latinos provenientes dos *scriptoria* insulares estão até hoje conservados em todos os mosteiros fundados ou visitados por esses incansáveis religiosos, e muitos desses contendo palavras (as glosas) em antigo gaélico, revelaram-se extremamente preciosos para compreender a evolução das línguas célticas.

Nos mosteiros irlandeses ou de fundação irlandesa não apenas se copiavam (e, portanto, se salvavam da destruição e do esquecimento) muitas obras de escritores do passado clássico, tanto latino quanto grego, mas se produziam tratados, crônicas e poesias. Obras que se revelaram fundamentais para a cultura dos séculos seguintes fazendo a Irlanda merecer o título de "ilha dos santos e dos doutores". Se os escritos de São Patrício (como a *Epistula ad milites Corotici*, os soldados pagãos de um príncipe escocês cristão e, sobretudo, as suas *Confessiones*), de Gilda (*De excidio et conquestu Britanniae*, *De paenitentia*, *Oratio pro itineris et navigationis prosperitate*) e de São Columbano tiveram grande importância e influência sobre toda a tradição literária e monástica posterior, o Antifonário de Bangor (datável no final do século VII e redescoberto no século XVIII pelo erudito Ludovico

Antonio Muratori) representa uma das primeiras e mais belas coleções orgânicas de orações e cantos litúrgicos acompanhados por música (mas nem uma única nota se salvou). E se o *Liber Hymnorum* é um importante testemunho da relação entre as línguas célticas e o latim, os *Hisperica famina*, datáveis do século VI, são uma coleção de escritos de sentido, no mínimo, enigmático. Disponíveis hoje em diversas redações em um total de seiscentos versos aproximadamente, eles contêm a descrição de uma cena ou de um objeto, de vez em quando o mar, o fogo, o vento: como um repertório de termos truncados, esta obra misteriosa se liga ao gênero dos carmes figurados e àquele gosto pelos enigmas e os jogos de palavras tão típicos, ainda hoje, no mundo irlandês.

Dos *scriptoria* irlandeses saíram também algumas das criações artísticas mais belas da Idade Média, como o *Livro de Kells*, o *Grande Evangeliário de São Columbano*, escrito em torno do século XIX e hoje conservado no Trinity College de Dublin. A tradução latina dos evangelhos e as suas glosas são acompanhados de imagens espetaculares elaboradas nos mínimos particulares de acordo com o estilo tipicamente "insular", que funde o gosto pela decoração geométrica e fitomorfa de sensibilidade ainda pagã com a representação da figura humana ao modo ocidental em um tripúdio de cores e de ouro. Além de confeccionar códices de altíssimo valor artístico, a operosidade dos monges permitiu a conservação e a transmissão aos pósteros de um patrimônio cultural inestimável.

A escrita, exaltação do espírito, podia, porém – é estranho dizer –, também matar. Todos se lembram como o romance de Umberto Eco, *O nome da rosa*, ambientado em um mosteiro medieval, gira em torno de um livro que envenena quem o consulta: basta umedecer o dedo com a saliva para facilitar virar as páginas de pergaminho e a tinta com que o texto foi escrito libera seus efeitos mortíferos. Ficção literária, claro. Mas não tão distante da realidade. Uma recentíssima pesquisa da Syddansk Universitet (Universidade do Sul da Dinamarca), publicada no *Journal of Archaeological Science*, demonstrou como muitos monges sepultados nos claustros da abadia cisterciense de Øm (na Dinamarca) teriam morrido em decorrência da exposição a elevada quantidade de mercúrio contido em uma das tintas que utilizavam para escrever e decorar os códices ornados, o vermelho. Na prática, para manter apontada a pena, de vez em quando a lambiam, assimilando assim, por meio da saliva, o súlfur de mercúrio presente no cinabre: ao transferir para a página o belo vermelho vivo obtido com o mineral, não podiam suspeitar que estavam assinando, lentamente, sua própria condenação à morte.

Por fim, a conta

Os pobres escribas de Øm, portanto, eram monges, como a maior parte dos que então tinham esse ofício. Para encontrar leigos entre eles seria preciso esperar o surgimento do intelectual "por profissão", que fazia sua obra mediante pagamento. Também os copistas eram remunerados, mas é difícil dizer quanto recebiam. Leigos ou eclesiásticos, basta ler a subscrição – ou seja, a assinatura feita no fim do texto por parte daquele que havia realizado a transcrição – de certo Gregorius, escrita na cópia da *Postilla in Ecclesiastem* do século XIV e conservada na Biblioteca Antoniana de Pádua (é o códice 358), para compreender como suas solicitações eram, na verdade, muito simples: "*Scriptores munus* – se lê – *sit bos bonus aut equus unus*" [a remuneração do escritor seja um bom boi ou um cavalo]. A subscrição do códice, concluído o trabalho de cópia, era um modo de eternizar não apenas o texto da obra em questão, mas também a fadiga de quem o havia transcrito. Às vezes de maneira até bizarra. Em outro volume da Antoniana, o manuscrito 365, de 1447,

> o copista Franciscus de Vincentia, frade eremita, esconde o seu nome, exprimindo-o na forma criptografada *Erbnckscxs*: algumas das letras, exatamente a consoante inicial e todas as vogais, foram substituídas pela letra que a precede no alfabeto. [...] Ao lado acrescentamos que o copista, que nos informa ser estudante em Pádua, termina geralmente sua subscrição, além do acréscimo de pequenos fatos da vida cotidiana, também com jogos de palavras[47].

Um trabalho de grande responsabilidade e fadiga, o dos copistas, como bem percebem os filólogos ao confrontarem as várias versões do mesmo texto com a finalidade de identificar a edição mais próxima possível daquela que o autor escreveu. Quem transcrevia um texto a partir do exemplar que tinha diante de si devia lidar com grafias diversas, dificuldades de leitura e interpretação de passagens emboladas, interpoladas ou pouco claras, e podia incorrer, ele mesmo, em saltos de linhas, mal-entendidos devido a pouca ou nenhuma familiaridade com o assunto da obra que copiava, substituições de uma palavra mais difícil que não

---

47. GIOVÈ MARCHILI, N. *Le sottoscrizioni dei copisti* – Problemi e informazioni [seminário para o doutorado de pesquisa em Ciências do Texto e do Livro Manuscrito da Universidade de Cassino, 30 de março de 2004] [disponível em: http://www.let.unicas.it/dida/links/didattica/palma/testi/giove1.htm].

entendia – quem sabe devido ao imperfeito domínio do latim – por uma mais simples. E assim por diante. Mas por mais que, às vezes, fossem sumárias, pouco acuradas e cheias de erros, as transcições dos copistas nos transmitiram um patrimônio imenso que, de outro modo, teria sido em boa parte perdido.

Anotações à margem

Cansado de escrever à luz de velas, no frio do inverno e no calor do verão, de vez em quando até o escriba mais diligente fazia uma pausa. E a preenchia... fazendo rabiscos. Entre as notas marginais mais famosas há uma que representa, segundo a maior parte dos estudiosos, o primeiro exemplo de língua vulgar italiana. Trata-se da célebre "charada veronesa": "*Se pareba boves, alba pratalia araba et albo versorio teneba, et negro semen seminaba*" [À frente levava bois, brancos prados arava, segurava um arado branco e um negro sêmen semeava[48]]. Poucas linhas, descobertas pelo grande paleógrafo Luigi Schiapparelli em 1924 em um espaço vazio de um códice pergamináceo espanhol do século VIII levado a Verona pouco depois, e hoje conservado na Biblioteca Capitular. As margens dos códices por toda a Idade Média e depois pululam literalmente de escritos: desde simples riscos para testar se as penas ocas estavam bem apontadas (*probatio pennae* o *calami*) até desenhos mais ou menos grotescos traçados para preencher vazios, ou mesmo verdadeiras ilustrações coloridas que assumem um valor de obras de arte por si sós. O repertório é vastíssimo. No Saltério trecentista de Gorleston (conservado na British Library de Londres) encontramos homens que se divertem fazendo caretas e trejeitos; também há animais que se desafiam nas mais variadas disputas, como o duelo musical entre um coelho e um passarinho que aparece no *Speculum historiale* (1294-1297) da Bibliothèque Municipale de Boulogne-sur--Mer (França), feras maravilhosas e terríveis, momentos da vida cotidiana. Até mesmo cenas de sexo explícito: em um manuscrito trecentista que contém o *Roman de la rose* (MS Fr. 25.526, Biblioteca Nacional da França) é representada uma relação sexual entre um homem e uma freira, enquanto na mesma página uma outra procura colher... falos de uma árvore. Essas ilustrações foram, muito provavelmente, feitas pela nobre Jeanne de Montbaston, representada em outro lugar

---

48. Os bois são os dedos do copista, os brancos prados são a folha branca do livro, o arado é a pena oca usada para escrever, o negro sêmen é a tinta [N.T.].

no manuscrito no ato de desenhar enquanto o marido Richart escreve (de modo mais casto) o texto.

As notas marginais em muitos casos são exemplificativas de parte do conteúdo: podiam servir, por exemplo, a esclarecer as fases de preparação de uma receita ou então para ilustrar uma passagem particularmente significativa. Porém, em muitos outros casos, aparecem completamente desconectadas em relação ao que está escrito na mesma página e, portanto, se revestem de um significado diferente. Obviamente, preenchem o *horror vacui* ("pavor do vazio") típico da mentalidade medieval. Mas essa explicação, isolada, não basta para compreendê-las plenamente, admitindo que isso seja possível. As figuras grotescas, os símbolos, os animais fantásticos e as pequenas cenas que compõem parecem encarnar algo que de outra maneira não seria possível, ou não se ousava, representar: medos, desejos, desforras, morbidez, impaciência, ironia. Pareceria que se pode dizer que o escriba, uma vez realizado o seu dever de diligente transcritor de textos ou em uma pausa em seu trabalho, se sentisse livre para esvaziar o cálamo nas margens do pergaminho dando corpo a tudo aquilo que a fantasia lhe sugerisse. Mesmo que fosse um mundo às avessas, como bem se vê em uma esplêndida miniatura presente em um códice quinhentista (o cod. mus. I, de 1511-1512), conservado na Württembergische Landsbibliothek de Stuttgart: um grupo de coelhos é representado assando um homem enfiado em um espeto, dando vida e cor a uma vingança "de espécie" em sentido pleno.

Revolução no papel

Os manuscritos medievais eram escritos em pergaminho. O papel era conhecido no Oriente já no século II a.C., mas difundiu-se apenas em torno do ano mil. Foram os árabes a "trazer" a técnica de sua fabricação ao Ocidente: no século VIII, na África; por volta do século XI, na Espanha e na Sicília. Não por acaso, o primeiro documento em papel que se conservou é uma ordem da condessa normanda Adelasia, primeira mulher do Rei Rogério I, escrita em 1109 em grego e árabe (hoje se encontra no Archivio di Stato di Palermo). Como se fabricava o papel? Tomavam-se pedaços de pano e fibra de plantas, que eram colocados em uma bacia de pedra e reduzidos a migalhas com ajuda de malhos de metal, acionados pela energia da água. Adicionava-se água ao bolo. A massa assim obtida era então espalhada sobre uma tela de malha fechada e posta para enxugar: tinha-se aí uma folha de papel. Se fosse inserida na tela um fio metálico com um desenho particular, obtinha-se então uma verdadeira "marca" em filigrana que assegurava sua proveniência e qualidade: neste campo distinguiu-se o território de Fabriano (Ancona) merecendo uma fama que dura até hoje. Com o tempo, entendeu-se que o rendimento da folha podia melhorar se fosse pincelada com cola: ficando assim impermeável, não absorvia a tinta e evitava manchas. Dali ao seu triunfo definitivo sancionado com a invenção da imprensa – o primeiro livro impresso com a técnica dos caracteres móveis foi a Bíblia, em 23 de fevereiro de 1455, na Alemanha, por Johann Gutenberg – o passo seria muito curto.

Tratava-se, portanto, de uma preparação longa e trabalhosa que comportava um grande emprego de energia. Mas o progresso, em relação às técnicas de fabricação chinesas – com as fases de elaboração executadas totalmente com as mãos! – era, mesmo assim, notável. Isso permitiu, a partir do século XII, que se produzisse muito mais material de escrita e muito mais velozmente comparado com o pergaminho tradicional, que era obtido, como se sabe, da pele de cabra, carneiro ou de vitelo. O nome deriva da cidade de Pérgamo (Ásia Menor) onde, de acordo com o erudito latino Plínio o Velho, era utilizado já no século II a.C. Produzir pergaminho era muito custoso. O procedimento a ser adotado é descrito em algumas "receitas", a mais antiga delas se encontra em um manuscrito do século VIII (MS 490) da Biblioteca capitular de Lucca. Era preciso tirar o couro do animal, imergir a pele em uma solução de cal e água, raspar bem todo pelo e limpar a pele de qualquer resíduo de carne, estendê-la e deixá-la secar sobre uma tela esticada de modo a deixá-la plana. Depois disso, se lixava a superfície com pedra-pomes para deixá-la uniforme e pronta para receber a tinta. O papiro, por outro lado, era produzido muito mais rapidamente porque se utilizava fibra vegetal desmanchada em polpa e enquadrada sobre uma tela com um procedimento muito semelhante ao da produção do papel.

Por isso, o mundo antigo preferia usar o papiro em vez do pergaminho e esse suporte permaneceu comum enquanto foi possível tê-lo em abundância. A planta de onde se extraía a fibra, o papiro, na verdade é uma cana palustre que cresce na área mediterrânea. Com as invasões barbáricas e a diminuição do tráfego no Mediterrâneo, a disponibilidade de papiro no Ocidente foi se exaurindo e, portanto, passou-se a recorrer cada vez mais ao pergaminho. Este se tornou, de fato, o veículo sobre o qual viajou toda a cultura moral e material da Idade Média: dos textos sagrados aos seus comentários, das obras clássicas aos tratados de teologia, das poesias profanas aos manuais de medicina e de culinária, das leis imperiais às bulas papais, dos documentos notariais aos atos produzidos pelas chancelarias das comunas.

Naturalmente, como se disse, o pergaminho custava muito e era utilizado com extrema parcimônia. Para fazer anotações se utilizavam, então, tabuletas de cera, riscadas com um lápis, como já faziam os antigos, ou os "descartes" da produção de pergaminho, muitas vezes cozidos juntos até formar rolos improvisados: muitas "minutas" – as cópias brutas dos atos, rascunhadas em linguagem extremamente abreviada antes da redação definitiva e "bela" do original – dos notários, por exemplo, foram conservadas nesse tipo de suporte.

Escrever e reescrever

E quanto aos livros? Utilizava-se a técnica da reciclagem. Ou seja, quando, por vários motivos, um texto não interessava mais, o pergaminho era raspado e se reutilizava a superfície para copiar um novo texto. O que estava escrito por baixo, aparentemente se perdia. Porém, felizmente não é verdade. Esse tipo de manuscritos, denominados palimpsestos (o termo deriva do grego *pálin psestos*, "raspado de novo"), na realidade, conservaram traços da tinta de que estavam impregnados da primeira vez e, por meio de técnicas sofisticadas, podem ser decifrados. No século XIX se utilizavam tinturas de bílis e hidrossulfato de amônia que, porém, com o tempo corroíam o pergaminho, destruindo-o. Perdiam-se então, ambos os textos, o antigo e o recente. Hoje se usam raios ultravioletas e imagens digitais, métodos não invasivos. Dessa forma ressurgiram livros que se acreditavam perdidos para sempre, como as epístolas do reitor Marco Cornélio Frontão (100-170 c.), descobertas em 1815 pelo grande erudito e cardeal de Bérgamo Angelo Mai em um códice reescrito conservado na Biblioteca ambrosiana de Milão (quatro anos depois encontrou outras páginas no Vaticano): os monges da Abadia de Bobbio tinham considerado essas cartas (e as relativas respostas) pouco interessantes no tocante aos atos do I Concílio de Calcedônia, e assim não hesitaram em eliminá-las para dar lugar a novos textos. As epístolas, apesar de estilisticamente frustrantes diante da grande fama de Frontão como reitor, revelararam-se, porém, para nós modernos, um documento precioso para reconstruir alguns aspectos da política e da vida dos imperadores Antonino Pio, Marco Aurélio e Lúcio Vero. Outros palimpsestos importantes encontrados pelo Cardeal Mai são o *De re publica* de Cícero (que estava oculto no Vaticano por baixo de uma edição do século VII dos *Comentários aos Salmos*, de Santo Agostinho) e os *Vaticana Fragmenta*, com trechos de obras dos juristas Paulo, Papiniano, Ulpiano e passagens de constituições imperiais de Diocleciano. Conservados por baixo de obras posteriores, reapareceram em outro lugar os textos de algumas comédias de Plauto (em um códice da Biblioteca Ambrosiana do século IV ou V, reescrito com partes da Bíblia no século IX), algumas obras do grande matemático de Siracusa, Arquimedes (copiadas no séc. X e apagadas no séc. XIII para dar lugar a um texto litúrgico comum), as *Institutiones* de Gaio, suplantadas pelas *Epistole*, de São Jerônimo).

Desapareciam assim não apenas textos não mais atuais, mas também alguns considerados heréticos. Muitas vezes eram queimados. Porém, em geral, considerando o alto custo do pergaminho, se preferia apagá-los e reutilizar o suporte. Assim aconteceu também com a Bíblia "ariana" – e, portanto, herética – traduzida em língua gótica e transliterada com um alfabeto *ad hoc* no século IV por conta do ambiente ligado ao bispo Úlfilas (ou Wulfila, 311-382). Os documentos principais góticos que chegaram a nós são os seguintes: a tradução da Bíblia grega dos Setenta comissionada por Úlfilas – de que restaram cerca de três quartos do Novo Testamento e alguns fragmentos do Antigo Testamento –, o *Codex Argenteus* (evangelhos), o *Codex Ambrosianus* D (três folhas contendo os textos do Profeta Neemias), o *Codex Taurinensis* (passagens esparsas do Novo e do Antigo Testamento), notas marginais sobre assuntos do evangelho (*Gotica Veronensia*, MS LI da Biblioteca Capitular de Verona) e os oito fragmentos de um comentário ao Evangelho de João (*Skeireins*, que em gótico significa "explicação"), além de dois documentos notariais com assinaturas em gótico e outros testemunhos epigráficos. À parte a Bíblia, o resto é geralmente conhecido com o termo coletivo de *Gotica Minora*. Terminado o reino dos godos na Itália, a língua foi utilizada na liturgia pelos lombardos – eles, inclusive, arianos – até aderirem definitivamente (no final do século VII) ao catolicismo. Os códices góticos, a esta altura, foram apagados por serem considerados heréticos e desapareceram da história até sua redescoberta, como palimpsestos, na época moderna.

Universitas: uma cultura laica

Se até o ano mil, como se dizia, saber ler e escrever era apanágio quase exclusivamente do clero, com o renascimento das cidades e a consequente ascensão de novas profissões, essas capacidades tornaram-se indispensáveis também para os leigos, sobretudo os mercadores. A instrução "tradicional", praticada nas escolas organizadas próximas aos mosteiros ou nas sedes episcopais urbanas, logo se revelou insuficiente. Ali, de fato, se aprendiam apenas os rudimentos da gramática e da retórica e se obtinha uma sumária formação teológica: o saber como fim em si mesmo, portanto, distante de qualquer aplicação prática e, geralmente, de qualidade realmente muito baixa. Para as novas classes, por sua vez, era importante saber fazer contas, possuir noções gerais das normas jurídicas e conhecer as línguas estrangeiras para estabelecer relações comerciais com lugares distantes. Para atender as exigências dos mercadores começaram a difundir-se, primeiramente por iniciativa privada e depois com patrocínio das comunas, algumas escolas laicas que, além dos rudimentos de latim, ensinavam todas as noções agora consideradas indispensáveis à profissão. Também nesses casos, a qualidade geralmente era muito baixa, com métodos não muito diferentes dos que eram usados nas escolas religiosas: a única inovação consistia na introdução, desde o início do século XIII, do ábaco e da numeração arábica. Nada comparável, obviamente, com as escolas catedrais que se desenvolveram ao norte da França. Construídas em volta de prestigiosas sedes episcopais como Chartres, Reims, Paris e Laon, essas eram as únicas a garantir uma formação superior e, graças à presença de mestres ilustres – alguns nomes como Gerbert d'Aurillac, Abelardo, Roscelino e Fulberto –, disputavam os estudantes de todas as partes da Europa.

Com a afirmação das comunas e das classes dos cidadãos, também na Itália começou a perceber-se a exigência de uma instrução superior mais rica e acurada. Nas grandes cidades, já a partir do final do século X, docentes e estudantes das mais diversas proveniências haviam começado a associar-se inicialmente com base na nacionalidade (dando vida às *nationes*) e em seguida em corporações mais complexas, denominadas *Universitates magistrorum et scholarium*. Nasceram assim as primeiras universidades, e com esse termo se indicava uma verdadeira corporação, reconhecida por meio de estatuto. Como em uma associação de ofícios, professores e estudantes juntos se autogeriam organizando os cursos e estabelecendo o calendário dos exames, diferenciando claramente o próprio estatuto de intelectuais laicos dos seus correspondentes eclesiásticos e conseguindo, portanto, tirar das mãos dos clérigos o monopólio da cultura.

É impossível conceber uma sociedade sem livros. Mas eram realmente poucos aqueles que podiam dispor do dinheiro (e de tempo!) necessário para providenciá-los em uma época em que eles existiam apenas em forma de manuscritos. O advento das universidades e a consequente demanda de textos levaram, assim, a uma superação do método tradicional de produção dos códices, ligados aos *scriptoria* monásticos, e ao nascimento de um novo ofício: o do copista profissional. O mecanismo era simples. Uma comissão de professores, depois de escolher o livro de texto a ser comentado durante as lições, preparava uma versão básica dele (chamada *exemplar*) o máximo possível isenta de erros. Esse *exemplar* era então dividido em fascículos chamados *peciae*, cada um dos quais era então confiado a um copista diverso: criava-se assim uma espécie de "linha de montagem" em que mais pessoas trabalhavam ao mesmo tempo na cópia do mesmo volume que, desse modo, era produzido de forma muito mais rápida. Para aumentar a velocidade da produção, também ajudava a utilização de uma grafia, posteriormente chamada com desprezo de "gótica", mais rápida do que a minúscula carolíngia, mas também menos legível. Quem pagava os copistas eram os chamados *stationarii*, na prática os antepassados dos modernos editores que, depois de adquirir tanto os *exemplares* quanto o papel para produzir as cópias, providenciavam a venda do "produto acabado" no mercado: foi assim que nasceu, no século XII, a nova indústria livreira.

Intelectuais de profissão

Como se organizava, porém, materialmente o estudo? As universidades assumiam livremente os docentes e organizavam a atividade didática em um ciclo introdutivo às artes liberais seguido dos ensinamentos superiores de direito (civil e canônico), medicina ou teologia. A duração dos estudos era variável: se o ciclo das artes do trívio e do quadrívio durava cerca de seis anos, as "especializações" seguintes podiam oscilar de seis a oito anos. Geralmente se acedia à universidade por volta dos treze anos. Concluído o ciclo introdutório, obtinha-se o título de bacharel e, após um biênio a mais, o de *licentiatus*: o exame final, que previa uma discussão sobre temas estabelecidos pela comissão de docentes, dava direito ao título de *magister* (mestre) ou *doctor* ("doutor") e à permissão de, por sua vez, ensinar.

A longa duração dos estudos e seu custo exorbitante – apesar de as associações garantirem alojamento e aulas tanto para estudantes quanto para professores – faziam com que bem poucos conseguissem terminar o ciclo inteiro. Particularmente gravoso era o problema dos livros de texto, cuja aquisição representava para grande parte um enorme obstáculo: esse problema foi parcialmente resolvido graças à reprodução em fascículos (as já mencionadas *peciae*) e à progressiva difusão do papel (que, oriundo do mundo árabe onde já estava em uso há muito tempo, começou a ser produzido também na Europa). Certo, os livros com páginas de papel eram menos valorizados e mais frágeis do que os feitos com pergaminho; porém, eram menos caros.

Entre os séculos XI e XIII, portanto, o continente se povoou de universidades. O mais antigo ateneu surgiu em 1088 em Bolonha que, também graças à presença dos estudantes, tornou-se uma das cidades mais povoadas e ricas da Europa, com seus 50.000 habitantes que viviam em 10.000 casas. No Studium Bolognese, especializado nos estudos jurídicos, se formaram – além da classe inteira dos juristas que atuaram nas comunas da Itália Centro-setentrional – personalidades como Irnério e os "quatro doutores" (Bulgarus, Martinus, Hugo e Jacó) que elaboraram para o Imperador Frederico Barbarossa em 1158, em vista da Dieta di Roncaglia, o suporte teórico para reivindicar sua supremacia sobre as cidades lombardas. Na Sorbonne de Paris, renomada pelo ensino da teologia, lecionaram os mais célebres filósofos da Idade Média – como Tomás de Aquino e Alberto Magno. Importantíssimas foram também a Faculdade de Medicina de Salerno, que conheceu extraordinário prestígio durante o reinado de Frederico II, e também de Pádua, Nápoles, Montpellier, Cambridge e Oxford. Mas, enquanto a Europa Central e Setentrional olhava para a herança da tradição romana, as universidades de Salamanca (Espanha) e Coimbra (Portugal) faziam a ponte entre o mundo europeu e o árabe, difundindo o saber que, zelosamente custodiado nas cortes da Andaluzia, no continente cristão estava quase esquecido.

O grande número de estudantes presentes na cidade oferecia várias oportunidades de trabalho: era necessário alojá-los, dar-lhes comida e mantimentos e também entretenimento e diversões. Obviamente, toda essa superpopulação não trazia apenas benefícios. Gritaria e provocações criavam confusão. Bebedeiras e rixas eram coisa comum, assim como frequentar bordéis, e tudo que se relaciona com eles. Jacques de Vitry, pregador e docente ele próprio, recorda como as querelas entre estudantes eram motivadas não apenas por divergências de interpretação sobre as matérias que lhes eram propostas à reflexão, mas também por questões de nacionalidade e pelos relativos clichês. Se os ingleses eram beberrões, os franceses eram efeminados, os alemães ferozes, os normandos fanfarrões, os borgonheses estúpidos, os bretões volúveis, os lombardos avaros, os romanos sediciosos, os sicilianos tirânicos, os flamengos megalomaníacos. Não é de admirar que, após alguma bebida a mais, "com insultos desse teor se passasse logo das palavras às vias de fato".

Entre os grupos mais "vivazes" estavam os goliardos, ou *clérigos vagantes*, que percorriam a Europa seguindo os professores famosos e eram dados à bebida, à comida e às mulheres. A situação deles era totalmente particular e por isso dificilmente administrável: por serem clérigos, de fato, estavam sujeitos à autoridade eclesiástica e não à civil. Eram espíritos livres, diríamos nós, e também anarquistas, visto que contestavam abertamente, no comportamento e nas ações, alguns valores da sociedade dominante. A esses, muitas vezes, anônimos intelectuais foram atribuídos poemetos, versos licenciosos e obscenos, cantos de taberna, mas também exaltações do amor em todas as suas formas, sacras e profanas, em latim e em língua vulgar. A mais célebre coleção dessa literatura é aquela conhecida como *Carmina Burana*, conservada em um manuscrito do século XIII (o *Codex Latinus Monacensis* ou *Codex Buranus*) proveniente da Abadia de Benediktbeuern na Baviera, mas compilada muito provavelmente no Mosteiro de Novacella, próximo a Brixen.

Divos na cátedra

No outro fronte, os professores assumiram prestígio cada vez maior até tornar-se motivo de vaidade e gratidão por parte das cidades que hospedavam seus cursos. Em Bolonha, Matteo Gandoni (morto em 1330) foi sepultado com todas as honras no claustro de São Domingos. A lápide de sua tumba – exposta com muitas outras no Museo Civico Medievale – o representa lecionando na cátedra a um grupo de estudantes sentados cada um em seu banco. A cena é animada com um vívido realismo. Mais do que escutar, os jovens aparecem dedicados a realizar um "trabalho de classe". Enquanto os dos bancos da frente estão empenhados em escrever, os das últimas fileiras – exatamente como costuma acontecer nas escolas de hoje – parecem na verdade distraídos: um está voltado em direção ao companheiro (talvez para pedir alguma dica?) que parece não o ouvir, compenetrado em uma postura reflexiva e também um pouco preocupado. Ao fundo, outro personagem entra trazendo consigo um volume: é o bedel que, nas universidades medievais, tinha não apenas a tarefa de manter em ordem a sala de aula, mas também de auxiliar os docentes durante as lições, manuseando os pesados códices usados como livros de texto e, eventualmente, lendo-os em voz alta para a classe, uma vez que sabia latim. Na lápide de Bonifácio Galluzzi (1346), por sua vez, o professor faz pose em meio a dois grupos de estudantes ocupados com a leitura: o autor do baixo-relevo, Bettino de Bolonha, os representa com o rosto praticamente colado no livro, os olhos semicerrados e uma expressão cansada, talvez porque na sala houvesse pouquíssima luz.

A propósito dos docentes, diga-se que a Idade Média conheceu fenômenos de verdadeiro "divismo". No século XII, por exemplo, Pedro de Berengário, dito Abelardo, era o mais brilhante intelectual da praça. Nascido em um obscuro vilarejo da Bretanha, perto de Nantes, primogênito do feudatário local, havia estudado nas melhores escolas da França e com os mais importantes mestres, de Roscelino e Guilherme de Champeaux, entrando com eles no debate que na época inflamava as cátedras, ou seja, a disputa sobre os universais: Puros nomes ou dotados de essência transcendente? Nominalistas contra realistas, Abelardo criticava ambos adotando uma posição mediana: os universais não são coisas materiais, mas apenas conceitos produzidos pela mente e depois comunicados através de um nome, sem realidade própria. Com sua lógica esmagadora e sua formidável capacidade dialética debandou a concorrência, obteve a cátedra de Paris e o triunfo absoluto. E elaborava uma audaciosa defesa da razão e da ciência em relação à fé, posição que lhe atraiu as flechas de místicos como Bernardo de Claraval. Em seu tratado *Sic et non* teorizava que apenas a busca racional pode conduzir à verdade, desvinculando, assim, a ciência das Sagradas Escrituras, e que cabia à lógica estabelecer se um discurso é verdadeiro ou falso. No *De unitate et trinitate divina* ("Sobre a unidade e a trindade divina"), por sua vez, explicava a Trindade baseando-se em analogias racionais que se reportavam à filosofia grega, razão pela qual foi condenado e obrigado a queimar o tratado com suas próprias mãos. Seu outro cavalo de batalha era a denominada "moral da intenção": não é a ação que é boa ou má em si, mas a intenção com que se a cumpre. Posições extremas as suas, mas que o incluem entre os pais da filosofia moderna. Atraídos por seu carisma, os estudantes acorriam para ouvir suas aulas de toda a Europa e entre seus discípulos viriam a estar teólogos, cardeais, heresiarcas e até futuros papas. "Parecia-me que eu era o único filósofo que havia sobrado no mundo" – escreveria mais tarde ele próprio. No ápice da glória, conheceu Heloísa, sobrinha de um bispo – um certo Fulberto – que havia decidido, na contracorrente de uma época que pretendia manter as mulheres na mais completa ignorância, dar-lhe uma educação de primeira linha. Abelardo tornou-se seu preceptor e amante, teve com ela um filho e, no escândalo mais absoluto, foi castrado por vingança pelos familiares dela e de seus esbirros, e terminou seus dias, assim como sua amada, em um convento.

Devido ao crescente prestígio, obtido também graças aos professores famosos, as universidades suscitaram os apetites das autoridades tanto leigas quanto eclesiásticas, que disputaram em proporcionar-lhes benefícios e privilégios. Uma atenção, obviamente, não desinteressada, pois ocultava a vontade de controlar o lugar de formação das futuras classes dirigentes, a influência ora do papa, ora do imperador, fez-se sentir a partir do século XIV, quando foram até mesmo os próprios soberanos a fundar novos institutos, pretendendo, claro, em troca, exercitar maior controle sobre os docentes. Reduzidos à posição de assalariados escolhidos pelo soberano não com base em sua capacidade, mas por sua fidelidade, contribuíram para a decadência cultural das universidades e foram aos poucos substituídos, em prestígio, pelos intelectuais que atuavam nas esplêndidas e abertas cortes humanísticas e renascentistas.

Mudança de perspectiva

Com efeito, a nova ideia que tomou corpo na Itália entre o final do século XIV e o início do XV era revolucionária: recolocar no centro do mundo o ser humano, como já havia acontecido na Antiguidade clássica, voltando a dar-lhe um papel protagonista em relação a Deus, que havia prevalecido até aquele momento. Com o advento do Humanismo e com seu coroamento, o Renascimento, teve início aquele grande processo de transformação cultural que levaria a Europa (e não apenas) para fora da Idade Média, rumo a uma época nova.

O Humanismo, naturalmente, não nasce do nada, mas é filho do clima cultural, econômico e social que se respirava nas cidades italianas, positivo, mas também problemático e portador de novas tensões. O fim do universalismo do império e do papado que, apesar das dificuldades, haviam permanecido como os grandes eixos do sistema de pensamento durante toda a Idade Média, e o nascimento dos novos Estados em uma Europa sempre mais pluralista, haviam de fato posto a dura prova os valores, aparentemente imóveis, com os quais até aquele momento os medievais se haviam identificado. Junto com a sociedade, mais vivaz graças ao crescimento das classes de artesãos e de mercadores, haviam também mudado seus horizontes, suas perspectivas e suas expectativas. Estava mudando o senso do tempo, agora percebido de maneira mais racional, e também o senso do espaço, agora dilatado até o inimaginável, graças ao intenso tráfego comercial e às novas descobertas geográficas. Espaço e tempo, em suma, eram agora medidos não mais pela mera observação empírica, mas com precisão cada vez maior. O primeiro foi objeto, na arte, da racionalização prospética; o segundo, contingenciado pela invenção dos relógios. Horizontes agora ampliados, portanto, que provocaram a superação da antiga visão cosmológica ligada ao pensamento aristotélico-ptolomaico, que havia até então concebido um universo finito no espaço e governado segundo relações precisas entre as esferas celestes e o divino. Graças a intelectuais como Nicolau de Cusa e, em seguida, Nicolau Copérnico, começou a ganhar terreno o conceito de um universo ampliado no qual a Terra não ocupava mais o lugar central da criação, mas representava apenas um dos muitos elementos possíveis dela.

O Humanismo vence as trevas

Essa nova sensibilidade encontrou sua máxima expressão na literatura e nas artes com o Humanismo. O termo nasce da expressão de Cícero *humanae litterae*, que a literatura que tem como objeto o homem e sua realização intelectual e moral: o Humanismo, e mais ainda o Renascimento, foram fenômenos ligados não apenas e não mais aos ambientes eclesiásticos, mas também à vida urbana e às classes burguesas e nobres que eram sua expressão. O fenômeno não interessou do mesmo modo a toda a Itália: se teve seu ápice na Toscana, no Estado pontifício, na Lombardia e no Vêneto, foi muito menos acolhido ao Sul e nas ilhas [Sicília e Sardenha]. Riqueza, beleza, mundanidade, inteligência e fama eram os novos valores que a sociedade medieval tardia, ativa nas transações comerciais e nas viagens, contrapunha ao imobilismo e ao "obscurantismo" do passado; a propósito, o lugar-comum – elaborado pela historiografia do século XIX – acolheu Humanismo e Renascimento como uma novidade que se contrapunha de maneira nítida e decisiva à Idade Média: a luz que rasga, finalmente, o véu das trevas e da superstição. Um dos "pais" dessa tese foi Jacob Burckhardt (1818-1897), que interpretou o Renascimento como a era da "tomada de consciência" individual – do "renascimento", exatamente – que dissipa a crosta de fé, ignorância e ilusão que havia marcado a Idade do

Meio. Não tão nítida, por sua vez, a opinião de Johann Huizinga (1872-1945), que reconheceu mais a dificuldade de estabelecer um preciso divisor de águas entre os dois períodos históricos, destacando os muitos pontos de contato que havia entre eles. Houve quem, como Eugenio Garin (1909-2004), quis ver no Humanismo um período rico de motivos filosóficos e não um mero fato literário e filológico baseado na redescoberta dos clássicos. À crise da Escolástica e da lógica aristotélica correspondia, assim, um renovado interesse pelas disciplinas de caráter histórico e científico. Mas a especulação, longe de ser ateia, não se contrapunha, claro, à religiosidade "obscurantista" medieval: mesmo quando destacava a liberdade humana, permanecia no âmbito da exaltação da criação e da potência divina.

O Renascimento foi lido também como um período em que, pela primeira vez, criam-se relações de produção capitalista e se assiste a lutas revolucionárias do povo. Estamos, portanto, no fim da Idade Média? Não para todos. De acordo com o historiador francês Jacques Le Goff, que elaborou o conceito de "longa Idade Média", fascínios e ideias próprias da Idade Média continuam a exercer sua influência até o século XVI e ainda depois.

A nova expressão do ser humano

Qual era a batalha cultural dos humanistas e por que se contrapunha ao passado? Primeiramente, estavam presentes os clássicos, tanto latinos quanto gregos. Não que antes os autores antigos não fossem conhecidos e amados; aliás, como vimos, muitos desses eram copiados diligentemente à sombra dos claustros. Mas, na Idade Média, o estudo deles havia sido cultivado, exatamente, nos mosteiros, com os inevitáveis excessos do caso: além do genuíno apreço literário, aqui, de fato, havia a preocupação de "salvar" os autores pagãos adaptando-os ao pensamento cristão sem hesitar, sempre que necessário, a transformá-los em "precursores" da Revelação por meio de uma leitura alegórica do conteúdo. O exemplo mais conhecido parece ser o de Virgílio, poeta pagão, morto no ano 19 a.C. e, portanto, antes do advento de Cristo, foi, porém, admirado pelas suas obras e seu estilo e, por isso, submetido a um verdadeiro arrombamento interpretativo. Na quarta composição (*egloga*) que fazia parte das suas *Bucoliche* cantara – referindo-se à era de Augusto, na qual vivia – um clima de renovação geral, uma nova idade do ouro aberta com o nascimento de um *puer* (menino) de uma *virgo* (virgem): lendo esses versos em chave alegórica, os doutos medievais viram neles a anunciação profética da vinda de Cristo. Essa sua fama de "profeta" explica também por que Dante o escolheu como guia nos primeiros dois reinos do além, o inferno e o purgatório. Sendo, porém, pagão, por mais justo e magnânimo, Virgílio não pode ultrapassar a soleira do Éden e fica, portanto, excluído da visão de Deus.

A partir do século XIV, a nova abordagem filológica levou a ler os clássicos por aquilo que eram, ou seja, textos antigos, eliminando as "incrustações" que, até aquele momento, haviam deturpado seu conteúdo. Estudiosos como Poggio Bracciolini, Petrarca, Boccaccio, Lorenzo Valla percorreram, então, ampla e completamente as bibliotecas (sobretudo as monásticas) de toda a Europa em busca de manuscritos para copiar, confrontar e estudar, trazendo muitas vezes à luz obras e autores já esquecidos há séculos. Junto com a voz dos latinos houve também a redescoberta, no texto original, do grego, favorecido pelo êxodo em massa dos intelectuais bizantinos de Constantinopla caída (1453) em mãos turcas. O centro pulsante dessa atividade febril foram as cortes senhoriais, onde os príncipes – em Urbino como em Milão, em Roma como em Veneza, em Mântua como em Ferrara – disputavam para acercar-se de artistas, poetas, filósofos e promoviam círculos culturais refinadíssimos. Pela primeira vez a cultura "alta" se separa da popular – que permanece ancorada a esquemas nitidamente medievais – e continua a ser apanágio de uma restritíssima elite. Uma separação que, no plano religioso, já havia começado há tempo com o dualismo cada vez mais evidente entre expressões doutas – da arte sacra à teologia – e populares, que se manifestam em forma de devoções marcadamente folclóricas.

O berço mais esplêndido dessa época foi a Florença de Lourenço de Médici (1449-1492), político sagaz, mas também poeta e intelectual de perfil elevado, amante das artes e da literatura e emblema do senhor-mecenas do Renascimento. Em sua corte abrigaram-se doutos, artistas e literatos; na Academia Platônica, fundada pelo seu pai, Cosme, na cidade de Careggi, reunia filósofos e intelectuais como Marsílio Ficino, Pico della Mirandola, Ângelo Poliziano e Cristóforo Landino que, no modelo da antiga Academia Platônica de Atenas, estudavam, discutiam e dialogavam sobre os temas mais díspares. Assim iluminada, Florença deu ao mundo tal quantidade de obras de arte que construiu um mito que sobreviveria intacto ao longo dos séculos.

Retrato do artista como indivíduo

Falamos no início sobre a concepção do artista na Idade Média e sobre como ele era considerado, mais do que um ser criativo animado pelo "furor sagrado", um hábil artista. Com a era humanística, porém, pela primeira vez adquiriu uma consciência de si e uma identidade própria. A partir, sobretudo, do século XIII e, particularmente, no século XIV, mesmo pertencendo a uma corporação, como no passado, os artistas começaram a emergir das sombras e assumir uma identidade própria e individual. O objeto do artista do Humanismo e do Renascimento era a busca da exaltação de Deus por meio do ser humano e não através de sua negação: um escopo alcançado por vias da imitação não das formas e dos resultados obtidos na Era Clássica, à qual, aliás, apaixonadamente se remetia, mas dos processos adotados para obtê-los.

Assim foi que puderam emergir personalidades multiformes como, por exemplo, Botticelli, Leonardo, Rafael e Michelângelo: gênios "multidisciplinares" que souberam exprimir seu ser artista não limitadamente às artes figurativas, mas cimentando-se nos mais diversos âmbitos, da pesquisa científica à filosofia, da música à literatura. Sublinhe-se, contudo, que a política cultural dos grandes senhores-mecenas foi exercida também para atrair e manter em torno de si o consenso: ao longo do tempo, isso provocou a perda da autonomia intelectual dos artistas e dos literatos, obrigados, em muitos casos, a transformar-se em cortesãos e lacaios do patrão da vez. Mas, nesse momento, já estamos fora da Idade Média.

7
Medos, terrores, tabus

Mortos irrequietos, demônios, aparições estranhas, fantasmas. É vasto o repertório dos terrores que invadem a cena onde vive o homem medieval e, como os cavaleiros do apocalipse, a devastam. Aos medos e superstições ligadas ao além – e que dizem respeito, em última análise, ao mistério da morte e ao destino reservado a todos após a morte – somam-se os temores ligados à contingência terrena: carestias, calamidades naturais, epidemias. Se o grande protagonista (e o grande imputado) é o diabo, ele não é o único considerado responsável pelos males que afligem o mundo: fazem-lhe companhia os magos, feiticeiros, bruxos e bruxas, mas também os espíritos daqueles que, mortos sem redenção, são condenados a vagar pela terra esperando que alguém, piedosamente, os ajude a reencontrar a paz eterna rezando por eles. Consequentemente, uma vasta fileira de seres herdados do mundo pagão (fadas, gnomos, duendes etc.) que pervadem com sua densa presença o imaginário popular. Não esquecendo dos inúmeros tabus de que a sociedade medieval é vítima e que envolvem também os aspectos aparentemente menos problemáticos da vida, como o exercício das profissões. A dimensão sobrenatural e transcendente, que incluía a esfera do sagrado, era uma presença imprescindível (e tangível) para o homem medieval. Tinha de lidar com ela em todas as suas ações cotidianas. A morte era uma presença constante vivida – perdoem-nos o termo – de maneira quase visceral: morria-se em casa, os mortos eram sepultados na cidade, nas igrejas, ao abrigo dos quarteirões onde a vida pulsava a cada minuto. E se os sermões dos clérigos convidavam a refletir sobre a efemeridade da existência concentrando a atenção no destino que aguardava o ser humano no além, aqui e agora, *hic et nunc*, essa precariedade era exorcizada – às vezes com traços até jocosos – nas crenças e no folclore.

Rosto magro, barba caprina

Um dos textos básicos de todas as elucubrações medievais sobre o sobrenatural é o chamado *Canon Episcopi*. Sua origem não é totalmente clara: está presente no *De synodalibus causis et disciplinis ecclesiasticis*, composto em 906 pelo monge alemão Regino de Prüm, mas por toda a Idade Média considerou-se que tivesse sido elaborado durante o Concílio de Ancara no ano de 314, particularmente voltado às problemáticas inerentes à bruxaria. O verdadeiro protagonista, no texto, porém, é o demônio. A bruxaria, de fato, se diz que não é senão uma forma de culto a satanás, o qual, graças à sua extraordinária capacidade de criar ilusões, faz crer como possíveis até mesmo coisas absurdas como o voo das bruxas (as quais, acrescentemos aqui, se não são capazes de voar materialmente, podem fazê-lo, porém, com o espírito).

Este não é, obviamente, o lugar para abordarmos um tema vastíssimo e complexo como o do diabo, sobre quem, aliás, a bibliografia é imensa. Bastará dedicar algumas palavras a respeito da percepção que se tinha dele na Idade Média[49]. Uma testemunha excepcional é Rodolfo o Glabro (985-1047), obscuro monge nascido em Borgonha duas décadas antes de ressoar o ano mil e autor de uma das crônicas mais interessantes e ricas de particulares de uma era que vivia grandes aflições assim como mudanças epocais. Os cinco livros das suas *Historiae* (traduzidos sempre de maneira imprópria, mas sugestiva, como "Histórias do ano mil") pululam de demônios que mexem com os homens, tentando-os e arrastando-os para o inferno; malfeitores enforcados que, arrependidos, ficam caídos como mortos por três dias e depois ressuscitam retornando desgraçadamente à vida de antes. Inclusive de espíritos malignos que fazem milagres, como aquele que desmascara o mercador de falsas relíquias deixando escapar na calada da noite como "fantasmas", da caixinha em que estavam guardados os ossos, algumas "figuras negras de etíopes". O diabo existe sem dúvida, mas não é uma figura excêntrica: obedece à lógica construída por Deus e tem uma função própria. Ele sabe bem disso, porque o viu. Eis o seu testemunho:

> E, portanto, bem para mim, não muito tempo atrás, quis Deus que um fato assim acontecesse mais de uma vez. Na época em que eu vivia no mosteiro do bem-aventurado Mártir Leodegário, que chamamos

---

49. Para um estudo exaustivo, cf.: BURTON RUSSEL, J. *Il diávolo nel Medioevo*. Roma/Bari, Laterza, 1987 [trad. bras.: *Lúcifer, o Diabo na Idade Média*. São Paulo: Madras, 2003].

> Champeaux, uma noite, antes do ofício matutino, apareceu diante de mim aos pés do meu leito uma espécie de anão horrível de se ver. Ele era, pelo que posso julgar, de estatura medíocre, com um pescoço fino, um rosto magro, olhos muito pretos, a testa cheia de rugas e franzida, o nariz achatado, a boca proeminente, os lábios inchados, o queixo estreito e fugente, uma barba caprina, as orelhas peludas e agudas, os cabelos retesados e desalinhados, dentes caninos, crânio pontudo, peito inflado e dorso corcunda. As nádegas frementes, as vestes nojentas, aquecido pelo esforço, o corpo todo inclinado para frente. Ele puxou a extremidade do colchão em que eu estava deitado, sacudindo fortemente a cama inteira, e disse enfim: "Tu não ficarás mais muito tempo neste lugar". Eu, assustado, acordando de sobressalto o vejo como acabei de descrever. Ele, no entanto, rangendo os dentes, continuava a repetir: "Não ficarás mais muito tempo aqui". Imediatamente pulei da cama, corri ao oratório e me prostrei diante do altar do santíssimo pai Bento, tomado pelo terror. Fiquei ali longamente e busquei febrilmente recordar de todos os erros e pecados graves que cometi na minha juventude por indocilidade ou negligência, mas as penitências, aceitas por amor ou por temor de Deus, se reduziam a quase nada. E assim, confuso e angustiado com minha miséria, não conseguia dizer nada de melhor do que essas simples palavras: "Ó Senhor Jesus, que vieste para salvar os pecadores, em tua grande misericórdia tem piedade de mim".

Na segunda vez, Rodolfo deparou-se com o diabo no Mosteiro de São Benigno, em Dijon. Dessa vez apareceu-lhe no dormitório. "A aurora – conta ele – começava a despontar quando saiu correndo do lugar das latrinas gritando: 'Onde está o meu bacharel? Onde está o meu bacharel?' Na manhã seguinte, por volta da mesma hora, um jovem frade de nome Teodorico fugiu do convento. Deixou o hábito e levou durante algum tempo a vida do século".

Por fim, ei-lo no Mosteiro de Moutiers:

> Uma noite, enquanto cantavam as laudes, cansado por não sei que traballho, eu não havia levantado como deveria ter feito ao primeiro toque do sino; alguns outros tinham ficado comigo, prisioneiros do mesmo mau costume, enquanto os demais corriam para a igreja. Os últimos tinham acabado de sair quando o próprio demônio apareceu subindo as escadas bufando e, com as mãos atrás das costas, apoiado na parede, repetiu duas ou três vezes: "Sou eu, sou eu que fico com aqueles que restam". Levantando a cabeça ao ouvir aquela voz, reconheci aquele que já havia visto duas vezes.

Três dias mais tarde, um dos confrades, particularmente preguiçoso, foi instigado pelo demônio a deixar o convento por seis dias, entregando-se a uma vida secular desenfreada. Mas no sétimo dia retornou. A conclusão de Rodolfo é inevitável: "É certo, como atesta São Gregório, que se essas aparições são prejudiciais a uns, ajudam os outros a emendar-se". E pede (também ao leitor?) uma oração para a salvação de sua alma.

O monge borgonhês, naturalmente, não foi o único a beneficiar-se – pode-se dizer assim – dessa experiência. Antes dele, muitos santos haviam sido duramente colocados à prova pelo príncipe das trevas. Santo Antão sofreu as tentações no deserto, São Martinho era sistematicamente perturbado pelo demônio enquanto rezava. Às vezes, satanás lhe aparecia agitando um chifre de touro ensanguentado, e outras vezes até mesmo assumindo o aspecto de Cristo. Mas não conseguia distrair o santo e era obrigado a fugir e uma nuvem de gases pestilentos. Gregório Magno conta em seus *Diálogos* muitos episódios em que o diabo toma posse de suas vítimas e somente é expulso mediante a intervenção de um homem pio. Por meio desses *exempla*, os autores buscavam fornecer a quem escutava ou lia claros ensinamentos morais: ficar atentos ao pecado e jamais baixar a guarda porque é muito fácil, para o demônio, apoderar-se do homem e conduzi-lo à perdição. Basta aproveitar-se de sua intrínseca debilidade.

Se o diabo dos monges, portanto, é um ser monstruoso sempre de prontidão que só tem por objetivo levar os homens à perdição eterna, o diabo encontrado no folclore tem características muito mais leves e fanfarronas. Talvez porque, em âmbito popular, buscava-se exorcizar o terror que causava. Diga-se, de fato, que a imagem difundida do demônio era ditada pela sobreposição, a partir das passagens bíblicas, de vários elementos de nítida matriz pagã que provinham, em geral, da região nórdica (celtas e germânicos) e eslava. Nos longos séculos em que se consumou o encontro-desencontro entre cristianismo e cultos pagãos, ele assume (melhor dizer, talvez, mediante fagocitose) toda uma série de características que eram próprias das muitas divindades veneradas até aquele momento: os chifres de Cernuno, deus da fertilidade e dos infernos; a prorrompente sexualidade de Pan com formas caprinas; as sinistras prerrogativas de Wotan, senhor da guerra e da destruição. Ao lado dele sobrevivem as lembranças de uma vasta gama de entidades mágicas como os dragões, os duendes, os gnomos, as fadas, os gigantes, os monstros, os fantasmas. Mas quem aterrorizava mesmo era o exército dos mortos.

O Bando de Hellequin

Essa tropa, o Bando Hellequin, é descrita pela primeira vez de maneira completa – embora a questão afunde suas raízes em uma época bem mais antiga – pelo monge anglo-francês Orderico Vital (1075-1142). Atravessa os vilarejos devastando tudo aquilo que encontra. Orderico conta que viu o padre normando Walchelin na noite de 1º de janeiro de 1091 enquanto retornava de uma visita a um doente da sua paróquia[50]. De longe, ouve o rumor de um grande exército e imagina ser o do terrível Roberto de Bellême, homem cruel e sanguinário. Esconde-se para evitar o pior, mas lhe aparece um gigante, armado de um cajado, que lhe ordena observar atentamente ao que está para acontecer. O que ele vê é algo de inacreditável:

> O primeiro grupo era o mais diversificado. Era uma imensa tropa de soldados, com animais de carga carregados de vestes e de utensílios diversos, como brigantes que caminham oprimidos sob o peso dos despojos. Apressavam o passo gemendo e entre eles o padre reconheceu vizinhos recentemente falecidos. Seguia-os uma fileira de escavadores (*turma vespillionum*), à qual juntou-se o gigante; esses conduziam, de dois em dois, umas cinquenta padiolas carregadas de anões que tinham a cabeça desproporcionalmente grande ou com formato de vaso (*dolium*). Dois etíopes – demônios negros – carregavam um tronco de árvore no qual estava amarrado e torturado um infeliz que urrava de dor; um demônio aterrador, sentado sobre o tronco, o feria nos rins e nas costas golpeando-o com suas esporas incandescentes. Logo depois, uma turma de mulheres a cavalo, "sentadas como amazonas sobre selas dotadas de pregos ardentes; incessantemente o vento as elevava à altura de um cúbito para deixá-las então cair dolorosamente sobre suas celas; os seios estavam transpassados por pregos inflamados que as faziam urrar e confessar seus pecados.

Depois chegou um grupo de padres e monges, guiado por bispos e abades que carregam cada um a sua cruz e suplicam a Walchelin que ore por eles. E mais, um exército de cavaleiros (*exercitus militum*) negros vomitando fogo, armado como se fosse para a guerra... Walchelin se dá conta de que se trata do "bando de Hellequin" (*familia Herlechini*) de que tanto já havia ouvido falar, mas nunca acreditara. Querendo recolher provas de tamanho espetáculo, decide capturar um dos cavalos da procissão, mas em vão. Neste momento aconteceu o inacreditável: quatro

---

50. SCHMITT, J.-C. *Medioevo superstizioso*. Roma/Bari: Laterza, 2004, p. 129-130.

cavaleiros o acusam de ter tentado roubá-los. Um deles, tendo-se apresentado, pede a Walchelin para levar uma mensagem à mulher e intimar o filho e devolver um moinho que lhe havia emprestado, mas o padre se recusa porque teme que não acreditem nele e sim o considerem um louco.

> O morto enumerou, portanto, os "indícios" que acabaram convencendo o padre, que então ouviu a mensagem que devia transmitir. Mas Walchelin voltou a si: não queria fazer papel de mensageiro para um criminoso. Tomado pela fúria, o outro o agarrou pelo pescoço com uma mão ardente que lhe deixaria uma marca indelével, o *sinal* da autenticidade da aparição. Soltou a presa quando o padre invocou a Mãe de Deus, e também porque outro cavaleiro se lhe interpôs, levantando a espada e acusando os outros quatro de quererem assassinar seu irmão. O recém-chegado revelou a própria identidade: tratava-se do irmão de Walchelin, Roberto, filho de Rodolfo o Loiro.

Depois de explicar ao irmão os erros que o conduziram ao bando, Rodolfo volta aos seus terríveis companheiros recomendando-se a Walchelin para que implore por ele, permitindo-lhe sua libertação e para que se comporte corretamente, arrependendo-se de seus pecados, uma vez que seria morto dali a pouco. A narração tem escopo edificante: todos aqueles, divididos nas três ordens de que se compõe a sociedade (*oratores, bellatores, laboratores*), marcham rumo à danação eterna. Para evitá-la, o único modo é a conversão e a oração.

O mito do Bando de Hellequin – mais tarde "neutralizado" na máscara de Arlequim – e de sua principal variante, a "caça selvagem", reúne sem dúvida tradições orais muito mais antigas. Por trás dessa magnífica e terrível imagem não é difícil descobrir retalhos de cultos e crenças de caráter eminentemente pagão, particularmente de tipo céltico-germânico. O mesmo nome de Hellequin (conhecido também nas formas "Herlequin" ou "Helething") parece ter origem germânica a partir da referência ao exército (em alemão *Heer*) e à assembleia dos guerreiros livres (*Thing*). A sua figura, aliás, se aproxima daquela do deus Wotan-Odin, que era o comandante à frente da famigerada caçada selvagem.

A morte inquieta

Toda a Idade Média, para falar a verdade, pulula de fantasmas e aparições. Estão cheias deles as crônicas, mas também as vidas de santos, sobretudo nos primeiros séculos. Por que se fala disso? Não é, certamente, pelo gosto, puro e simples, de narrar um episódio com tons de horror. O objetivo é sempre funcional: em geral se pretende, por meio de episódios fantásticos e maravilhosos, dar ensinamentos de tipo moral. Mas – quando aparecem nas vidas de santos – é também para mostrar suas virtudes e seus milagres. Para compreender plenamente esse fenômeno é preciso considerar a forma como o homem medieval lidava com o mistério da morte e como entendia o futuro das almas no além. Nos primeiros séculos a concepção era, pode-se dizer, dualística: quem tinha merecido, ia ao paraíso, e quem tinha pecado, ao inferno. O purgatório não existia. Sua "descoberta" – falamos sobre isso no capítulo dedicado à morte – remonta ao século XIII, tendo por finalidade permitir uma justa colocação também para quem não era tão santo para ser admitido diante de Deus, tampouco mau o bastante para merecer a danação eterna. Até então, a alma não suficientemente "correta" ou "malvada" permanecia simplesmente próxima do lugar da morte aguardando que os vivos a liberassem graças à oração. Também por isso, nas primeiras décadas do século XI em Cluny foi-se elaborando uma nova prática para o culto dos mortos que previa, entre outras coisas, a instituição de um dia – 2 de novembro – inteiramente dedicado a eles. E para exortar os vivos a cumprir seu "dever", as almas não hesitavam em aparecer. Como isso era possível? É uma questão complexa. De acordo com um dos mais importantes Padres da Igreja, Santo Agostinho, se os mortos aparecem – e fazem-no apenas com o espírito, e não com o corpo – é somente pela vontade de Deus. O escopo – escreve ele no *De cura pro mortuis gerenda* ("Sobre o cuidado devido aos mortos") – é pedir aos vivos, geralmente os parentes, que rezem por eles e abrir-lhes assim as portas do céu. Mas se o falecido se manifesta também com o corpo, nesse caso é obra do demônio.

Sublinhe-se que a existência do fantasma está estreitamente ligada ao desenvolvimento do "rito de passagem" da morte: ou seja, ele se manifesta nos casos em que o rito não foi cumprido de maneira correta, mas anômala, incompleta ou problemática. Retornam aqueles que morreram de modo repentino, imprevisto ou violento, quem não recebeu sepultura cristã, os suicidas, as mulheres que morreram no parto, os neonatos que não receberam o batismo. E quando o fazem, atormentam os vivos a fim de que intervenham para fazer com que eles obtenham a paz eterna. Quando alguém morria em circunstâncias suspeitas, a comunidade tomava as devidas precauções a fim de que não pudesse retornar. O cadáver era sepultado (cf. o cap. sobre a morte) com os pés amputados ou mesmo transpassado com uma estaca pontuda, como que querendo pregá-lo de algum modo na terra para sempre. Tudo isso, porém, às vezes não era suficiente, e nesse caso podia ser necessária a intervenção de um clérigo, melhor ainda se tivesse odor de santidade.

É o caso do fantasma de um infeliz que apareceu a São Germano, bispo de Auxerre (estamos em pleno séc. V), enquanto se detém para descansar em uma casa em ruínas juntamente com alguns clérigos. Os habitantes do lugar dizem claramente que a habitação está infestada. Mas o santo homem não se deixa impressionar e decide pernoitar ali do mesmo jeito. De repente, um horrível espectro se manifesta à comitiva. Mas quando o bispo, invocando o nome de Cristo, o interroga para saber quem é e como é que se encontra naquele estado, o fantasma conta humildemente que cometera, em vida, inúmeros delitos e permanecera insepulto junto a um companheiro em uma espécie de descarga: implora, assim, a intercessão de germano para que ele e o companheiro possam encontrar finalmente a paz eterna. Desafiando a noite, o bispo e os que estavam com ele se dirigem, acompanhados pelo fantasma, ao local onde jazem os restos. Na manhã seguinte, ajudados por alguns habitantes do lugar, os ossos são encontrados e piedosamente sepultados: graças à oração do santo bispo, não atormentariam mais ninguém.

Fantasmas assassinos

Nem sempre, porém, é um clérigo que resolve a situação. Saxão Gramático (1150-1220 c.), autor das *Gesta Danorum*, conta por exemplo que um guerreiro de nome Asmund havia prometido ao amigo Aswid, morto prematuramente, levar-lhe na tumba algumas provisões. Todavia, este último retorna à vida a cada pôr do sol e, depois de ter comigo o cão e o cavalo de Asmund, agride também o amigo lhe arrancando uma orelha. Para neutralizá-lo, o herói é obrigado a decapitá-lo e pregá-lo na terra com uma estaca. Até mesmo o imperador, Ludovico o Germânico, recebe em sonho a visita do pai, Ludovico o Pio, que o esconjura a livrá-lo dos tormentos do além. Aterrorizado, coloca por escrito tudo que aconteceu e ordena que a narrativa seja levada a todos os mosteiros do reino a fim de que os monges rezem pela salvação do ilustre defunto.

A memória dos mortos durava pouco, o tempo mínimo necessário para permitir-lhes, com missas e orações, abreviar a condição de purgantes e abandonar, definitivamente, todo contato com o mundo dos vivos. No século XIII Gervásio de Tilbury e Geraldo Cambrense distinguem os *miracula* dos *mirabilia*: ambos causam estupor, mas enquanto os primeiros comportam uma suspensão da ordem natural por vontade de Deus (ressurreição de mortos, curas miraculosas etc.), os segundos são devidos a uma causa não imediatamente perceptível. No entanto, há também mortos que voltam para vingar-se de males sofridos. Um caso emblemático é o narrado pelo próprio Gervásio, em que o defunto até mesmo mata a própria viúva. O erro da pobre mulher foi ter-se casado novamente depois de ter jurado ao marido, Guilherme de Mostiers, que nunca faria isso. Ele retorna, portanto, armado com um almofariz de cozinha, aproxima-se dela e a golpeia mortalmente na cabeça. Embora ninguém além dela pudesse ver o espírito, todos percebem claramente o utensílio ser levantado por uma mão invisível para então abater-se com força no crânio da infeliz.

Também aparecem alguns clérigos, priores e abades. Muitas vezes o fazem em sonho. Assim, no século XIII, o prior do Mosteiro de Saint-Médard de Soissons se manifesta a um frade, Uberto, para dizer-lhe que depois de sua morte a Virgem interveio para redimir seus numerosos pecados. Como de costume, pouco depois Uberto se juntou a ele no sepulcro. Mas ainda está vivo, por sua vez, o Abade Guilherme de Volpiano quando uma noite aparece Rodolfo o Glabro para exortá-lo a cotinuar o livro de crônicas que estava compondo, mas que tinha distraidamente deixado de lado: "Eu o vi ao meu lado, com seu vulto doce, e, acariciando minha cabeça com a mão, me dizia: 'Peço-te, não esqueças de mim, senão era fingido o teu amor. Desejo que possas terminar a obra que prometeste'". Morrerá logo depois.

Prodígios de mau agouro

Há, ainda, monges vestidos de branco que aparecem em procissão aos confrades para tranquilizá-los sobre seu destino, como na *Vita* de Bernardo de Tiron. Há outros que cantam os salmos. Quando se manifestam é sempre para anunciar a iminente morte de alguém: ou o direto destinatário da visão, ou então uma ou mais pessoas próximas a ele. Todos esses são assim "advertidos previamente" acerca da passagem iminente, de modo que possam ter tempo suficiente para se redimirem.

Se isso vale para os humildes monges, a coisa muda quando se trata de príncipes e reinantes. As mortes ilustres são anunciadas tempos antes por grande número de prodígios e de eventos nefastos. Eginhardo, biógrafo de Carlos Magno, elenca uma série de presságios (*prodigia*) que se manifestaram três anos antes do falecimento do imperador: eclipses do Sol e da Lua, manchas solares, desabamento de um pórtico, o incêndio da ponte de Mainz, tremores no palácio imperial, e inclusive o desaparecimento da palavra *princeps* ("chefe") de uma inscrição. Durante o reinado de Roberto II, apareceu no céu um estranho cometa que ficou visível por ao menos três meses: imediatamente após isso, a Igreja de São Miguel Arcanjo, santuário venerado em todo o mundo, foi destruída por um incêndio. Na obra de Gregório de Tours, já citada, em que emerge uma sociedade fundada sobre o princípio da vitória do mais forte, a história aparece como uma sucessão de complôs, guerras, assassinatos, devastações temperadas pela aparição de prodígios:

> Uma noite, era o terceiro dia depois dos Idos de Novembro [dia 18], enquanto eu celebrava as vésperas do Beato Martinho, me apareceu um grande prodígio: de fato, no centro da Lua brilhou uma estrela fulgente e, acima e abaixo dela, outras estrelas apareceram próximas. Além disso, apareceu em toda a volta dela o halo que geralmente anuncia a chuva. Até agora não sei o que tudo aquilo queria dizer (Livro V, 23).

Como Rodolfo o Glabro, Gregório não é insensível ao fato estranho e miraculoso. Mas, diferentemente dele, não se perturba. São os camponeses que recordam que fenômenos semelhantes costumam anunciar desventuras. E, de fato, não muito tempo depois, eis que houve furacões, inundações, hecatombes de animais, incêndios, granizo e até mesmo um terremoto em Bordeaux: "Toda a população ficou aterrorizada com o medo da morte a ponto de achar que, se não conseguisse salvar-se fugindo, seria submergida junto com a cidade" (Livro V, 33). A seguir, uma epidemia dizima a população e leva consigo também alguns membros da família real.

Ficar sem pão

Um dos terrores mais comuns dizia respeito, na verdade, a eventos contigenciais como carestias, inundações e terremotos. Calamidades naturais que o ser humano sabia que não poderia prever e nem controlar. Eram de eventos não muito raros, considerando também a fragilidade do sistema produtivo e a quase total ausência – ao menos nos primeiros séculos da Idade Média – de planejamento ambiental. Nas páginas de Gregório de Tours está registrada a memória da grande estiagem que flagelou as Gálias no final do século VI. A população, indefesa diante da falta de víveres, fez o que pôde produzindo pão – o alimento por excelência – do pouco que conseguia encontrar: sementes de uva, nozes, até mesmo das raízes das samambaias que, transformadas em pó, serviam para dar consistência à escassíssima farinha restante dos celeiros. Até mesmo – o testemunho é dos Anais de Saint Bertin – chegava-se a misturar terra.

A carestia, quando se verificava, atingia a todos – ou quase – da mesma maneira. E não havia modo de escapar dela. Um exemplo eloquente é o que aconteceu entre 1315 e 1317, quando, por causa das chuvas incessantes e as temperaturas extraordinariamente severas, as plantações não amadureceram ou apodreceram nos campos deixando regiões inteiras da Europa em pânico.

Os preços subiram desmedidamente, até 300%, e todos, exceto os mais ricos, tiveram de arranjar-se extraindo alimento das raízes e dos poucos frutos espontâneos dos bosques. Mas ao longo do tempo, até os mais privilegiados encontram-se em dificuldade. Mesmo os soberanos – o rei da Inglaterra Eduardo II por primeiro – viram-se obrigados a encarar a penúria de recursos. O desespero era tal que não se hesitava a recorrer a extremos: depois que todos os animais de trabalho e de caça tinham sido mortos, lançaram-se sobre os cadáveres. Não faltaram nem mesmo os casos de canibalismo. Ninguém mais se sentia seguro e se observava o céu aterrorizado, como que esperando uma maldição definitiva.

Para tentar compreender o estado de ânimo dos tempos de então, a melhor testemunha é novamente Rodolfo o Glabro, que escreveu páginas terríveis sobre a já mencionada carestia do ano 1033 provocada por três anos de chuvas torrenciais. Vejamos então o que diz: "Depois de terem comido os animais selvagens e as aves, as pessoas, impelidas pelo açoite de uma fome devoradora, começaram a recolher para comer todo tipo de carcaça e de coisas horríveis. Obviamente, para evitar a morte, recorreram às raízes das florestas e às ervas. Uma fome raivosa as levou a alimentar-se de carne humana". Os viajantes tinham de estar atentos às emboscadas.

> Muitas pessoas que se transferiam de um lugar para outro para fugir da carestia e, pelo caminho, encontravam hospitalidade, foram degoladas durante a noite e serviram de alimento àqueles que as tinha acolhido. Muitas, mostrando um fruto ou um ovo a uma criança, a atraíam a lugares afastados para matá-las e devorá-las. Em muitos lugares, o corpo dos mortos foi retirado da terra servindo também para aplacar a fome. Essa fúria delirante chegou a tais excessos que os animais abandonados a si mesmos tinham mais chance de escapar das mãos dos raptores do que ficando com os homens.

E mais:

> [Na região de Mâcon] muitos extraíam do solo uma terra branca semelhante à argila e a misturavam com o tanto de farinha ou de farelo de que dispunham e com essa mistura preparavam pães que os ajudavam a não morrer de fome; prática que, porém, dava apenas uma esperança de salvação passageira e um alívio ilusório. O que se via eram apenas rostos pálidos e magros; muitos com a pele esticada de inchaço; a própria voz tinha se tornado fraca, parecendo com o rouco grito de um pássaro que morre..."[51]

Sucedem-se as orações, as penitências, as invocações a Deus. Depois de três anos, por sorte o pesadelo acaba. Mas o ser humano – segundo Rodolfo – intrinsecamente atraído pelo mal, mesmo escapando dessa vez, logo terminaria obviamente atraindo sobre si novas desgraças e tribulações. O que seria tudo isso, no fundo, se não a justa punição reservada pelo Senhor àqueles que se desviavam do reto caminho, entregando-se a paixões como os mais irracionais e imundos animais? Em constante equilíbrio entre a santidade e a danação, exposto às insídias dos sentidos e às tentações do demônio, o indivíduo esperava, portanto, impotente que se realizasse o seu inevitável destino. Moviam-no para o fim não apenas as seduções carnais. A espreita estavam também os desvios – mais enganadores e sutis e, por isso, ainda mais perigosos – da justa doutrina. Dessa vez o fascínio era o da heresia – igualmente irresistível, mas ainda mais perigoso porque, além do corpo, condenava também a alma.

Como defender-se de tudo isso? Desde a Antiguidade se recorria a sumários meios de proteção, como as invocações aos deuses, a colocação de amuletos

---

51. Livro IV, cap. 10-12.

nas fontes, nas encruzilhadas e nas árvores, as "ligaduras" [algo parecido com o mau-olhado]. O uso continua também na Idade Média e é prontamente condenado pela Igreja: as invocações e os amuletos evocam os demônios, assim como são agentes do demônio os bruxos envolvidos com essas superstições. As ligaduras de osso e de ervas são definidas pelo Concílio de Tours (813) como "laços do diabo". Mas há um modo de tornar "lícitas" essas práticas: realizá-las em nome de Deus, invocando os santos e fazendo as "sinalizações" com o sinal da cruz. Ora, é totalmente compreensível que essas práticas fossem muito populares na Alta Idade Média, quando o cristianismo ainda não se havia espalhado por toda parte e mesmo onde já havia fincado raízes, principalmente se em áreas periféricas, em muitos casos se havia sobreposto de maneira sincretística aos cultos pagãos preexistentes. Mas ainda Santo Tomás de Aquino, em pleno século XIII, escreve sem meios-termos: "Aos cristãos é proibido dedicar-se a "observações" ou encantamentos recolhendo ervas chamadas de medicinais, exceto se for sob a salvaguarda do Símbolo divino [ou seja, o Credo, chamado também de *Symbolum*] e do *Pater Noster*"[52].

Pega pestilento!

Crenças e superstições, em todo caso, são duras de morrer e apesar das condenações continuam a sobreviver um pouco em toda parte. Ao longo de toda a Idade Média tem-se notícia de cultos praticados junto a fontes consideradas sagradas e nos bosques [cf. cap. sobre as festas e o folclore]. Mas também havia quem acusava pessoas inocentes de serem as responsáveis por colocar em risco a saúde pública. Geralmente, isso dizia respeito a algumas categorias de pessoas – como os judeus, por exemplo, vistos tradicionalmente como suspeitos. Pode-se dizer, quase, que eles estavam sempre sob vigilância: assim que se percebia surgir algum inconveniente de alcance maior, eram eles os considerados culpados. Foi assim por ocasião da onda de epidemias que periodicamente devastam a Europa. Foram massacrados aos milhares e os lugares em que viviam destruídos. Quem era suspeito de ser um disseminador de peste pagava sempre com a vida.

---

52. *Secunda secundae*, 96, 4. Apud: SCHMITT, J.-C. *Medioevo superstizioso*. Op. cit., p. 46.

Às vezes, porém, eram acusados indivíduos isolados. Agobardo, arcebispo de Lion durante a primeira metade do século IX, autor, aliás, de vários libelos antijudaicos, escreveu por exemplo uma homilia intitulada *Contra insulsam vulgi opinionem de grandine et tonitruis* ("Sobre a insana opinião popular a respeito do granizo e dos trovões"); em sua época acreditava-se na capacidade de alguns em provocar, por puro prazer, tempestades e chuvas de granizo com o único fim de destruir plantações ou, inclusive, para matar pessoas e animais. Para evitar que isso acontecesse, quando trovejava se gritava o esconjuro ("*Aura levatitia est*"). E o bonito (ou o feio) disso é que acreditavam nesses "absurdos" não apenas os camponeses, mas "quase todas as pessoas". Os *tempestarii* atormentavam essa região da França junto com outros malfeitores, os *venefici* (envenenadores) que, por sua vez, empestiavam os animais fazendo-os morrer. É culpa deles a terrível *mortalitas boum* ("mortandade de bois") que em 810 causou um dano enorme no Império Carolíngio. Os culpados, segundo Agobardo, têm proveniência bem precisa: o reino de Grimoaldo IV de Benevento, inimigo ferrenho de Carlos Magno. Esses espalhariam um pozinho infectado nos campos e nas fontes e os animais, ao pastarem e beberem, se contaminam e morrem. A punição para os (prováveis) culpados é o linchamento. A crença dos poderes mágicos dos *tempestarii* e dos *venefici* continua nos séculos posteriores: Bernardino de Sena, no século XV, ainda fará uso do mesmo argumento. Depois disso, a acusação de provocar tempestades se tornará apenas mais uma entre as muitas que compõem o currículo da bruxa perfeita. Mas dela falaremos mais adiante.

Entre mil tabus

Não faltavam nem mesmo os tabus, que eram numerosos. Entre eles havia o suicídio. Sobre este pesava o juízo moral sobre Judas, que havia tirado a própria vida depois de ter traído Cristo. Já Santo Agostinho em *De civitate Dei* ("A cidade de Deus") defendia que se matar fosse uma violação ao quinto mandamento (Não matarás!), válido não apenas para outros, mas também a si mesmo[53]. Para Tomás de Aquino (1224-1274), isso não apenas era incompatível com a lei da autoconservação, mas violava a paz social porque "todo indivíduo pertence

---

53. AGOSTINHO DE HIPONA. *De civitate Dei*, I, 21s.

essencialmente à comunidade" como a parte ao todo. Além disso, sendo a vida um dom de Deus, o ser humano não pode dispor dela como bem entende. O momento da morte depende apenas do Onipotente: quem se suicida, portanto, rebela-se contra a natureza e a ordem da criação e, em última análise, contra o próprio Criador. Conforme diversos concílios eclesiásticos (Arles, em 452; Orléans, em 553; Braga, em 563 e Auxerre em 578, o de Toledo em 693 pune com a excomunhão até a simples tentativa de suicídio), o suidício é, portanto, condenado sem reservas[54]. A causa, às vezes, era atribuída à acedia, ou seja, à preguiça e à indolência (nós, hoje, diríamos "a falta de vontade de viver"...).

Aos poucos, por causa da influência do pensamento cristão sobre o sistema jurídico ocidental, de culpa ético-moral, o suicídio passa a ser também um delito:

> Não podendo punir o suicida, se lançava obstinadamente sobre seu cadáver uma série de gestos que muitas vezes possuíam um significado, sobretudo, apotropaico, uma vez que o suicida, como todos os mortos de morte violenta, era considerado um perigoso fantasma: às vezes o cadáver era queimado; outras vezes, trancafiado em uma caixa e lançado no rio para "levar" embora o perigo que representava. Outras vezes se procurava deixá-lo inofensivo, empalando-o ou decapitando-o. Os cadáveres dos suicidas não eram retirados pelas portas principais da casa, e sim por um buraco feito na parede, pela janela ou pelo teto. Eram conduzidos ao cemitério por estradas secundárias. Não se podia fazê-los entrar pela porta principal do cemitério: deviam ser transpostos por cima dos muros com a cabeça para baixo. No caixão eram sepultados com o rosto para baixo. Como a Igreja proibia que fossem sepultados em chão consagrado, às vezes eram enterrados nas encruzilhadas (com uma estaca fincada no corpo) ou nas margens das cidades, ou se escolhia um lugar deserto e abandonado. Quando aceitos nos cemitérios, eram depositados em um canto perto dos muros ou sob a goteira. O túmulo dos suicidas não devia ser cuidado[55].

No entanto – mesmo que fosse de uma exceção – algumas vezes até um suicida podia ser redimido se intercedesse por ele um homem santo como o Abade Hugo de Cluny. Estamos nos séculos XI e XII. Um monge de nome Estêvão acaba de enforcar-se no bosque e um de seus confrades diz ter ouvido uma voz

---

54. TOMÁS DE AQUINO. *SummaTheologiae*, II-II, q, 64, 1. 5.
55. GARAVENTA, R. *Breve storia dei suicidio* [disponível em: www.apss.tn.it/public/allegati/DOC_632603_0.doc].

sobrenatural lhe dizer que seu espírito não tem paz devido ao seu gesto insano. Hugo reza intensamente por dias seguidos. Por fim, o "mensageiro celeste" se manifesta novamente para comunicar que a alma do pobre Estêvão foi finalmente acolhida no paraíso[56].

Dois séculos depois, Dante colocará inexoravelmente os suicidas no *Inferno* (canto XIII), reservando-lhes uma sorte terrível mesmo depois do dia do Juízo: tendo infringido a sagrada e indissolúvel união entre espírito e corpo, no fim dos tempos serão condenados a pendurar seus míseros restos no galho que, na "triste selva", havia brotado de sua própria alma.

O mercador? Um ladrão honesto

Os tabus, no fim das contas, também estavam presentes no âmbito do trabalho. Havia toda uma longa série de profissões vistas com suspeita, evitadas ou mesmo proibidas a algumas classes de pessoas, como por exemplo os clérigos, porque se considerava que afastassem dos serviços divinos. Outras são admitidas, mas somente se não visam ao lucro. Outras ainda – as chamadas *opera servilia* – não podem ser exercidas aos domingos. O elenco dessas "profissões a evitar" varia nos particulares de época para época, mas em geral pode-se dizer que a reprovação estava ligada a três tipos de tabu: do sangue, da impureza e do dinheiro. Da primeira categoria faziam parte os matadores e açougueiros, mas também cirurgiões, barbeiros e boticários – esses últimos, como se sabe, praticavam as sangrias – carrascos e inclusive soldados. Ao segundo tipo, pertenciam os curtidores de couro, fazedores de tecido, tintureiros, cozinheiros, lavadores de roupa, lavadores de pratos. Com o dinheiro, por sua vez, tinham relação direta os mercadores, cambistas, aduaneiros, notários e usurários. A esses se juntam os ofícios considerados, por vários motivos, "perigosos para a alma", por estarem em contato direto com os vícios: locatários, gerentes de banhos públicos, menestréis, taberneiros, prostitutas. Vistos com ressalvas eram ainda as tecelãs profissionais – que exerciam uma atividade tradicionalmente "doméstica", mas externa ao âmbito familiar – e os moleiros (considerados como os ladrões porque misturavam as farinhas com outras de preço inferior e falsificavam pesos e medidas).

---

56. Apud: MURRAY, A. "Suicide in the Middle Ages". In: *Synergy – Psychiatric writing worth reading*, vol. 18, n. 5 (Outono/Inverno de 2012): 5.

Talvez a maior vítima do preconceito, porém, tenha sido o mercador. Sua fama de ladrão e trapaceiro devia-se ao fato de que ganhavam sem produzir (aparentemente) nada. Acusado de especular sobre o tempo, viajar muito e ser apátrida, ele se recuperaria somente nos últimos séculos da Idade Média.

Os pressupostos desse discurso são simples. A Era Clássica, como é bem sabido, caracterizava-se pela dicotomia *otium-negotium*: *otium* é a atividade intelectual, ideal para a realização humana na plenitude de seu espírito, enquanto o *negotium* – a negação do *otium* – é considerado vil. O homem ideal, em suma, para o romano, não trabalha, mas vive de renda e se ocupa do bem da *res publica*, ao passo que o *servus*, o escravo, se embrutece envolvido nos afazeres comerciais. Apenas o trabalho agrícola, por ser essencial à subsistência da sociedade, é considerado decoroso. Cincinato, para citar um personagem exemplar, no século VI a.C., depois de ter cumprido os seus deveres em relação à *res publica*, volta a arar seu campo fora da arena política para ser novamente convocado depois, aos setenta e cinco anos completos, para exercer novamente a função de *dictator* no momento em que se perfilam no horizonte novos perigos.

Quando o cristianismo se impõe, o trabalho *tout court* recupera seu valor em virtude de uma concepção mais problemática e mais ligada com a ética: quer dizer, o trabalho ocupa o corpo e a mente e mantém distante a preguiça que enfraquece o espírito. As regras monásticas, principalmente a beneditina, que une oração e trabalho – a máxima é *ora et labora* –, exaltam a fadiga como ocupação necessária e como meio para glorificar a Deus. Desse modo, a perspectiva antiga, em suas linhas gerais, é completamente invertida. E é aqui que nasce o célebre adágio: "O ócio é o pai de todos os vícios".

A nova sensibilidade, porém, não afasta totalmente a precedente, mas se aloja sobre ela dando vida a uma nova concepção "híbrida" para a qual os diversos trabalhos não são todos iguais: alguns são respeitáveis, outros não. Há alguns, inclusive, perigosos para a alma.

E eis aí, portanto, o mercador. O mundo antigo, mesmo não o condenando expressamente, sempre o olhou com suspeita por vários motivos. De acordo com a visão mais comum, o trabalho, para ser considerado como tal, devia produzir a transformação de um bem em outro por meio da fadiga – o *labor*, de fato. Ora, uma vez que a energia despendida pelo mercador como intermediário entre o produtor e o consumidor não implicava em nenhuma transformação visível, ele era considerado um aproveitador, trapaceiro e até mesmo farsante: ou seja, revendia um bem a um preço mais alto do que seu valor real sem agregar-lhe nenhuma aparente fadiga e sua remuneração, por não derivar do suor, não era justificada. Acrescente-se a isso o fato de que, para fazer seus negócios, o mercador viajava muitas vezes e era, em geral, apátrida e semelhante ao estrangeiro, por sua vez visto de forma suspeita por ser "diferente". Ademais, muitas vezes acontecia de realizarem comércio etnias específicas, povos inteiros conhecidos por suas atividades comerciais – os sírios, os hebreus, os fenícios... – e isso contribuía para que fossem etiquetados pelo lugar-comum de ávidos, enganadores, usurários.

Os mesmos preconceitos atingem, no mundo antigo, o artesão. Ele realiza um trabalho de tipo manual, ocupação estritamente reservada aos escravos e, além disso, sendo o seu ofício subordinado à vontade de um comitente, a relação que estabelece no tocante a esse é a de um verdadeiro servo. Soma-se a isso o fato de o trabalho artesanal muitas vezes ser exercido em lugares insalubres e podia acarretar infortúnios e deformações: quem se dedicava a ele, enfim, se arriscava a perder a harmonia física, um dos princípios centrais da cultura clássica. Enfim, repetindo, o artesão vendia os seus produtos e, portanto, se equiparava ao mercador, com quem acabou partilhando da mesma sorte. Para ser resgatado, teve de aguardar o cristianismo: Não era, afinal, o próprio Cristo – ao menos oficialmente – filho de um carpinteiro? E, sobre a relação que se lhes criticava de subordinação ao "patrão" da vez, por acaso Deus mesmo não havia definido as hierarquias na criação? Cumprindo a vontade do comitente, o artesão não fazia mais do que seguir, como toda criatura, a ordem e a vontade do Altíssimo. Assim como o lavrador transforma a terra em produtos comestíveis para o ser humano, o artesão produz objetos que servem para trabalhar e melhorar a qualidade de vida. Mais do que isso, para realizar sua obra precisa de excepcional perícia: o ferreiro, por exemplo, conhece os metais, produz os utensílios e é capaz de usá-los, transmite seus segredos de geração em geração. Não é um simples executor: a seu modo, é também um artífice e um artista.

Um dos princípios centrais da mentalidade medieval era que o tempo pertencia a Deus e não ao homem. Razão por que aquele que especula sobre ele para ter ganhos, não apenas os mercadores, mas sobretudo os usurários, é estigmatizado sem dó. Geralmente a condenação se estendia também ao devedor, porque se vinculava ao credor em uma relação humilhante e desumana que o obrigava a viver na mentira. Se no mundo antigo o insolvente se tornava escravo do credor, na Idade Média acabava na prisão.

Obviamente, o clichê relacionado ao mercador não foi sempre e apenas negativo. Sua utilidade vinha do fato de que assegurava as provisões e o abastecimento, ainda mais em tempos de guerra e carestia. Se, depois, investia seus ganhos em atividades honestas – ou seja, em propriedades de terra – ou os dava em esmola, ou, melhor ainda, se aposentava para viver dos produtos da terra, então seu resgate social podia considerar-se completo. Desse ponto de vista, a experiência e a figura de São Francisco de Assis (1182-1226) são emblemáticas: filho de um rico mercador de tecidos, renuncia à carreira e aos ágios que derivariam desta atividade despojando-se de tudo, inclusive das roupas, para viver em pobreza e pregar o Evangelho.

Nos séculos IV-V, às soleiras da Idade Média, o mercador, principalmente nas províncias, era um homem livre, rico e dedicado à vida civil e política participando dos conselhos da cidade. Em Milão, capital do Império e lugar desde sempre dado ao comércio, fazia parte de uma classe detentora de privilégios e propriedades de terra. Grande parte de sua fortuna devia-se ao papel – indispensável, no quadro das contínuas guerras que sacodem o final do Império – de fornecedores do exército imperial. Mas com as primeiras invasões barbáricas a época de ouro do mercador parece terminar. Ele é obrigado a vender as mercadorias ao exército por um preço tabelado, mas os cultivadores e os produtores em tempo de crise aumentam os preços, reduzindo sua margem de lucro. Os *negotiatores*, sempre mais em dificuldade, vão à falência e terminam quase desaparecendo. Retornarão prepotentemente à atividade com a retomada das rotas comerciais decorrente do renascimento das cidades e das cruzadas. Então o mercador, enriquecendo desproporcionalmente, se organizará em corporações e artes e fará parte da elite econômica, social e política das cidades, buscando redimir-se nas boas obras (esmolas, fundação de hospitais e mosteiros) e no mecenatismo. E, por fim, chegará inclusive a conquistar o poder.

Para essa reavaliação do trabalho mostra-se decisiva a ação da filosofia escolástica, que distingue entre profissão ilícita por sua natureza e profissão ilícita por ocasião. Assim, a lista dos trabalhos suspeitos ou combatidos torna-se cada vez mais sutil e, mesmo para aqules declarados ilícitos *tout court*, se encontra igualmente alguma justificativa. A nova situação econômica presente principalmente nas cidades – onde o comércio após o ano mil tinha recuperado o vigor – e a copiosa difusão da moeda comportam, por exemplo, que se tenha feito vista grossa a quem se ocupa de operações financeiras.

No ano de 1434 Cosme de Médici se torna senhor de Florença graças ao apoio do povo simples. Pertencia a uma rica família de mercadores e banqueiros. O neto Lorenzo (1449-1492), homem sensível ao belo e de intelecto refinado, como vimos cercou-se de um círculo de letrados e de artistas que incluía os mais célebres e geniais entre os que existiam em sua época. Florença, a cidade que passaria à história como o berço do Renascimento por antonomásia, era filha – no bem e no mal – de mercadores.

Os poderes da alquimia

A racionalidade e o estudo intelectual foram as características dominantes do outono da Idade Média e da época humanística. Mas há uma outra face da medalha, a da magia e da superstição que, longe de terem sido vencidas pela "luz da razão", continuaram a ser apanágio sobretudo das classes incultas e, como tais, foram também duramente reprimidas. É verdade que houve também uma forma de "magia" culta, a alquimia, não desprovida também de profundas intuições filosóficas. Mas quem acabou na mira da inquisição foram as bruxas, expressão das camadas mais humildes e marginalizadas.

Abordemos a alquimia. A palavra deriva do árabe *al-kimiya*, que indica a "pedra filosofal", ou seja, a substância capaz de transformar os metais vis em ouro. Ela surgiu no Ocidente medieval a partir do século XII quando, graças a tradutores como João Hispano, Hugo de Santalla, Roberto de Chester, Hermano de Caríntia e Gherardo da Cremona, começaram a circular uma série de textos árabes que tratavam desse assunto. O primeiro a ser posto em circulação foi, parece, o *Liber de compositione alchemiae* de Morieno (1144). Depois, vieram o *Almagesto* de Ptolomeu, o *Canon de Medicina* de Avicena, o *De quinque essentiis* de al-Kindi, o *Liber de alumnibus et salibus* de Razi, o *Liber divinitatis de septuaginta* de Giabir ibn Hayann, o mais importante dos alquimistas árabes.

As noções que esses volumes continham não eram totalmente desconhecidas da tradição europeia: já antes, de fato, algumas teorias tinham se tornado patrimônio comum graças ao intercâmbio cultural decorrente da presença árabe na Espanha e na Sicília. A alquimia tornou-se, porém, uma referência na corte do Imperador Frederico II graças ao douto Miguel Escoto, ao passo que, com o Humanismo e o Renascimento, foram redescobertas as obras da tradução greco-egípcia custodiadas em Constantinopla. A partir do século XIII, também os teólogos, sobretudo os dominicanos (entre os quais se destacam Alberto Magno, Tomás de Aquino e Roger Bacon) se dedicaram a estudar e transmitir essa sabedoria, tendo como fonte os três primeiros livros dos *Meteorologica* de Aristóteles, integrados com a leitura das traduções, então disponíveis, dos tratados árabes.

A alquimia medieval foi aplicada também a outros âmbitos da vida. E, apesar da falta de cientificidade de seus pressupostos, resultaria importante pelo desenvolvimento da química no século XVIII.

Mulheres e bruxas

Bem diferente é o fenômeno que, entre a metade do século XV e a metade do século XVIII, levou milhares de pessoas, sobretudo mulheres, a ser processadas pelo crime de bruxaria e acabar condenadas à morte na fogueira. Quem eram as bruxas e qual a causa de tanta raiva contra elas? A bruxaria e a magia, devemos mencionar, não foram uma prerrogativa da Idade Média e da Modernidade. Pelo contrário, crenças e práticas no limite entre superstição e religião desde sempre caracterizaram toda a cultura, em cada período histórico e em todas as latitudes. Desde a Antiguidade estavam presentes na Europa. O que tornou a bruxaria "especial" na Idade Média tardia foi que, ao lado da "tradicional" prática da magia negra – considerada capaz de prejudicar pessoas e animais – afirmou-se a crença de que seus adeptos estivessem em relação direta com o diabo e, portanto, fossem acusados de heresia e apostasia.

O terror em relação às bruxas difundiu-se rapidamente a partir da segunda metade do século XIV com a grande crise decorrente da Peste Negra. Principalmente nos campos, mas também nas cidades, as bruxas (em latim eram chamadas *strigae* ou *lamiae*) foram acusadas em muitos casos de desencadear tempestades, provocar a morte de pessoas e animais, destruir as plantações e utilizadas como bodes expiatórios diante das muitas carestias ou epidemias que se alastraram naqueles anos.

As bruxas (salvo nos casos de acusação de heresia ou de bruxaria política, atribuída aos homens) eram, em sua grande maioria, mulheres, e os motivos eram vários: desde sempre vistas com suspeita, ou consideradas símbolo de sensualidade e luxúria, eram tidas como moralmente mais fracas do que os homens e, portanto, mais suscetíveis às tentações. Para serem vistas assim, contribuía o fato de que, nas sociedades tradicionais, as mulheres eram em geral depositárias de "segredos" médicos capazes de curar doenças e também sabiam fazer nascer as crianças. No olho do furacão estavam principalmente as anciãs e as viúvas ou solteiras: em geral tratava-se de gente pobre e ignorante, cuja culpa era "provada" graças à confissão, geralmente obtida mediante tortura. O delito mais frequente de que eram acusadas era a participação no "*sabba*", ou seja, uma reunião periódica durante a qual sacrificavam e comiam crianças, celebravam paródias dos ritos cristãos, empenhavam-se em danças obscenas e tinham relações sexuais com o diabo e com seus servos, os demônios íncubo e súcubo. Para participar do *sabba*, que em geral acontecia em locais muito distantes, se deslocavam voando. Os processos movidos contra as bruxas envolveram toda a Europa (depois também a América), mas sem a mesma intensidade.

As razões de uma caça

A grande "caça às bruxas" tornou-se possível com a introdução, no sistema jurídico, de algumas reformas: a ordália, o método tradicional para estabelecer a culpa do imputado, foi, na verdade, substituída pelo processo inquisitório, acompanhado pelo uso da tortura (já existente em época barbárica, mas então aplicada a homens livres) e pela entrega do acusado aos tribunais civis graças à ampliação do crime de bruxaria também para o âmbito laico. A situação piorou com o clima de suspeitas e tensões causado pela Reforma que, se por um lado teorizou uma maior presença do diabo na sociedade e a necessidade de combatê-lo, por outro desferiu um poderoso ataque à superstição, ao paganismo e à magia, a que se uniu também a Contrarreforma.

A base "teórica" das perseguições foi fornecida por um grande número de tratados – que vieram a substituir o já citado *Canon Episcopi* – compilados por importantes inquisidores como o *Malleus Maleficarum* (1486) de Heinrich Kraemer (denominado "Institor") e Jacob Sprenger, autorizados a atuar na Alemanha pelo Papa Inocêncio VIII com a bula *Summis desiderantes*, ou a *Demonolatreiae* de Nicolas Rémy (1595), ou ainda os *Disquisitionum magicarum libri sex* de Martin

Antonio del Rio, tratado conhecidíssimo no século XVII. O fenômeno da caça às bruxas, que causou a morte de milhares de pessoas em grande parte inocentes, foi interpretado por estudiosos modernos não tanto (ou não apenas) como uma obsessão de matriz religiosa, mas sobretudo como a tentativa por parte das autoridades de reprimir o dissenso e conter os episódios de rebelião à ordem constituída, que na Idade Média tardia e na Era Moderna se manifestaram, acentuados pela crise, sob a forma de revoltas e, nos campos, das *Jacqueries* (Revoltas dos Jacques). Mas essa é uma outra história.

8

A MEDICINA MEDIEVAL

Ficar doente não era uma eventualidade rara na Idade Média. E quando acontecia, infelizmente, na maioria das vezes era um problema. Os médicos, em geral, tinham conhecimentos escassos sobre terapias e doenças e, aliás, ignoravam como funcionava, em detalhes, o corpo humano. A dissecação de cadáveres para fins de estudo ainda não era praticada e a teoria mais difundida era a que fora elaborada pelos médicos gregos Hipócrates (séc. V-IV a.C.) e Galeno (129-216), segundo a qual o organismo humano é governado por quatro diversos humores (sangue, bile amarela, bile negra, fleuma) que, conforme as respectivas interações ou desequilíbrios (discrasias), determinariam a saúde ou a enfermidade. Nada se conhecia (nem se suspeitava) a propósito do contágio, e quando as epidemias se propagavam, geralmente eram invocadas causas genéricas como miasmas e ventos pestilentos provenientes do interior da Terra ou de localidades exóticas, quase sempre localizadas em um Oriente imaginário. Ou então era uma intervenção divina para punir os pecados humanos. Na realidade, a culpa era geralmente da dieta pouco saudável e das condições higiênicas precárias em que a maioria da população vivia. Lavavam-se (e trocavam de roupa) pouco, não havia água encanada e a das fontes e dos rios era usada muito pouco, os esgotos (herança da civilização antiga) tinham caído em desuso ou não existiam, pessoas e animais viviam em absoluta promiscuidade e os excrementos e dejetos eram geralmente jogados diretamente na água (a mesma que se usava para beber) e na estrada. Os tratamentos eram empíricos e, quando a ciência não resolvia, recorria-se a práticas mágicas, às penitências ou orações. Os doentes graves eram segregados em quarentena, às margens da sociedade, da qual eram de fato expulsos. À parte essa sutileza, a profilaxia era totalmente desconhecida. Não é de se admirar, portanto, que na Idade Média a expectativa de vida fosse baixa, a mortalidade infantil altíssima e as epidemias um perigo sempre presente que, em alguns casos, se transformava em uma verdadeira catástrofe.

Bizantinos, árabes e germânicos

O grande problema da ciência médica medieval, por assim dizer, foi que, diferentemente do que é teorizado e praticado na cultura greco-romana, por influência do cristianismo, a doença era considerada acima de tudo uma punição enviada por Deus para expiar os pecados e, portanto, algo a ser encarado com resignação. A herança de conhecimentos recebidos do paganismo era vista com ressalvas e o cuidado do corpo era colocado em segundo lugar em relação ao cuidado da alma. A isso acrescente-se que recorrer aos médicos era um luxo que a maior parte da população não podia se permitir porque eram poucos e caros. Mais do que se tratar, era comum recorrer a remédios ocasionais e a orações.

Não significa dizer que o conhecimento do passado estivesse totalmente esquecido. Muitos entre os médicos mais célebres dos primeiros séculos da Idade Média eram de cultura bizantina, herdeiros diretos da tradição grega. Paulo de Égina (625-690), por exemplo, representou durante muito tempo uma referência no ramo, porque resumiu em sete volumes a imensa obra (em nada menos que setenta livros!) de Oribásio de Pérgamo (325-403), que atuou durante o reinado de Juliano o Apóstata, que havia abordado praticamente todo o saber humano nesse campo. Aécio de Amida (502-575), por sua vez, introduziu o ópio na terapia e, em seu *Tetrabiblion*, tratou das mais diversas disciplinas: da oftalmologia à cosmética e à ginecologia descrevendo, entre outras coisas, as propriedades dos venenos. O quase contemporâneo Alexandre de Trales (523-605), por sua vez, ocupou-se do diabetes, mas propôs como remédio contra as dores nas articulações o chamado "açafrão louco" (*Colchicum autumnale*) que, no entanto, tinha também efeitos venenosos fatais. Outros importantes autores da área médica foram Teófilo Protospatário (séc. VIII-IX) e Melzio o Monge (séc. IX) que procuraram combinar a teologia cristã com as teorias derivadas de Galeno, Teófanes Nono (séc. X) e depois Miguel Pselo (1108-1081 c.), Nicéforo Blemides (1197-1269 c.) e João Zacarias Actuário (1275 c.-1328).

Além da bizantina, outra grande escola médica medieval era a árabe. Entre as figuras que se destacam, Al-Kindi (813-873) escreveu um tratado sobre a dosagem dos remédios, Abū Bakr Mohammad Ibn Zakariya, dito al-Razī (845 c.-925) foi o primeiro a ocupar-se da varíola, Ali Ibn al Abbas al Majusi (929-994), conhecido como Haly Abbas, fez o compêndio de sua imensa obra, tornando-a acessível a todos, enquanto Ibn Sina (980-1038), conhecido como Avicena, descreveu perfeitamente a meningite.

O conhecimento das teorias médicas árabes difundiu-se na Europa na época das cruzadas e, sobretudo, graças à obra de tradução realizada por homens como o extraordinário erudito cartaginense Constantino o Africano (1020 c.-1087) ou Gerardo de Cremona (1114-1187). O primeiro, monge em Montecassino, traduziu para o latim muitos textos árabes de assuntos médicos colocando em ação as competências linguísticas e científicas adquiridas durante as numerosas viagens de estudo (Babilônia, Pérsia, Etiópia, Egito, talvez Índia) e depois em Salerno, tratando de praticamente todos os campos do saber sobre o assunto (inclusive um tratado sobre a urina, um sobre a ginecologia e um sobre o coito, algo decididamente insólito para um religioso!). O segundo atuou na multicultural corte de Toledo e traduziu cerca de setenta obras científicas do árabe para o latim.

Também o Ocidente, no entanto, tinha seus médicos e, com o tempo, criou também seus "centros especializados". Primeiramente, o da célebre Escola Salernitana. Mas, antes de falar dela, convém dar um passo atrás e ver rapidamente como se relacionavam com a medicina as populações bárbaras e, particularmente, os lombardos[57], porque a escola que nasceu e se desenvolveu em Salerno, mesmo que sintetizasse as mais diversas contribuições da ciência da época, tinha vínculos muito fortes, exatamente, com esse ambiente.

Como todos os germanos, também os lombardos relacionavam as doenças e a medicina ao mundo da magia, e por isso buscavam – algo comum também aos celtas – a cura nas árvores que consideravam sagradas, ou seja, o carvalho, a tília e o freixo, cujas essências assumiam um valor psicossomático. Eram conhecidas ainda as virtudes de algumas plantas (ou fungos) capazes de produzir efeitos alucinógenos ou de êxtase. Entre os povos nórdicos, algumas sociedades de guerreiros, os *berserkr* e os *ùlfhednar*, vestiam peles de urso e de lobo e utilizavam a *Amanita muscaria* para obter um estado de furiosa excitação[58]. Eram conhecidos, também,

---

57. FORNASARO, F. *La medicina dei Longobardi*. Gorizia: Leg, 2008.
58. SIGHINOLFI, C. *I guerrieri-lupo nell'Europa arcaica*: Aspetti della funzione guerriera e metamorfosi rituali presso gli indoeuropei. Rímini: Il Cerchio, 2004.

os venenos extraídos da víbora e de plantas como o estramônio e da beladona, e os respectivos remédios, sobretudo genciana e eupatório. Durante a última fase das migrações e, depois, na Itália, os lombardos entraram em contato com os já citados mais avançados conhecimentos médicos próprios do mundo greco-romano, e com as ideias teorizadas pelos médicos bizantinos dos quais falamos há pouco (Aécio de Amida, Alexandre de Tralles, Paulo de Égina), cujas obras sintetizavam e integravam as dos clássicos Hipócrates, Celso e Celso Aureliano.

Os lombardos não eram os únicos a se preocuparem com a saúde. Outros povos germânicos também conheciam a importância da medicina e a praticavam: o rei godo Teodorico (m. 526), por exemplo, no ano 500 emanou um edito em que afirmava que "entre as artes mais úteis e que contribuem para manter a indigência da fragilidade humana, nenhuma pode ser anteposta ou considerada comparável à medicina". Seu médico, Antimo, escreveu um tratado inteiramente dedicado à nutrição. Os visigodos, por sua vez, estiveram entre os primeiros a determinar um "tarifário" para as mais importantes operações e pelo ensino da medicina.

Tampouco se deve ignorar o papel particular que exerciam, nessas sociedades, as mulheres que, desde a Era Arcaica, eram acostumadas a exercer a arte médica utilizando conhecimentos oriundos, mais que outra coisa, da prática: sabiam limpar e medicar as feridas, realizar um parto ou provocar um aborto, encontrar remédios para febres e outras enfermidades mais ou menos graves. O próprio historiador latino Tácito, ademais, já no século I, observava que os germanos costumavam procurar levar suas feridas a "suas mães e esposas, que não temem examinar e tratar as chagas".

O historiador lombardo Paulo o Diácono cita o tratamento de doenças da pele e dos olhos com óleos e unguentos, a prática de flebotomia e a aplicação de próteses em membros amputados. Além disso, contrariamente ao que aconteceria mais tarde, era bastante comum o costume de banhar-se e cuidar da higiene íntima (novamente Paulo narra um episódio em que o Diácono Tomás é recebido diante do Duque Alagísio apenas sob prévio juramento de estar usando *femoralia*, ou seja, roupas de baixo limpas e frescas e que também estivessem limpas as partes que elas envolviam). Também eram conhecidos e apreciados os benefícios obtidos das águas termais. As plantas (e as essências) mais utilizadas eram a groselheira vermelha, o carvalho e o alho, este último como vermífugo e contra a febre. Os lombardos gostavam da couve porque dava força e vigor; entre as ervas e as essências privilegiavam a artemísia, digestiva e vermífuga, o gengibre contra cólicas, a malva pelas propriedades anti-inflamatórias e a menta para patologias da garganta. Na era lombarda teriam lugar também as primeiras tentativas de isolamento dos afetados pela lepra e pela peste, de modo a evitar a propagação do contágio: uma prática que seria adotada em toda parte e aperfeiçoada nos séculos seguintes. É notável como alguns remédios tenham raízes na sabedoria popular de maneira duradoura e profunda; por exemplo, o costume de tratar a otite com um composto à base de azeite em que foram postas e maceradas formigas vermelhas (a maceração libera ácido fórmico, que desinfeta e tem propriedades analgésicas), teorizado por São Bento Crispo de Milão, foi utilizado nas zonas rurais do Nordeste da Itália até o início do século XX.

A escola salernitana e as médicas

Os lombardos não fizeram surgir uma verdadeira "escola médica". Certamente, porém, grande parte de seus conhecimentos entrou para a bagagem cultural dos médicos que atuavam na Escola Salernitana. Essa, de fato, se constitui como a primeira "Faculdade de Medicina" ativa em âmbito europeu. De acordo com uma lenda popular, foi fundada por três médicos – o latino Salernus, o hebreu Helinus e o árabe Abdela – que, refugiados durante um temporal sob o aqueduto de Arce, ali encontraram um grego ferido e o curaram, decidindo, a partir disso, colocar suas competências a serviço da coletividade. A estória explica bem os pressupostos sobre os quais se embasavam os ensinamentos da escola, derivados do diálogo e da integração de três culturas diversas: a greco-latina, a hebraica e a árabe. O princípio comum era a teoria clássica dos humores. Os documentos restituem nomes de médicos certamente "crescidos" em âmbito cultural lombardo como Bento Crispo (m. 725), santo e arcebispo de Milão, autor do tratado *In medicina libellum*. E são salernitanos, mas de estirpe lombarda, Garioponto (1000 c.-1050) – autor do célebre moto "*Si causas ignoras, quomodo curas?*" ("Se ignoras as causas, como podes encontrar uma cura?") – e, sobretudo Alfano, bispo de Salerno (1010-1080).

Nesa escola, em que lecionaram médicos importantes como o próprio Alfano, Constantino o Africano, Pedro de Éboli, João Aflácio, Nicolò Salernitano, produziu-se no século XII o célebre *Regimen Sanitatis Salernitanum* ("Regra sanitária salernitana"), um tratado contendo, em forma de versos, as principais normas higiênicas, bem como preciosas indicações terapêuticas sobre as ervas e conselhos sobre sua utilização. Um caso clamoroso e parcialmente controverso – sobretudo pela atribuição das obras que circulavam sob seu nome, embora alguns neguem até mesmo sua existência histórica – é o da mulher médica – e aqui a herança lombarda é bastante evidente – Trotula de Salerno, que viveu no século XI na corte do último príncipe lombardo de Salerno, Gisulfo II, e ligada à escola. Não se sabe muito de sua vida. De família nobre, casou-se com o colega João Plateário e tiveram dois filhos, que seguiram por sua vez a profissão dos pais. Trotula criou, juntamente com outras mulheres médicas, a uma espécie de "círculo" – as *mulieres salernitanae* (mulheres salernitanas). A elas são atribuídas algumas obras discutíveis: o *De passionibus mulierum ante in et post partum* (Sobre as enfermidades das mulheres antes e após o parto), o *De ornatu mulierum* (Sobre a cosmética das mulheres) e a *Pratica secundum Trocta* (A prática médica segundo Trotula). Se o *De passionibus* representa o primeiro tratado de obstetrícia e ginecologia escrito por uma mulher para as mulheres, o *De ornatu* reúne todos os conselhos para embelezar-se.

O aspecto estético, em todo caso, não é o único que interessa a Trotula. Fiel ao ensinamento grego que via na cosmética também um auxílio útil à saúde, a mulher médica salernitana não apenas explica como maquilar-se, minimizar as rugas e depilar-se, mas também como cuidar das doenças da pele, que eram muitas e muito diversas. Na Idade Média não se tinha uma clara distinção com base nas patologias: acne, psoríase e eczemas diversos eram todos categorizados com o nome genérico de *scabia* ("sarna") e atribuídos à presença de vermes subcutâneos. Para tratá-los era necessário antes de tudo proceder a um *scrub* à base de migalhas de pão; depois se podia tratar, por exemplo, o couro cabeludo com uma solução à base de vinagre, ou a pele do rosto esfregando-a com cebola. Remédios muitas vezes eficazes devido às propriedades dos óleos essenciais presentes nos compostos, também reconhecidos pela medicina moderna.

Outro caso célebre de mulher médica é Hildegard von Bingen (1098-1179), que na verdade foi um gênio multiforme. Adentrou-se, de fato, na música, na gramática (inventou até mesmo uma língua secreta), na filosofia, na teologia e escreveu poemas, dramas e obras literárias. No que diz respeito à medicina, ela introduziu o conceito de *viriditas* (do latim, literalmente, "verdidade"), ou seja, de energia vital que punha o indivíduo em comunhão com a natureza e cujo controle era decisivo para curar-se e estar bem física e espiritualmente.

Suas teorias influenciaram vários tratados que ilustram ervas e rochas explicando seus poderes terapêuticos, mas que descrevem também os remédios os colocando pela primeira vez em relação com o indivíduo e reconhecendo que a eficácia varia com base no sexo, na idade, na constituição física e nas condições de saúde do paciente. Embora afirmasse que o que escrevia era resultado de visões (provavelmente, na verdade, sofria de enxaqueca), uma coisa é certa: antecipou-se no tempo em várias disciplinas – como a cristaloterapia (que explora o poder das pedras) e a musicoterapia – cuja validade terapêutica hoje se reconhece.

Uma ciência sumária

Em que se baseavam os conhecimentos dos médicos da Alta Idade Média? Em muito pouco, na verdade. Não se praticava a dissecação dos cadáveres (a fé na ressurreição dos corpos o impedia), razão por que os conhecimentos da anatomia eram muito sumários. No máximo, como testemunha o *Post mundi fabricam*, de Rogério de Frugardo[59] – também ligado à Escola Salernitana –, se secionavam os porcos, o que não era exatamente a mesma coisa. A diagnose era realizada após uma observação geral do paciente e o exame dos seus humores, sobretudo as fezes e a urina, que os médicos cheiravam ou mesmo provavam para verificar o que é que estava errado. Como não se tinha nenhuma ideia da existência de germes e bactérias, não se procedia à esterilização dos instrumentos cirúrgicos, com as consequências que bem se podem imaginar.

Ao lermos alguns relatos contemporâneos, parece que poderíamos dizer que a medicina ocidental decaiu muitíssimo em relação à da Era Clássica, e que a escola árabe – que, por sua vez, havia dado prosseguimento às pesquisas iniciadas pelos gregos herdando seus métodos e teorias – era muito mais avançada. Durante as cruzadas, o senhor de Moinestre, no Líbano, escreveu ao tio do escritor Usama ibn Munquid pedindo-lhe que mandasse um médico para tratar alguns enfermos. O escolhido foi o médico árabe, mas de fé cristã, Thabit. Depois de dez dias, Thabit volta para casa. Tratou um cavaleiro com um abcesso em uma perna e uma mulher que sofria de definhamento: no primeiro havia feito um emplastro, de modo que o abcesso se abriu e melhorou sensivelmente; à segunda, prescreveu uma dieta. Mas narra então um fato estarrecedor. Chega à corte um médico franco (termo que significava, para os árabes, genericamente europeu) que o acusa de não saber fazer seu trabalho.

---

59. ROGÉRIO DE FRUGARDO. *Post mundi fabricam – Manuale di Chirurgia*. Edição de Giuseppe Lauriello. Angri: Gaia, 2011.

> Dirigindo-se ao cavaleiro, perguntou-lhe: "O que você prefere: viver com uma perna só ou morrer com as duas?", e tendo aquele respondido que preferia viver com uma só, ordenou: "Tragam-me um cavaleiro forte e um machado afiado". Chegaram o cavaleiro e o machado estando eu presente. Ele ajeitou então a perna sobre um tronco de madeira, e disse ao cavaleiro: "Dá-lhe um golpe certeiro que lhe corte a perna fora!", e aquele, diante dos meus olhos, deu um primeiro golpe e, não partindo a perna, deu um segundo golpe; o osso da perna saltou fora e o paciente morreu ali mesmo. Examinando a mulher, disse: "Ela tem um demônio na cabeça, que se enamorou dela. Cortem-lhe os cabelos!" Cortaram-lhe e ela voltou a comer a comida de antes, alho e mostarda, fazendo piorar o definhamento. "O diabo entrou na sua cabeça", sentenciou aquele, e tomando uma navalha abriu-lhe a cabeça em cruz, retirando o cérebro até deixar à mostra o osso da cabeça e esfregando-o com sal [...]; e a mulher morreu na hora. Nesse ponto eu perguntei: "Vocês ainda precisam de mim?" Responderam que não, e eu vim embora, depois de ter aprendido algo que antes desconhecia sobre a medicina deles.

Pelo que parece, a superstição, mais do que a ciência, reinava soberana. Acreditava-se, por exemplo, que uma raiz de tanchagem usada ao pescoço protegesse da febre, ao passo que, colocada sob o travesseiro, desse estranhos poderes de previdência... Planta mágica por excelência, era utilizada – como aconselhava também Hildegard von Bingen, para anular os efeitos dos filtros de amor, enquanto Trotula, conhecendo seus poderes adstringentes, a prescrevia inclusive para reduzir as dimensões da cavidade vaginal e fazer parecer virgem quem já não o era mais. Basta dar uma olhada na *Historia plantarum* ("História das plantas") – derivada dos escritos de Teofrasto (séc. IV-III a.C.) e ilustrada e comentada no século XIII por Giovanni Bodeo da Stapelio – para se ter uma ideia dos remédios que eram utilizados: "Se alguém engoliu uma espinha, o esterco de gato moído e lambuzado sobre a boca a faz sair imediatamente". Durante as epidemias – como veremos melhor logo adiante – se utilizavam cravos-da-índia: a convicção era que seu perfume penetrante purificasse o ar impedindo a contaminação. Uma pesquisa profunda realizada pela Academia Italiana de Gastronomia Histórica revelou como as especiarias eram consideradas "afrodisíacas" na Idade Média, portanto, vistas como fortificantes ou estimulantes para a atividade sexual. A maior parte delas era conhecida desde a Idade Antiga, sobretudo no Oriente, onde eram cultivadas abundantemente, e também no mundo greco-romano. Obviamente os afrodisíacos (e os filtros de amor que se preparavam com eles) eram severamente condenados pela Igreja por serem remédios "mágicos". Inútil dizer que, no entanto, eram amplamente utilizados do mesmo modo não apenas pelos namorados para conquistar (ou reconquistar a doce cara-metade), mas também por quem sofria de impotência. Nos primeiros séculos, para confeccionar os filtros usavam-se raízes, sementes, trufas e tubérculos diversos, mas com a retomada do tráfego comercial com o Oriente, já no ano mil, impuseram-se sobretudo as especiarias. Usava-se o pistache, a canela (usada também contra tosse e dor de garganta), a mostarda (que os romanos usavam para dor de dente e de garganta e para curar envenenamento por cogumelos ou mordidas de serpente) e amêndoas. Estas últimas, particularmente, devido à sua natureza energética, eram muito usadas nos mosteiros no lugar da carne que era, ademais, malvista porque se acreditava que estimulasse o apetite erótico: portanto, os monges achavam ingenuamente que estavam acalmando Vênus privando-se da carne e, na verdade, sem saber a estavam despertando.

Um manual muito popular entre os membros da classe culta nos séculos XIV-XV, o chamado *Tacuinum sanitatis*, reunia uma série de informações sobre as virtudes das plantas e dos temperos, bem como conselhos sobre sua utilização em vista do bem-estar. A versão latina traduzida provavelmente por volta do ano 1260 na Sicília, e mais precisamente na corte do Rei Manfredo (o filho do Imperador Frederico II, o "*Stupor mundi*"), baseava-se no texto composto em Bagdá pelo médico Ibn Butlân (conhecido também pelo nome de Ububchasym de Baldach) por volta da metade do século XI. Na realidade, tratava-se de mais livros – razão por que se costuma referir a eles também no plural, *Tacuina* –, mas a base de todos era a mesma. As regras para manter-se saudáveis e vigorosos são: beber e comer corretamente, estar em ambiente apropriado e respirar ar puro, distribuir bem o tempo do sono e da vigília, alternar o movimento e o repouso, manter sob controle os humores e os sentimentos. Da harmonia entre esses aspectos da vida, acreditava-se que dependesse, de fato, a saúde: quando algum deles prevalecia, o equilíbrio se alterava decretando a doença.

Essas "pílulas" de sabedoria eram ricamente ilustradas por finas miniaturas coloridas que representavam, em cenas pequenas e eficazes, homens e mulheres dedicados ao cultivo, à colheita e preparação de frutas e hortaliças, em diversas ocupações artesanais (da ceifa à vindima, da ordenha ao abate de animais, do comércio à caça...) ou então envolvidos com diversos afetos. Não faltam as vinhetas "picantes", com muitos casais no leito namorando, ou fortemente realísticas, como aquela – impagável! – que apresenta o retorno depois de uma bebedeira:

enquanto o pobre homem nega, uma mulher, de certo a esposa, segura a cabeça dele com uma cara entre resignada e perplexa; levemente afastada, uma senhora de idade observa enfurecida a cena levantando os braços ao céu. Há também representações de animais e ervas medicinais, bem como plantas de fama discutível como a mandrágora, que era considerada afrodisíaca e usada como componente de poções "mágicas". Uma miniatura da versão de *Tacuinum* conservada em Viena e datada de 1390 c.[60] mostra o momento da colheita da raiz, representada com feições humanas (em uma fase do crescimento tem, de fato, um aspecto vagamente antropomórfico). Acreditava-se que, quando era arrancada, a mandrágora emitia um urro capaz de matar: eis por que a raiz é amarrada com uma corda a um cachorro – que tem a tarefa de arrancá-la da terra – enquanto o homem que observa a cena cobre os ouvidos com as mãos. Mais amenas e de espírito cortês são as imagens que mostram aristocratas dedicados a entreter o espírito conversando amavelmente ou apreciando a beleza da música e da dança.

Para além de tudo, no entanto, o estado da medicina, embora seguramente inadequado, não era totalmente obscuro. As operações, por exemplo, eram feitas com anestesia, mas claro que sumárias. Um dos métodos consistia em beber uma mistura de "alface, vesícula biliar de um porco castrado, briônia, ópio, meimendro, suco de sicuta [que pura pode ser mortal]". Mas, com o tempo, felizmente as pesquisas avançaram e, pelo final do século XII, como testemunha novamente Rogério de Frugardo, utilizava-se a assim chamada "*spongia soporifera*": tratava-se de uma esponja embebida de água quente e uma mistura de ópio, mandrágora, beladona e meimendro que era colocada no nariz do paciente para que, respirando o vapor, adormecesse. Algumas técnicas em uso que ele próprio transmite são, com efeito, surpreendentes: suturavam-se os vasos sanguíneos com fios de seda, perfurava-se com sucesso o crânio e se tratava o bócio por meio da aplicação de esponjas e algas contendo iodo.

Médicos, curandeiros, beatos

Neste ponto vale a pena perguntar-se quem eram os médicos e quem podia exercitar a profissão. A resposta é um pouco todo tipo de gente. O setor não era

---

60. É o *Codex Vindobonensis series Nova* 2644 conservado na biblioteca nacional austríaca de Viena.

regulamentado como atualmente e quem havia estudado nos centros prestigiosos e reconhecidos – primeiro de todos Salerno – tinha de concorrer com um variado leque de curandeiros, santos, charlatães, cujos conhecimentos médicos eram ditados apenas pela experiência, a cultura oral e, principalmente, pela superstição. Não era raro surgirem personagens que pretendiam curar um paciente lendo seu mapa astral, ou preparando ervas e misturas de todo tipo que, no máximo, eram ineficazes, mas que podiam, inclusive, causar a morte por envenenamento ou intoxicação. As mulheres, sobretudo nas culturas "marginais", nos interiores e nos vales, tinham o mesmo papel que desempenhavam junto das populações "barbáricas", e detinham o monopólio no campo médico. Ocupavam-se, obviamente, de maneira particular dos problemas ligados à ginecologia, fazendo tratamentos com auxílio de ervas. Não apenas os problemas menstruais, mas também a indução à gravidez, ao aborto – que era provocado, por exemplo, com poções à base de salsinha – e o parto. Essa propensão, vista com desconfiança pela Igreja, foi também um dos motivos pelos quais foram taxadas de bruxaria e perseguidas.

Nos mosteiros, por outro lado, a medicina era exercida por um monge especialista que tratava os confrades com unguentos, chás e medicamentos confeccionados no herbanário do cenóbio. Alguns monges ou abades se consolidaram e se aventuraram eles próprios na elaboração de tratados médicos, como por exemplo, em âmbito germânico, Rábano Mauro (776-856) em Fulda e seu aluno Valafrido Estrabo (m. 849) em Reichenau. As abadias tinham um setor aberto também aos forasteiros. Estes *hospitalia* – de *hospes*, "Hóspedes", de onde vem o nosso "hospital", de fato – eram destinados a acolher os viandantes e os necessitados, e entre eles muitas vezes também os doentes. Hospitais foram construídos também, durante as cruzadas, pelas ordens monásticas guerreiras (principalmente os "Cavaleiros de São João, ou "hospitalares", exatamente, no edifício homônimo que edificaram em Jerusalém) para hospedar os peregrinos que se dirigiam à Terra Santa.

Os monges-médicos tinham à disposição também instrumentos cirúrgicos, como monstra o *kit* encontrado entre as ruínas do cenóbio cisterciense de Øm, na Dinamarca. Não é absolutamente verdade, portanto, que a Igreja proibisse os membros do clero de praticarem a medicina e a cirurgia. O que se punia era a avidez de quem, sobretudo entre os monges, exercia a profissão com objetivos de lucro. Para perceber isso, basta ler o respectivo cânone aprovado nos Concílios de Clermont (1130) e de Reims (1131) e depois acolhido ainda no II Concílio de Latrão no ano 1139[61]. Em seguida, em Montpellier (1162) e em (Tours), os monges foram proibidos de sair do convento – o objetivo era evitar as insídias do mundo e as tentações do demônio – para praticar a medicina: se quem o fazia não voltasse dentro de dois meses ao claustro, devia ser considerado excomungado.

Realizar cirurgias foi proibido a partir do IV Concílio de Latrão em 1215, porém a proibição não se voltava a todos os clérigos, mas apenas aos maiores, ou seja, sacerdotes, diáconos e subdiáconos. E o motivo não foi a hostilidade *tout court* em relação a esse ramo da ciência, mas o temor de que esses pudessem, de algum modo, envolver-se em um delito no caso de a operação não terminar bem. E, de fato, a proibição de operar encontra-se junto com a de assinar ou pronunciar uma sentença de morte, executar uma pena capital ou assisti-la, comandar com qualquer título homens que derramam sangue.

A maior parte dos médicos, no entanto, era leiga – os mais célebres, já se disse, eram os da Escola Salernitana –, embora para os primeiros "alvores" realmente teve-se de esperar Frederico II que, no ano 1224, estabeleceu que ninguém ousasse praticar a arte médica senão após ter sido aceito no rol dos mestres de Salerno. Em meados do século XIV, o Estatuto Florentino da Arte dos Médicos e dos Farmacêuticos definiu que "Nenhum médico novo, ou físico ou cirurgião, possa, deva ou pretenda exercer a arte da medicina ou medicar em âmbito físico ou cirúrgico na cidade de Florença, o qual não será admitido sem antes ter sido examinado por médicos autorizados". Antes disso, porém, a questão era bastante confusa. Em geral se distinguia entre quem curava doenças "internas" – os médicos, exatamente – e quem se ocupava das lesões visíveis – cortes, fraturas, feridas, problemas dentários etc. – ou seja, os cirúrgicos (cirurgiões). Esses últimos se ocupavam também de serviços mais "prosaicos", como raspar a barba e cortar os cabelos, e praticavam um dos remédios mais difusos e discutíveis da Antiguidade, a sangria[62]. Com base na sempre viva teoria dos humores, de fato, se acreditava que o sangue – humor dominante – em caso de doenças estivesse em excesso e, portanto, se devia reduzi-lo para reequilibrar o corpo. Segundo Galeno, tirar sangue da mão direita servia para curar problemas do fígado, ao passo que tirá-lo da

---

61. Os cânones estão publicados em: MANSI, G.D. (org.). *Sacrorum Conciliorum nova et amplissima collectio*. Florença/Veneza, 1758-1798, vols. 21-22.
62. CASTIGLIONI, A. "Origini del salasso – Il salasso nel Medioevo". In: *Rivista Ciba*, ano VIII, n. 47, jun./1954, p. 1.542-1.558.

mão esquerda resolvia os problemas do baço. Quanto mais grave a doença, mais sangue devia ser extraído. Em geral, o procedimento durava até que o paciente desmaiasse. Para se ter uma ideia da difusão dessa prática, basta lembrar que o erudito Beda o Venerável (672 c.-735) considerava a sangria o início da cura e a panaceia de todos os males porque "ilumina a mente, dá acuidade à memória, purifica a vesícula, retira os humores nocivos do cérebro, aquece a medula, melhora a audição, seca as lágrimas, purifica o estômago, facilita a digestão, dispõe ao sono e alonga a vida". O já citado *Regimen sanitatis Salernitanum* chega a dedicar doze de seus cento e nove aforismos a esse remédio. Depois que o Concílio de Tours (1163) proibiu aos eclesiásticos de realizar a sangria, a profissão passou a ser exercitada exclusivamente pelas híbridas figuras dos barbeiros-cirurgiões. Para praticar a sangria recorria-se a ventosas (que provocavam entumações, depois cortadas), ao corte das veias e às sanguessugas. Não se sabia, obviamente, dos danos que isso causava e, muitas vezes, o doente se debilitava a tal ponto que morria, mais por causa das sangrias do que pela patologia que estava tratando.

A cura para outros males não era menos empírica; em alguns casos, era até espetacular. Os cálculos da vesícula, por exemplo, eram removidos seguindo o método teorizado pelo latino Celso, em sua *De Medicina* (VII, 26):

> De acordo com ele e com Rogerius (*Chirurgia*, III, 41-43), depois de o paciente ter jejuado por diversos dias, o cálculo desce pelo canal urinário. No procedimento tradicional, no entanto, o médico inseria um dedo no ânus para manusear o cálculo na descida da vesícula, enquanto apertava por fora para ajudar e controlar o movimento[63].

E eis a técnica para "reabsorver" uma corcunda, ou deslocamento espinhal segundo Apolônio (séc. IX), autor de uma tradução do *Perì Arthron* ("Sobre as articulações") de Hipócrates:

> Os casos em que a curvatura na coluna vertebral seja pequena são tratados melhor com a cabeça para baixo. Forrar a escada. Colocar sobre ela o paciente, de costas, usando tiras macias, mas fortes; amarrar firme seus tornozelos na escada, prendendo as pernas juntas, acima e abaixo dos joelhos, e amarrá-lo mais frouxo nos flancos e no tórax, apertar os braços e as mãos, alongados ao lado do corpo, mas não na escada. Então, erguer a escada contra uma torre alta ou uma casa. O chão deve ser

---

63. Apud: *Mondi Medievali* [disponível em: www.mondimedievali.net/medicina/altomedioevo18.htm].

firme e os assistentes bem treinados, de modo que deixam cair a escada lentamente em posição vertical.

A ilustração que se encontra no manuscrito bizantino do século XII atualmente na Biblioteca Laurenziana de Florença (MS 74,7, folha 200) mostra um pobre paciente preso na escada enquanto essa é arriada por terra, fazendo sacudir as vértebras.

Parece que a dor de dente era uma companhia habitual (e penosa) para a maior parte dos homens e das mulheres na Idade Média. Com efeito, todos os autores fornecem abundantes conselhos sobre como evitá-la e tratá-la. Hildegard von Bingen, por exemplo, propõe o seguinte remédio:

> Quem tem dor de dente, por causa do sangue pútrido ou da expurgação do cérebro, junte absinto e verbena em medidas iguais e os cozinhe com um bom vinho branco em uma panela nova. Em seguida, coe aquele vinho cozido através de um pano, acrescentando-lhe um pouco de açúcar, e o beba. [...]. De fato, ao beber o vinho combinado com as ervas mencionadas, se purificam os vasos que se estendem da membrana do cérebro até as gengivas dos dentes[64].

Mas, antes ainda, o salernitano *Flos Medicinae* aconselhava recorrer a sufumigações à base de sementes de alho-poró e meimendro-negro (*Hyoscyamus niger*), planta com poderosos efeitos sedativos, mas potencialmente muito tóxica[65]. O meimendro é citado como terapia também, no século XIII, por Guilherme de Saliceto (1210-1270), mas junto com o ópio, enquanto a *Historia Plantarum* fornecia essa, para dizer o mínimo, viva descrição dos efeitos da cura: "O meimendro é útil contra a dor de dentes: colocam-se as sementes sobre a brasa, o paciente aspira a fumaça pela boca e mantém a boca sobre a água; aparecem então os vermes nadando".

As dores eram causadas por vários fatores. No entanto, os dentes, sobretudo nas classes menos abastadas, se consumiam rápido e não é raro encontrar esqueletos com molares gastos até o miolo. Responsável por isso, além do uso "impróprio" como "instrumento" de trabalho para muitos ofícios, era também a dieta: entre os principais cultivados estavam os cereais, macerados de maneira grosseira em moinhos de pedra que deixavam resíduos abrasivos. Uma recente campanha

---

64. HILDEGARD VON BINGEN. *Cause e cure delle infermità (De causis, signis atque curis aegritudinum)*. Edição de P. Calef. Palermo: Sellerio, 1997, p. 253-254.
65. No cap. LXXX, cf. FIRPO, L. (org.). *Medicina Medievale*. Turim: Utet, 1972, p. 118.

de escavação realizada pelo Instituto de Paleontologia da Universidade de Pisa na Abadia de São Pedro de Pozzeveri ad Altopascio (Lucca) revelou como os esqueletos da era medieval traziam sinais de muitas doenças, entre as quais artrite, artrose e poliomielite. Mas estavam muito presentes também as patologias dentárias, sobretudo cáries, causadas, segundo o Professor Clark Spencer Larsen, do Departamento de Antropologia da Ohio State University, pelo consumo de carboidratos – trigo, aveia e outros cereais – que aumentara no ano mil. Até que ponto os médicos da época tivessem consciência das causas da dor de dente é algo ainda por descobrir. Mateus Plateário (1130-1160), por exemplo, nas *Glossae* afirma que as dores devam ser atribuídas à presença de vermes nos dentes. Antes ainda, no século VII, Paulo de Égina tinha individuado como causa o tártaro. Quanto ao persa Avicena no *Canone*, classifica até quinze tipos de dor de dente. Os árabes, aliás, se estabeleceram com sucesso na obturação das cáries utilizando mástique e alúmen e exportaram as técnicas também para o Ocidente. Mástique e píretro eram aconselhados para essa operação já no começo do século XV por Miguel Savonarola (1384-1462), enquanto a partir de meados do século começa a impor-se também o uso do ouro, sobretudo em folha, como explicado também na *Chirurgia Pratica* de Giovanni D'Arcoli, chamado Arcolannus (1390-1460). Obviamente, tratava-se de uma possibilidade reservada aos ricos. O especialista em história da odontostomatologia Paolo De Lucca estudou um curioso caso de obturação dentária:

> Durante as escavações efetuadas em 1966, no cemitério da Abadia de Aebelholt na Sjaelland Setentrional perto de Copenhague (Dinamarca), o Doutor Vilhelm Moller-Christensen fez uma descoberta fora do comum. Ao examinar a tumba de um homem do século XV, trouxe à luz o esqueleto de um guerreiro aparentando ter a idade de quarenta e cinco anos, que apresentava uma profunda lesão, causada por arma de corte (espada) na região frontal e temporal esquerda, e também lesões traumáticas nos ossos da região pélvica. Dos dentes maxilares e mandibulares, onze tinham sido seriamente afetados pela cárie. Mas o fato mais extraordinário, para além das consequências de um grande abcesso apical com perfuração bucal, testemunhou-se pela presença, em uma ampla cavidade cariada da coroa do canino inferior direito, de um grão de rosário[66].

Segundo o pesquisador, o trigo, evidentemente por motivos religiosos e mágicos, havia sido fixado com cera para bloquear a saída de pus do dente, acelerando

---

66. Disponível em: http://www.simo-santapollonia.it/Rivista/Vol.3.n2/DeLuca.pdf

assim o desenvolvimento do abcesso apical e da dor que, de certo, pode ter levado o guerreiro à morte.

A higiene bucal, sem detergentes específicos, ademais, era difícil de conseguir. Considerando que ainda não haviam sido inventadas as escovas, os dentes eram limpos com um pedaço de pano ou com compostos à base de sálvia e outras ervas aromáticas. Para eliminar os resíduos de alimento infiltrados nos espaços se utilizava um espinho. Para deixá-los brancos – como mandava o clichê estético mais em voga – quem podia utilizava pó abrasivo, às vezes, à base de mármore triturado (com resultados que bem se podem imaginar sobre o esmalte). Mateus Plateário no século XII recomendava esfregar os dentes com um pano de linho umedecido em uma mistura obtida de ossos de siba triturados. E havia ainda quem os molhasse com urina....

Um conceito estranho de limpeza

A propósito de higiene, em geral se pode dizer que o conceito, na Idade Média (mas basta retroceder apenas uns cinquenta anos), era bastante diferente do nosso. Não havia água corrente, e mesmo a água quente era um luxo que poucos podiam se permitir. Além disso, a ideia que percorria entre a maioria da população era que tomar banho acarretava risco de contrair doenças, pois abria os poros e, portanto, escancarava – literalmente! – as portas ao contágio. Além disso, pensava-se que o corpo em contato com a água se debilitava e, assim, depois de banhar-se era necessário cobrir-se e repousar adequadamente, evitando tomar frio. Mais do que imergir-se, tendia-se então a "lavar-se a seco", esfregando o corpo com um pano.

Tudo isso, porém, não significa absolutamente que na Idade Média as pessoas não se lavassem. No entanto, o banho tinha um forte apelo simbólico e religioso porque era associado – a partir do batismo – à purificação dos pecados. Mesmo médicos e eruditos – como no século XIII o franciscano Bartolomeu Ânglico, autor do enciclopédico *De proprietatibus rerum* ("As propriedades das coisas"), em douta companhia com Vincenzo de Beauvais, Arnaldo de Villanuova, Aldobrandino de Sena e Miguel Savonarola – insistiam muito no caráter salutar do banho, que servia para recompor o corpo da fadiga e garantir (ou restabelecer) o fatídico equilíbrio entre os humores. Em particular, porque se considerava que as mulheres, as crianças e os anciãos tivessem um temperamento frio, o banho quente era aconselhado para reequilibrar a temperatura, ao passo que, inversamente, imergir na água-morna (mas não fria) era considerado um eficaz remédio contra a febre.

Banhos públicos – herdeiros das termas romanas, mas também dos *hammam* islâmicos (que tinham escopo ritual) e dos banhos de vapor nórdicos – eram comuns em todas as maiores cidades da Europa. Carlos Magno, no século VIII, ordenou a construção em Aachen de alguns banhos capazes de receber mais de cem pessoas. A partir do ano mil, a existência deles está documentada na Alemanha (Ulm, Espira, Worms), em Flandres, na Catalunha (Barcelona, Lérida) e em Paris (que no final do século XIII chegou a ter vinte e cinco deles). Na Itália, onde ainda existiam restos de termas antigas (Lucca, Viterbo, Acqui etc.), providenciou-se que fossem recolocadas em funcionamento.

Os banhos eram frequentados não apenas para abluções, mas também para socializar. Às vezes, devido à promiscuidade e ao nudismo frequentes, eram considerados locais impróprios. Com efeito, essas salas eram usadas também como locais para sedução e exercício da prostituição. Por isso a Igreja – principalmente sob influência das correntes ascéticas – em geral condenava a frequência às termas também por estarem ligadas ao mundo pagão, que ela combatia infatigavelmente. Se, por um lado, o banho evocava o batismo, rito por excelência da purificação do mal, por outro, de fato, podia representar um incentivo à tentação e ao pecado, devido à sua inevitável conexão com a nudez. Os teólogos mais rigoristas tendiam a limitar as abluções ao essencial e permitiam o banho completo apenas em duas ocasiões, Natal e Páscoa, ao passo que São Pedro Damião (1007-1072), em seu *De perfecta monachi informatione*, elogia a sujeira como elemento característico e até mesmo obrigatório, do monge "perfeito". Mas para além dessas posições extremas, na verdade, lavar-se era encorajado ao menos parcialmente também nos mosteiros: São Cesário de Arles (séc. VI), por exemplo, prescrevia o banho abertamente às monjas e São Jerônimo exortava a não confundir a santidade com a sujeira. Abadias e mosteiros, tanto masculinos quanto femininos, previam sempre a presença de *balnea* (separados das latrinas), situados em geral não distantes da enfermaria, visto que seu uso era associado sobretudo a práticas de cunho terapêutico. O responsável pela sua manutenção era o monge herborista. Em Cluny, a abadia mais majestosa da Europa, havia nada menos que doze deles.

Voltando aos banhos públicos, seu escopo primário continuava sendo o da higiene pessoal. Era comum dirigir-se a eles também por questão de comodidade. Considerando que não se tinha água corrente, para encher as banheiras (em geral se tratava de simples tonéis de madeira!) era preciso fazer várias viagens de casa até a fonte mais próxima. Depois, era preciso esquentar a água e, para isso, era necessária uma grande quantidade de lenha, bastante cara. Era melhor recorrer, de vez em quando, aos banhos públicos. Para a limpeza cotidiana se podia limitar a lavar as mãos e o rosto em uma bacia, enquanto o resto do corpo era limpo com um pano úmido.

Diferente, obviamente, para os ricos, que podiam contar com o dinheiro e a força de trabalho de servos para beneficiar-se de um banho pleno e completo, que podia se tornar inclusive um verdadeiro ritual. De acordo com o historiador da medicina Arturo Castiglioni:

> Era norma comum que, no caso em que o patrão quisesse tomar um banho, fossem dispostos tecidos em volta do teto, perfumados com flores e ervas verdes aromáticas e que fossem preparadas cinco ou seis espumas para sentar ou deitar-se em cima. O banho durava um tempo e devia-se fechar a porta. Um recipiente ficava cheio de água aquecida com ervas frescas e se lavava o corpo com esponjas macias e, em seguida, se enxaguava com água fresca, morna, e perfumada de rosas. Então ia para a cama, depois de vestir as calças e ter sido enxugado com panos limpos[67].

Os próprios poemas cavaleirescos são ricos de episódios que mostram como a nobreza cultuava a limpeza: quando chegava um estrangeiro na corte, o dever da hospitalidade impunha preparar-lhe um banho quente. Antes dos banquetes, ademais, sempre se lavava as mãos (inclusive por motivos rituais): uma representação do célebre tapete de Bayeux, que ilustra a conquista da Britânia por parte dos normandos, mostra um bispo à mesa com outros personagens de posição elevada enquanto abençoa os pratos e, diante deles, um servo se aproxima trazendo uma bacia e uma toalha de pano para enxugar as mãos. Visto que não havia os garfos e a comida era levada à boca com a colher e com as mãos e com a ajuda de um pedaço de pão, entre um prato e outro era preciso lavar as mãos. Razão por que, no enxoval dos ricos, não podiam faltar bacias de bronze ou de prata, às vezes finamente decoradas. Os mais refinados do século XIII em diante punham à disposição dos hóspedes água perfumada com pétalas de rosas.

---

67. CASTIGLIONI, A. *Storia della medicina*. Milão: Arnoldo Mondadori Editore, 1936, p. 50. • VIGARELLO, G. *Lo sporco e il pulito*: l'igiene e il corpo dal Medioevo a oggi. Veneza: Marsilio, 1996.

Essa prática da água aromatizada com pétalas de flores ou ervas medicinais era comum e fácil de encontrar para higienizar e perfumar o corpo e era comum também entre a rica burguesia. O *Ménagier de Paris*, espécie de manual de cozinha escrito por um rico burguês de Paris em 1393 para a mulher, oferece não apenas receitas para os pratos que devem ser levados à mesa como também conselhos sobre como preparar essa "apetitosa" água aromática: "Ponha para ferver sálvia, depois escoe a água e deixe-a esfriar até que esteja morna. Acrescente então camomila ou manjerona, ou alecrim, e cozinhe com casca de laranja. Também vão bem folhas de louro".

O mistério do sabão

Com efeito, o sabão era conhecido, mas no fim das contas não muito comum por ser muito caro. Sobre sua origem há uma pequena "historieta". O termo, na verdade, parece derivar do celta *saipo*, mas parece ter sido usado pela primeira vez no Oriente, onde se concentrava a maior parte da produção. O historiador latino Plínio o Velho (23-79) em sua *Naturalis Historia*[68] atribui, de fato, aos gálicos a invenção de uma substância chamada *sapo* (*sabão*, exatamente), obtida da mistura de cinzas de faia com gordura de cabra. Mas, na verdade, mais do que de um sabão, de fato, tratava-se de uma tintura que tinha capacidade de deixar os cabelos vermelhos. Os árabes, por sua vez, utilizavam para limpar-se uma mistura obtida de gorduras vegetais com azeite, saponificado graças à soda cáustica e aromatizado com perfumes e bálsamos: conhecemos essas "receitas" para a fabricação graças à obra do médico, alquimista e filósofo Abū Bakr Mohammad Ibn Zakariya, chamado al-Razī (845 c.-925). No século IX, quando conquistaram a Sicília e a Espanha, os árabes o introduziram no Ocidente, mas seu primeiro grande sucesso comercial se deu com as cruzadas. Desde então a produção começou a difundir-se igualmente na Europa e especializaram-se nisso a Espanha, a França (com o famosíssimo sabão de Marselha) e a Itália. Isso não é de admirar: em relação à produção autóctone, caracterizada pelo terrível e penetrante cheiro de gordura de ovino (bode ou cabra), o sabão "oriental" era colorido, perfumado e tinha uma consistência muito mais agradável.

---

68. PLÍNIO O VELHO. *Naturalis Historia*, XXVIII, 47.

Diferentemente de hoje, na Idade Média raramente o banho era um momento privado. Na banheira – como mostra de maneira eficaz a cena viva dos afrescos de Memmo di Filippuccio (início do século XIV) conservados nas paredes do palácio comunal de San Gimignano (Sena) – raramente se entrava sozinho, muitas vezes em dois (marido e mulher) ou até em mais pessoas. Nas classes inferiores, em geral, o banho era completo, em casa, uma ou duas vezes por ano. Na ocasião, primeiramente se lavava o chefe da família, em seguida todos os demais componentes. Para os recém-nascidos, a quem era reservado um cuidado especial, havia uma bacia menor que, se para os pobres era de madeira, para os ricos e os soberanos era de ouro e de prata. Os médicos prescreviam dar-lhes banhos com frequência e recomendavam que a bacia fosse mantida próxima ao fogo e eles fossem envolvidos em toalhas imediatamente após o banho para não pegarem frio. Não era raro, no entanto, sobretudo nos campos e nas zonas mais precárias, que mesmo os bebês fossem expostos da mesma forma que os adultos, com graves consequências para sua proteção. A higiene escassa, em suma, favorecia as doenças e aumentava ainda mais a já dramática mortalidade infantil.

Trocar-se é cansativo

Mesmo os cabelos eram, geralmente, lavados pouco e se preferia passar cremes neles. O importante era que não caíssem. Contra esse inconveniente, Hildegard von Bingen escreveu o seguinte:

> Quando os cabelos começam a cair em um homem ainda adolescente, esse deve tomar gordura de urso e um pouco de cinza obtida dos grãos ou da palha de trigo inverneiro, misturar tudo, e com isso esfregar, em seguida, toda a cabeça, especialmente os pontos onde os cabelos mais estão caindo. Em seguida, ao menos durante um tempo, deve evitar lavar esse unguento da cabeça. E os cabelos que ainda não caíram se firmarão e fortalecerão com essa aplicação e, durante muito tempo, não cairão mais. De fato, o calor da gordura de urso faz crescer, por sua natureza, muitíssimos cabelos, e a cinza obtida do grão ou da palha do trigo inverneiro impede que caiam rapidamente. Assim, uma vez restabelecidos, como dito antes, os cabelos desse homem estarão reforçados de maneira tão estável que não mais cairão.

Evidentemente, nessas condições, os piolhos deviam ser uma presença praticamente constante na cabeça de todos, e os pentes, que faziam parte do enxoval – começando por aqueles de osso, decorados, da Alta Idade Média –, mais do que para manter em ordem as mechas, serviam para recolher e remover os incômodos parasitas.

Também não era um hábito trocar de roupas. Quem possuía um vasto guarda-roupas – os ricos – podia fazê-lo com mais frequência, mas a maioria das pessoas tinha apenas uma veste, no máximo duas, feitas de linho, cânhamo, ou algodão, e com isso passava a vida inteira lavando-a de vez em quando – e apenas no verão – no rio ou em uma fonte. As roupas de baixo, mesmo sendo conhecidas já no passado (citamos os *femoralia* lombardos), começaram a se popularizar apenas por volta do século XIII, e se tratava de indumentária masculina. Sendo essa a situação, era lógico que o ambiente geral da cidade e do interior na Idade Média (mas mesmo na Era Moderna, até o séc. XIX e em alguns casos depois ainda) fosse de um odor para nós, hoje, inconcebível. Mesmo porque, ao lado de uma humanidade tendencialmente pouco dada à limpeza, viviam em absoluta promiscuidade animais e bichos de toda espécie. Inclusive os parasitas: homens e mulheres, velhos e crianças de todas as camadas sociais transcorriam a vida cobertos de piolhos e assemelhados, que suportavam com cristã resignação, catando piolhos e pulgas uns nos outros em uma interação que acabava tendo também uma discreta implicação social (se batia papo, as mães cuidavam dos filhos, as mulheres dos maridos...). Para eliminá-los se recorria a raspagens, unguentos, emplastros à base de ervas, óleos e outras substâncias "repelentes". O risco de doenças e epidemias era altíssimo, mas os médicos da época nem de longe tinham essa desconfiança. Estavam, na verdade, convencidos de que os parasitas se gerassem espontaneamente a partir da putrefação do suor da pele e não imaginavam que o contágio de doenças como, por exemplo, a peste, dependesse também e principalmente da mordida e do contato com as pulgas. A medicina preventiva, portanto, simplesmente não existia, com consequências nefastas, para dizer o mínimo.

Santos e reis taumaturgos

E, com efeito, na Idade Média as doenças proliferavam. Como dissemos, faltavam remédios eficazes; o comum mesmo era se recorrer à proteção dos santos. Um caso popularíssimo é o do já citado Santo Antão, eremita que viveu no século III-IV e morreu na veneranda idade (parece) de cento e seis anos. Sobre sua tumba, imediatamente objeto de veneração por parte dos fiéis, foram edificados uma igreja e um mosteiro. O seu sepulcro foi descoberto no século VI. Então os restos foram transferidos primeiramente para Alexandria no Egito e depois para Constantinopla. Quem levou as relíquias pela primeira vez à França foi um cavaleiro, Jocelin de Chateau Neuf, que voltava de uma peregrinação à Terra Santa. Deixou-as em La Motte St. Didier, atual Saint-Antoine-l'Abbaye, próximo a Viena onde, por volta de 1095, depois de um ex-voto, surgiu a Ordem (primeiramente uma fraternidade) dos antonianos – e na sequência o relativo hospital –, fundado pelo nobre Gastão, grato ao santo por ter-lhe curado o filho do herpes zoster, uma doença causada pelo vírus da varíola infantil que causava erupções cutâneas incômodas. Se degenerasse podiam verificar-se complicações como a perda da vista ou da audição.

O caso de Santo Antão é apenas um entre os mais célebres casos de santos invocados contra as doenças. O elenco compreende dezenas, que protegiam – uma espécie de "lei da compensação" – a parte do corpo pela qual haviam sofrido o martírio ou então exaltavam uma prerrogativa que os havia caracterizado em vida: Santa Luzia para a cegueira, São Patrício contra a raiva... No século XV, na Alemanha, desenvolveu-se até mesmo um culto especial dedicado aos quatorze santos "auxiliadores": de Santo Acácio contra as doenças dos olhos, Santa Bárbara contra a febre e a morte imprevista, São Brás contra os males da garganta, Santa Catarina de Alexandria contra as doenças da língua, São Ciríaco de Roma contra as "obsessões diabólicas", São Cristóvão contra a peste, São Dionísio contra as dores de cabeça, Santo Egídio contra a loucura, Santo Erasmo contra as dores abdominais, Santo Eustáquio contra os perigos do fogo, São Jorge contra as infecções da pele, Santa Margarida de Antioquia contra os problemas relativos ao parto, São Pantaleão contra a degeneração, São Vito contra a hidrofobia, a letargia e a epilepsia. A fama de curar algumas patologias estava presente também em alguns soberanos. É conhecido o caso dos chamados "reis taumaturgos", aos quais se atribuía a capacidade de curar a escrofulose, ou "mal real", em termos científicos adenite tuberculosa. Tratava-se de uma infecção que provocava inchaços no pescoço e nas articulações que se enchiam de pus. Mesmo que, por si só, não fosse mortal – exceto em casos raros –, essa doença condenava sua vítima a viver às margens da sociedade, ser evitada por todos por causa dos terríveis odores que emanavam das feridas. O fenômeno foi estudado pelo grande historiador Marc

Bloch em um célebre ensaio[69]. De acordo com as fontes da época, a primeira entre todas é de autoria do Abade Gilberto di Nogent-sous-Coucy, aos reis da França bastava, porém, nada mais do que um toque para proporcionar uma cura milagrosa. Eis o testemunho:

> Que digo? Não vimos o nosso senhor, o Rei Luís, fazer uso de prodígio consuetudinário? Eu vi com meus olhos doentes sofredores de escrofulose no pescoço ou em outras partes do corpo acorrendo em grandes multidões para serem tocados por ele – ao toque adicionava um sinal da cruz. Eu estava lá, muito perto dele, e até o defendia contra a importunação deles. O rei manifestava para com eles sua generosidade inata; aproximando-os com a mão serena, fazia humildemente sobre eles o sinal da cruz. Também seu pai Filipe tinha exercido com ardor esse mesmo poder miraculoso e glorioso; não sei quais erros cometidos por ele o fez perdê-lo.

Os soberanos dotados desse extraordinário poder, porém, não eram apenas Luís VI (que reinou de 1108 a 1137) e seu pai Filipe I (1060-1108), mas também Roberto I o Pio (996-1031) e Filipe IV o Belo (1285-1314), no reino da Inglaterra, Eduardo o Confessor (1042-1066), Enrique II (1154-1189), Eduardo I (1272-1307), Eduardo II (1307-1327) e Eduardo III (1327-1377). Só Eduardo I em sua vida teria curado mais de dezoito mil. A eles recorriam enfermos de todas as idades e condições, e eram "tocados" com um cerimonial preciso: primeiro pela mão direita do rei, recebiam a sagrada unção; depois o soberano tocava a chaga infectada fazendo o sinal da cruz. Portanto, ele curava não graças às suas capacidades, mas em nome e por conta – e graças à intercessão – de Deus.

Epidemias funestas

O problema, porém, era que as doenças apesar de tudo se difundiam do mesmo jeito. E muitas vezes de maneira funesta.

Havia o ergotismo, intoxicação causada pelos alcaloides presentes em um fungo (*Claviceps purpureae*) parasita de algumas gramíneas, comumente conhecidas como "esporão do centeio". Manifesta-se causando náusea, vômito, diarreia, dificuldade de respirar, distúrbios visuais, debilidade e convulsões. Em seguida,

---

69. BLOCH, M. *I re taumaturghi*. Turim: Einaudi, 1973.

formigamento nas extremidades, dores fortes, espasmos e contrações musculares culminando em convulsões e coma. Ou então o inchaço e a inflamação das extremidades levavam à gangrena e à sua perda. Eis como o cronista Sigisberto de Genbloux descreve a virulenta epidemia que, em 1089, infestou a França:

> A muitos as carnes lhes caíam aos pedaços, como se os queimasse um fogo sagrado que devorava suas vísceras; os membros, pouco a pouco corroídos pela doença, tornavam-se escuros como carvão. Morriam rapidamente no meio de atrozes sofrimentos ou continuavam, privados dos pés e das mãos, uma existência pior do que a morte; muitos outros se contorciam em convulsões.

A varíola, por sua vez, enchia o corpo de pus e podia causar cegueira e deformações das articulações, até levar à morte. Praticamente desconhecida na Europa na Antiguidade, era, no entanto, conhecida na África e no Oriente: um dos primeiros a dedicar-lhe um tratamento específico foi, de fato, no século IX, o médico persa al-Razī. Provavelmente foi trazida ao Ocidente pelos árabes entre os séculos VII e VIII, mas permaneceu, de algum modo, uma doença bastante rara até a época das cruzadas, quando o aumento da população e a grande mobilidade de pessoas e coisas decorrente da retomada do comércio favoreceram sua difusão. Os atingidos por ela eram principalmente as crianças que, em 30% dos casos, não conseguiam sobreviver. Quem contraía a doença e se curava, no entanto, levava suas marcas para o resto da vida.

O tifo, caracterizado por febre alta, e, conforme o tipo, por exantemas, dores pelo corpo, náusea e vômito, se difundia durante as guerras, veiculado pelas tropas e se tornava mortal por causa da promiscuidade e das condições higiênicas ruins generalizadas.

A cólera – derivado de uma alteração no humor biliar que criava cólera, de onde vem o nome – era pouco comum na Europa, mas estava presente, de qualquer modo, devido à escassa higiene das águas. A infecção atingia os intestinos causando vômito, diarreia e desidratação.

Por fim, a lepra (ou hanseníase): atingia a pele e os nervos das mãos e dos pés, os olhos e as mucosas nasais, os rins e os testículos, causando deformidades das articulações e cegueira. Mesmo sendo conhecida desde época mais remota, sua máxima difusão na Europa registrou-se no século XIII. Uma das referências mais antigas, no que diz respeito à Idade Média, remonta mais uma vez ao Edito de Rotário em 643. No capítulo 176, intitulado *Sobre o leproso*, se diz textualmente:

> Se alguém adoece de lepra e a veracidade da coisa é atestada pelo juiz ou pelo povo e for expulso da cidade e de sua casa, para que more sozinho, não tenha permissão para alienar ou doar legalmente seus bens a ninguém. Porque do mesmo dia que tiver sido expulso de sua casa em diante é considerado morto. Todavia, enquanto viver, seja mantido graças ao que obtém dos bens que deixou.

Para isolar os doentes, que eram afastados das cidades e obrigados a usar uma campainha e uma veste especial para indicar sua presença, foram construídos edifícios específicos, os leprosários. Encontravam-se praticamente em todos os centros de médio e grande porte e serviam para acolher – ou melhor, para segregar – todos aqueles (não apenas leprosos propriamente ditos) que apresentavam doenças da pele. Ali viviam de esmolas e cercados pela desconfiança e eram obrigados a engolir poções absurdas como uma espécie de sopa de cobra preta capturada nos pedregais[70]. Aos leprosos era proibido manter qualquer relação com os sãos, deviam abandonar a família (se o cônjuge não quisesse se divorciar, também a ele ou ela era imposta a "morte para o mundo") e eram tachados de depravações de toda espécie. A doença era vista como a "justa" punição enviada por Deus para esses "desviados". A consequência foi que acabaram sendo equiparados a outras categorias excluídas da sociedade como os homossexuais e os hebreus. Essas medidas, porém, não impediram a doença de fazer também vítimas ilustres, como o jovem Baldovino IV de Flandres, rei de Jerusalém e valoroso combatente durante as cruzadas, que morreu devastado pela lepra com apenas vinte e quatro anos.

No alto da lista dos flagelos, no entanto, estava a peste. A última, terrível, pandemia se havia verificado entre 541 e 542, nos tempos do Imperador Justiniano, e tinha dizimado a população principalmente nas zonas orientais e em Constantinopla. Desde então, grandes epidemias não se haviam mais verificado e quando as fontes medievais falam de *pestis* o fazem de maneira genérica para indicar doenças diversas. Em 1347, porém, a peste voltou a aparecer às portas da Europa com uma virulência tal que a sacudiu de maneira selvagem. Aparecendo na década de 1320 no Extremo Oriente, o bacilo propagou-se pelas estepes russas para chegar

---

70. DE ANGELIS, V. *Le Streghe*. Casale Monferrato: Piemme, 2002, p. 257.

à Crimeia. Ali o Khan tártaro Ganī Bek, ocupado com o assédio a Caffa (atual Teodósia), ordenou que fossem lançados dentro dos muros da cidade os cadáveres dos mortos infectados. De Caffa, na época colônia genovesa, a peste passou assim a Constantinopla, levada pelos navios lígures, e alcançou a Europa através dos portos de Messina e de Marselha. Dali se difundiu sem obstáculos para todo o continente, atingindo em três anos a Escandinávia. Tratava-se de peste pulmonar (praticamente letal na quase totalidade dos casos), mas também bubônica (menos virulenta). O contágio acontecia por meio das pulgas dos ratos ou da mordida dos mesmos, mas, no caso da peste pulmonar, também por via aérea, por exemplo, transmitidas pela tosse ou pelos espirros. Tudo isso, porém, os médicos da época não sabiam: tinham convicção de que o contágio acontecia, por via aérea, mas respirando os miasmas e fedores infestados no ar. A total ignorância sobre as verdadeiras causas da doença levou a um autêntico desastre: calcula-se que a Grande Peste Negra – como foi chamada com vivo realismo – matou em apenas quatro anos entre um terço e um quarto da população europeia, com zonas inteiras que foram literalmente despovoadas.

Rezar para crer

Ignorância, dizia-se. Se, em geral, o clero era levado a considerar a peste uma punição divina, também os leigos tendiam a confiar-se à oração para esconjurar a contaminação. A ciência da época se mostrava totalmente impotente e até os professores tateavam na escuridão. Uma relação compilada por alguns luminares de medicina da Universidade de Paris atribui a culpa pela peste a algum misterioso e imperscrutável evento celeste:

> Uma conjunção astral, juntamente com outras conjunções e eclipses, é a causa real da gravemente mortífera corrupção do ar que nos circunda, fonte de mortalidade e de carestia [...]. Nós acreditamos que a presente epidemia ou peste provenha diretamente do ar corrompido em sua substância, e não apenas da alteração de suas qualidades. Esse fato deve ser entendido do seguinte modo: sendo o ar, com efeito, por sua natureza puro e claro, ele não apodrece e não se corrompe a menos que se misturem a ele vapores malignos, decorrentes de uma causa qualquer. Muitos vapores corrompidos, no momento de tais conjunções e pelas virtudes próprias delas, se elevavam da terra e do mar e se expandiam no ar em si; muitos desses vapores, sob influência dos frequentes ventos meridionais quentes, úmidos e violentos, por causa de vapores úmidos

e estranhos que esses ventos arrastavam atrás de si, corromperam o ar em sua própria substância. Consequentemente, esse ar, assim corrompido, penetrando inevitavelmente nos pulmões, por força da respiração, corrompe a substância aeriforme que nela mesma se encontra e, por causa da umidade, leva à putrefação tudo aquilo que está próximo a ela. Eis de onde derivam as febres, oriundas da natureza, que corrompem o princípio da vida [...]. Não podemos esconder que, quando a epidemia procede da vontade divina, não nos resta outro conselho a dar que confiar humildemente nesta vontade, mesmo sem abandonar as prescrições do médico[71].

A relação, ademais, se apropria de teorias amplamente partilhadas no mundo científico da época, como a do "sopro pestífero", elaborada por Gentil de Foligno (morto durante a peste de 1348) no *Consilium de peste*: uma conjunção planetária desfavorável dos planetas teria extraído da Terra certa quantidade de ar que, em seguida, teria retornado em forma, exatamente, de "sopro pestífero".

Nem mesmo os médicos sabiam mais a que santo devotar-se e se entregavam à oração. Por exemplo, um cirurgião de Pádua em seu *Regime contra a peste* acrescenta inclusive uma invocação com base no sempiterno princípio "*mors tua, vita mea*": "Oh, verdadeiro guia, tu que determinas todas as coisas neste mundo! Tu que vives eternamente, poupa os habitantes de Pádua e, como pai deles, faze com que nenhuma epidemia os atinja. Que, em vez disso, essas cheguem a Veneza e nas terras dos Sarracenos". Se isso era o que pensavam os "doutores" da época, imaginemos então o que deviam pensar os clérigos. E, de fato, João de Parma (1348-1377), cônego da Catedral de São Virgílio de Trento, atingida pela peste em 2 de junho de 1348, encasqueta com o sexo frágil: "A peste era irresistivelmente atraída pela beleza de moças jovens [...]; quanto mais jovens eram, mais rapidamente morriam [...] tratava-se de mulheres muito belas, algo que, em Trento, não era, realmente, uma exceção". O pânico não poupava ninguém, nem mesmo os padres, que se recusavam a realizar a cura das almas: "Muitos – é sempre João a falar – se confessavam quando ainda estavam com saúde. Dia e noite permaneciam expostos sobre os altares a hóstia consagrada e o óleo dos enfermos. Nenhum sacerdote queria levar o sacramento, com exceção daqueles que esperavam alguma recompensa. E quase todos os frades mendicantes e os sacerdotes de Trento morreram".

---

71. Apud: GUÉNIN, G. & NOVILLAC, J. *Lectures historiques*. Paris: Alcan, 1926.

Se os padres fugiam, também os médicos o faziam, tanto que não se os encontrava se não lhes pagando a peso de ouro. Para evitar, eles mesmos, adoecerem, visitavam os pacientes com uma espécie de máscara com forma de bico – cujo uso seria aperfeiçoado no século XVII por Charles de Lorme, médico da corte de Luís XIII – em cujo interior eram dispostas especiarias, aromas e panos embebidos de vinagre. Como já mencionado, era de fato opinião comum que o contágio se propagasse por meio dos miasmas: essa espécie de "barreira" bloquearia, assim se pensava, o ar infectado impedindo-o de chegar ao corpo. Da mesma forma, sufumígios com ervas e substâncias aromáticas eram praticados nas casas dos nobres (e no palácio do Papa Clemente VI em Avignon).

O ar (pestilento) da cidade

O ar medieval estava carregado de fedores. "Reconhece a lascívia do teu ventre, ó leitor,/ ao sentir com tuas narinas o fedor do esterco./ Reprime, por isso, na boca a avidez do ventre, / seja sóbria a tua vida no momento devido"[72]. Versos eloquentes, os de Alcuíno de York, um dos grandes intelectuais a serviço de Carlos Magno, que pintavam com forte realismo um momento clássico da vida cotidiana convidando, porém, para aproveitá-los para fazer reflexões bem mais elevadas. As necessidades corporais eram feitas, onde possível, nas latrinas herdadas do mundo antigo, que, apesar de malconservadas, em alguns casos ainda sobreviviam. As casas dos ricos (e os castelos) eram dotadas de quartinhos especiais com *cômoda*, que consistia em um assento de pedra furado e coberto com uma prancha de madeira sob o qual era colocado um recipiente. Raramente eram conectados a um sistema de escoamento. Em geral, desembocavam diretamente em uma viela que fazia as vezes de latrina, e isso aparecem bem na novela do *Decameron* (a quinta da segunda jornada) que narra as peripécias do jovem mercante Andreuccio da Perugia, que cai nela devido a uma armadilha montada por uma prostituta para derrubá-lo.

Os vasos cheios eram recolhidos e esvaziados pelos servos. Também nas classes médio-baixas a prática mais comum era a de fazer as próprias necessidades em locais próprios utilizando penicos, cestos ou outros recipientes que, normalmente, uma vez que o sistema de esgoto se havia deteriorado e ficado fora de uso,

---

72. ALCUÍNO. *Carmi dalla corte e dal convento*. Florença: Le Lettere, 1995 [ed.: C. Carena] [carme *In Latrinio*].

eram esvaziados nas estradas. Pode-se bem imaginar quanto fedor devia pairar pelas ruas, repletas de líquidos de toda espécie! Ainda no século XVIII, o poeta lombardo Giuseppe Parini, em sua célebre ode *La salubrità dell'aria* [A salubridade do ar], lamentava[73] o fedor horrível – percebido como perigoso para a saúde, além de desagradável – liberado pelas dejeções atiradas nas estradas pelos vasos noturnos dos pobres. Ao fedor se somava, de qualquer modo, o problema ainda mais grave do escoamento dos dejetos: em geral as imundícies, os descartes de curtume de peles e de trabalhos artesanais, as partes não utilizadas dos animais abatidos e todos os dejetos (humanos ou não) acabavam nos cursos d'água que, depois, eram os mesmos dos quais se servia para beber e lavar-se. Uma pesquisa exemplar realizada pelo grande historiador Carlo Maria Cipolla mostrou como na Toscana no início do século XVII foram emanadas várias ordens para manter limpos os povoados de todas as "porcarias", permitindo uma espécie de "controle censitário" da sujeita que invadia a cidade, mas também o interior: esterqueiras, criação conjunta de cavalos, bovinos, suínos e caprinos, esgotos inadequados, ausência de fossas, descartes marcescentes provenientes dos açougues, além do costume de esvaziar os penicos com fezes e urina diretamente pelas estradas...[74] Em suma, do ponto de vista higiênico, tratava-se de uma verdadeira calamidade que, nas circunstâncias, favorecia as epidemias. Certamente por isso, algumas zonas, entre as quais a Itália Setentrional, a partir de 1348 – ou seja, depois da grande peste que devastou a Europa matando ao menos um terço da população –, se dotaram de estruturas eficazes para a prevenção sanitária e higiênica. O escopo principal era defender-se da peste, embora ocasionalmente fosse necessário fazer frente também a outras emergências como a varíola ou o tifo. De qualquer modo, as magistraturas de saúde[75] conseguiram controlar, ao menos parcialmente, os fenômenos epidêmicos e conter seus danos por alguns séculos. No século XVI, porém, uma série de guerras e as devastações por elas causadas recriaram uma nova emergência e reabriram as portas ao flagelo, que reapareceria com sua perversidade devastadora em várias ocasiões durante mais de um século.

---

73. "Aqui os lares plebeus / de vasos sem nenhum valor / derramam sem respeito líquidos malcheirosos e nocivos / dos quais o fedor se libera / e respirando se inala" (v. 97-102).
74. CIPOLLA, C.M. *Miasmi e umori*. Bolonha: Il Mulino, 1989.
75. CIPOLLA, C.M. *Public Health and the Medical Profession in the Renaissance*. Cambridge, 1973, cap. I.

9
A morte na Idade Média

A morte causava medo na Idade Média? Com certeza. Porém, não tanto quanto se poderia pensar. Na verdade, tinha-se uma grande familiaridade com ela: as condições de vida eram precárias, havia as doenças, a mortalidade infantil, as guerras e batalhas eram fenômenos constantes que, principalmente nos primeiros séculos da Era Medieval, devastavam de tal maneira a população que hoje mal conseguiríamos entender. Um grande historiador, Vito Fumagalli, chegou a definir a Europa da Alta Idade Média como "um mundo de mortos": os vivos eram poucos, ao passo que, com o tempo, os cemitérios "adquiriram uma importância que nós, talvez, jamais consigamos imaginar". A morte era considerada um evento natural e o ser humano estava sempre pronto para morrer. Mas isso não o impedia de questionar-se sobre o sentido da vida, que parecia cada vez menos preciosa. Mais do que a morte em si, o que se temia era, na verdade, o pós-morte, o além em que se acreditava firmemente. É equivocada, portanto, a imagem de uma Idade Média obscura e tenebrosa, aterrorizada por espíritos e fantasmas, e assombrada pelos cadáveres.

A relação com os mortos

Se na Antiguidade (Roma que o diga) os corpos eram sepultados fora do ambiente urbano, ao longo das estradas, com o triunfo do cristianismo começou-se a enterrá-los próximos ou dentro das basílicas e das igrejas, *ad sanctos*, ou seja, perto das relíquias dos santos, onde pudessem se beneficiar do poder salvífico destes. O contato, inclusive físico, com os falecidos era habitual, quase normal, pois geralmente se morria em casa. Os cemitérios – o termo deriva do grego e significa propriamente "dormitório" – eram vistos como lugares onde os mortos jazem em repouso esperando o juízo. E não tinham nada de assustador. No máximo, considerando seu número exorbitante, eram percebidos como uma presença constante que aconselhava, admoestava ou castigava os vivos. O mundo dos mortos e o dos vivos, portanto, não estavam separados, mas eram contíguos, e as "passagens" de um ao outro eram prováveis e até mesmo frequentes, ao menos se dermos crédito às crônicas, cheias de histórias de mortos que voltam à vida para contar a quem ficou sobre as delícias do paraíso ou, inversamente, os sofrimentos do inferno. Com o passar do tempo, porém, a mentalidade mudou. Se, por um lado – graças, como veremos, ao surgimento do purgatório –, diminui o terror em relação ao próprio destino no além, por outro lado a morte, em si e por si, começa a causar medo em uma sociedade com mais benesses e fortemente apegada aos bens terrenos: no campo santo de Pisa, os afrescos de Buffalmacco mostram com todo o seu repulsivo realismo o cadáver comido pelos ratos e o esqueleto, o do rico junto com o do pobre, enquanto as igrejas da Europa Central e do Arco Alpino são revestidas de "danças macabras". A morte é a "grande niveladora" que atinge a todos indistintamente causando espanto, inclusive porque aparece, geralmente, sem mandar aviso prévio. Triunfante durante a Grande Peste que arrasou a Europa entre 1347 e 1351, a morte conseguiu até mesmo mudar a sensibilidade humana em relação à própria existência.

O "rito" da morte

Naturalmente, hoje como na época, a partida de uma pessoa em uma comunidade provocava toda uma série de comportamentos, rituais e simbólicos, que caracterizavam o fenômeno coletivo do luto. A começar pelo aspecto exterior, ou seja, a adoção de uma cor específica para as vestes, particularmente o preto. Mas antes de tratar desse aspecto, convém que nos detenhamos no momento da passagem, crucial também porque – uma vez que a morte se dava geralmente em casa após uma agonia mais ou menos longa – implicava muitas vezes a participação de muitas pessoas. Ocupavam o primeiro plano, no imaginário medieval, as lutas entre anjos e demônios que disputavam a alma do defunto no leito de morte, podendo levar a verdadeiras alucinações. São riquíssimos os testemunhos, dos *Dialogi* de Gregório Magno (540 c.-604) à *Historia Anglorum* de Beda o Venerável

(672 c.-735), da *Legenda Aurea* de Jacó de Varagine (1228/1230-1298) até a *Divina Commedia*, de Dante (1265-1321). Em geral, o *topos* se desenvolve do seguinte modo: a alma do defunto, momentaneamente raptada para fora do corpo, é transportada ao céu ou então ao inferno. Anjos e demônios agarram seus tornozelos e o arrastam de um lado para o outro até que a memória dos atos realizados na terra determine o destino final. Como intermediária nessa luta, por vezes, aparece a Virgem Maria, invocada, por exemplo, na potente imaginação de Dante, por Buonconte de Montefeltro, ferido mortalmente durante a Batalha de Campaldino (1289) e cujo corpo nunca foi encontrado. Buonconte, já próximo do fim, reza a Nossa Senhora arrependendo-se de seus pecados. Expirando, dobra os braços sobre o peito em forma de cruz. Um anjo pode então recolher sua alma para conduzi-la a salvo, ignorando os protestos do diabo que, para vingar-se, desencadeia uma tempestade que lhe permite apoderar-se ao menos do corpo: desfazendo-se, no tumulto, a cruz no peito, desaparece para sempre entre as águas agitadas do Rio Archiano.

Além da Virgem, outros santos são chamados a presidir à "boa morte", especialmente São Miguel Arcanjo e São Cristóvão. O primeiro, defensor por excelência da fé contra satanás e seus anjos rebeldes, recebe suas características do Livro do Apocalipse e, como tal, é representado com duas grandes asas, revestido de uma larga couraça e armado de lança ou espada, com as quais traspassa o dragão que representa o diabo. Ele de fato é o *princips militiae caelestis*, ou seja, o comandante que guiou o exército celeste contra os anjos rebeldes e os derrotou, precipitando-os por terra. Santo guerreiro por excelência, entre suas prerrogativas tem também a psicostasia, ou seja, a faculdade de sopesar as almas em vista do juízo universal e de acompanhá-las (psicagogo) no além. O segundo, do qual pouco ou nada se sabe – parece ter sido mártir em Lícia no século III –, é invocado como protetor contra a morte instantânea: sua função parece derivar da iconografia, que o representa no ato de atravessar um rio com o Menino Jesus nos ombros. Nesse caso, ajudaria a superar os obstáculos, com a morte sendo entendida como uma viagem. Porém, considerando que na Igreja Greco-Ortodoxa São Cristóvão aparece com uma cabeça de cão, é provável a sugestiva hipótese de que se trate de uma fusão com a figura de Anúbis, deus egípcio dos mortos e do além.

Retornando ao preto como cor do luto, quem difundiu esse uso foram os gregos e os romanos, conferindo-lhe nesse ponto também uma determinada semântica: o rei dos mortos, em Eurípedes, se veste de *melas*, que literalmente significa "suicídio, melancólico, lúgubre", o mesmo conceito que encontramos no latino *niger* ("que evoca desgraça") e *ater* ("triste, venenoso, mortal" com forte conotação onomatopeica). A lei romana prescrevia, para quem estava de luto, abster-se dos banquetes, dos ornamentos, da púrpura e das vestes brancas[76], e possuímos amplas descrições, entre as quais a do banquete fúnebre de Domiciano, transmitida por Dião Cássio[77] sobre o uso do preto não somente para as vestes dos participantes, mas também para os utensílios.

E a Idade Média? Nos séculos mais antigos, se dermos crédito a um testemunho de Isidoro de Sevilha, as mulheres em luto, além de lacerar a face, vestiam os mortos de vermelho evocando o sangue, que se considerava ser a sede da alma.

O preto parece ter-se generalizado apenas na Idade Média tardia, uma vez que o canonista Guilherme Durand (1230-1296), em seu *Rationale*, o prescrevia obrigatoriamente, embora uma antiga tradição baseada em Cipriano (*De immortalitate*, 20) aconselhava o branco, opondo-se ao preto em nome da fé na imortalidade e na ressurreição[78].

Mesmo que houvesse também testemunhos da utilização de outras cores – sobretudo o dourado para os defuntos de *status* –, a liturgia católica defendia o preto como única cor admitida durante o luto, em reconhecimento pelos próprios pecados e em respeito aos defuntos, ao passo que os sacerdotes deviam vestir o roxo. E é curioso notar que quem ditou essas normas foi o Papa Inocêncio III (1160-1216), autor de um célebre tratado, o *De contemptu mundi* (Sobre o desprezo do mundo")[79] em que, entre outras coisas, escreveu frases como essa:

> (O ser humano) comete ações vãs pelas quais negligencia aquilo que é sério, útil e necessário. Tornar-se-á alimento do fogo que sempre arde e queimará sem nunca se extinguir; alimento do verme que sempre corrói e devora sem ter fim; repleto de podridão que sempre fede e é horrendamente suja (cap. 10).

---

76. PAULO. *Receptae sententiae*, I, 21, 14.
77. DIÃO CÁSSIO. *Storia Romana*, LXVII, 91s.
78. DI NOLA, A. *La Nera Signora*: Antropologia della morte e del lutto. Roma: Newton Compton, 2006, p. 422.
79. INOCÊNCIO III. *De sacro altaris mysterio*, I, 65.

Por quanto tempo se observava o luto? Em geral, de dez meses a um ano, período para além do qual se considerava que o defunto já houvesse passado definitivamente para o além. Em todos esses meses, e mais adiante ainda, era comum o costume (já desde a Antiguidade) de levar ao túmulo flores coloridas, principalmente vermelhas e roxas, com a convicção de que fossem agradáveis ao morto ou, até mesmo, pudessem confortá-lo ou vivificá-lo no outro mundo. Essa não era a única "atenção" dedicada aos mortos. Antes do sepultamento, de acordo com uma prática interessante e famosa que remontava ao mundo clássico, era costume chorá-lo longamente e com gestos até mesmo extremos, como a já lembrada prática de lacerar-lhe a face e os cabelos. Exatamente para evitar os excessos, a Igreja interveio diversas vezes admoestando à moderação no luto: embora Cristo tenha chorado antes de ir ao sepulcro de Lázaro para ressuscitá-lo (Jo 11,33), também foi o próprio Cristo que respondeu a um homem que pretendia segui-lo apenas depois de sepultar seu pai que deixasse "os mortos enterrarem seus mortos", convidando-o, por sua vez, a não se demorar no pranto funerário. A exigência, natural e humana, de manifestar a dor pela perda era, portanto, "controlada" por teólogos e pregadores, os quais insistiam na necessidade de moderação. Mesmo as histórias comuns a modo de *exempla* para este fim são incontáveis. As muitas lágrimas, parece que querem dizer, disturbam os mortos e os tiram de seu eterno repouso. Inclusive, encharcam as vestes deles, tornando-se, portanto, incômodas: é o que mostra a lenda relativa ao monge beneditino Vicelino (morto em 1154), que apareceu em sonho a uma mulher piedosa pedindo-lhe para avisar seu amigo Heppo, que continuava a chorá-lo incessantemente, que ele estava bem, mas por causa de suas lágrimas, sua túnica, cândida como a neve, estava toda molhada.

Exceção é feita a Nossa Senhora sob a cruz, cujo pranto, aliás, torna-se exemplar. Sua imagem dolente e desolada se difunde na cultura popular graças à sequência latina do *Stabat Mater*, composta pelo grande poeta franciscano Jacopone de Todi (1230 c.-1306): a Mãe de Cristo é representada paralisada e dolorosa ao lado da cruz sobre a qual o Filho padece o suplício ("*Stabat Mater dolorosa / iuxta crucem lacrimosa / dum pendebat Filius*"). Suas lágrimas são as de toda mulher que perdeu o filho e, portanto, é fácil comover-se e também para a Igreja justificar. Mas nem todos: de Ambrósio (340 c.-397) aos teólogos bizantinos, muitos observam que Maria não é uma mãe como todas as outras, mas é consciente do mistério de salvação que se cumpre através da morte de Cristo e, portanto, não pode reagir como as mortais comuns à sua privação. Mas se trata de disputas intelectuais. O povo da Baixa Idade Média sempre se afeiçoou à imagem de Maria que chora e sofre, e assim acostumou-se a vê-la representada: Que consolação maior haverá para quem, sobretudo nos anos escuros das epidemias, sofria a perda de alguém praticamente quase todo dia?

Há um vício generalizado de associar as manifestações de luto mais "vistosas" aos países mediterrâneos que carregam indelevelmente impressos os indícios da tradição grega e latina da lamentação fúnebre, dos lacrimatórios, das carpideiras (geralmente pagas). O pranto, porém, aparece fragorosamente também na Europa Setentrional, como demonstram amplamente as sagas e os poemas germânicos e norrenos. Todavia, é um vício geralmente condenado. Por quê? Também nesse caso, primeiramente porque as lágrimas ensopam as roupas dos mortos e perturbam sua paz. Mas fora isso, que sentido tem chorar a morte de um guerreiro se a sua sorte é gloriosa, em Valhalla? Na sala infinita em que se abrem 540 portas, com paredes feitas de lanças e teto com escudos de ouro, entra-se apenas mediante escolha dos deuses. Escoltados pelas valquírias, após transpor os portões sob o olhar atento de um lobo e de uma águia, o guerreiro atravessa o Rio Thund e então adentra o edifício. A sua sorte é feliz porque é a do eleito: assistirá, de fato, Odim no Ragnarök, o duelo final contra os gigantes, e, enquanto espera, combaterá com seus soldados nas vastas planícies de Ásgarôr. Suas feridas ficarão curadas, os membros decepados em vida se recomporão e toda noite se banqueteará com carne de javali bebendo cerveja servida por valquírias em taças preciosas, ou então o sagrado hidromel que escorre das tetas da cabra Heidrum. O que desejar além disso?

Da tumba 50 da necrópole lombarda de São Mauro em Cividale del Friuli (Udine) temos a prova da prática de oferendas e banquetes fúnebres: dois recipientes cobertos – uma panela de cerâmica e uma caneca de bronze fundido – muito provavelmente continham bebidas, ao passo que a descoberta de um úmero de porco, talvez considerado "alimento para a imortalidade" (lembremos o valor sagrado de que a carne de suíno, de porco e de javali se revestia entre os germanos), demonstra que foi oferecido ao morto alimento de valor ritual. A isso se soma o fato de que no preenchimento da sepultura foram encontrados ossos de vários animais queimados e inúmeros fragmentos de louças de cerâmica, talvez quebrados ritualmente: são os restos do banquete fúnebre, realizado bem nas proximidades do sepulcro em si. Não se trata de um *unicum*: cascas de ovo e ossos de galinha, de cordeiro, de bovinos e suínos se encontram com frequência nas necrópoles com acentuadas características tradicionais germânicas, como as de Leno Campo Marchioni, Romans d'Isonzo e Nocera Umbra (até as primeiras décadas do séc. VII).

As miniaturas contidas no *Sacramentarium* de Varmondo, bispo de Ivrea (930-1011), que remonta ao ano de 1002, também nos abrem uma interessante janela para a gestualidade relacionada à morte. Das sessenta e duas cenas preciosas pintadas no *scriptorium* da catedral, dez delas retratam o ritual da partida e dos funerais de um leigo. Eis a descrição reportada por Alfonso Di Nola[80]:

> Na primeira figura um homem e uma mulher, ao lado do doente, com gesto de dor seguram o rosto. Na segunda miniatura uma mulher parece bater no peito, junto a um moribundo deitado por terra. Na terceira figura aparece uma mulher descabelada e segurada por um homem que parece impedi-la de se jogar sobre o morto, de cuja boca sai a alma em forma de menino. Outra mulher levanta as mãos cobertas por um véu. Na quinta imagem, uma mulher puxa os cabelos enquanto o defunto é colocado no caixão e coberto com um tecido decorado. Na sexta, durante o cortejo fúnebre, uma mulher levanta os braços ao céu. Na sétima imagem, a mulher se joga sobre a liteira em que o defunto é velado no coro da igreja. A oitava miniatura apresenta o cortejo da igreja ao cemitério e, no trajeto, a mulher bate no próprio peito. Na décima miniatura está representado o sepultamento na cova e no centro da imagem se apresenta a mulher descabelada que tenta jogar-se sobre o corpo e é detida por outra mulher.

Era assim em todo lugar? Difícil afirmar. Mas essas cenas não se diferenciam muito dos cortejos fúnebres de lamentadoras egípcias ou das cenas de pranto gregas: demonstração evidente de que a manifestação até clamorosa das condolências, apesar das proibições, não passa por soluções de continuidade ao longo dos séculos.

Embaixo da terra

E as sepulturas, como eram na Idade Média? É preciso deixar claro, imediatamente, que nem sempre e em toda parte os usos eram os mesmos. Os povos germânicos, por exemplo, costumavam sepultar os seus mortos (homens e mulheres,

---

80. DI NOLA, A. Op. cit., p. 487.

mas também crianças) – quando as condições sociais o permitiam – com uma bagagem mais ou menos rica. Armas, joias, objetos apotropaicos, mas também utensílios de uso cotidiano, em conformidade com a crença de que o defunto continuasse a viver como antes. Essa tradição se encontra com particular destaque, por exemplo, entre os godos e os lombardos (esses últimos, às vezes e apenas a partir da segunda metade do séc. VII, acompanhados de inscrições). Teodorico, rei dos ostrogodos desde 474 e rei da Itália de 493 a 526, querendo promover na Itália uma política de igualdade entre os seus (pagãos ou arianos) e os itálicos (católicos) no campo religioso, ordenou que fosse abandonado o uso fúnebre antigo e seguido o modelo da população autóctone, que não previa a presença de enxoval fúnebre. Mas sua ordem ("*iussione decernimus*") foi amplamente ignorada, como demonstram muitas sepulturas escavadas até recentemente. Em Collegno (Turim), necrópole dupla, gótica e lombarda, entre as oito tumbas góticas datáveis entre o final do século V e aproximadamente 560, pertencentes a uma família aristocrática, se conserva até mesmo uma sepultura monumental, ocupada pelo chefe do grupo, um homem de mais de cinquenta anos, depositado sem armas e com dois cinturões fechados com fivela de bronze dourado e ferro. Certamente tratava-se de um guerreiro, como mostra a "síndrome do cavaleiro" decorrente de um constante e intenso adestramento equestre, exercitado pela nobreza gótica como habilidade específica da própria posição social. Em volta do túmulo do "chefe" estão dispostas duas sepulturas masculinas, duas infantis e três femininas, duas das quais com ricas joias e vestes decoradas com brocados de ouro. O mesmo vale para o sítio de Frascaro (Província de Alexandria, na Itália), vinte e sete sepulturas e uma parte de jazigo do final do século V até a primeira metade do século VI. O cemitério, talvez cercado por uma paliçada, apresentava sepulturas realizadas escavando um tronco de árvore imitando um ataúde, um uso muito comum no ambiente germânico e presente também em Goito (Mântua) em um núcleo de trinta e oito sepulcros do final do século IV. Os corpos estão depositados com seu enxoval de fíbulas, cinturões e vasilhames. Esses exemplos por si sós bastam para dar uma ideia.

Com a chegada dos lombardos (568), outra população devotada maciçamente à guerra, além da panóplia completa de armas, os guerreiros levavam consigo para o além o próprio cavalo, geralmente decapitado em ritual, e, às vezes, também um cão. As mulheres, por sua vez, eram sepultadas com suas joias e outros objetos de uso e enfeites (pentes de osso, chaves, brincos, grampos de cabelo etc.) que usavam em vida. As paredes das tumbas, escavadas na terra, eram recobertas com placas de pedra que, às vezes, serviam também para cobertura (p. ex., em Arsago Seprio, Varese). O defunto podia ser depositado em um simples sudário ou em um caixão de madeira, dos quais se conservam apenas as partes metálicas (cantoneiras e pregos); sobre as vestes dos mais abastados – ou em um pano colocado sobre o rosto – eram costuradas cruzes em lâmina de ouro simples ou com ricos ornamentos. O vasto cemitério de Collegno (Turim), como dissemos, já frequentado pelos godos, trouxe à luz 175 tumbas lombardas muito interessantes por várias razões, entre elas principalmente pela presença, na primeira fase, do uso (570-630 c.), de onze "câmaras lígneas", ou seja, fossas amplas revestidas de madeira com vigas angulares, já utilizadas nos alojamentos na Panônia (atual Hungria) antes da chegada deles na Itália. Essas "casas da morte" aparecem também em Campo Marchione, perto de Leno (Bréscia): estão presentes em nada menos do que 15 das 249 tumbas escavadas até o momento, sobretudo na primeira fase (últimos trinta anos do séc. VI – início do séc. VII). Esse e outros costumes tipicamente germânicos – sacrifício de cavalo, conjunto de armas e objetos com decoração típica etc. – se encontram um pouco em toda parte na Itália Centro-setentrional: em Cividale del Friuli (San Mauro), Romans d'Isonzo, Povegliano, Trezzo sull'Adda (San Martino), Goito, Testona, Collegno, Sant'Albano Stura, Spilamberto, Nocera Umbra.

Uma tradição citada por Paulo o Diácono (720-799) em sua *História Langobardorum*, ademais, era a de erigir, em memória de quem havia morrido distante, pérticas com pombas de madeira na ponta, voltadas em direção ao lugar onde havia morrido: um costume, talvez, mutuado pelos povos das estepes e presente também entre os godos, mas logo esquecido, visto que sobram traços dele apenas no nome da já destruída Igreja de Santa Maria *ad perticas* de Pavia e na área noroeste de Cividale. Com a progressiva passagem dos lombardos do paganismo ao arianismo e, por fim, com a definitiva conversão ao catolicismo no século VII, também os costumes relacionados ao sepultamento se transformam e as famílias mais ricas tendem a fazer-se sepultar na igreja. Mas não renunciam aos apetrechos pessoais. Um exemplo emblemático é o da Igreja de São Lourenço em Gozzano (Novara), que revelou sepulturas de personagens de destaque, remontando ao século VII e pertencentes à classe dominante, com restos de armas, múltiplos cinturões para suspensão das mesmas com guarnições em ferro geminado em prata e latão decoradas com refinamento. Sem esquecer que a própria rainha dos lombardos, Teodolinda, fez-se sepultar em Monza, na Igreja de São João Batista fundada por ela mesma, com um rico dote de objetos preciosos, entre os quais – segundo a tradição – a famosa galinha com sete pintainhos de prata, uma obra mestra da ourivesaria da época.

Também era bastante comum o costume, de origem clássica, de sepultar o defunto com uma ou mais moedas: o assim chamado "óbolo de Caronte", que servia para pagar a viagem ao além. Esse costume se verifica, por exemplo, em Privernum (na Província de Latina) em uma câmara funerária externa à catedral, mas em contato direto com a abside:

> O defunto, cuja cabeça estava adjacente à parede da abside, tinha sobre o peito, talvez originalmente dentro de um saquinho, seis preciosas frações de síliqua de prata da segunda metade do século IV d.C. A posição da tumba e o rico acompanhamento de moedas qualificam o defunto, homem ou mulher que fora, como um personagem de particular eminência social e, certamente, cristão. Outras tumbas encontradas no interior da igreja e em volta dela, datáveis entre os séculos VI e VII, tinham junto uma moeda de bronze, costumeiramente do mesmo período da inumação[81].

Os próprios godos (mas também os lombardos) na Itália depositavam ao lado do corpo moedas preciosas após transformá-las em joias: um hábito comum que provocou regulação de proibições, tais como as emitidas por Teodorico entre os anos de 507 e 511, para evitar que o precioso metal saísse da circulação econômica. A prática continua durante toda a Idade Média e vai muito além, demonstrando que nem a cristianização nem o definitivo afirmar-se da nova religião conseguiram cancelar totalmente alguns costumes funerários pagãos, tão enraizados a ponto de serem praticados até os nossos dias.

Outra tipologia de sepultura presente na Alta Idade Média, passando ao âmbito setentrional e sobretudo escandinavo, é a chamada "nave de pedra", que reproduzia uma embarcação enterrada na qual o morto (sempre de alta classe) era

---

81. CECI, F. "La deposizione nella tomba: Continuità di um rito tra paganesimo e cristianesimo". In: *Historia Antiqua*, 13, 2005, p. 407-416; aqui, p. 415.

sepultado, geralmente depois de ser cremado. Mas existem casos de monumentos sem sepultura, o que levantou a hipótese de que fossem apenas monumentos que evocavam o hábito, típico dos povos nórdicos, de depor o chefe defunto em uma embarcação de madeira carregada de oferendas e de escravos sacrificiais, que em seguida era incendiada e solta no lago.

De qualquer modo, os testemunhos arqueológicos mais antigos desse tipo remontam à Idade do Bronze escandinava (c. 1000-500 a.C.). A maior parte, porém, se pode inscrever na época viquingue (790-1066 d.C.). Algumas embarcações podiam ser enormes, como as suecas de Åle, que chegava a ter 67m de comprimento e 19m de largura, e Ascheberg, de 55m de comprimento composta de vinte e quatro blocos monolíticos de 25 toneladas cada um, ou ainda a nave de Jelling, na Dinamarca, que mede até 354m. Mas em geral tinham dimensões muito mais modestas. Nelas repousavam, em geral, os guerreiros considerados mais importantes que, sendo grandes navegadores, eram muitas vezes igualmente exploradores de novas terras: assim, por exemplo, a tumba de Tjelvar (750 a.C.) que, de acordo com a lenda, continha os espólios do mítico descobridor de Gotland, þjálfi (Tjelvar). Às vezes eram sepulcros de reis, como a dupla nave que surge na colina de Anund, 100m x 25m, cujo nome deriva, de fato, do homônimo e talvez lendário soberano sueco do século VII. Por que exatamente um navio? É simples: os viquingues – grande povo de navegadores – considera-se que tenham sido os primeiros a chegar ao Novo Mundo nos tempos de Érico o Vermelho (940-1010 c.) – utilizando navios para mover-se, mas também como meio de pilhagem, guerra e conquista, e a nave era parte integrante da sua identidade.

Sepultados na igreja

Com o triunfo do cristianismo, assiste-se a um fenômeno típico: o retorno dos mortos às cidades, eles que eram até então relegados à área externa dos centros urbanos. E a substituição do rito pagão da incineração pelo da inumação, única garantia para a ressurreição do corpo. Apesar de uma voz importante como a de Agostinho (354-430), em seu *De cura gerenda pro mortuis*, afirmar que o destino do corpo não seja decisivo para o futuro da alma, já desde os primeiríssimos momentos em que o cristianismo se difunde começa a impor-se a *pietas* no trato dos defuntos, com a consequente necessidade de oferecer uma sepultura.

Seguia-se, no entanto, o que era prescrito pela legislação romana, muito clara a propósito: a décima lei das Doze Tábuas proibia queimar e sepultar os cadáveres no interior do *pomerium* – os limites sagrados da cidade, traçados desde sua fundação com um ritual preciso – para salvaguardar a pureza (*sanctitas* das habitações[82] e evitar contaminações impuras, razão por que os mortos eram sepultados fora dos muros, geralmente ao longo das vias que passam longe das casas. Cemitérios pagãos e cristãos nos primeiros séculos coexistem: com o tempo se separam, mantendo, em todo caso, em vigor as prescrições que continuam válidas durante todo o período antigo tardio. Mas, com o século IV, as coisas começam lentamente a mudar. Têm início as primeiras "transgressões", como nos revela o Códice Teodosiano (381 d.C.), que sente a necessidade de questionar ainda fortemente a proibição de sepultar dentro dos muros. Quem muda as coisas é Constantino (274-337), que se faz sepultar em um rico mausoléu, o *Apostoleion* – ou seja, a Igreja dos Santos Apóstolos – na nova capital fundada por ele e que leva o seu nome. Assim é violado o tabu do contato entre vivos e mortos: desde então o costume de ser inumados nas basílicas, melhor ainda se perto dos restos mortais de um santo ou de um mártir (*ad sanctos* ou *ad martyres*) se torna algo comum pelas classes opulentas, mesmo que oficialmente proibido, como demonstram os regulamentos emitidos pelos concílios de Braga (563), Mainz (813), Tribur (895) e Nantes (900). A única exceção, mas com permissão da autoridade eclesiástica, era feita para os prelados.

As igrejas, "agora transformadas em cemitérios" (Teodulfo d'Orléans, 750-821), pululam de mortos. Não apenas na abside – lugar perfeito porque é onde estão conservadas as relíquias dos santos –, mas também *sub grunda*, embaixo das goteiras: a água da chuva, considerada benéfica, garantiria, com mais eficácia, a salvação. A maior parte dos defuntos é sepultada em terrenos adjacentes à basílica, que se tornam cemitérios em pleno sentido do termo, mas que são frequentados não apenas para chorar os próprios defuntos, mas sim para desenvolver atividades de todo tipo, mais ou menos lícitas. Inclusive a prostituição. A respeito disso, lê-se a prova eloquente que nos fornece o Concílio de Rouen (1231), em que se proíbe, sob pena de excomunhão, de bailar no cemitério ou na igreja", e uma disposição do ano de 1405 que proíbe "de dançar no cemitério, de jogar ali qualquer tipo de

---

82. "*Hominem mortuum in Urbe se sepelito neve urito*" [Que nenhum corpo seja enterrado ou queimado dentro da cidade]: CÍCERO. *De legibus*, II, 23, 58.

jogo; proíbem-se aos atores, aos comediantes, aos manuseadores de fantoches, aos músicos, aos charlatães, de exercitar ali suas artes suspeitas".

A morte dos inocentes

Na Idade Média não havia um departamento de registro dos defuntos. No máximo, mas apenas nos mosteiros e abadias, havia livros que anotavam os nomes e a data de morte de pessoas que tinham realizado particulares benemerências em relação à Igreja e que, portanto, tinham merecido as orações da comunidade. Tais elencos, chamados *obituaria* (de *obitus*, "morto") – o mais antigo pertence à Abadia de Saint-Germain-des-Prés (séc. IX) –, são muito distantes dos posteriores registros paroquiais, que se difundem maciçamente – embora existam exemplos precoces em Gemona (1379), Sena (1381), Florença (1428) e Bolonha (1459) – apenas depois do Concílio de Trento (1545-1563) e que contêm os acontecimentos relacionados à vida religiosa da paróquia: batismos, crismas, matrimônios e funerais. É difícil, por isso, estabelecer precisamente a evolução demográfica, senão contando com a ajuda de documentos indiretos como as crônicas – que narram, por exemplo, as perdas em decorrência de epidemias ou de outras catástrofes – e com o estudo das ossadas descobertas nas tumbas, preciosos tesouros de informações relativas às condições de vida em determinados contextos. É certo, porém, que a Idade Média tenha sido uma época de altíssima mortalidade infantil. Estudos recentes calcularam que cerca de 45% da população não chegasse aos vinte anos. Mas a morte entre os primeiros três anos de vida – por doença, desnutrição, debilidade ou outros fatores – era percentualmente ainda maior. Assim como era altíssima, na ausência de cuidados médicos adequados, a probabilidade de o neonato – e também a mãe – morrer durante o parto ou nos dias imediatamente subsequentes. O que acontecia com esse exército de pequenos mortos?

Um dos dilemas mais dilacerantes e difíceis de suportar era o do destino das almas das crianças mortas antes de ter recebido o batismo, portanto, ou antes de nascer ou imediatamente em seguida. A teologia deixava pouco espaço a interpretações: o destino delas é a danação. Segundo Santo Agostinho (354-430) "as Sagradas Escrituras e a própria tradição da Igreja atestam que elas [as almas] vão à danação caso tenham saído do corpo nessa condição [sem batismo]". O motivo? Mesmo que não tenham tido como fazer nada nem de bom e nem de mal, "contraíram o contágio da antiga morte segundo o vínculo que casualmente tinham com Adão no ato de sua vinda ao mundo. Não podem, por isso, ser liberadas do suplício da morte eterna, que transfere de um só a justa condenação a todos, se não renascem por graça em Cristo": são, por isso, condenadas, embora a "penas brandíssimas".

Ainda mais peremptório, Fulgêncio de Ruspe (468-533) considera indubitável que "não apenas os homens já dotados de razão, mas também as crianças que começam a formar-se no útero materno, ou que já nasceram, que abandonam esse mundo sem ter recebido o batismo, deverão ser punidas com o suplício do fogo eterno". De igual teor é a posição de Gregório Magno (540 c.-604), santo e papa, convicto da condenação delas aos tormentos perpétuos.

A essas posições rigoristas tentaram mediar primeiramente teólogos do calibre de Pedro Abelardo (1079-1142) e Pedro Lombardo (1100-1160), que argumentavam que a única pena reservada às crianças era sofrer a ausência da Luz Eterna, ou seja, a visão de Deus; mais tarde, no século XIII, Santo Tomás de Aquino e seus seguidores afirmam a ausência, para esses inocentes, do tormento do fogo. Mas o Concílio de Lion de 1274, e depois o de Florença de 1439, repetiram com força que a alma de quem morre em estado de pecado original desce ao inferno e sofre os mesmos tormentos, embora mais leves.

Aos poucos, porém, e exatamente para enfrentar o evidente embaraço causado pela injustiça de uma condenação perpétua de crianças absolutamente inocentes, foi introduzida a ideia da existência de um lugar chamado "limbo" (do latim *limbus*, "orla", "margem exterior") onde elas permaneciam eternamente sem sofrer os tormentos, mas "apenas" privadas da visão de Deus. Seu corpo, porém, não podia ser sepultado em terra consagrada, portanto, eram depositados nos campos ou, no máximo, na área sagrada em frente à igreja.

Evidentemente, sobretudo para as mães, essa ausência de qualquer esperança a respeito da salvação dos próprios filhos nascidos mortos ou falecidos antes de ter recebido o batismo era insuportável. As tentativas de "desviar" a inelutável danação estão presentes nas crenças folclóricas difundidas em toda a Europa cristã da Idade Média à Moderna (e, em alguns casos, Contemporânea). Acreditava-se, por exemplo, que sepultar os corpinhos *sub grunda*, ou seja, como já mencionado, sob a calha da igreja, os levasse à salvação ao fazê-los ser lavados pela água da chuva, "enviada por um Pai Eterno mais misericordioso" (A. Di Nola), que, assim, os batizava. Ou então se tentava fazer com que os cadaverzinhos fossem sepultados de algum modo, ao menos com a cabeça, em contato com o chão sagrado. Esses e outros estratagemas eram severamente reprimidos pela Igreja, mas permaneceram comuns entre a plebe tão longamente que, por exemplo, em 1778 o Sínodo de Novara decidiu proibir até mesmo que as crianças não batizadas fossem levadas próximas a capelas campestres ou a imagens de santos ou relíquias, "a fim de não permitir que, por esse motivo, usurpem bênçãos e, quase tentando Deus, sejam chamadas da morte à vida".

Chamadas da morte à vida, portanto, revivificadas com o objetivo de obter o batismo e com ele a salvação. Esse, aliás, era o escopo dos assim chamados *sanctuaire à répit* (literalmente, "santuários de trégua") comuns, ao menos a partir do século XIII, em muitos lugares da Europa Centro-setentrional particularmente em Flandres, na Picardia, na Alsácia, em Lorena, na Borgonha, na Savoia, em Provença e outras províncias francesas, na Suíça e na Áustria, na Renânia e na Itália no Vale de Aosta. As mães, acompanhadas de algum parente, levavam a esses lugares o corpinho morto de seus filhos logo após a morte. Depois de os depositarem no altar dedicado à Virgem – a única em condição de interceder para obter o milagre – rezavam com fervor, esperando a manifestação de um – qualquer um! – sinal de vida ao menos aparente: retorno da colocação rosada no rosto, emissão de um inaudível respiro que fosse, urinação, hemorragia nasal, pulsação muscular ou movimento de qualquer membro do corpo, lacrimação, e assim por diante. Assim que um ou mais desses sinais se manifestava, o padre se apressava imediatamente a administrar o batismo no corpinho "ressuscitado"; após o que, verificada a "segunda morte", o defunto era sepultado ali mesmo.

Não se tratava de uma alucinação coletiva: esse tipo de manifestações, nas horas subsequentes à morte, não são tão raras assim. Calculando que, para chegar ao santuário, se levava em média ao menos um dia ou mais (conforme a distância podia levar até de 8 a 15!), ao chegar certamente o pequeno corpo já havia começado a corromper-se. E os fenômenos aqui descritos são perfeitamente explicáveis do ponto de vista médico, levando-se em conta o tempo e as modalidades em que acontece a decomposição. Claro que o desconhecimento das questões científicas (ou até o simples desespero) fazia com que tais sinais fossem interpretados como verificação de "milagres" que, piedosamente, permitiam à criança morta sem batismo obter a almejada "permissão de passagem" para a salvação eterna. E isso era o suficiente para devolver às mães a fé e o conforto. Desnecessário dizer que, apesar da colaboração dos padres, a posição oficial da Igreja a respeito dessas "superstições" sempre foi fortemente hostil, como mostra sua condenação aberta nos dois sínodos de Langres (1452 e 1479).

Para além dessas práticas de consolação, o folclore denuncia uma densa seara de crenças que tendiam a considerar as crianças mortas sem batismo como um perigo para a sociedade que devia ser exorcizado, inclusive, com ritos cruentos. No imaginário coletivo, as crianças mortas eram suspeitas de encarnar-se em espíritos ou duendes malignos que podiam agredir por sua vez outros recém-nascidos ainda não batizados ou manifestar-se de algum modo aos vivos para atormentá-los. Para evitar isso, se recorria em alguns casos a ferimentos no corpinho com mutilações (decapitação, decepação dos pés etc.) ou outras formas de exorcismo. O *Penitencial* (1008-1012) do conhecido Burcardo de Worms, por exemplo, condena a prática comum da "empalação" do pequeno cadáver, utilizada a fim de que não pudesse retornar para perturbar os vivos, com dois anos de penitência a pão e água. Na necrópole, recentemente escavada (2006), de Baggiovara, na Província de Módena, datável entre a Antiguidade tardia e o início da Idade Média (i. é, entre os séc. VI e VII d.C.), vieram à luz, sob esse aspecto, alguns túmulos particularmente interessantes. Entre eles, os túmulos 7, 8 e 19 pertencem a crianças recém-nascidas. Os corpinhos estão depositados sobre uma telha e envoltos por duas outras telhas colocadas em forma de telhado ou em uma casinha de tijolos, orientados com a cabeça para o Leste e os pés para o Oeste e sem outros objetos. O cadaverzinho da tumba 8 foi sepultado com alguns sapos decapitados, evidentemente com objetivo apotropaico.

Revenants, ou seja, os "que retornam" da morte

Tais práticas, porém, não eram reservadas apenas às crianças mortas fora do "estado de graça", mas aplicadas em todos os assim chamados casos de "morte má", isto é, quando os indivíduos haviam morrido de uma maneira que interrompia o curso natural do destino – morte repentina, por acidente, assassinato, justiciamento, suicídio, de parto, no caso das mulheres –, ou então em estado de excomunhão, ou ainda porque pertenciam a outras crenças religiosas, ou eram suspeitos de bruxaria ou deformados, ou ainda por serem considerados de alguma maneira

225

"diferentes". Geralmente eram sepultadas em terreno não consagrado e por isso também se temia que retornassem para atormentar os vivos. Tornava-se, portanto, necessário proceder a uma série de ações visando evitá-lo.

O cadáver era amarrado com cordas, tecidos, tiras de couro (que não se conservaram, por serem perecíveis, mas deixaram marcas permanentes no esqueleto e na posição, dobrados ou contraídos de maneira não natural), ou submetidos a mutilações (amputações das articulações, decapitação), presos com pedras ou sepultados com objetos de forte valor apotropaico (pregos, espinhos, estacas apontadas, amuletos diversos). Em Cornovaglia, por exemplo, o corpo do suicida era preso no chão transpassando-o com uma lança de modo que não pudesse levantar-se. Mas se, desgraçadamente, mesmo assim se levantasse do túmulo? Não havia perigo: era sepultado nos cruzamentos para que se confundisse sobre o caminho a seguir para retornar e infestar o povoado.

Da já mencionada necrópole de Baggiovara que, no total, consta de dezessete sepulturas, chegam-nos também os ecos de tais práticas. Os inumados das tumbas 11 e 13 sofreram, respectivamente, a mutilação da parte inferior da perna esquerda, o primeiro, do braço direito, de ambos os pés e do crânio, o segundo. Tais mutilações, segundo estudos realizados pela Universidade Ca'Foscari de Veneza, teriam acontecido *post mortem*, pouco tempo após o falecimento. A tipologia denuncia claramente o medo de que o sujeito em questão pudesse, de algum modo, "retornar" evidentemente para criar tumulto entre os vivos.

O terror dos *revenants*, literalmente, "retornantes", existia desde a mais remota antiguidade[83]. A necrópole de Casalecchio di Reno (Bolonha), escavada diversas vezes e relativa a épocas diversas, demonstrou-o abundantemente. A porção documentada em 1991-1992 pertence à tribo celta dos Boi (metade do séc. IV a.C.): de 97 tumbas, ao menos 37 apresentam esqueletos com nítidas marcas marrom-escuro em determinados pontos dos ossos, interpretadas como ataduras com faixas de couro com vários centímetros de largura, utilizadas para garantir que os mortos não pudessem sair andando. As escavações realizadas entre 1989 e 1992, relacionadas à porção de necrópoles romanas datadas entre os séculos II e IV d.C.,

---

83. BELCASTRO, M.G. & ORTALLI, J. (orgs.). "Sepolture anomale. Indagini archeologiche e antropologiche dall'epoca classica al Medioevo in Emilia Romagna – Giornata di Studi". In: *Quaderni di Archeologia dell'Emilia Romagna*, 28, 2009. Cf. tb. CESARI, L. "Revenants e paura dei morti – Parte seconda: Il 'chiodo fisso' dei vampiri". In: *Pagani e Cristiani*, III, 2003, p. 119-155.

mostraram como nas tumbas de inumação (76% de um total de 238) estavam ausentes os calçados, presentes, por sua vez, nos túmulos para cremação: pretendia-se evitar que os corpos pudessem caminhar, problema que, evidentemente, não se colocava no caso dos defuntos cujo corpo era reduzido a cinzas. Outras escavações mostraram a presença, novamente em Casalecchio di Reno, de tumbas, mais tarde, com corpos com as articulações mutiladas, além de outras partes do corpo. Em particular, a tumba 2 continha um esqueleto decapitado deposto em posição fetal com um cachorro posto ao lado do crânio, enquanto na tumba 3 o corpo do infeliz sofreu o corte de ambos os pés: o esquerdo foi colocado, depois, sobre o ombro direito, e o direito próximo do fêmur, ao passo que o crânio foi colocado perto das tíbias. Qual a razão dessa necessidade de cortar e "misturar" as várias partes do corpo? Também, nesse caso, para impedir os defuntos de retornarem para perseguir os vivos.

Outra escavação, dessa vez em Bolonha, referente ao canteiro da nova estação de trem de alta velocidade, descobriu um esqueleto enterrado de barriga para baixo e um defunto com um grande prego perfurando o topo do crânio (tumba 109). A mesma prática, esta última verificada na Catedral de São Pedro em Bolonha, onde durante os trabalhos de restauração foram encontrados dois crânios que remontavam, de acordo com as análises com radiocarbônio, ao século XII, e apresentavam também furos oriundos de um prego. Por quê? Quem sabe se tratasse do "golpe de misericórdia", aplicado às vítimas em uma execução, mas parece mais provável a presença de um determinado ritual apotropaico. O prego, como já mencionado, sempre foi visto como um objeto mágico: na Antiguidade era associado às deusas Parcas e indicava a ineluctabilidade dos acontecimentos, particularmente, da morte e, junto com outros objetos pontiagudos ou afiados de metal ou de madeira (estacas, facas, espadas, espinhos etc.), era utilizado para esconjurar o perigo do retorno dos defuntos. Transpassava-se o morto ou então se depositava o objeto diretamente sobre o corpo, ou ao lado dele. Pregar o crânio equivalia, portanto, a "fixar" o cadáver (*defixio*) para sempre no lugar da sepultura, impedindo-o de levantar-se.

Essas práticas podiam ocorrer também muito tempo depois que o sujeito tinha morrido, principalmente quando se verificavam catástrofes naturais ou epidemias e era necessário, na mentalidade da época, encontrar o culpado. Então se procedia à abertura do sepulcro de indivíduos particularmente suspeitos e, caso o cadáver se apresentasse incorrupto ou com os típicos indícios anteriormente recordados a propósito de crianças aparentemente ressuscitadas para receber o batismo, eram considerados responsáveis pelas desgraças na qualidade de *revenant* e "não morto". Nesse caso, se providenciava a mutilação do cadáver, a decapitação e o traspassamento com estacas pontiagudas de modo que não pudesse mais causar maldades. Um testemunho eloquente nos é dado pelo cronista Saxão Gramático (c. 1150-1220) que conta como, para libertar-se da peste causada por vingança por um homem assassinado durante um tumulto, os habitantes "reexumaram o cadáver, decapitaram-no e lhe transpassaram o peito com um bastão pontiagudo; foi assim que resolveram o problema".

Tais práticas recordam aquelas, famosíssimas, de eliminação dos assim chamados "vampiros", cuja existência no folclore é amplamente atestada desde a mais remota antiguidade. Sem abordar detalhadamente a questão – ademais já abundantemente estudada –, pode-se lembrar que a descoberta de cadáveres enterrados de acordo com os rituais típicos inerentes ao vampirismo é bastante comum em toda a Europa. A mais recente cronologicamente, tornada pública em julho de 2011, deu-se na Bulgária e diz respeito a dois esqueletos que remontam ao século XIV, achados sem os dentes (removidos evidentemente por precaução) e tendo ao lado a barra de ferro usada para golpeá-los diversas vezes no peito até afundá-lo.

O terror da senhora de preto

Esconjurava-se, com isso, o medo da morte? Nem um pouco. Ainda se acreditava nos espectros. Nos primeiros séculos da Idade Média, era comum a superstição de que os espíritos dos mortos habitassem os bosques, as florestas e os terrenos baldios, aliás, mais precisamente, em ruínas de igrejas, sepulcros e cidades extintas e engolidas pela vegetação. Mas a partir do século VII, quando os restos de pedra começaram a ser utilizados para fundar novas igrejas, palácios e mosteiros, eis que os espíritos, inexoravelmente, se transferiram para o meio dos vivos, habitando entre eles. Já mencionamos anteriormente o caso de algumas "aparições" de fantasmas visando conter o desespero e as lágrimas dos vivos, que não cessavam de chorar por eles. Mas são incontáveis – falamos disso a propósito das superstições – as manifestações de espectros ou de fogos-fátuo que aparecem à alva, pelas encruzilhadas – consideradas lugares amaldiçoados – envoltos em uma inquietante aura que os deixa enigmáticos e assustadores. O já repetidamente citado Rodolfo o Glabro narra a aparição a Wulferio, monge de Langres, de um cortejo de homens vestidos de branco e cobertos com estolas de cor púrpura que declaram ser cristãos mortos pelos sarracenos em defesa da fé. Também é Rodolfo que conta a respeito de uma outra aparição coletiva, desta vez de cavaleiros, ao Padre Frotterio, que, tomado de indescritível terror, morre no mesmo ano. Dietmar de Merseburgo (975-1018) em sua *Cronaca*, escrita entre 1009 e 1018, descreve o avistamento, no cemitério, de pequenas luzes que brilham acima das velas e de vozes de homens devotados a cantar as horas da manhã e as laudes. Quando os vigias do cemitério se aproximam, tudo silencia. A cena se repete com variações nos dias seguintes até que é ordenado um jejum de três dias a pão e água. Esse e outros episódios narrados por Dietmar mostram que

> os mortos passam para anunciar a iminência de um falecimento, que o tempo pertence pela metade aos mortos e que esses estão prontos em qualquer circunstância a conquistar os lugares que os vivos há tempos abandonaram – uma cidade destruída durante uma incursão militar ou uma igreja abandonada. Os mortos sentem-se em casa nas ruínas e defendem o espaço que conquistaram com uma energia selvagem. Portanto, é necessário que os sacerdotes, aspergindo água-benta, delimitem os respectivos espaços dos vivos e dos mortos. O ano mil marca a invasão dos espíritos, mas também os esforços redobrados para os afastar[84].

Com o passar do tempo, além do cemitério, outro lugar privilegiado para as manifestações sobrenaturais são os bosques. De fato, se na Alta Idade Média a floresta é um local familiar, onde se caça, se recolhem frutos, se tira lenha e cultiva gado, com a expansão das cidades que começou a partir do século XII e os consequentes desmatamentos, elas se tornaram um lugar hostil, cheio de perigos, povoado de animais ferozes e de presenças inquietantes. Começaram a se espalhar lendas relacionadas a estranhos encontros e a procissões de almas danadas e atormentadas, como aquela que, segundo a *Storia ecclesiastica* de Orderico Vital, apareceu a um padre em 1091, em um bosque francês isolado. Não por acaso, Dante, homem do século XIII, coloca os suicidas em uma selva infernal, como também é em uma selva "escura" que começa sua viagem imaginária ao além; e é o coroamento dessa nova visão do mundo. Relatos de procissões mais ou menos

---

84. SCHMITT, J.-C. *Spiriti e fantasmi nella società medievale*. Roma/Bari: Laterza, 1995, p. 52.

inquietantes de espíritos atormentados e infelizes continuam até o fim da Idade Média (basta citar a novela de Nastagio degli Onesti no *Decameron*, de Boccaccio) e ainda mais tarde. Finalizando-se com uma concepção revista – e bem mais desconcertante – da morte.

Dança macabra

Esqueletos dançantes, cadáveres de homens e mulheres pertencentes, em vida, às mais diversas classes, que perambulam recordando que a morte é igual para todos e a todos atinge sem reservas, é, na verdade, o tema da "dança macabra", que se espalhou pela Europa do fim da Idade Média e desenvolveu-se na literatura e nas artes figurativas. A ideia da *Danse macabre* parece derivar de uma poesia escrita em 1376 por Jean de Lèvre após ter-se curado da peste, dois anos antes. Os versos representam a morte que, bailando, chama a si sucessivamente o papa, o imperador, o rei, o douto, o clérigo, o monge e a monja, sem distinção alguma. Com certeza não deixou de sofrer a influência, na elaboração do tema, da terrível experiência da Peste Negra, mas a origem da dança macabra remonta, considera-se, a determinadas crenças populares segundo as quais à meia-noite os mortos dançam nos cemitérios procurando atrair os vivos para suas fileiras. Entre os primeiros a ocupar-se do seu desenvolvimento literário e de sua difusão estiveram os franciscanos que, a partir da metade do século XIV, para favorecer sua compreensão por parte das massas, utilizaram em suas representações a língua vulgar.

A difusão do tema da dança macabra conheceu seu ápice no século XV, quando as "danças de roda" de esqueletos complementadas com escritos e diálogos promoveram sua maciça presença nos muros dos cemitérios e das igrejas de toda a Europa, em particular na França, na Alemanha e no norte da Itália (é célebre o ciclo de afrescos de Clusone, na Província de Bérgamo).

O tema da dança macabra pode também, porém, ter derivado dos contatos culturais e comerciais com o Oriente: na Ásia Central, na China e nas Índias, particularmente nas zonas de religião budista, as danças de roda de mortos e os colóquios entre monges e cadáveres já eram conhecidos há séculos, e os franciscanos que se dirigiram para lá em missão não fizeram mais do que "importá-los" para a Europa, onde vingaram bem graças ao clima fértil provocado pelo recente luto e da difusão, na época, no culto, dos temas da Paixão e da *Via Crucis* e, na pregação, do fim dos tempos, do inferno e do purgatório.

A arte de bem morrer

Entre o final do século XIV e a primeira metade do século XV, a Europa passa, com efeito, por uma série de catástrofes de impacto devastador. É uma época de conflitos (a Guerra dos Cem Anos, entre a França e a Inglaterra, não se restringiu apenas às duas nações em jogo, mas repertutiu também em outras partes) e de mudanças, mas também de pragas e doenças como a Grande Peste Negra que sacudiu o continente entre os anos 1347 e 1353, matando entre 20 e 25 milhões de pessoas, um terço da população da época. A vida parecia precária e frágil, pendurada por um fio apenas, enquanto a morte, ao contrário, se apresentava como uma presença cotidiana.

As pungentes circunstâncias mudaram radicalmente a concepção sobre o homem e seu destino: no centro das atenções agora não estava mais o juízo coletivo no fim dos tempos, mas o individual logo após a morte. Convinha a cada um, portanto, preparar-se para o fim da melhor maneira possível. Isso explica a razão do grande sucesso que obtiveram as duas versões da chamada *Ars moriendi* ("A arte de morrer"), composta em latim entre os anos 1415 e 1450, e que oferece toda uma série de conselhos para "bem morrer" segundo os preceitos cristãos e garantir a salvação eterna.

A versão mais longa – a primeira a ser escrita – tem por título *Tractatus* (ou *Speculum*) *artis bene moriendi*. A segunda, mais breve, e acompanhada de onze incisos que ilustram eficazmente o conteúdo. Ambas tiveram grandíssimo êxito e foram traduzidas em quase todas as línguas vulgares da Europa.

O autor, um desconhecido frade dominicano – no entanto, o ambiente em que nasceu reflete fortemente a pregação dos dominicanos, especialmente de alemães como Henrique Suso e João Nieder, e dos franciscanos –, articula o discurso em seis capítulos. No primeiro, explica que a morte também possui um lado positivo e tem a função de consolar quem está morrendo e convencê-lo de que não precisa temer a morte. O segundo elenca as cinco tentações a que é submetido o moribundo – falta de fé, desespero, impaciência, orgulho espiritual e avareza – e como fazer para evitá-las. O terceiro contém as sete perguntas a serem feitas ao moribundo enquanto o poder de redenção dado pelo amor de Cristo o conforta; o quarto teoriza a necessidade de imitar Cristo; o quinto volta-se à família e aos amigos e delineia os comportamentos corretos a adotar no leito de morte; o sexto e último contém orações a serem rezadas para acompanhar o momento da morte. E recorda que a decisão entre resistir ou sucumbir às tentações do diabo depende apenas do homem: um interessante preâmbulo às ideias de fundo da futura Reforma.

Inferno, purgatório e paraíso

O que aguardava o ser humano após a morte? Todo cristão o sabia muito bem: a vida eterna. O que não sabia, porém, era onde a passaria. Não era simples imaginar um lugar que não estivesse mais ancorado na dimensão terrena, ou seja, sobretudo, ligado ao espaço e ao tempo. Por isso os teólogos elaboraram uma estrutura "física" também para o além, imortalizado poeticamente por Dante na *Divina Commedia* e popularizado pelos artistas nos afrescos das igrejas. O inferno, situado nas profundezas da terra, antípoda de Jerusalém, era dividido em círculos onde os pecadores eram punidos por toda a eternidade entre os mais atrozes tormentos estabelecidos segundo a lei do talião: os gulosos obrigados a chafurdar em paludes de lama como porcos, os luxuriosos arremessados de um lado para o outro por um forte vento, e assim por diante. Na espera do dia do juízo, quando a ressurreição dos corpos levará à plenitude também a danação. Inversamente, às almas puras era reservado o paraíso e a felicidade eterna e incomensurável de poder gozar, em diferentes medidas, da visão de Deus.

Portanto, ou de um lado ou de outro? Até o século XIII, sim. Depois, lentamente começou a elaborar-se a ideia de um "terceiro lugar", não previsto nas Sagradas Escrituras, mas que permitia encontrar uma colocação também para quem não era tão santo para ir direto ao paraíso, mas tampouco malvado o bastante para merecer o inferno.

A formulação do purgatório teve um enorme sucesso. Qualquer um, na prática, podia contar com a possibilidade de evitar a danação eterna. Bastava, por exemplo, arrepender-se na hora da morte. A Igreja definia para cada pecador um determinado número de "dias" de purificação, ao fim dos quais a alma alcançava o Éden e esperava o juízo final e, com ele, finalmente a salvação. Nascido para responder às exigências espirituais decorrentes das novas condições socioeconômicas dos séculos seguintes ao ano mil, e após uma sistematização doutrinal graças à Escolástica, o purgatório revolucionou profundamente a relação com a morte e com os mortos, e aumentou imensamente o poder da Igreja. Os vivos, de fato, podiam abreviar o tempo de espera dos mortos por meio de orações e indulgências, estabelecidas em tarifários específicos para isso. Uma prática, entre tantas outras, que provocaria no século XVI, a ira de Lutero.

En transi

Entre os aspectos mais interessantes da mudança de perspectiva do final da Idade Média está uma particular forma de escultura funerária, chamada *transi* (de "trânsito", no sentido de passagem da vida à morte), que se difundiu nos países da Europa Centro-setentrional a partir do século XV.

Se a tumba de Leonor da Aquitânia, falecida em 1204 (e, como ela, de outros governantes europeus) representa a célebre e esplêndida mecenas em uma imagem de serena beleza – parece ter pego no sono lendo um livro de orações! –, tranquila com relação à graça e à salvação, os sepulcros de prelados e soberanos após a Grande Peste devolvem seus proprietários a todo o horror e a desfiguração da morte. O gosto pelo particular macabro é exaltado até o paroxismo. O corpo se apresenta inerme e impotente diante dos assaltos inexoráveis do tempo: corroído por vermes e pela decomposição, se transforma no triunfo da futilidade e da vanglória, lembrando – é o tema clássico do *memento mori* – que tudo é, conforme a Bíblia, *vanitas vanitatum*, "vaidade das vaidades" [Ecl 1,2], e destinado a desaparecer da maneira mais sórdida. É inútil buscar em vida o luxo e o prazer: a "niveladora", que não conhece diferenças de *status* social leva todos, ricos e pobres, igualmente nus ao juízo final.

Um dos primeiros e mais poderosos exemplos dessas surpreendentes representações é a tumba do Cardeal Jean de La Grange (morto em 1402) em Avignon: o corpo é representado como um cadáver em putrefação, enquanto uma cartela admoesta a respeito do destino comum da morte. Esculturas desse tipo estão presentes também na Itália e se devem ao eficaz cinzel de Andrea Bregno (1418-1503): são os monumentos para os cardeais Alano de São Praxedes, Ludovico d'Albert de Santa Maria de Aracoeli, em Roma, e Giovanni Diego de Coca (morto em 1477), realizados com a colaboração de Melozzo da Forli. Um exemplo interessante, indireto, é o que se encontra aos pés da Trindade [*Trinità*] na tela homônima de Masaccio (1401-1428), onde aparece representado um monumento fúnebre com um esqueleto jazendo sobre o mármore contornado pela frase "Eu já fui o que ora sois, e o que sou ainda sereis". Mas temos também exemplos mais precoces, belamente góticos, saídos da mão de Giovanni di Cosma (que viveu nos anos noventa do século XIII em Roma): são os túmulos do Cardeal Matteo d'Acquasparta em Santa Maria de Aracoeli, do bispo Gonsalvi (1298) e do Cardeal Gonsalvo (1299), os três colocados em Roma na Basílica de Santa Maria Maior. Nesse tipo de escultura os defuntos são representados em estado de decomposição, cercados pelos bens terrenos que os haviam acompanhado durante a vida. Existem ainda sarcófagos "duplos", dispostos em dois planos: o primeiro em cima apresenta o defunto de maneira "tradicional", ao passo que embaixo, à vista do espectador, a versão *en transi* remete à dramática realidade eliminando qualquer ilusão.

Superada a tranquilizadora e etérea representação do defunto adormecido com as mãos juntas esperando a ressurreição e sua (pretensa) acolhida entre os justos, a Idade Média termina com um forte senso de precariedade e de solidão do homem diante da morte. Novas questões – sobre o destino, sobre a sorte, sobre a liberdade e o papel do indivíduo e sua capacidade de alcançar a salvação – aguardam respostas. Quem as dará serão o Humanismo e o Renascimento.

10
Festas e folclore no quotidiano da Idade Média

Qual era o horizonte temporal das pessoas na Idade Média? Como mediam o tempo? E, sobretudo, de que maneira o ocupavam enquanto não estavam trabalhando? Segundo nossa percepção, tão somente aproximativa, não existiam os calendários como hoje os concebemos; nem relógios de pulso, tampouco rádio-relógios. Mas isso não parecia incomodar ninguém: longe da vida obcecada pelo correr dos minutos e marcada pelo estresse, camponeses, cavaleiros e prelados, homens e mulheres, velhos e jovens, seguiam os ritmos ditados pela natureza, pelo ciclo do sol e pela passagem das estações. Tudo isso, com muitos ritos e festas.

As horas do dia

Como ainda não havia luz elétrica, as atividades – e, assim, o dia – terminavam com o escurecer. As horas eram calculadas a partir do pôr do sol: vigorava a prática romana de dividir o dia em horas diurnas (*horae*) e noturnas (*vigiliae*), sempre em grupos de três. A subdivisão era assim: *vigilia prima* (das 18h às 21h, aprox.), *secunda* (21h-0h), *tertia* (0h-3h) e *quarta* (3h-6h); e, durante o dia, *hora tertia* (6h-9h), *sexta* (9h-12h), *nona* (12h-15h) e *vespera* (até o pôr do sol). E, já que não existiam os relógios (os primeiros, não isentos de erros, começaram a se difundir a partir de 1300), eram os sinos que, desde o século VII, marcavam a passagem do tempo no dia a dia medieval, regulando com suas badaladas o trabalho e a vida nos campos. Obviamente, as horas começavam mais cedo ou mais tarde de acordo com as estações do ano. O ponto de referência era, principalmente, o campanário dos mosteiros que batia as horas seguindo os ritmos dos monges e suas orações. A primeira oração (o assim chamado *mattutinum*) acontecia por volta das três da madrugada; ao alvorecer era o momento das *laudes*, depois rezava-se à *hora tertia* (por volta de 9h), à *sexta* (meio-dia), à *nona* (às 15h), e ao *vesperum* (às 15h), e, por fim, *compieta* (ao anoitecer), quando se recitava a Ave-Maria (que a partir de 1318 passou a ser acompanhada pelo badalar dos sinos). A passagem dos minutos era acompanhada graças a relógios de sol, ampulhetas ou velas: um sistema nada preciso. Mas isso pouco importava, dado que o tempo era considerado sagrado e pertencia somente a Deus.

Com o desenvolvimento econômico ocorrido a partir dos séculos XI e XII e a progressiva ascensão social das classes mercantis, o lento e meditativo "tempo da Igreja" começou a diferenciar-se mais do frenético "tempo do mercante" e a entrar em conflito com ele. Para o mercante, de fato, tempo é dinheiro, e, portanto, objeto de medida que deve ser racionalizado na duração das viagens, na rapidez dos negócios comerciais e nos empréstimos. A Igreja não ficou para trás. Se antes condenava essa nova filosofia do tempo (posto que ele pertence a Deus, não poderia ser objeto de lucro), pouco a pouco, a legitimou; e legitimou também a usura. Primeiramente, ela reconheceu que os mercadores exerciam um trabalho indispensável para a Cristandade: a disponibilização dos recursos. E também porque os mesmos mercadores resgatavam os próprios pecados com côngruas, esmolas e heranças. Aliás, foi para eles, como se viu, que, de fato, se inventou o purgatório.

O calendário na Idade Média

Os anos transcorriam de maneira entediante e, para a gente comum – que, ao contrário das classes mais cultas e dos eclesiásticos, não tinha muita noção de como medir o tempo – era bastante difícil computá-lo corretamente.

Se, na época romana, o ponto de partida para a contagem dos anos era a fundação da Urbe (fixada pelo erudito Varrão no dia 21 de abril de 753 a.C.), a partir do século VI começou a se popularizar o sistema elaborado pelo monge Dionísio o Pequeno, que, baseado em uma série de cálculos, estabeleceu o nascimento de Cristo no dia 25 de dezembro do ano 753 *ab Urbe condita* (da fundação de Roma). E, mesmo que o cálculo do início da nova "era cristã" tenha sido reconhecido na sequência como errôneo e atrasado quatro ou cinco anos em relação ao efetivo nascimento de Jesus, esse sistema se impôs em todo o Ocidente por volta do século X e continua vigente até hoje. Não custa lembrar que outras culturas seguiam um próprio calendário diferente do cristão: os árabes, por exemplo, contavam os anos a partir da fuga de Maomé de Meca (*Égira*), ocorrida aos 16 de julho de 622 segundo uma tradição que se introduziu a partir de 640 d.C.

O calendário usado no Ocidente durante a Idade Média era fruto da combinação entre o calendário juliano, introduzido no século I a.C. por Júlio César, dividido em 12 meses, e o hebraico, do qual os cristãos herdaram a divisão em semanas e a importância central da Páscoa (em hebraico *Pesach*, "passagem"), além da escolha de um dia dedicado ao repouso (para os hebreus era o *shabbat*, sábado, mas o Imperador Constantino preferiu o domingo, *dies dominica*, i. é, "Dia do Senhor").

O início do ano era fixado de acordo com determinados esquemas que variavam conforme o lugar. O esquema da circuncisão de Jesus (que fazia o ano começar a partir de 1º de janeiro) era usado na Roma imperial; o veneziano (no qual o ano iniciava dia 1º de março) esteve em vigor na República de Veneza até 1797; são ainda peculiares os dois esquemas "da Encarnação" (i. é, o dia da Festa da Anunciação), ambos em voga até 1749: o de Pisa e o de Florença, que previam o início do ano aos 25 de março. O mais difundido, talvez, ao menos no noroeste da Península Itálica (como a Lombardia), era o natalino que fazia o ano começar aos 25 de dezembro. A tudo isso se acrescente, por fim, o modelo bizantino, que iniciava o ano no dia 1º de setembro, e foi usado no Império do Oriente e na Rússia. Todo o calendário, em todos os lugares e circunstâncias, girava em torno da figura de Jesus e da comemoração dos eventos principais de sua vida terrena.

Outras festas fundamentais eram, de fato, Pentecostes (que recorda a descida do Espírito Santo sobre os apóstolos e o início de sua missão) e *Corpus Christi* (festa criada a partir de 1246). Mas ao lado do Salvador, o calendário lembrava também os santos e os mortos, além de incluir as festas de caráter mais profano. O que frequentemente acontecia com muitas ambiguidades. De fato, o paganismo ainda não tinha adormecido, sobretudo nos campos e nas áreas de evangelização mais recente. Essas ocasiões eram a recordação das antigas festividades baseadas nos ritmos agrícolas, que mesmo na Idade Média continuavam a ditar o ritmo da vida quotidiana.

O "quebra-cabeça" pré-cristão

Para entendê-lo [esse quebra-cabeça], será necessário voltar ao tempo em que o cristianismo ainda não era tão popularizado e, portanto, o paganismo atuava como "universo cultural" de referência; principalmente o paganismo céltico que permaneceu latente mesmo depois da conquista romana, que se limitou a encampar as antigas divindades e os antigos ritos – muitos dos quais, para dizer a verdade, já eram muito parecidos – assimilando-os aos seus próprios. A abordagem dos celtas no que tange ao transcorrer do tempo era diferente da nossa e se baseava nos ritmos dos astros – algo típico de uma civilização agrícola. Sabemos, pelos fragmentos de uma placa de bronze descoberta em Coligny, França, em 1897, que o calendário era estabelecido a partir do movimento do Sol e da Lua, com um caráter cíclico que refletia o ritmo da natureza. O ano tinha 355 ou 385 dias: normalmente era de 12 meses, mas, a cada trinta meses, acrescentava-se mais um com trinta dias como correção em relação ao ano solar.

O mês começava com a lua cheia e o dia com o pôr do sol. As festas correspondiam aos solstícios e aos equinócios e eram momentos de encontros coletivos alegrados com fogos de poder apotropaico. Os dias em que essas festas caíssem eram pouco significativos para a agricultura, mas eram importantíssimos para a vida pastoril. Principalmente *Beltaine* e *Samonios* (que coincidia com o início do ano) eram decisivas para os criadores de animais: a primeira abria as portas do verão e era o momento próprio para levar os rebanhos ao pasto; a segunda marcava o início do longo e frio inverno e indicava que era tempo de recolhê-los em segurança nas estrebarias. A profunda conexão com o mundo pastoril leva a pensar em uma origem muito remota para essas festas, talvez em um tempo em que os celtas eram somente pastores e ainda não praticassem a agricultura com algum método. Mas isso é somente suposição. É certo que essas festividades representavam a melhor ocasião para os encontros, para o comércio, para a celebração de noivados e matrimônios, para a estipulação de alianças entre tribos, e ainda para a organização de assembleias e feiras. Parece que Beltaine e Samonios, em particular, tinham um forte caráter político e judiciário: eram a ocasião em que se ratificavam pactos e se reuniam os tribunais. Em Beltaine celebravam-se também os matrimônios. Dada sua solenidade de festa "pública", previam-se grandes banquetes, danças e jogos. Mas o grande protagonista era o fogo, elemento purificador por excelência, chamado à baila para manter distantes o mal, as doenças e as desventuras, desgraças que ameaçavam toda a coletividade. *Lugnasad*, por sua vez, caía pelo meio do verão. Era o momento do grande encontro tribal e dos comércios. Por ocasião de *Imbolc*, sempre no começo de fevereiro, benziam-se as ovelhas e se buscava a proteção contra as epidemias.

A data de início de cada mês e ano, assim como o dia exato em que se celebravam as festas, não era fixa, como acontece, por exemplo, com o nosso início de ano, com o Natal ou com *Ferragosto*[85]. Já que o calendário céltico se baseava nas fases lunares, cada início deveria coincidir, por motivos rituais e tradicionais, com o primeiro quarto. Todas as festas do ano (exceto Samonios), aliás, eram dedicadas a uma divindade bem precisa do panteão, e a data era estabelecida a cada vez pela ascensão helíaca de uma determinada estrela (i. é, o primeiro dia de sua visibilidade no alvorecer, em correspondência com o nascer do sol), obviamente prevista pelos druidas com muita antecedência. Em Samonios, a estrela esperada era a vermelha Antares, a mais luminosa da constelação de Escorpião. Imbolc era anunciada pelo surgir de Capella, da constelação de *Alpha Aurigae*: festa marcada pela celebração da deusa Birgit, divindade que, entre outras coisas, tinha como função proteger as colheitas – o que, para os druidas, era evidenciado pela cor amarela da estrela. Beltaine, por sua vez, vinculava-se à visibilidade de Aldebarã, estrela vermelha da constelação de Touro: uma característica que explicava bem a sua conexão com o deus Belenos e com os ritos ligados ao fogo. Lugnasad, enfim, era celebrada no primeiro dia de ascensão helíaca de Sírio, a mais luminosa estrela, da constelação de Cão Maior, pouco distante do Oriente. Sua cor branca refletia as características do deus Lug, o mais importante do panteão celta, que, de fato, era definido como o "Luminoso" ou o "Brilhante". A ascensão helíaca de Antares e de Aldebarã servia aos celtas também para delimitar as estações, que eram somente duas, inverno e verão: dado que harmoniza muito bem com o ciclo climático (e assim também agrícola) das latitudes do centro e do norte da Europa abitadas por esses povos.

Diálogo ou violência?

Com o advento do cristianismo, surge o problema de como se relacionar com essas festas, expressões de uma religiosidade sincera, mas não "ortodoxa" – ao menos para a Igreja. O que fazer, então? Havia dois caminhos possíveis: ou extirpá-las com violência impondo o novo credo (e foi isso que vários missionários tentaram fazer, com resultados normalmente nefastos), ou então conviver com

---

85. Festa muito popular no verão italiano que ocorre sempre no dia 15 de agosto, Festa da Assunção de Maria [N.T.].

elas, adaptando-as aos novos valores e mudando-lhes somente o significado mais aparente. Se isso, de um lado, comportou a perda de sua natureza, de outro, permitiu-lhes a sobrevivência no longo prazo.

Vejamos um exemplo concreto, o dos assim chamados "santos anaunienses", martirizados aos 29 de maio de 397. Sisínio, Martírio e Alexandre, três clérigos originários da Capadócia, foram enviados a pedido do bispo de Trento, Virgílio, e do bispo Ambrósio de Milão a evangelizar a região de Anaunia (atualmente Vale de Non, no Trentino). Ali começaram a pregar para as populações locais, os retos, dedicadas ao culto de Saturno, deus da fecundidade e das colheitas. E, exatamente durante as tradicionais festas das Saturnálias – que em Anaunia eram celebradas em maio e não em dezembro –, aconteceu o "malfeito". Seguimos a crônica deixada por São João Crisóstomo (com a advertência de que não foi testemunha ocular dos fatos e de que a sua visão era abertamente parcial). Os sacerdotes pagãos se preparavam para sacrificar, como de costume, um animal à divindade para garantir uma boa colheita. O animal era doado por uma família escolhida por sorteio e, naquele ano, os sorteados já eram convertidos à fé cristã; o chefe da família era um "conterrâneo convertido há pouco tempo". Esse não aceitou oferecer o animal e começaram os maus rumores. Os três pregadores, intervindo como conciliadores, foram trucidados entre a noite e o amanhecer da festa: Sisínio, a golpes de machado e bucinas, uma trompa (de guerra ou ritual? Nunca o saberemos. É possível que se tratasse de um *carnyx*, trompa de guerra celta); Martírio foi perfurado por paus afiados; Alexandre, amarrado pelos pés a um cavalo junto com o corpo de seus outros dois companheiros (também se amarrou um chocalho ao pescoço de Sisínio) e, depois de serem os três arrastados pelas ruas do vilarejo, foram queimados na fogueira ateada diante da estátua de Saturno.

Vale dizer que, pelo menos os três pregadores, ao que parece, tinham se aproximado pacificamente da população. Mas essa não era uma atitude comum aos evangelizadores. Tomemos São Virgílio como exemplo. O já citado bispo de Trento encontrou o martírio em Val de Rendena. A história é conhecida graças à *Passio sancti Virgili*, texto anônimo que remonta ao período entre os séculos VI e VIII:

> Quando chegou ao lugar onde fora erigido o ídolo, com fé ardente ofereceu a Cristo o sacrifício de salvação com o objetivo de encontrar forças para a luta. Como o soldado forte e preparado se dispõe para a guerra, assim o bispo se preparava para a batalha, pronto para buscar o prêmio reservado pelo Senhor. E, erguendo os olhos ao céu, viu a glória de Deus e disse: "Ó Cristo, agradeço-te porque encontrei o que desejava de ti; e

eis que vejo com meus olhos à tua destra o galardão que me preparaste". Todos aqueles que estavam ao redor o escutavam dizer essas coisas com voz diferente, mas não viam coisa alguma. Então, em nome do Senhor Jesus Cristo, [Virgílio] abateu o ídolo e o despedaçou, lançou-o ao rio chamado Sarca; e, colocando-se sobre o pedestal de pedra, começou a pregar a Palavra do Senhor. Ao saber disso, a turba ameaçadora dos habitantes locais se lançou contra ele com espadas e pedras. E o beatíssimo prelado, armado com a fé em Cristo, viu tais pessoas como gente necessitada de salvação. Mas eles, com o coração fervente de cólera diabólica, lançaram sobre a cabeça do santo uma chuva de pedras.

A anedótica medieval pulula de exemplos como esses em toda a Europa, mormente nos lugares *borderline* – vales, roças, zonas distantes das cidades, periferias do velho império – onde os rituais agrícolas eram profundamente arraigados e difíceis de serem extirpados, até mesmo muito tempo depois dos primeiros "missionários". No século VII, por exemplo, Bonifácio ou Winfrid, já monge em Exeter na Bretanha, foi enviado para evangelizar os povos germânicos do outro lado do Reno, ainda pagãos. Entre as regiões de Hessen e da Turíngia, fundou a Abadia de Fulda, destinada a se tornar um centro propulsor das missões. Em 754, foi atacado, junto com outros companheiros, por um grupo de frisões – uma população germânica ainda fortemente pagã – e morto com um golpe de espada na cabeça. Convém sublinhar, porém, como se dizia antes, que a violência não era própria somente dos pagãos.

Um episódio celebérrimo, ao qual se refere a *Vita* de Barbato, bispo de Benevento no século VII, narra a ocasião em que ele parou em um lugar chamado "Voto". Ali havia uma grande nogueira ao redor da qual os guerreiros cumpriam há muito tempo alguns ritos de iniciação. O bispo a cortou a machadadas e a enterrou com as próprias mãos de forma que não mais pudesse ser encontrada. Mas, ao menos nesse caso, o bispo agiu com o beneplácito do Duque Romualdo, após obter a conversão dos lombardos ainda pagãos depois da vitória deles (prometida pelo bispo) contra os bizantinos.

Bem distinta é a atitude de Carlos Magno, quando em 772 fez uma campanha para submeter os saxões, também eles ainda pagãos. Parece que destruiu com suas próprias mãos o grande carvalho Irminsul (em antigo saxão, "grande pilastra"), que representava o vínculo entre o céu e a terra, entre o mundo material e o espiritual. Depois disso, deu ordem para que todos os saxões que não aceitassem a submissão fossem trucidados. A lenda quis que o carvalho em questão se encontrava em Externsteine, um antiquíssimo complexo megalítico situado na região da Renânia do Norte-Vestfália, na Floresta de Teutoburgo que viu os romanos derrotados pelos germânicos em 9 d.C. O último pedaço da mítica Irminsul estaria hoje na Catedral de Hildesheim, no interior de um candelabro, assinalando uma derrota tanto inelutável quanto simbólica.

Um novo sincretismo religioso

Além dos episódios violentos, no entanto, os pregadores encontraram uma solução com certo grau de condescendência, aprendendo daquele sincretismo que fora típico da cultura romana: encampar, mudando o significado de ritos, festas e divindades (mesmo que o substrato permanecesse muito bem visível e duradouro). Voltando às festividades, o 1º de novembro tornou-se Festa de Todos os Santos e o dia seguinte foi dedicado à comemoração de finados, mantendo assim o mesmo significado da ocorrência de Samônios. Introduzido primeiramente nos mosteiros beneditinos por Odilon, abade de Cluny de 994 a 1049, o Dia de Finados foi adotado oficialmente pela liturgia romana somente no século XIV. Samônios, que na Irlanda era chamado Samhain, passou depois para os Estados Unidos com os imigrantes que, principalmente no século XVII, emigraram da Ilha Verde [Irlanda] para fugir da pobreza e da carestia. Ali assumiu o nome de *Halloween* para depois "voltar" também à velha Europa, reconquistando-a com seu forte apelo comercial. Nada, ou quase nada, do espírito originário permaneceu e a opinião comum o considera uma festa de mera importação. Na realidade, porém, nos campos da Itália Central e Setentrional, era muito vivo o costume de entalhar as abóboras como se fossem crânios, colocando velas (em dialeto, chamavam-se *lümere*) em seu interior, assim como o costume de festejar os mortos – principalmente nos vales – com lautos banquetes.

Imbolc, que ocorria no início de fevereiro, anunciava a chegada iminente da primavera e previa a bênção dos rebanhos. Dava-se uma atenção especial às ovelhas, que entravam no período de lactação. Os animais deviam passar no meio do fogo das fogueiras e ser aspergidos por água lustral proveniente de fontes sagradas e mágicas. Tais cerimônias ocorriam em nome da deusa Birgit, a "mulher sábia" por excelência, senhora do fogo e capaz de curar homens e animais de qualquer doença. O culto de Birgit (ou Brigh, ou ainda Birghid, de acordo com o lugar) espalhava-se principalmente pela Irlanda. Na atualidade, o calendário cristão comemora, no dia 1º de fevereiro, uma santa que viveu exatamente na Irlanda (que, segundo a tradição, fundou em 500 a Abadia de Kildare), chamada (por acaso?) Brígida. A sobreposição das duas figuras quase homônimas, na Ilha, verificou-se – sobretudo em nível popular – de modo inexorável, tanto que, no século VI, ambas se tornaram indistinguíveis uma da outra. Um monge chamado Cogitosus, autor da primeira biografia da santa, apresenta Brígida como uma fada, dotada de miraculosas capacidades de intervir sobre as forças da natureza, exatamente como a Birgit pagã. Constrangida por essa perigosa identificação, a Igreja decidiu transformar Imbolc na Festa da Candelária, escorregando-a um dia, para 2 de fevereiro. Essa festa – celebrada no Oriente já no século IV, mas instituída oficialmente só em 492 pelo Papa Gelásio I e difundida no Ocidente a partir do século VII – celebrava a purificação da Virgem no Templo, que, de acordo com o que prescrevia a lei mosaica, deveria acontecer quarenta dias depois do nascimento de Jesus. Antes do rito, o sacerdote tinha como função abençoar as velas, ou candeias, símbolo da luz trazida por Cristo à terra, daí o nome "Candelária".

Os antigos textos irlandeses falam de Birgit atribuindo-lhe também a função de padroeira da poesia e do saber, quase um tipo de Minerva céltica. O seu nome, etimologicamente falando, se aproxima da palavra *Brignti*, que significa "a Exaltada", latinizada posteriormente em *Brigantia*, a deusa protetora da homônima tribo celta dos *brigantes*. Esse termo (ou a raiz de algumas variantes) reaparecem na toponomástica de toda a Europa Ocidental, dando a entender assim que o seu culto fosse espalhado e enraizado em toda a região sob a influência da cultura céltica (talvez também em Brianza?).

Depois de Imbolc, entre o fim de abril e o início de maio, celebrava-se Beltaine – e, com essa festa, o início da metade mais ensolarada do ano. Divindade incontestável era Bel, conhecido também como Belenos, também ele – como Lug – ligado à luz, mas com fortes conotações apotropaicas e alegres. Os banquetes abundantes e as desmedidas libações em torno do fogo eram, de fato, característicos dessa festa. Tais elementos sobrevivem ainda hoje nas celebrações do "dia de maio" (*calendimaggio*) e nas árvores da cocanha, em torno das quais [à época] os jovens se exibiam em difíceis exercícios acrobáticos ou nela subiam em busca de algum prêmio. A árvore da cocanha, um tronco reto no centro de uma praça, tinha um significado fálico evidente: ademais, para os celtas, Beltaine era uma festa ligada à fertilidade e o próprio nome do deus Belenos, em dialeto lígure, indica, ainda hoje, popularmente o membro viril. Qual seria a melhor ocasião para contrair matrimônios senão Beltaine? Diferente do que acontece atualmente, os celtas preferiam casar-se com um prazo de validade: as núpcias duravam um ano e, eventualmente, renovavam-se caso os cônjuges estivessem em harmonia. Do contrário, voltavam a ser amigos como antes. Um costume muito liberal – diríamos hoje. Essa prática não era comum somente aos celtas, mas também aos romanos: uma das formas de matrimônio previa que a mulher convivesse com um homem por um ano ininterruptamente. A partir do momento em que se distanciasse por três noites consecutivas, o pacto matrimonial perderia qualquer valor jurídico.

Enfim, Lugnasad, celebrada normalmente no meio do verão e dedicada – como se percebe pelo próprio nome – ao deus Lug, a maior divindade dos celtas, ligada à luz. Nessa ocasião organizava-se o grande encontro anual das tribos. Era uma ótima ocasião para julgar as querelas (tarefa reservada aos druidas), mas também para os jovens se desafiarem em intermináveis competições de habilidade e força, a cavalo.

O culto de Lug (identificado por César com o Mercúrio dos romanos, sendo protetor do comércio, das artes e das invenções) era mais conhecido na Gália, porém santuários e estátuas dedicadas a ele e outros testemunhos (que sobrevivem na toponomástica) foram encontrados quase que em toda a área de ocupação céltica. E as nossas fogueiras de *Ferragosto* devem sua origem aos rituais das fogueiras desse período.

Figuras no meio do caminho

Entre as festas mais populares da Lombardia (principalmente em Brianza), havia a *Giubiana*, celebrada na última quinta-feira de janeiro. Nessa ocasião – o nome parece derivar de *gioebia*[86], o dia das bruxas –, ao anoitecer, as famílias se reuniam diante da fogueira para queimar uma boneca, feita de palha e molambos, chamada, conforme a região, Gibiana ou Giubiana. Tratava-se de uma figura benéfica e propiciatória, mas, ao levar o cristianismo a Brianza, os pregadores transformaram a pacífica e simpática velhinha em bruxa símbolo dos males: queimando-a, o camponês esconjuraria o risco de epidemias para seus rebanhos ou de colheitas ruins e a comunidade inteira, protegida das influências negativas,

---

86. A autora se refere ao dia da semana *"giovedì"*, "quinta-feira" em italiano [N.T.].

gozaria de saúde e prosperidade durante todo o ano. Essa rivalidade traz à memória as já citadas fogueiras, acesas pouco depois de Imbolc, nos primeiros dias de fevereiro. Às vezes também se queimavam fantoches. A Gibiana, como outras festividades semelhantes, espalhadas em tantas regiões da Itália e da Europa (a Segavecchia em Forlimpopoli, p. ex.), seria assim de origem céltica.

Também se devem ao sincretismo os atributos de vários santos populares que, junto à auréola, conservam características derivadas de cultos ancestrais. Além da já citada Birghid-Brígida, convém lembrar outros dois principais: Santo Antão – na Lombardia chamado popularmente *Sant'Antoni del purscell* – e São Martinho. No primeiro é conservado um traço do druida e do deus da luz e do fogo Lug: Antão, de fato, é invocado contra as doenças infecciosas e, em particular, contra o herpes zoster (o "fogo de santo antão") e, por ocasião da sua festa, 17 de janeiro, acontecem ainda hoje ritos de purificação dos animais. Além disso, o porquinho que o acompanha, segundo as tradições cristãs, símbolo do demônio domado, nas primeiras representações era, ao contrário, um javali. Isso se refere à mitologia céltica, na qual esse animal representava o furor bélico e, às vezes, também a paciência. Em Martinho esconde-se, por sua vez, uma divindade solar que agia como garantidora da renovação da natureza depois da "morte" invernal: não por acaso, exatamente a sua festa, 11 de novembro, foi escolhida como o prazo de validade para os pagamentos dos cânones *in natura* dos contratos de aluguel. Citamos também o lendário São Cornélio, venerado em Carnac, na Bretanha, que possui os atributos de Cernuno, o deus-cervo do qual se falará adiante a propósito de algumas festas ainda presentes em plena Idade Média.

Alguns costumes e práticas, aliás, eram tão enraizados a ponto de forçar monges e pregadores a transferir seus significados do paganismo ao cristianismo, modificando seu espírito originário e lhes dando uma roupagem completamente nova. As antigas festividades célticas de Samain, Beltaine, Lugnasad e Imbolc foram, como se disse, transformadas em Todos os Santos, dia de maio, *Ferragosto* e Candelária. Mas alguns rituais, difíceis de desaparecer, sobrevivem até nossos dias.

A era da vida

Um problema à parte é a "consciência de si" que o homem medieval poderia ter. Nascimento, vida, morte: para ele, como para nós, eram as três etapas fundamentais da existência, na média, muito mais breve do que a nossa até porque a mortalidade infantil era altíssima. Como foi dito, calcula-se que cerca de um terço dos recém-nascidos morresse nos primeiros cinco anos de vida, e 10%, nos primeiros meses... A maior exposição à amplitude térmica e aos agentes atmosféricos, a menor qualidade de vida, o cansaço físico e a frequência das doenças tornavam muito rara, principalmente entre os celtas mais pobres, a chegada à velhice.

Em média, morria-se em torno dos quarenta anos, razão pela qual todas as fases da vida – sobretudo a passagem da infância à idade adulta, o matrimônio e a procriação – eram aceleradas ao máximo. Normalmente, casavam-se precocemente, em torno dos vinte anos (as mulheres, assim que chegassem à puberdade), procriavam com pressa e frequência (a taxa de nascimento por casal era bastante alta) e se trabalhava até a morte, que chegava, normalmente, por volta dos quarenta anos. Era o que acontecia ao menos nas camadas mais pobres da sociedade. Vivia-se um pouco melhor na cidade, entre as camadas mais ricas, em comparação com o campo. Mas vale a pena recordar que nem todos se lembravam ou sabiam a própria data de nascimento, que nem era considerada importante. Muito mais importante, de fato, era a data de morte, que coincidia, segundo o espírito cristão, com o verdadeiro *dies natalis*, isto é, a "data de nascimento" para a vida eterna.

Quando, no século XIV, Dante, nascido em 1265, cumpriu sua imaginária viagem para o além, afirmou que estava "no meio do caminho da nossa vida": dado que contava seus 35 anos, pode-se deduzir que a sua expectativa de vida seria de 70. Mas, na realidade, tratava-se de um mero *tópos* literário, apoiado nas fontes bíblicas; tanto é verdade que morreu em 1321, com apenas cinquenta e seis anos. Mais sortudos do que Dante foram, para permanecermos entre os literatos, Francesco Petrarca (nascido em 1304, morreu em 1374 aos setenta anos) e Giovanni Boccaccio (1313-1375, aos sessenta e dois anos), e entre os imperadores Frederico Barbarossa (nascido por volta de 1121, morreu em 1190, aos setenta e dois anos). Quem pôde ser considerado um autêntico ancião foi Pier del Morrone, o Papa Celestino V, que morreu em 1296, aos oitenta e um anos: juntamente com Odilon, abade de Cluny, morto em 1049 aos oitenta e sete anos, e o Papa Celestino III, morto aos noventa e dois, constitui, para aqueles tempos, um recorde. Muito pior era a condição das mulheres: sobrecarregadas pelas contínuas gestações (peculiar é o caso já lembrado de Lapa, mãe de Catarina de Sena, que deu à luz vinte e cinco filhos), frequentemente morriam no parto e raramente viviam mais de cinquenta anos. Por isso, a expectativa de vida das monjas era mais longa: a Abadessa Hildegard von Bingen, por exemplo, viveu oitenta e um anos e sua longevidade não foi um caso isolado.

Se a vida era curta, convinha então aproveitá-la. E, para isso, havia vários modos.

Carnaval, Quaresma, Natal: entre o sagrado e o profano

Para as classes populares o trabalho não dava trégua e a palavra "férias" como a entendemos não existia ainda. Mas havia as festas de preceito que não poderiam deixar de ser celebradas dignamente. No Natal "decora-se a casa e vestem-se roupas novas. No campo, mata-se o porco [o que às vezes acontecia em novembro]. E joga-se, sobretudo os dados, distração condenada pelos pregadores. Por tradição, assiste-se à missa de meia-noite, mais exatamente todas as missas da noite de Natal. A refeição exerce um papel importante" (Jean Verdon). Aos 28 de dezembro, a Festa dos Santos Inocentes, por muito tempo, foi celebrada da mesma forma. Existem documentos, relacionados à Igreja de Saint-Pierre de Lilla, que afirmam que os clérigos por esse período participassem de festas "particulares" em que era eleito um "bispo dos loucos" e se dessem a banquetes e a grandes libações. O primeiro dia de janeiro que, como vimos, não era para todos o primeiro dia do ano, era festejado com rituais claramente pagãos: além dos costumeiros banquetes, fantasias (de bezerro, de cervo: sabemo-lo graças a um duríssimo sermão de Santo Elígio), troca de presentes, mesas fartas até tarde e bebedeiras. Práticas, obviamente, muito condenadas porque, como escreve São Cesário em um sermão, quem se abandona em tal dia a semelhantes depravações, mesmo que tenha sido casto por todo o ano, torna-se impuro.

Os concílios tentaram suprimir esses costumes condenando-os duramente: o de Auxerre (573-603) proibia que as pessoas se fantasiassem de cervo e que oferecessem presentes "diabólicos"; o de Roma, de 743, vai na mesma direção e, além disso, censura a festa de Baco do 25 de dezembro (Brumália), ainda em moda, proibindo-as e substituindo todos eles por um bom jejum.

É ainda mais evidente o esforço, já citado a respeito das festividades pagãs de origem céltica, em substituir as manifestações que sobraram do paganismo por celebrações cristãs. Não é difícil perceber, por trás da ideia de usar a máscara de cervo, uma referência ao já citado deus céltico Cernuno, o espírito divinizado dos animais machos com chifres, um deus da natureza associado com a reprodução e a fertilidade.

De qualquer forma, ainda no fim da Idade Média, no dia 1º de janeiro, as pessoas se fantasiavam e se davam à alegria louca. E, por ocasião da Epifania, ao menos na França, era muito amado o "pedido d'*aguilaneuf*" (derivado do augúrio "*Au gui l'an neuf!*", "No visco, o ano-novo", que as crianças pobres repetiam aos ricos a quem pediam esmola no ano-novo). Durante a Epifania, recordando a visita dos Reis Magos ao Menino Jesus, preparava-se uma suntuosa torta na qual era inserida uma fava: quem a encontrava era o rei da festa. Além disso se jogava *soule* (termo que derivava do céltico *seaul*, "sol"), isto é, uma bola feita de tripas de porco ou de boi, cheia de palha que tinha inscritos caracteres lidados à fecundidade.

Entre as festas "ortodoxas" populares mais difundidas e queridas estava, sem dúvida, o carnaval. O termo parece derivar do latim *carnem levare*, isto é, "abolir a carne", e, na origem, indicava o último banquete no qual se permitiam as pratadas de carne antes da quaresma. Um antecessor do carnaval também foi encontrado nas *Saturnalia* dos romanos, festas dedicadas a Saturno que alternavam sacrifícios de valor auspicioso e banquetes – brincadeiras, libações e trocas de presentes. Tais festejos, na maioria das vezes, acabavam em excessos, perigosos se considerarmos que tudo era permitido, inclusive a troca de papéis, obtida vestindo roupas alheias – que retomavam, mas em âmbito popular, as "festas dos loucos".

Com o advento do cristianismo, o carnaval continuou a ser celebrado, mas perdeu seu significado mágico e ritual, acabando por ser criticado pelo clero, que via na folia do povo um potencial elemento, além do problema da lascívia e da imoralidade, de subversão da ordem constituída. Com efeito, o carnaval, com sua carga de irreverência, se contrapunha às formas religiosas oficiais e se caracterizava como o momento do riso e da loucura, da gozação, da materialidade e da abundância. Era também ocasião para dessacralizar as autoridades e emancipar-se, ao menos temporariamente, do poder dominante: eis por que o carnaval era tão amado pelo povo. Protegidos por uma máscara, até os mais pobres poderiam se esquecer, por um momento, da própria situação e se transformar em "outros".

Com o tempo, também as autoridades eclesiásticas começaram a aceitar essa festividade, percebendo nela uma válvula de escape, na exuberância e na vitalidade popular, capaz de neutralizar as tensões sociais e as energias potencialmente subversivas. Mas era necessário pôr freio o quanto antes a tanta liberalidade. E então eis a quaresma chegando logo depois do carnaval e impondo, por quarenta dias, oração, penitência e mortificação em preparação para a Páscoa. O jejum quaresmal (i. é, a abstinência de carne e de vinho e a redução da alimentação a uma só refeição por dia) foi teorizado já nos primeiros séculos do cristianismo, mas a sua observância foi, como também acontece com outras práticas, objeto de revisão recorrente na Idade Média.

No século XIII, por exemplo, o arcebispo de Braga, em Portugal, recorreu ao Papa Inocêncio III para obter uma dispensa especial causada por uma grande carestia que dificultava a provisão de trigo. Outro exemplo pode ser encontrado nos pedidos do Rei Venceslau da Boêmia que, enfermo, recorreu em 1297 a Bonifácio VIII para obter a permissão de comer carne. Isenções especiais poderiam ser pedidas em caso de dificuldade para encontrar alimentos "alternativos" – como em caso de guerra. Foi o que aconteceu com o rei da França, João, que, durante a Guerra dos Cem Anos, recorreu ao Papa Clemente VI para obter para si e para seu exército o privilégio de comer carne. Mas nem todo mundo tinha a mesma sorte. Até depois da Idade Média o carnaval continuou muito popular estimulando a fantasia a ponto de muitos hábitos relacionados a ele chegarem até nossos dias.

Já falamos, ao tratar do calendário pré-cristão – especificamente o céltico –, de festas de maio outrora ligadas a Bel ou Belenos, deus da luz, mas com fortes conotações apotropaicas e alegres. Também se disse que essa festa era caracterizada por abundantes banquetes e libações em torno do fogo, com resquícios ainda hoje no "dia de maio", nas árvores de cocanha… tudo para saudar a chegada da primavera com ritos que propiciam a fertilidade. Não por acaso, vigorou, até o século XV, a "plantação de maio", que consistia em um jogo – com evidente conteúdo erótico – no qual os rapazes pediam às jovenzinhas a permissão de levar-lhes alguns ramos de uma árvore. Isso comportava inevitáveis disputas, porque nem todas as árvores tinham o mesmo significado: o sabugueiro era ultrajante, já a nogueira indicava virtude dúbia. Então, para os rapazinhos era importante conhecer o significado das plantas, além das flores, se não quisessem passar vergonha.

Prosseguindo no ano canônico, passava-se às festas do verão, dentre as quais a mais importante era a de Pentecostes, na qual se faziam as peregrinações e se recitavam os mistérios da Paixão dos Santos; em *Corpus Christi* ornava-se a cabeça de rosas. Mas o verdadeiro protagonista era o fogo, como já acontecia nos rituais pré-cristãos, que voltava a aparecer aos 24 de junho (São João Batista), 29 de junho (São Pedro e São Paulo), 15 de agosto (Assunção de Nossa Senhora). Junto a tais festas religiosas, os camponeses celebram as colheitas, a vindima e as outras atividades agrícolas acompanhadas com danças, banquetes e jogos.

De resto, sabe-se que desde a mais remota antiguidade o homem sempre sentiu a exigência de representar, através da linguagem gestual e da dança, não somente a própria dimensão lúdica, mas também a religiosa. Neste âmbito deve ser buscada a origem, propiciatória, de uma forma de representação muito popular na Idade Média (sobretudo do séc. XIII em diante), mas da qual temos relatos também mais antigos: a representação sacra. Em síntese: Lia-se, dois ou mais leitores liam teatralmente – normalmente em uma praça ou no adro de uma igreja –, um texto religioso geralmente ligado à Páscoa (p. ex., a Paixão de Cristo). E, de fato, um dos primeiros relatos desse tipo de teatro sacro medieval provém de 970, quando o bispo de Winchester assiste e descreve uma sagrada representação ocorrida em Limoges, na França: Na manhã da Páscoa um monge, que interpretava a parte do anjo, senta-se próximo do sepulcro, onde é encontrado por outros três monges que encarnam as três marias e que se movimentam como se buscassem alguma coisa. O monge-anjo canta: "*Quem quaeritis?*" ("A quem buscais?"). A ação prossegue com o antigo anúncio da ressurreição e termina com o canto coral do *Te Deum*. Tratava-se de um modo muito simples e eficaz de aproximar os sagrados mistérios a quem não entendia o latim – a maioria da população. Do século XIII em diante, sobretudo na Itália, graças ao impulso franciscano, essas representações sacras começaram a ser feitas em vernáculo e se tornaram uma forma importante de entretenimento e socialização.

Com a chegada do frio, fora as celebrações dos padroeiros e outras festividades locais, as ocasiões mais importantes são Todos os Santos e Finados, a Festa de São Martinho (quando se paga o dízimo) e, de acordo com a região, as festas de Santa Luzia e São Nicolau. Vejamos a primeira de maneira um pouco mais próxima. A Festa de Santa Luzia é celebrada aos 13 de dezembro e é muito popular sobretudo nos países nórdicos – onde as meninas usavam coroas de velas acesas em sinal de festa –, mas também na Europa Central, por exemplo no Tirol e na Boêmia, onde ela leva presentes às crianças como São Nicolau (celebrado, por sua vez, aos 6 de dezembro). Na Itália, ela é muito popular na região de Bérgamo e nos territórios além de Adda, onde o dia 13 de dezembro é vivido pelas crianças como o verdadeiro "dia de Natal" porque trocam-se presentes. "Biograficamente", Luzia era uma jovem que viveu em Siracusa, entre o final do século III e o início do século IV. Filha de pagãos, aderira ao cristianismo e, recusando-se a casar com um pagão, foi condenada primeiramente à prostituição forçada, depois, à fogueira. Salpicada de resina e óleo nas vestes e sobre o corpo, Luzia foi entregue às chamas, mas, como que por milagre, saiu ilesa. Então foi assassinada com uma punhalada no pescoço. Floresceram várias lendas sobre ela. Uma entre tantas é aquela segundo a qual durante o martírio ter-lhe-iam arrancado os olhos. Na realidade, Luzia nunca teria sofrido esse tipo de tormento que, aliás, lhe foi atribuído pela etimologia que vincula o seu nome com a palavra latina *lux*, "luz", e foi então venerada por toda parte como a protetora da vista, tornando-se a santa padroeira de todos os desafortunados que exercem profissões que colocam a vista em perigo: os lapidários e marmoristas da Catedral de Milão, por exemplo, dedicaram a ela um altar na Igreja de Santa Maria Annunciata em Campo Santo. E um ilustre devoto da santa foi o próprio Dante que, segundo alguns dos seus biógrafos, teria sofrido em sua juventude de uma estranha doença nos olhos e teria obtido dela a primeira graça iluminadora. Mas a complexidade da devoção ligada à figura de Luzia não se encerra na veneração dos cristãos.

Uma observação mais atenta revelará, "sob o véu", algum traço de antigos cultos de derivação pagã. Nas religiões pré-cristãs, como já se disse, o culto da luz (e o sol e o fogo, enquanto geradores de luz) era muito importante. E a Festa de Santa Luzia de fato é celebrada como "Festa da Luz". Os motivos devem ser buscados – como se viu há pouco – na conexão etimológica entre o nome da santa e a palavra "luz". Mas não se deve ainda esquecer outro aspecto fundamental da questão: o momento do ano em que a festa cai. O dia de Santa Luzia é lembrado pela tradição popular e pelos provérbios como o mais curto do ano [no Hemisfério Norte], depois do qual a luz retorna a triunfar sobre as trevas invernais e os dias se alongam. Seria, em suma, o solstício de inverno, que, no entanto, se celebra aos 21 de dezembro. Por que essa discrepância? A resposta é muito simples. Por ocasião da reforma do calendário feita pelo Papa Gregório XIII em 1582, para acabar com alguns problemas surgidos por erros de cálculo, naquele ano, suprimiram-se dez dias: o dia mais curto passou a ser 21 de dezembro, solstício de inverno [no Hemisfério Norte], e assim permaneceu até hoje. Mas o antigo provérbio pode ainda ser considerado válido porque aos 13 de dezembro o sol se põe efetivamente mais cedo do que no dia 21.

Jogos e brincadeiras

Como vimos, durante as festas os jogos eram muito comuns em todas as camadas e faixas etárias. Os entretenimentos eram muitos, por isso enumeraremos somente alguns dos mais importantes.

> Quando o jogo da *zara* é terminado,
> Na amargura, o que perde, só ficando,
> Os bons lances ensaia contristado.
>
> A turba o vencedor acompanhando,
> Qual vai diante qual por trás o prende,
> Ao lado qual se está recomendando:
>
> A este e àquele sem deter-se atende;
> O que lhe alcança a mão parte se apressa;
> De importunos desta arte se defende.

Com o mesmo realismo, Dante, no Canto VI do *Purgatório*, encontrando-se no meio de uma multidão de almas que lhe imploram que reze por elas ao voltar à terra, descreve por aproximação o aglomerado que se cria em torno do vencedor no jogo da *zara*, enquanto o perdedor, desgostoso, continua a lançar os dados em busca de um modo de vencer. Quem sabe quantas vezes, na sua Florença ou no exílio, o poeta deve ter presenciado cena semelhante? Ademais, *zara* (do árabe *zahr*, "dado") era difundida quase que em toda parte, como testifica uma passagem de um jurista bolonhês, Odofredo Denari, que contém uma descrição quase idêntica. Jogava-se com dois ou três dados que eram lançados sobre uma mesa. O lançador gritava "*zara!*", chamando com tal palavra os pontos abaixo de 6 e acima de 15, isto é, os menos prováveis, enquanto outro jogador clamava um número entre 7 e 14. A vitória era daquele que adivinhasse o número. A *zara*, importada para a Europa graças aos contatos comerciais com o mundo árabe, tornou-se tão popular a ponto de originar, em composição com o artigo (*al-zahr*), os vocábulos que – por exemplo, em português e espanhol (*azar*), em italiano (*azzardo*) e em francês (*hasard*) – indicam ainda hoje os jogos com aposta em dinheiro. Mas esse não era o único passatempo à disposição.

O baralho apareceu na Europa no final do século XIV. Esse jogo teve tanto sucesso que os reis da França chegaram a pensar em um imposto sobre sua fabricação. As cartas que se conservam até hoje pertenciam aos nobres e, às vezes, eram chamados artistas para sua confecção. Uma variante dessas cartas, mais comuns entre o povo, eram os tarôs, utilizados para a adivinhação. Seu sucesso é devido ao realismo e à vivacidade dos personagens representados: além das imperdíveis cabeças coroadas, também folhas, enforcados e papisas, mas também mistérios e acontecimentos, como a morte, a quem, a qualquer momento, todos teriam de prestar contas.

O jogo era popular em toda parte e para todas as classes, não somente entre os mais pobres. O rei espanhol Alfonso X o Sábio, além de conhecedor de música, poesia e das tradições de sua terra, não deixava de entregar-se ao jogo. Aliás, ele dedicou um tratado ao jogo. E a Igreja? Era muito reticente. O jogo era considerado um meio utilizado pelo diabo para conduzir os homens à perdição: o pregador Bernardino de Sena, em 1425, condenava sem apelação não somente os dados, mas também as cartas. Infelizmente para ele, os dados eram uma verdadeira mania: o poeta cômico Cecco Angiolieri (1260-1312) adorava repetir que as três coisas que mais lhe agradavam eram: a mulher, a taverna e, exatamente, o dado. E cartas e dados estavam ligados, via de regra, à taverna, lugar associado à embriaguez, à briga, à blasfêmia ou à promiscuidade. Coisas que a Igreja condenava obviamente sem concessões.

Certamente era maior o *appeal* – inclusive porque era "esporte de mesa" de nobres e soberanos – do xadrez. Além de não ser combatido pela Igreja, era até mesmo (pelo menos se é crível o que conta Sacchetti em uma de suas novelas) praticado pelos próprios sacerdotes. Às vezes o xadrez era objeto de disputas filosóficas e utilizado ainda como metáfora da sociedade, como no *Ludus scaccorum*, do dominicano Tiago de Cessolis. O tempo conservou muitos tabuleiros e suas respectivas peças, todas feitas de material precioso como o marfim. De fato, as peças orientais eram feitas de marfim: das Índias, o jogo penetrou no continente graças aos mercadores e, em pouco tempo, conquistou a Europa. Com algumas mudanças: rei, cavalo e peões permaneceram intactos, o elefante (*ualfil* em árabe) se transformou em homem ("alferes" na Itália, "louco" na França, "bispo" na Inglaterra e no Brasil), o camelo (*rukh*) tornou-se a torre (*rochus*), o vizir (*fers*) virou a rainha (*fiers*, "a virgem"). E assim permanecem até nossos dias.

Entre os mais conhecidos (e problemáticos) é impossível não citar o xadrez da ilha escocesa de Lewis, um conjunto completo esculpido com peças feitas em presas de morsa e dentes de baleia. Quem o encontrou foi um mercador escocês em 1831: estavam enterrados dois metros abaixo da areia. Tratava-se de quatro tabuleiros e 93 peões com cerca de 10,2cm de altura, com traços de pintura branca e vermelha: as peças continham traços claramente nórdicos, a ponto de os estudiosos responsáveis pela análise o remeterem prontamente à arte escandinava do século XII, lançando a hipótese de artistas islandeses (a Islândia é muito frequentada por morsas) terem estudado na Noruega a técnica do entalhe. Esse esplêndido e único conjunto esconde, porém, um enigma: segundo alguns, de fato, trata-se não de xadrez, mas de peças para o *Hnefatafl* ("a tábua do rei viquingue"), um jogo escandinavo de guerra, semelhante ao xadrez, mas jogado em espaço maior, o que explica também o grande número de peças. Talvez nunca saberemos a verdade, mas pode-se admirar de perto o seu fascínio no British Museum de Londres (somente onze peças pertencem ao acervo do Royal Museum of Scotland).

Com um teor completamente diferente, mas também muito difundido em toda a Idade Média, tinha-se o jogo da árvore da cocanha [parecida com o pau de sebo das festas juninas], ligado às festividades da fertilidade e da abundância. Tratava-se de um grande lenho erguido no centro de uma praça, recoberto de gordura ou algo untuoso para tornar mais difícil a sua escalada: em cima, os ousados encontrariam suculentos gêneros alimentares. A origem dessa brincadeira, como nos outros casos, tem suas raízes em um remoto passado: parece que tal prática tenha se originado na área céltica, durante os cultos arbóreos que aconteciam no mês de maio. A árvore – também chamada "de maio" ou "da primavera" –, colocada no centro da praça e recoberta com tudo do bom e do melhor, representava a abundância (sem nos esquecermos do elemento "fálico") e era decorada – no âmbito germânico, por exemplo: e parece que quem a introduziu na Europa e também na Itália em particular tenham sido os francos – com bolos (*Kuchen*) consagrados aos deuses. E pode ser que a própria origem do termo cocanha provenha de *Kuchen*.

Provas de força... nórdicas

Uma perspectiva interessante pode ser aquela relativa aos jogos e passatempos dos viquingues. Um dos mais populares – cujos traços se encontram na saga de Egill Skallagrimsson – era o *knattlikr*, ou seja, um jogo em que ao menos quatro homens lançavam uma bola para depois mantê-la em movimento com o auxílio de um bastão. Parece que o *fair play* não era muito considerado, como ensina esse (emblemático?) episódio: "Egill, que tinha mais ou menos doze anos, jogava com Grimr, de onze anos, e, aparentemente, mais forte. A certo ponto Egill perdeu a paciência e atingiu o adversário com o bastão. Foi rapidamente bloqueado e lançado ao chão. A humilhação foi tamanha que, depois de ter corrido para lamentar-se com seu amigo Thord Granason, pegou um machado e o cravou na cabeça do pobre Grimr". Parece que, na realidade, nem todos os jogos viquingues terminavam em sangue. Eram mais populares, no entanto, as provas de força e de virilidade. A *Laxdoela saga*, por exemplo, fala de uma competição de nado no Rio Nid, na Noruega. Até aqui, nada de estranho, mas os dois competidores deveriam lutar enquanto nadavam tentando manter o adversário embaixo d'água o maior tempo possível. Eis a narração, com um tanto de surpresa ao final:

> Kjartan [um dos competidores] a certo ponto mergulhou no rio e nadou até alcançar o outro homem, que era muito mais forte. Empurrou-o para baixo d'água e o segurou pela cabeça um bocado de tempo até deixar que ele emergisse. O outro que acabara de botar a cabeça para fora, pegou Kjartan e o imergiu segurando-o de maneira que estava quase se afogando. Então ambos saíram da água, mas nenhum dos dois disse uma palavra. Na terceira tentativa ambos terminaram embaixo d'agua, onde permaneceram por algum tempo. A certo ponto, Kjartan percebeu que o êxito da competição era cada vez mais incerto e que nunca encontrara tanta dificuldade em sua vida. Então, ambos voltaram à margem.

Mais tarde, revelou-se que o seu adversário era ninguém menos que Olafr Tryggvason, o rei da Noruega em pessoa, conhecido por ser um campeão em várias modalidades entre as quais a "passeada sobre remos" que consistia em caminhar sobre os remos em movimento enquanto outros homens remavam na água.

Eram também muito populares as lutas e o levantamento (e lançamento) de pedras. Ao contrário do que se poderia esperar, o esqui e a patinação raramente são mencionados nas sagas, mesmo que, de fato, algumas descobertas arqueológicas – como patins feitos com tendões e ossos – sugiram que eram "esportes" praticados. A menos que não se queira interpretá-los como simples meios de locomoção em terras mormente congeladas e cobertas de neve...

Já falamos do *Hnefatafl*, a tábua do rei semelhante ao xadrez. Mas certamente os longos invernos nórdicos deviam ser alegrados pela força de outros passatempos. Entre as mais atestadas estavam as competições de bebida, com consequentes rixas ou – quando tudo ia bem – "dormidas" coletivas.

Vale a pena destacar que, psicologicamente, para o homem nórdico os jogos nunca eram fins em si mesmos. Na sociedade viquingue, no desconforto das condições de vida objetivamente difíceis causadas pelo clima e pela pouca propensão ao luxo e marcadamente voltada para a guerra, o homem "ideal" aproveitava-se dos jogos para se temperar e fortalecer. Em suma: treinava para a batalha, e, já que havia essas ocasiões, aprendia truques que lhe seriam úteis nos momentos de necessidade. Essa atitude era adquirida desde a mais tenra idade: os brinquedos das crianças viquingues – como demonstram as descobertas arqueológicas – eram sempre temáticos: cavalos de madeira em miniatura, navios, espadas etc. Não era incomum que, para brincar, pegassem emprestado até aquilo que encontrassem à mão, abandonado pelos adultos, como as armas de verdade, frequentemente – podemos supor – com tristes finais. Assim, pelo menos é possível interpretar o episódio que ocorreu no século XII a um nobre homem que, enquanto caminhava, de costas para um grupo de garotos, confundiu o assobio de uma machadinha de lançar com o de uma bola de neve... podemos imaginar as consequências.

Jogos para crianças

A propósito dos jogos infantis, as notícias são geralmente escassas, com exceção de algum achado arqueológico esporádico de estatuetas, passarinhos em terracota, bonecas em marfim. Vale dizer que a infância não era, como para nós, uma idade particularmente tranquila e protegida. Em uma sociedade onde as condições de vida eram muito precárias e a expectativa de vida era curta, tendia-se a crescer apressadamente. E as famílias numerosas, com mais filhos, não podiam permitir-se mimar os seus pequeninos como somos habituados a fazer hoje. Acabamos de dizer que os meninos eram educados, sobretudo nas sociedades guerreiras, a combater desde jovens. Seus passatempos eram a caça aos insetos, a subida em árvores, a luta, a bola, a guerra...

E as meninas? Como futuros "anjos do folclore", aprendiam precocemente as atividades domésticas que ajudariam a família: cada um devia fazer a sua parte e brincar era uma perda de tempo. Costurar, cozinhar, tear com o método das tabuinhas... mas as clássicas bonecas não foram totalmente esquecidas. Algumas poucas sobraram, sobretudo restos nas catacumbas das jovens mais nobres. Eram feitas de material espartano: madeira, osso (razão pela qual se dissolveram com o tempo), raramente metal, frequentemente argila, e então revestidas de tecido ou trapos. Conhecemos pequenas bonecas para recém-nascidos que, recheadas de pedrinhas, tinham a mesma função dos atuais chocalhos. Mas desenvolveu-se uma inquietante hipótese sobre a falta (ou pelo menos a escassez) de bonecas para meninas: a condenação da Igreja aplicava-se a esses brinquedos como também a todos os jogos para adultos. As bonecas, por sua forma antropomórfica, lembravam a mulher, símbolo do pecado, malvista enquanto encarnação da vaidade e da sedução. Ademais, para os mais extremistas poderia ser até mesmo um fetiche ligado à magia negra. E o círculo se fecha – mas falaremos disso em outro lugar – na ideia de que a mulher tentadora e pecaminosa era frequentemente – e sabemos disso desde o século VII – associada à bruxaria.

Só no final da Idade Média a boneca deixou de ser vítima de preconceito e, aliás, teve seu uso encorajado como "premonição" do futuro que aguardaria a menina nas classes sociais superiores: bonecas ricamente vestidas prontas para o papel de esposa e mãe ou simulacros vestidos de freira para quem fosse destinada ao claustro. A primeira fábrica de bonecas conhecida começou a funcionar em Nuremberg no fim do século XV: Ali, muitas das criações podem ser vistas em um antigo museu. Já uma panorâmica mais extensa e complexa, com cenografia melhor construída, pode ser admirada no Museu do Brinquedo de Angera (Varese), que contém achados raríssimos, alguns dos quais parecem ter saído diretamente do célebre quadro *Die Kinderspiele* ["Jogos infantis"] de Pierre Bruegel o Velho, de 1560, e conservado no Kunsthistorisches Museum de Viena. Das bonecas em forma de bola (feitas de tripas de porco ou de ovelha cheias de água), das máscaras ao brincar na missa; do clássico cabra-cega às bolas de sabão; dos círculos com algum tipo de penitência [como a dança das cadeiras – N.T.] às pernas de pau e as bolinhas de gude: o grande pintor flamengo retratou meticulosamente, como em uma miniatura medieval, a mais vasta gama de brincadeiras então em voga entre as crianças do povo. Muitas das quais são as mesmas que mantinham nossas crianças ocupadas até poucas décadas atrás.

11
Na Igreja

Depois de o Edito de Tolerância [ou Edito de Milão] (313) conceder liberdade de culto aos cristãos, a nova religião pôde se difundir sem mais obstáculos. E ainda mais: em menos de um século, o cristianismo passou de culto ilícito e perseguido a religião oficial do Império graças ao Edito de Teodósio (380). Por conta de doações e heranças, as comunidades se tornaram pouco a pouco mais numerosas e também mais ricas. Tornava-se necessária uma estrutura hierárquica que possibilitasse organizar os fiéis, presidir o culto, administrar as propriedades e garantir a ortodoxia religiosa combatendo os desvios (i. é, as heresias). Com o tempo, a Igreja tornou-se, ao lado do Império, a outra instituição fundamental da Idade Média. As pessoas iam à igreja (entendida como edifício) para rezar, mas também para uma série de outras coisas: pechinchar, discutir negócios, até mesmo para paquerar (ou coisas piores). Mesmo que mosteiros fossem lugares para os quais se fugia do mundo em busca da perfeição interior, na realidade poderiam hospedar, entre seus muros, excessos de todo tipo. A maior parte dos monges, é verdade, seguia regras rigorosas, a começar pela beneditina e aquelas que dela derivaram. Mas, de qualquer modo, entrar em uma ordem ou tornar-se clérigo dava direito a rendas e prebendas e poderia revelar-se um modo de administrar – em níveis diferentes – o poder. Junto a homens de grande envergadura moral e cultural, a Idade Média conheceu também padres e monges dedicados aos prazeres terrenos – principalmente ao concubinato –, ávidos e rapaces, ignorantes e violentos. Era comum o caso de membros do clero com mulheres e filhos, flagrados na compra e venda de cargos e enriquecendo em prejuízo das próprias comunidades das quais eram, até que se prove o contrário, curas d'almas. Essa atitude criou descontentamento e reações que desembocaram nos movimentos de reforma e também nas heresias. Lugares de esplêndida cultura, onde se transmitia pacientemente o saber antigo através do trabalho dos copistas, mas, ao mesmo tempo, centros de poder, os mosteiros se tornaram também, em alguns casos – e Cluny é o exemplo mais notório –, promotores eles mesmos de renovação espiritual. E, enquanto o século XIII conhecia a extraordinária e revolucionária experiência dos pregadores franciscanos e dominicanos, o papado, depois de chegar ao fundo do poço, três séculos antes durante a sua "idade férrea", enfrentaria a crise de Avignon precedida por um pontífice – Celestino V – que renuncia clamorosamente (mas houve outros antes dele) ao seu mandato.

Do bispo ao papa

Terminadas as perseguições que devastaram os primeiros difíceis séculos de existência, as comunidades cristãs, apoiadas pelo mesmo império, sentiram rapidamente a necessidade de reestruturação com uma hierarquia eclesiástica em condições de não apenas coordenar os fiéis, mas de administrar os muitos bens obtidos através de doações e de heranças. Ao lado dos pregadores e daqueles que celebravam a liturgia (os *presbiteroi*, anciãos, termo do qual deriva a palavra presbítero), eis que aparecem então algumas figuras: os diáconos (*diaconoi*) que na prática eram os tesoureiros. Mas o verdadeiro fundamento da Igreja – *ekklesia*, assembleia dos fiéis – era o bispo (do grego, *epíscopos*), pregador e guia espiritual da diocese que compreendia os fiéis habitantes no território do qual era cabeça a Igreja da cidade (como fora determinado em 343, no Concílio de Sárdica). Eis um retrato do bispo dos primeiros séculos da era cristã: culto, eloquente, carismático, dotado de ótimas capacidades de administração e grande rigor ético. Do ponto de vista social, ele pertencia à aristocracia senatorial há pouco convertida ao novo credo, ou seja, à mesma elite que sempre ocupou os postos-chave do Império, em campo administrativo, cultural ou político. Além disso, o bispo era profundamente ligado ao território para o qual fosse escolhido como guia. Assim, enquanto o velho Império desabava lentamente por causa das crises internas e, posteriormente, abalado pelas invasões bárbaras, bispos – como Felix e Abôndio em Como, Zeno em Verona, Nicolau em Bari, Petrônio em Bolonha, Ambrósio em Milão – tornaram-se ponto de referência da vida não só espiritual, mas também civil. E mais: o bispo se torna o próprio símbolo da cidade, com o qual a comunidade se identifica e sob cuja proteção se recolhe. Isso se nota também no fato de esses personagens se tornarem protagonistas de milagres e lendas: expulsam o diabo, protegem a população, curam os doentes.

Para coordenar as atividades dos bispos foram escolhidos, primeiro no Oriente e depois no Ocidente, os metropolitas. Sua função era presidir a eleição dos bispos e convocar periodicamente os sínodos, assembleias do clero. Entre as sedes metropolitanas principais encontravam-se Constantinopla, Jerusalém, Alexandria do Egito, Antioquia, Roma, Milão, Aquileia. Algumas dessas, por causa de sua importância, foram elevadas ao grau de patriarcado. Mas, a partir do século IV, Roma, com seu forte prestígio, começou a reclamar o primado de toda a Cristandade. Havia vários elementos a seu favor: ter sido a capital histórica e universal do Império Romano, sobre cuja organização se baseavam as incipientes estruturas do cristianismo; mas, sobretudo, o fato de ter recebido como primeiro bispo nada menos do que o Apóstolo Pedro, a quem, segundo o Evangelho de Mateus, o próprio Cristo confiara a missão de fundar a sua Igreja.

O primeiro animador de tais reivindicações foi Dâmaso (305-384), o bispo de Roma que, depois de ter obtido do Imperador Graciano o poder jurisdicional sobre os seus pares do Ocidente, em 381 recebeu de Teodósio o primado moral também sobre o Oriente. A sua herança foi assumida por Leão Magno (c. 390-461) e sobretudo por Gelásio (400-496).

Foi exatamente esse prelado de origem norte-africana – nascido provavelmente na Cabília, Argélia – a distinguir, usando como título *papa* (pai), o poder temporal do espiritual, precisando a autonomia recíproca e a derivação comum da vontade divina. Por isso, Gelásio pode ser considerado, para todos os efeitos, o inventor do papado. Ele buscou, com todas as forças, consolidar o papado perseguindo hereges e pagãos e publicando, depois de ter retomado a obra já iniciada por Dâmaso, o cânon das Escrituras, separando os textos autênticos daqueles interpolados ou apócrifos.

A distinção entre os dois poderes, no entanto, não implicava na sua separação: assim como quem governava estava submetido ao prelado em matéria espiritual, este último também se submetia àquele nas coisas temporais. "Se no ordenamento das coisas públicas – escreve em uma nota inteira ao imperador – os bispos reconhecem a autoridade que te foi confiada por Deus, e obedecem às tuas leis sem desobedecer tuas decisões nas coisas do mundo; com qual afeto deves também tu obedecer àqueles que são encarregados de dispensar os sagrados mistérios?" Não obstante, enquanto no Oriente os imperadores continuavam a sua política, misturando os papéis sob a égide do assim chamado cesaropapismo, no Ocidente a autoridade do papado terminou por suplantar a do imperador. Distante do Império, os pontífices se colocaram como obstáculo único diante dos bárbaros, defendendo Roma das invasões e lançando as bases para a construção de um domínio temporal propriamente dito que teria sua primeira legitimação no período lombardo.

Os monges, fora e dentro do mundo

Enquanto o cristianismo no Ocidente dava seus primeiros passos e tentava criar uma estrutura para si, no Oriente, a partir do século III, nascia uma experiência religiosa nova: o monaquismo. Era a resposta a uma profunda necessidade espiritual: seguir os conselhos evangélicos separando-se do mundo na busca da perfeição. Em poucas décadas, um grande número de eremitas povoou os lugares mais remotos da Síria, as desoladas terras anatólicas, as áreas desertas do Egito. Eram homens que levavam uma vida solitária e cheia de privações, meditando e mortificando os sentidos. Seguir tal exemplo certamente não era fácil porque suas escolhas eram extremas. Simeão (390-459) viveu mais de trinta anos em cima de uma coluna (por isso, alcunhado "o estilita"). Aos treze anos deixou de ser pastor para entrar em um mosteiro. Depois de um longo e doloroso noviciado, durante o qual esteve próximo da morte por conta da severidade das práticas ascéticas às quais se submetia, fixou sua morada sobre um monte distante uns trinta quilômetros de Antioquia. Ali, colocou-se sobre uma coluna, primeiro com três metros de altura, depois elevada a quinze. Sobre ela, transcorreu trinta anos de sua vida.

O hábito e o exercício lhe permitiram perseverar em situação tão perigosa sem medo ou vertigem e também experimentar as diversas posições de oração. Ele por vezes rezava em posição ereta, com os braços abertos em forma de cruz, mesmo se sua prática mais frequente fosse dobrar seu magro esqueleto da fronte aos pés. Um espectador curioso, depois de contar 1.244 repetições dessa inflexão, desistiu de contá-las. É possível que o progresso de uma úlcera da coxa, mesmo sem perturbá-lo, lhe tenha encurtado essa existência celestial; e o paciente eremita morreu sem descer da coluna[87].

O celebérrimo Antão (250 c.-356) – cuja vida é bem conhecida graças à biografia escrita por Atanásio, seu discípulo – nasceu em Coma (Tebaida), à margem

---

87. GIBBON, E. *The History of the Decline and Fall of the Roman Empire*. Vol. 4. Cap. XXXVII: Conversion of the Barbarians to Christianity. Part. II, 1781.

esquerda do Nilo, por volta do ano 250. Mesmo de família rica, preferia o trabalho e a meditação às festas e banquetes. Na ocasião da morte de seus pais, distribuiu todos os seus bens aos pobres e se retirou, na solidão, para trabalhar e orar; primeiro, nos arredores de sua cidade natal; depois, no deserto. Antão habitava uma antiga tumba escavada na rocha, sem conforto algum, alimentando-se do pão que lhe traziam duas vezes ao ano. Sua luta contra as tentações do demônio é proverbial: o tentador lhe aparecia mostrando o que Antão poderia ter feito caso tivesse seguido a vida mundana. Às vezes, o diabo lhe aparecia sob a forma de um animal feroz – frequentemente de porco – no intuito de assustá-lo, mas Antão respondia com jejuns e penitências, conseguindo sempre resistir. Sua fama de anacoreta se espalhou tanto que foi obrigado a mudar-se várias vezes para fugir da multidão que o procurava tanto para aconselhar-se quanto para simplesmente vê-lo.

As histórias de Antão e Simeão são apenas alguns dos casos impressionantes de rigorismo, mas não foram decerto os únicos. Nem todos, porém, conseguiam seguir tal exemplo: preferiam compartilhar penitências e orações com os outros, sustentando-se mutuamente. Essas comunidades cenobíticas – do grego, "vida em comum" – se difundiram primeiramente no Oriente e depois, graças também a uma primeira regra redigida por um egípcio, Pacômio, também no Ocidente. O segredo do sucesso estava no fato que, diferente do monaquismo oriental, a forma cenobítica não previa o isolamento total do mundo, e, além disso, buscava a realização dos ideais cristãos no próprio mundo pela evangelização. A figura central dessa experiência foi São Bento de Núrcia (c. 480-547). Inspirando-se em algumas experiências anteriores (das quais permanecem alguns resquícios, p. ex., em uma coletânea de normas comportamentais como a *Regula magistri*), compilou um conjunto de prescrições para a comunidade fundada por ele em Subiaco e em Montecassino que dará as bases para o monaquismo medieval: a Regra de São Bento. As normas estabelecidas para os monges eram simples. O conceito de fundo era a manutenção do equilíbrio entre vida contemplativa e ativa resumido na fórmula *"ora et labora"*. Os confrades, vinculados à obrigação de residência no mosteiro onde tivessem ingressado, deviam obedecer a seu superior, o abade, e contribuir eficazmente para o progresso espiritual e cultural da comunidade, obtido com a oração e a meditação, mas também com o estudo e a transcrição de textos sagrados e obras clássicas. Junto à atividade intelectual, o monge tinha também o dever de contribuir para o próprio sustento e dos seus confrades cultivando a terra e desempenhando pequenas atividades artesanais. Com sua operosidade, os mosteiros beneditinos – sustentados por doações importantes provindas das camadas ilustres da sociedade – transformaram-se em muito mais do que simples centros religiosos. Graças à ajuda dos colonos que se refugiavam naquelas que, no meio da decadência generalizada do fim da Antiguidade e início da Idade Média, eram verdadeiros oásis de paz e estabilidade, as abadias tornaram-se promotoras de grandes obras agrárias de drenagem e aproveitamento de terras anteriormente não cultivadas e, entre os séculos VI e VIII, conseguiram iniciar uma primeira recuperação da economia europeia, duramente provada pelos saques e invasões.

A Irlanda, uma ilha de santos

Uma experiência insólita foi a do monaquismo na Irlanda[88]. Quando Paládio e Patrício começaram a pregar, no século V, a ilha não tinha cidades: constituía-se de um conjunto de povos e tribos (em irlandês, *tuatha*) espalhadas por todo o território. Cada *tuath* tinha um chefe, chamado em irlandês de *ri*, e mudava de lugar continuamente. A população da ilha chegava a cerca de meio milhão de habitantes subdivididos em cento e cinquenta tribos. Obviamente, a agregação desses indivíduos era o único modo de garantir a própria sobrevivência. Sair da tribo era perigoso, não apenas no que diz respeito à segurança pessoal: quem a abandonasse assemelhava-se a um estrangeiro (em irlandês, *ambue*), e perdia todos os direitos sociais, passando a viver na marginalidade. Não por acaso, o exílio ultramarino e a condenação a vagar eram as penas máximas aplicadas nos casos de delitos contra a sociedade.

O monge irlandês, ao contrário, abandonava a tribo deliberadamente por Cristo (assumindo a *peregrinatio pro Christo*). Buscava o isolamento de propósito e vivia em condições de inferioridade. Inicialmente alvo de suspeita, com o avanço da cristianização, tal atitude torna-se objeto de admiração: a escolha do monge foi vista como semelhante ao martírio (o assim chamado "martírio branco", assumido voluntariamente e sem nenhum traço violento, baseado na contestação das injúrias dos potentes e no anúncio da Palavra pela profecia). Representante de Deus e dos santos na terra, o monge assumiu o papel de vértice da sociedade, com o carisma quase igual àquele de um soberano ou de um bispo. E mais: se de fato o bispo era

---

88. Para este parágrafo: PERCIVALDI, E. (org.). *La navigazione di San Brandano*. Rímini: Il Cerchio, 2008, p. 20-35.

o chefe da Igreja local e vivia em contato com o "século", o abade guiava um grupo de monges que viviam o ascetismo que é mais espiritual. Para o próprio prestígio, os centros monásticos se associavam em confederações e se ligavam às dinastias locais, das quais recebiam bens fundiários em troca da inserção de algum membro de família como chefe do próprio mosteiro. As confederações monásticas tornaram-se assim o prolongamento efetivo da autoridade secular e, ao contrário do que acontecia no continente, eram os bispos que dependiam dos abades.

Essa e outras peculiaridades levaram os monges irlandeses a polemizar muitas vezes contra a Igreja de Roma e as ordens beneditinas do continente. Também no campo litúrgico e comportamental, os monges gozavam de larga autonomia em relação aos seus "colegas". Como foi dito, os bispos insulares exerciam uma autoridade inferior comparada à dos abades, os verdadeiros líderes das comunidades religiosas. Também era diferente o tipo de tonsura praticado pelos monges: enquanto a clássica consistia em rapar a coroa no meio da cabeça, na Irlanda se rapava a fronte de uma orelha à outra. Havia também questões estritamente doutrinais, como a rejeição do limbo para as crianças mortas sem batismo – posição decorrente talvez do fato que, na Irlanda, se celebrasse o batismo somente quatro vezes por ano ao invés de oito dias depois do nascimento. Privilegiava-se a confissão privada dos pecados ao invés daquela pública (*coram populo*). Enfim, celebravam-se as festas da Imaculada Conceição e da Assunção de Maria, que a Igreja de Roma proclamou como dogmas somente em 1854 e em 1950, respectivamente.

Mas o problema mais sentido estava relacionado ao cálculo da Páscoa. Os primeiros cristãos a calculavam seguindo a tradição hebraica, dia 14 do mês de Nisan: quando, segundo os evangelhos, Jesus fora crucificado. Mas, uma vez que o dia da semana desse evento era um domingo, logo se impôs o costume de celebrar a páscoa no domingo. Durante o primeiro Concílio de Niceia (325), a data da Páscoa foi estabelecida proibindo-se expressamente que ela coincidisse com a páscoa hebraica, em oposição ao judaísmo, porque, segundo o Imperador Constantino[89], os judeus a teriam desonrado com a crucificação de Cristo. Na sequência foram publicados outros cálculos, mas os irlandeses continuaram celebrando a Páscoa sempre no dia 14 de Nisan, ignorando tudo mais. Da abadia escocesa de Iona, bastião dessa posição tradicionalista, com o apoio de São Columbano (525-615),

---

89. EUSÉBIO DE CESAREIA. *Vita Constantini*, III, 18. • TEODORETO DE CIRRO. *Historia ecclesiastica*, I, 9.

a páscoa céltica se difundiu também no continente nas abadias de fundação irlandesa. Tanto na Irlanda quanto nesses "enclaves celtas" – segundo o sábio Beda o Venerável – a páscoa romana era fortemente rejeitada. A questão teria sido resolvida somente em 664, depois de um turbulento sínodo no Mosteiro de Streonshalh (Streanoeshalch, mais tarde Whitby). Mas o uso romano não foi logo aceito em todos os lugares: se na Irlanda do Norte ele foi estabelecido com o Concílio de Birr (697), na Escócia, onde a influência da Abadia de Iona ainda era presente, foi adotado somente em 716 e, em Galles, só mesmo em 768.

Outra característica original dos mosteiros irlandeses era que as comunidades podiam ser constituídas por homens, mulheres e até por crianças. Depois de uma primeira fase em que o modelo preponderante era marcado pelo entusiasmo ascético e rigorista, o monaquismo irlandês se orientou sempre mais na direção missionária.

Após o fim das invasões e depredações bárbaras – que, nos primeiros decênios do século VI, obrigaram os clãs e comunidades a se refugiarem na Escócia e até mesmo do outro lado do Canal da Mancha, na Bretanha; por volta do ano 500, muitos cenóbios foram reconstruídos, outros foram fundados *ex novo* e se tornaram por sua vez centros propulsores de uma nova evangelização. Killeay, nas ilhas de Aran, Clonard, Clonmacnoise, Bangor, Glendalough, Skelling Michael, Iona, Lindisfarne, Kildare (onde foi fundada uma comunidade feminina) são dessa época, assim como a vida de Enda (ou Enna), Brandão, Finnian, Ciaran, Congall, Columba, Aidan e Brígida, criadores e profundos inspiradores também do modelo de vida que ali se adotou.

Entre o século VIII e IX, as zonas periféricas da Irlanda se cobriram de eremitérios, mormente fundados em lugares agrestes de acordo com o dever, imposto ao monge, de estabelecer-se em outros lugares para evangelizá-los, de renunciar à própria pátria e de cumprir uma peregrinação aproximando-se de Deus. Assim como para os eremitas orientais o retiro espiritual deveria acontecer entre as rochas áridas e desérticas da Tebaida, para os irlandeses o *deserto* eram as verdes pradarias e o oceano. Os monges embarcavam em estreitas e longas canoas de madeira revestidas de couro bovino: o já citado *currach* era leve e não podia navegar contra o vento, todavia era resistente o bastante para chegar longe, aproveitando as correntes do mar. Antes do final do século VIII, pequenos grupos de monges irlandeses conseguiram chegar à Islândia e colonizá-la, fundando vários mosteiros célticos – comunidades que permaneceram, por sua vez, durante séculos, sobrevivendo às difíceis condições climáticas –, sendo expulsos somente pela fúria dos viquingues.

Tais comunidades nunca foram numerosas: em um clima onde as chuvas e os fortes ventos estavam na ordem do dia, os mosteiros eram constituídos por aglomerados de pequenas celas, normalmente construídas a seco, circundadas por um pequeno horto. Um exemplo disso é o Mosteiro de Skelling Michael que hospedava em uma ilha remota uma dúzia de clérigos em uma estrutura parecida com um poleiro sobre um monte, à qual se poderia chegar somente através de uma escadinha íngreme: símbolo deveras eloquente de uma obcecada *fuga mundi*.

A dura vida do monge

Como viviam os monges da Idade Média? A sua vida era, na verdade, muito monótona e intercalada por orações e trabalho. As horas do Ofício Divino eram sete: laudes, prima, terça, sexta, nona, vésperas e completas. Mas não eram fixas: o dia seguia o curso do sol de modo que, no verão, era mais longo e, no inverno, mais breve. Todas as atividades manuais eram concentradas nas horas de claridade, entre a alvorada e o crepúsculo. Eles só se levantavam à noite para as orações. Uma vez que, no verão, dedicavam cerca de seis horas por dia ao trabalho e, no inverno, quando a claridade permitia, somente duas. Nos meses mais frios, o tempo livre era ocupado pela oração, leitura e meditação.

No verão, o dia começava por volta de duas da manhã com as primeiras orações (no inverno, um pouco mais cedo) e terminava por volta de oito da noite, quando escurecia. Já no inverno, os monges iam para a cama ao escurecer.

O coração pulsante da vida monástica era o capítulo, a assembleia dos monges. Depois das orações – a começar por aquelas dedicadas aos santos celebrados a cada dia – procedia-se à leitura e ao comentário de passagens da Regra ou de outros textos que regiam a vida da abadia. Durante a reunião capitular, o abade providenciava as tarefas a serem confiadas aos monges durante aquele dia. A seguir, cada monge deveria confessar as próprias falhas eventuais e receber as relativas penitências, que normalmente consistiam em jejuns, humilhações ou penas corporais. Nos casos mais graves, era possível até mesmo a detenção: os estatutos de Cister de 1230, por exemplo, mencionam expressamente a utilização do encarceramento com esse objetivo. Durante o capítulo tornavam-se públicas todas as comunicações oficiais relativas à vida do mosteiro: novos ingressos, nomeações, encargos. No final, depois da memória dos irmãos defuntos, recitavam-se os salmos, o *De profundis* e as orações finais. Os monges eram, assim, despedidos e iniciavam-se as atividades cotidianas.

As refeições eram feitas em comum e somente uma vez por dia entre as 11 e as 13h, de acordo com a estação (somente no verão era previsto também o jantar). Depois de lavarem as mãos na fonte, os monges entravam no refeitório e se colocavam à mesa. Terminada a oração e a bênção dos alimentos, podia-se começar a comer. Em rigoroso silêncio: podiam se exprimir apenas por gestos – existem até manuscritos com uma espécie de dicionário dos gestos para traduzi-los ao termo latino correspondente – e a única voz que ressoava no ambiente era aquela do monge que lia passagens da Bíblia. Comida e bebida eram servidas para dois, então cada um devia dividir o prato que recebia com um companheiro. Os monges tinham de abster-se de carne e geralmente dos pratos mais substanciosos que "estimulavam os desejos sexuais" (Santo Tomás). A dieta típica era baseada, então, em legumes, verduras e pão. Nos períodos dedicados ao jejum – mas disso tratamos suficientemente no capítulo dedicado à alimentação – a dieta limitava-se a pão e água. No que se refere às bebidas, o vinho era permitido em quantidades módicas, enquanto no norte da Europa era mais comum – até por razões climáticas – o consumo da cerveja. Ao fim da refeição, a comunidade se reunia na Igreja para agradecer a Deus pelo alimento recebido.

O regime dietético do monge era, portanto, muito rígido. Interrompia-se o jejum em caso de indisposição ou quando a comunidade era submetida a trabalhos particularmente pesados, por exemplo durante o período em que se aravam os campos ou na época das colheitas. O consumo de carne era normalmente permitido só aos doentes e, mesmo assim, em pequenas quantidades. Essas normas, bastante rígidas no texto de São Bento, com o tempo sofreram mudanças tornando-se paulatinamente mais permissivas. Através de dispensas papais, as exceções ao jejum praticamente se tornaram regra a tal ponto que, em 1335, foi necessária uma bula – a *Fulgens sicut stella*, de Bento XII – para chamar os mosteiros de volta ao rigor.

Os monges dormiam todos juntos no mesmo dormitório e vestidos. Dado que não se permitia, ao menos no rigor das origens, nenhum tipo de aquecimento, também o repouso devia colocar à prova a resistência, sobretudo nos climas mais frios. A higiene também era mínima. O banho propriamente dito era reservado somente aos monges enfermos; para os outros apenas lavagem das mãos (antes das refeições) e dos pés (por motivos litúrgicos).

> Um estatuto em 1189 estabeleceu que todos que tivessem saído do mosteiro em busca de banhos quentes não deveriam ser readmitidos. Em 1202, o abade São Justo, na Toscana, foi deposto por ter almoçado em companhia de seculares e – como afirma laconicamente o texto – "por ter se permitido tomar um banho, tirando o hábito, fora da abadia". Em 1212, um monge de Hautecombe foi chamado a explicar-se por ter comido carne e tomado um banho. Em 1225, o abade da abadia húngara de Pilis foi acusado do seguinte crime: ter entrado em um banho público no sábado santo, onde também fez a barba. Nesse campo, o primeiro sinal de relaxamento surgiu no capítulo de 1437, que estabeleceu que "os banhos não devem ser permitidos às pessoas sadias mais do que uma vez por mês"[90].

A vida monacal era, portanto, muito dura. Quando um monge estava para morrer, os confrades se reuniam em oração para assistir à extrema-unção. Depois de exalar o último suspiro, em paz, o defunto era colocado sobre uma lápide. Antes de repousar para sempre na sepultura – os monges comuns no cemitério, na terra nua; os abades, no claustro ou na igreja – era despido e lavado com água-morna. Já sem vida, não podia mais guardar seus segredos e seu corpo se apresentava inerte aos olhares indiscretos de todos. Às vezes, os confrades se limitavam a observá-lo para descobrir os sinais da doença ou mesmo das mortificações que se impusera. Mas, às vezes, assistia-se a retumbantes surpresas. Como conta Cesário de Heinsterbach no *Dialogus Miraculorum*:

> [Nesta ocasião] os monges de Schönau descobriram que "Frei José", morto como noviço, era uma moça. O nome da jovem era Ildegonda, filha de um devoto cidadão de Neuss am Rheim: Este a conduzira em peregrinação à Terra Santa onde veio a falecer, deixando-a sozinha e em meio a todo tipo de dificuldade, em uma terra estrangeira. Depois de privações incríveis e aventuras milagrosas, Ildegonda conseguiu voltar para a Alemanha, onde o abade de Schönau – acreditando que ela fosse um rapaz – a admitiu ao noviciado. A sua morte ocorreu em 1188, e quando Cesário contava tal história, trinta anos depois, ela estava se

---

90. Cf. *Storia dell'ordine cisterciense* [Disponível em: www.cistercensi.info/storia/storia17.htm].

tornando a famosa "Santa Ildegonda" que será então venerada nos séculos sucessivos da Idade Média.

Corruptos, ignorantes e guerreiros

Naturalmente, nem sempre o clero – em todos os níveis, tanto no claustro quanto no século – era irrepreensível. Na época carolíngia e pós-carolíngia o estrago ficou evidente sobretudo por conta de sua contiguidade com a classe dirigente. Com o progressivo crescimento do poder das aristocracias, tornou-se prática comum para os senhores fundar mosteiros e igrejas privadas e colocar à frente delas pessoas pertencentes ao próprio *entourage*: dessa maneira não apenas ganhavam prestígio como exerciam uma forte influência sobre instituições eclesiásticas.

Bispos e abades, recrutados entre os aristocratas, eram, de fato, parte da clientela da nobreza e se encontravam como chefes de centros de poder também muito influentes. Alguns bispos chegavam até mesmo a empunhar armas. Chegou-se ao ponto de, enquanto feudatários, terem de prestar juramento de fidelidade ao soberano e de comandar o exército no campo de batalha. Não se pode deixar de citar o célebre Turpino, arcebispo de Reims, que, segundo a épica das *Chanson de geste* [Canções de gesta] – as fontes históricas, contudo, não o citam –, esteve ao lado de Carlos Magno em Roncisvalle (778). Mas o fenômeno explodiu particularmente durante as cruzadas. Em uma miniatura do manuscrito *Yates Thompson* 12 (folha 29, British Library), datável da metade do século XIII, que representa um episódio da primeira cruzada, vê-se claramente à esquerda um bispo a cavalo, revestido de uma cota de malha, com a mitra sobre o elmo enquanto participa de um combate. Provavelmente seja Ademar de Monteil, legado pontifício e herói da batalha de Dorylaeum (1097), comandando o fronte cristão, aqui representado enquanto segura a sagrada lança (aquela com a qual Longuinho teria furado o lado do Cristo agonizante na cruz): É mister dizer que o bispo se manteve cético sobre a autenticidade de tal relíquia, encontrada pouco tempo antes pelo monge Pedro Bartolomeu.

Outros prelados célebres nas armas foram Pierre des Roches (morto em junho de 1238), bispo de Winchester, que em 1217 combateu em Lincoln pelo rei da Inglaterra contra o soberano da França; Guilherme dos Ubertinos, morto aos 11 de junho de 1289, durante a Batalha de Campaldino (a mesma em que lutou Dante Alighieri); o grande Cristiano, arcebispo de Mainz, homem de confiança de Frederico Barbarossa, que, depois de ter combatido ao lado do imperador em inumeráveis batalhas durante a campanha da Itália, morreu aos 25 de agosto de 1183, talvez pela água envenenada ou talvez por doença, enquanto defendia Túscolo sitiada pelos romanos.

Entretanto nem todos foram protagonistas de empreitadas valorosas como essas. Em geral, em escala muito menor, o que prevalecia era a tentação de antepor o simples proveito pessoal à missão espiritual. Mais do que uma autêntica e profunda vocação, na escolha da "carreira" de muitos dos aspirantes ao clero pesava a possibilidade de chegar facilmente a papéis prestigiosos e a ricas prebendas. Em tais casos, violar o voto de castidade com concubinas ou mulheres de vida fácil, comprar e vender cargos eclesiásticos eram práticas comuns. Sobretudo nas áreas rurais, onde, não obstante a evangelização, permaneciam muitos traços do paganismo e os clérigos eram comumente violentos, rapaces, ignorantes e supersticiosos. Aliás, as homilias que tais sacerdotes proferiam ao povo não se conservaram, mas é possível supor que fossem feitas em uma linguagem muito próxima do vernáculo. De fato, atribui-se a essas décadas o mais antigo testemunho da utilização oficial desse tipo de linguagem em um ato público: o Juramento de Estrasburgo. Trata-se de um pacto firmado entre Carlos o Calvo e Ludovico o Germânico aos 14 de fevereiro de 842 para apoiar-se mutuamente contra o Imperador Lotário, irmão de ambos. O cronista Nitardo, a quem se deve a narração do episódio (conservada em um só manuscrito) reporta o texto que os dois soberanos pronunciaram diante das tropas: Carlos, que falava uma língua protofrancesa, falou em Alemão antigo para fazer-se compreender pelo exército do irmão, e Ludovico agiu da mesma forma. Ambos, então, juraram na própria língua[91].

---

91. Eis o texto: Ludovico – "*Pro Deo amur et pro christian poblo et nostro commun saluament, d'ist di in auant, in quant Deus sauir et podir me dunat, si saluarai eo cist meon fradre Karlo, et in adiudha et in cadhuna cosa si cum om per dreit son fradra saluar dist, in o quid il mi altresi fazet. Et ab Ludher nul plaid nunquam prindrai qui meon uol cist meon fradre Karle in damno sit*". [Pelo amor de Deus e pelo bem do povo cristão e pelo nosso bem a todos os dois, a partir deste dia, enquanto Deus me conceder sabedoria e poder, eu auxiliarei meu irmão Carlos com minha ajuda e qualquer outra coisa, como se deve socorrer seu irmão por igualdade, na condição que ele faça o mesmo por mim, e não farei acordo algum com Lotário que, de minha vontade, possa ser danoso a meu irmão Carlos]. Carlos – "*In Godes minna ind in thes christiānes folches ind unsēr bēdhero gehaltnissī, fon thesemo dage frammordes, sō fram sō mir Got gewizci indi mahd furgibit, sō haldih thesan mīnan bruodher, sōso man mit rehtu sīnan bruodher scal, in thiu thaz er mig sō sama duo, indi mit Ludheren in nohheiniu thing ne gegango, the mīnan willon imo ce scadhen werdhēn*" [Pelo amor de Deus e pelo bem do povo cristão e pelo nosso bem a todos os dois, a partir deste dia, enquanto Deus me conceder sabedoria e poder, eu auxiliarei este meu irmão, como se deve socorrer seu irmão por igualdade, à condição que ele faça o mesmo por mim, e não farei acordo algum com Lotário que, de minha vontade, possa ser danoso a este meu irmão].

A época férrea do papado

Foi exatamente no caos que tomou o Império e particularmente a Itália, logo depois da deposição de Carlos o Gordo (887), que se iniciou a dura competição entre facções pelo controle e pela gestão da coroa. Na Itália, a luta começou entre Berengário de Friul e Guido II de Espoleto que queriam o reino da Itália. O papado, que na época carolíngia conseguiu manter o prestígio e confirmar a aspiração ao universalismo e o primado de Roma como capital da Cristandade, interveio efetivamente no confuso quadro itálico apoiando ora um ora outro lado. E não hesitou em assumir em primeira pessoa os negócios temporais, dando razão, em última análise, a todos que, como Cluny, requeriam publicamente uma reforma profunda na Igreja e em suas instituições.

A "época férrea do papado", assim como foi definido o período entre os séculos IX e XI, foi marcada por ondas de barbarização difíceis de conceber. O domínio era exercido principalmente pela aristocracia romana que, subdividida em várias facções violentamente hostis umas às outras, tratava o trono de Pedro como uma sua *dépendance*. Intrigas, assassinatos e incestos eram comuns, cúmplices pontifícios da vilania e do ínfimo perfil moral dessa gente. Protagonista absoluta desse inqualificável período foi a bela e sem preconceitos Marósia (892-955). Sem cultura, mas ambiciosa, soube utilizar sua aparência para uma verdadeira escalada ao poder e, por vinte anos, deteve as rédeas da Santa Sé dispondo dos papas a seu bel-prazer, explorando tanto a corrupção quanto as intemperanças sexuais dos pontífices. Aos quinze anos, tornou-se concubina de seu primo, o Papa Sérgio III, e teve com ele (ou com o marido Alberico, com quem nesse meio-tempo se casou) um filho, João. Depois de livrar-se de Sérgio, envenenando-o, e da morte de Alberico em Orte, casou-se com o Marquês Guido da Toscana e começou a maquinar a eliminação do seu principal opositor, o novo Papa João X. Em dezembro de 927, Marósia tomou de assalto o Latrão[92] e, em maio do ano seguinte, prendeu o pontífice encarcerando-o em Castel Sant'Angelo (onde teria morrido talvez envenenado ou sufocado a mando seu, poucos meses depois). A esse ponto, a nobre mulher, senhora absoluta de Roma, fez serem eleitos para o trono de Pedro dois papas de seu agrado – os incompetentes Leão VI e Estêvão VII – e, em

---

92. À época, a sede do papado ainda era o Latrão, onde nos dias de hoje permanece a sede da Diocese de Roma [N.T.].

931, fez o mesmo até com o filho que tivera (talvez) de Sérgio, João, que já contava seus vinte anos.

Depois da morte de Guido, Marósia, com sua sede de poder, casou-se com seu irmão Hugo de Provença (rei da Itália de 926 a 947), impondo-lhe que, para evitar o incesto, se declarasse filho ilegítimo. Os planos megalomaníacos dessa mulher só foram interrompidos por Alberico II, seu filho mais jovem, que mandou que a prendessem e aprisionou seu meio-irmão, João XI, no Latrão. A "senhora de Roma", definida sem muito pudor pelo seu contemporâneo Liutprando de Cremona, "bela como uma deusa e fogosa como uma cadela", morreu em um convento em 955. Deixando a Santa Sé reduzida, moralmente falando, a frangalhos.

A pornocracia de Marósia (e de sua mãe Teodora, que mesmo oculta manteve o controle de todas as operações até a morte) foi provavelmente o momento em que o papado chegou ao fundo do poço. Mas poucas décadas antes já se chegara à beira do abismo com o Papa Estêvão VI ou VII (a discrepância na numeração se deve ao fato de Estêvão II ter morrido em 752, antes de ser consagrado; considerá-lo como pontífice ou não é objeto de debate). Estêvão (896-897) apoiava Lamberto de Espoleto. Chegou ao ponto de mandar exumar o cadáver de seu predecessor Formoso (891-896), que militara pela facção de Berengário de Ivrea, e, em uma macabra encenação, o colocou em procissão em São João do Latrão. Revestido dos paramentos litúrgicos, o corpo foi colocado no trono e teve de responder à acusação de ter usurpado, como bispo de Portus (Fiumicino), o título de pontífice, incompatível com sua condição. O surreal sínodo do cadáver (*sinodus horrenda*) terminou inevitavelmente com a condenação de Formoso e a invalidação de seus atos. Mas o pior estava ainda por acontecer: tiraram do pobre corpo os paramentos e amputaram-lhe os três dedos da mão direita usados para abençoar. O cadáver foi então arrastado pelas ruas de Roma e lançado no Rio Tibre. Depois de três dias, o corpo foi encontrado por um monge na margem do rio, nas proximidades de Óstia e piedosamente recomposto. A multidão romana, rebelada contra o terrível sacrilégio, entrou no Latrão, capturou Estêvão e o trancafiou em Castel Sant'Angelo. Poucos meses depois, foi encontrado morto, estrangulado, em sua cela.

Desejo de renovação

No meio de todos esses excessos havia também quem se escandalizasse e repropusesse a ordem, chamando a atenção para a necessidade de uma Igreja que voltasse à pureza das origens. O paladino desse espírito foi o monge Bento de Aniane (750-821), homem de confiança do Imperador Ludovico o Pio e grande apreciador da regra, já clássica a essa altura, compilada pelo seu homônimo três séculos antes. Ele fez um trabalho imponente: pesquisou todas as regras monásticas existentes – encontrou vinte e sete –, recolheu-as e depois as confrontou com a de São Bento de Núrcia. Chegou à conclusão que essa última era a melhor. E, graças ao apoio de Ludovico, conseguiu impor o monaquismo beneditino em toda a Europa. Seguindo suas orientações, alguns mosteiros pediram ao papa a isenção da obediência a bispos que não fossem propriamente irrepreensíveis; com a reação previsível, responderam unindo-se em ligas ou federações agrupadas em torno de uma "casa-mãe". O centro irradiador desse profundo sentimento de renovação foi a Abadia de Cluny.

Na origem disso está a vontade de um "particular": o Duque de Aquitânia e Alvernia, Guilherme, doou uma *villa* – um vasto latifúndio – de sua propriedade situada em Borgonha a Bernou, já abade de Beaume e Gigny, para ali fundar um mosteiro. Há discrepâncias sobre a data: 2 de setembro de 909 ou 11 de setembro de 910. Mas isso não muda a importância do ato: Cluny – esse é o nome do lugar – já nesse documento era colocada sob a jurisdição do papa, sendo assim subtraída de outros possíveis controles, leigos ou eclesiásticos, e ganhando liberdade de ação sobre muitas questões importantes. Por exemplo: mesmo aderindo à Regra beneditina, os monges de Cluny e das abadias afiliadas a interpretavam de maneira um pouco diferente, baseada no maior interesse pela oração, pela liturgia e pelas atividades intelectuais em detrimento do trabalho manual. Também as prescrições sobre as vestimentas, sobre a qualidade e a quantidade da alimentação eram menos rígidas.

Graças a figuras de grandes abades como Bernon, Odo, Maiolo, Aimaro e Odilon, a ordem cluniacense se impôs, no correr de dois séculos, não só na França, mas também na Itália (com monges afiliados em Pontida, Farfa, Subiaco, São Bento em Polirone), na Alemanha e no resto da Europa. A Ordem Cluniacense, nascida de nobre linhagem, sempre conservou (até a sua decadência, iniciada no fim do século XII) uma visão aristocrática do monaquismo, como demonstra a aspiração dos seus membros a fazer parte das elites, não só religiosas, mas também culturais de então: foi exatamente Cluny, só para exemplificar, que abriu as escolas também aos não monges. E foi graças a Cluny e à monumental arquitetura de suas igrejas abaciais que pôde nascer e se difundir a arquitetura românica e, posteriormente, a gótica. Infelizmente, essa herança foi quase toda destruída depois da Revolução Francesa – em 1793 também foi saqueada e dispersada a extraordinária biblioteca –, mas conhecemos a sua evolução arquitetônica graças às escavações arqueológicas. A Igreja-mor foi construída, a bem dizer, três vezes, e a última – Cluny III – foi construída a partir de 1088 com um projeto colossal, que a tornou a maior de toda a Europa até a construção da Basílica de São Pedro: cinco naves, comprimento total de 187 metros, coro monumental com deambulatório e capelas laterais, duplo transepto e ainda sete torres. Muitos soberanos da Europa ajudaram no financiamento, entre os quais Fernando I de Castela e de León, seu sucessor Afonso VI e o rei da Inglaterra, Henrique I.

Mas justamente enquanto toda essa pomposidade conquistava a Europa (recebendo ásperas críticas de um bem mais moderado Bernardo de Claraval), na Itália Central e Meridional, o período próximo ao ano mil foi marcado pelo retorno em massa dos eremitas. Rossano, São Miguel e Serperi (fundado por São Nilo entre 970 e 1005), Camaldoli (São Romualdo, em 1012), Vallombrosa (São João Gualberto, 1039)… Os tempos estavam, por fim, mudando. E, enquanto até o clero secular tentava, imitando os monges, adotar com as canônicas o ideal comunitário, na cidade, grupos de leigos davam vida a movimentos de massa que pediam insistentemente a renovação da Igreja. Uma Igreja que, também graças à sensibilidade de alguns pontífices, soube apropriar-se desse espírito de reforma, propiciando, na segunda metade do século XI, uma época de grandes confrontos com a outra máxima autoridade, o Império, também essa em busca de redenção.

Nesse mesmo contexto nasceram, sobretudo na França, outras ordens que, porém, se contrapunham à pompa de Cluny e reafirmavam o papel de guia espiritual e não temporal do clero, repropondo o ideal de austeridade típico do monaquismo das origens. O centro propulsor dessa nova onda de fundações – animadas pelo carisma de São Bernardo, Abade de Claivaux (Claraval) – foi Cister, cuja regra, denominada *Charta Charitatis*, foi aprovada em 1119. Diferente da Regra Beneditina adotada por Cluny, a cisterciense recolocava o trabalho manual no centro do ideal de perfeição monástica: cada abadia, independentemente das outras, tornou-se assim um centro agrícola e econômico de primeira grandeza: os monges se dedicavam individualmente a grandes obras de agricultura, desmatando e construindo canais de irrigação. Junto a Cister, nasceram outras duas ordens marcadas pelo rigorismo: em Grenoble, os cartuxos (da comunidade chamada *Grande Chartreuse*), fundados em 1084 por Bruno de Colônia e aprovados em

1133; e, em Prémontré, nas redondezas de Soissons, os premonstratenses cuja regra foi aprovada pelo papa em 1126.

O desejo de renovação espiritual que permeou essa época se expressou também através de canais tidos como menos ortodoxos e amalgamou suas expectativas com aquelas de uma sociedade em plena efervescência. É a época das grandes heresias: cátaros, patarinos, valdenses, humilhados. Mas trataremos desse aspecto no próximo capítulo.

A necessidade do "novo" se fez sentir no que tange às instituições, mas com uma resposta totalmente diferente. O esforço do papado, depois da difícil contenda que o opusera ao Império durante a luta pelas investiduras (cf. o cap. sobre o feudalismo), foi manter-se de pé. Isso foi obtido com uma série de hábeis movimentos. Em primeiro lugar, com o reforço da sua estrutura, cada vez mais próxima àquela de uma monarquia teocrática, mediante uma corpulenta burocracia constituída por zelosos legados, chanceleres e administradores fiscais. Depois, também a racionalização do direito canônico graças à compilação, feita em torno de 1140 pelo monge bolonhês Graciano, dos atos e das normas emanadas dos concílios no *Decretum* que carrega o seu nome [de Graciano]. A base econômica derivada das doações espontâneas e das esmolas foi também consolidada e ampliada graças à elaboração de um verdadeiro sistema fiscal baseado no dízimo. Na realidade, o dízimo – a taxação de um décimo da renda em favor da Igreja – fora já institucionalizado na época carolíngia. Mas nesse período tornou-se objeto de privilégios concedidos aos soberanos e de disputas entre os mesmos entes eclesiásticos. Em 1106 o arcebispo de Tarento obteve de Boemundo de Antioquia um décimo de todas as rendas fiscais da capital da diocese, enquanto o bispado de Patti exerceu o direito ao dízimo estatal de Termini Imerese que o rei normando, Rogério I, em 1094, tinha concedido ao Mosteiro de São Bartolomeu de Lipari (em 1130 o bispo teve de ceder a metade da quantia do dízimo ao arcebispo de Palermo). Durante o reinado de Frederico II, entre os 145 bispados do Meridião [sul da Itália], ao menos 107 se beneficiaram do dízimo estatal, algo percebido geralmente nos centros diocesanos e nos seus entornos, mas muitas vezes em todas as localidades pertencentes a um determinado bispado, enquanto as capelas de corte recebiam parte do dízimo pago em várias localidades de diversas dioceses[93].
O problema da função do dízimo era, porém, muito debatido também no seio

---

93. FEDERICO II. *Enciclopedia fridericiana*. Roma: Istituto della Enciclopedia Italiana, 2006 [s.v. Decima].

da própria Igreja. Até porque os abusos eram frequentes, sobretudo no caso de bispos que o cediam aos leigos. O III Concílio de Latrão (1179) estabeleceu claramente que os leigos em posse legítima do dízimo não o poderiam transferir a outros leigos. A obrigação de pagá-lo valia para todos. Estavam de fora somente as ordens religiosas no que se referia às novas terras que começassem a cultivar (e seus relativos produtos). Os pontífices seguintes distinguiram o dízimo pessoal, que deveria ser pago na paróquia em que se vive, e o predial, que deveria ser pago à paróquia onde se encontrasse o terreno cultivado. Os atritos entre autoridades seculares e eclesiásticas sobre as competências nessas matérias foram resolvidos confirmando que também aquele que tivesse recebido uma concessão da parte do soberano deveria pagar o dízimo.

Tudo isso concorria, com as côngruas provindas dos benefícios eclesiásticos, para o aumento da riqueza da Igreja, o que provocou não poucas críticas. E provocou também a efervescência de movimentos espirituais que desembocaram na constituição de novas ordens religiosas. Essas floresceram em tal número que a Santa Sé teve de proibir em duas ocasiões – em 1215 e em 1274 – que fossem fundadas novas ordens sem a devida aprovação. Tais grupos tinham como palavra de ordem, não sem algum tom de polêmica, a pobreza. Nas áreas flamengas, mas também na Itália e na França, nasceu o movimento das beguinas, ou beguinário, constituído por mulheres leigas que viviam em comunidade sustentando-se com o trabalho, em oração e ajudando aos pobres e doentes. Mas as melhores intérpretes dessa nova espiritualidade que conjugava a ideia de pureza evangélica com a aspiração de assistir aos necessitados foram as ordens mendicantes.

As ordens mendicantes

Diversamente das ordens tradicionais, os mendicantes não tinham a obrigação de estabilidade. O que não lhes faltava era a mobilidade: entre as suas principais missões estava a evangelização, praticada pelos frades não somente na Europa, mas também no Oriente, na Índia e até mesmo na China. Esses frades concentravam suas atividades nas cidades, onde era mais fácil, de um lado, a sobrevivência, graças à esmola, e, de outro, a pregação, a confissão e a instrução dos fiéis.

As ordens mendicantes nasceram entre o fim do século XII e o início do século XIII graças ao trabalho de Francisco de Assis e de Domingos de Gusmão, fundadores da Ordem dos Frades Menores (ou franciscanos) e da Ordem dos Pregadores (ou dominicanos). Ambos foram reconhecidos pelo Papa Honório em 1223 e 1216. A este ponto não percorreremos as conhecidíssimas histórias dos dois santos. Será suficiente lembrar que ambos se dedicavam principalmente à pregação e à caridade, o que provocou não poucos problemas com o clero urbano. Mas, para além da hostilidade entre as instituições, a experiência de ambos atraiu muitíssimos prosélitos ao ponto de, já na metade da Idade Média, franciscanos e dominicanos estarem espalhados por toda a Europa. Distinguiam-se também por uma aguerrida formação cultural, necessária para pregar o Evangelho e converter os hereges.

Depois da morte dos fundadores, as ordens passaram por alguns momentos de crise. Os franciscanos, em particular, dividiram-se entre aqueles que buscavam radicalizar a escolha pela pobreza (os "espirituais") e aqueles, menos rigoristas, que consentiam em usar os bens para manter a estrutura da ordem (os "conventuais", [os frades da comunidade]). Entre os dois grupos, a Igreja, temerosa das degenerações que poderiam levar à heresia, escolheu apoiar os conventuais: Caindo no ostracismo, os espirituais descambaram para a heterodoxia com o nascimento do movimento dos *fraticelli*, condenado pelo Papa João XXII (1316-1334) com a constituição *Gloriosam Ecclesiam* e reprimido com o auxílio da Inquisição.

Clara de Rímini, a apóstola

Entre os tantos santos e ascetas, mendicantes e flagelantes, humilhados e místicos que surgiram naqueles anos, lembramos o caso pouco conhecido de Clara de Rímini[94] porque – coisa rara no campo feminino – pregava na Itália Central movendo-se a pé e no lombo de uma mula: em suma, uma apóstola. A sua vida –conhecida graças a uma legenda escrita em vernáculo – segue um conhecido clichê. Nascida por volta de 1260 de Chiarello de Piero de Zacheo, patrício e proprietário de bens na cidade e no condado de Rímini, era parente da antiga família dos Rossi. Pertence, portanto, à Rímini bem situada, é rica, bonita, amante da vida e de suas facilidades e sobretudo dos prazeres carnais. Aos sete anos ficou órfã de mãe – mas seu pai se casa três anos depois –, torna-se esposa precoce do filho da

---

94. DALARUN, J. *Santa e ribelle* – Vita di Chiara da Rimini. Roma/Bari: Laterza, 2000.

madrasta. Fica viúva muito cedo, mas em poucos anos perde também a madrasta, o pai e o irmão, estes últimos decapitados durante as lutas entre Guelfos e Guibelinos (grupo ao qual pertencia a família de Clara). Essas lutas levarão os Guelfos à vitória encabeçados pelos Malatesta. A esse ponto, Clara se casa novamente por própria iniciativa – algo escandaloso para aqueles tempos na visão do hagiógrafo –, mas certo dia, enquanto se encontrava na Igreja de São Francisco, em Rímini, recebe uma primeira advertência: para que se salve deverá arrepender-se e pensar somente na oração. Pouco tempo depois, a segunda advertência e a conversão definitiva: Clara continua vivendo com o marido, mas em castidade, até que ele morre em torno de 1280. Clara se instala então em Urbino, com o irmão sobrevivente, e inicia uma vida de mortificação e penitência. Nunca receberá as ordens religiosas [*sic* – N.T.], mas toda a sua existência daquele momento em diante será impregnada pelos ideais franciscanos. De Rímini a Assis, Clara viaja e se flagela e se arrepende, chora e grita e se desespera. Fora de si, em êxtase, inflige-se publicamente castigos terríveis quase como se encenasse de novo e na própria carne a Paixão de Cristo. Ela procura sempre ir além dos confins de quanto suportaria uma pessoa. Naturalmente, encontra seguidores. E prega. Sua vida, óbvio, também não é fácil. Há quem a julgue como herética (assemelhando-a aos muito temidos *fraticelli*) e há quem a julgue uma louca. Mas também há quem a venere e respeite. Quando morre, aos 10 de fevereiro, entre 1324 e 1329, os franciscanos se apropriam dela de alguma forma, mesmo que nunca tenha sido nem terceira nem clarissa. A sua história circulava já por volta de 1330, mesmo que o seu culto tenha sofrido altos e baixos por muito tempo. Somente em 1751, quando ocorrerá uma cura milagrosa de uma freira que, por acaso, tocará uma tira da roupa saliente do sepulcro de Clara, a misteriosa santa de Rímini voltará a receber um pouco de atenção.

Quando o papa renuncia

A Igreja na Idade Média, e o papado em particular, tiveram uma vida vivaz e dolorosa. Os fatos são muito conhecidos para serem lembrados aqui. Basta citar as lutas entre a Santa Sé e o Império durante a longa questão das investiduras, o grande cisma (provocado por questões doutrinais e litúrgicas) que, pela metade do século XI, marcou o fim da unidade entre as igrejas oriental e ocidental; o cativeiro de Avignon. Quem se sentava de tempos em tempos no trono de Pedro deveria fazer malabarismos entre complôs, tensões diplomáticas, questões doutrinais, rebeliões internas, guerras, afrontas memoráveis (como a célebre e controversa bofetada de Anagni, dada, segundo a lenda, por Sciarra Colonna em Bonifácio VIII). E não é que o papa sempre se demonstrou – ou se sentiu – à altura da situação. Assim, Celestino V, no século Pier del Morrone, tomou a corajosa decisão de renunciar ao pontificado. Escolheu fazê-lo em dezembro de 1294, apenas quatro meses após sua consagração, como uma verdadeira libertação, porque eleito contra a vontade, mas também porque fora vítima de um embuste político. Era um homem tímido e amante da solidão que preferia rezar e meditar a assumir cargos. Quando, em seu ermo em Maiella, recebeu a notícia de ter sido eleito como sucessor de Nicolau IV, rejeitou no impulso, para depois aceitar por puro sentimento de dever e com extrema relutância. Não amava a vida mundana e não gostava de aparecer. Sentia-se, em seu íntimo, um asceta com mais pendor para a vida contemplativa do que para a ação. Fundara também uma congregação monástica rigorista que, afiliada aos beneditinos, foi reconhecida pelo papa. Por si mesmo, teria passado toda a vida no anonimato. A única vez que apareceu foi quando sua congregação correu o risco de ser dissolvida: Na ocasião, foi a pé a Lion, onde estava reunido o concílio que deveria deliberar sobre o mérito, conseguindo aí convencer os participantes da bondade de seus propósitos. Provavelmente, tinha consciência de não estar à altura da situação. Sua história é aquela de um camponês filho de uma numerosa família do Molise que tinha, desde a juventude, abraçado o convento, mas sua cultura era, sendo generosa, sumária e tinha grandes dificuldades até mesmo para se exprimir corretamente em latim. Além disso, quando foi escolhido já era idoso (passava dos oitenta) e não se sentia à vontade em assumir um dever enorme como aquele. A isso se acrescente que se viu administrando uma situação política extremamente complicada: o fim da controvérsia entre angioinos e aragoneses sobre a Sicília, a briga entre as facções que tinha como protagonistas as mais importantes famílias romanas, as novas inquietações espirituais que provocavam uma maior moralização da Igreja. Era velho, inexperiente e dotado de pouquíssima cultura jurídica. Era um homem digno no âmbito moral, mas totalmente inepto no político e gerencial. Assim, terminou como presa fácil de homens muito mais astutos do que ele, a começar pelo poderoso Cardeal Benedetto Caetani, o qual alimentou a sua falta de vontade convencendo-o a largar o cargo. Benedetto era um jurista refinado e talvez esteja por trás da bula que Celestino teria emanado pouco antes de renunciar (mas o original não chegou a nós, sua autenticidade é, portanto, ainda controversa). Nessa bula, contempla-se a possibilidade de o papa deixar o cargo por graves motivos. Aos 13 de dezembro de 1294, Celestino convocou um consistório no qual, "motivado por legítimas razões, por humildade e fraqueza", deixava o pontificado "com a intenção de recuperar, com a consolação da vida pregressa, a tranquilidade perdida". Menos de duas semanas depois, Caetani se elege com o nome de Bonifácio VIII. Os contemporâneos ficaram desconcertados com o inédito gesto. Não se tem certeza, contudo, que "a sombra daquele / que a grã-renúncia fez ignobilmente"[95] reconhecida por Dante no terceiro canto do *inferno* seja efetivamente a de Celestino. O sumo poeta não o nomeia e, mesmo que alhures pegue-se abertamente com tantos papas julgados indignos (até o próprio Bonifácio VIII, a quem Dante reserva um lugar, logo após a morte, entre os simoníacos em companhia de Nicolau III e Clemente V), seu altíssimo sentido ético não o levaria a condenar um homem da envergadura espiritual de Pedro. Para muitos, aliás, Petrarca em primeiro lugar, Celestino foi um modelo de virtude, honestidade e fulgor moral. E foi canonizado em 1313.

Celestino não foi, porém, o primeiro papa a deixar o trono pontifício. Antes dele, Bento IX (1012-1055) abdicara com razões e modos menos nobres: queria casar-se e vendeu o cargo por uma expressiva quantidade de ouro a um padre que galgou o trono de Pedro com o nome de Gregório VI. Antes ainda, Silvério (480 c.-537) foi forçado a renunciar ao ser acusado (falsamente) de ter prometido ao rei dos godos Vitige que lhe abriria as portas de Roma, já assediada pelos bárbaros. Já a abdicação de João XVIII (morto em 1009) por desânimo e desilusão é controversa: a notícia, de fato, aparece só nas crônicas de Óton de Freising e na *Historia Pontificum Romanorum* e não é confirmada em outras fontes.

No século XV, chega-se finalmente ao caso de Gregório XII. Terminados os setenta anos sob Avignon – nos quais a Igreja se tinha transferido à França acabando, de fato, sob a tutela do monarca transalpino, mas esses são fatos conhecidos por demais para nos ocuparmos deles nestas linhas –, a cúria finalmente regressou a Roma. Na morte do Papa Gregório XI, artífice desse retorno, temia-se que fosse eleito um papa francês que acabaria levando o papado novamente para além dos Alpes. O conclave elegeu um papa napolitano, Bartolomeu Prignano,

---

95. O original italiano cita a *Divina Commedia*: *"l'ombra di colui / che fece per viltade il gran rifiuto"*. A tradução aqui utilizada é de José Pedro Xavier Pinheiro [N.T.].

que assumiu o trono de Pedro com o nome de Urbano VI, mas um grupo de cardeais franceses, que já tinha tentado invalidar a eleição, escolheu um outro papa: Clemente VII. Consumava-se um cisma, uma divisão entre Roma e Avignon – com gravíssimas consequências: não apenas os fiéis estavam em situação de embaraço por não saber quem seria o papa, mas os próprios soberanos europeus se alinhavam com um ou outro, de acordo com a conveniência política e os rancores pessoais. Mortos os primeiros dois papas contrapostos, o cisma continuou com a eleição dos sucessores e, em 1406, o cardeal veneziano Ângelo Correr foi escolhido como chefe do lado romano com o nome de Gregório VII. Em Pisa, 1406, um concílio tentou resolver a situação declarando depostos tanto Gregório quanto seu rival, Bento XIII, elegendo um outro pontífice (Alexandre V), mas ambos recrudesceram suas posições contra a decisão e desencadearam o caos: a Cristandade se viu com três papas! Finalmente, o Concílio de Constança, que durou três anos, desfez o cisma elegendo um papa suprapartidário, Martinho V. Gregório se submeteu à vontade dos bispos e dos cardeais e se demitiu depois de ter recebido a promessa de que os cardeais que nomeara continuariam em seus postos. Sua morte acontecerá dois anos depois, no completo anonimato.

12
Contra a Igreja: a heresia

O cristianismo estava ainda iniciando o seu caminho de difusão quando a sua ortodoxia – literalmente, "reta doutrina" – foi posta em discussão. Pouco depois de seu nascimento, de fato, muitas correntes ofereciam uma versão um pouco diferente do novo culto, aceitando ou rejeitando alguns dogmas tidos como inaceitáveis ou exagerados. As razões dessas discrepâncias devem ser buscadas na própria origem do cristianismo. Derivado do judaísmo e imerso no vivo e multicultural mundo grego e oriental, ele sofria o confronto e a influência de correntes de pensamento muito diferentes entre si. Essas seitas – que, mesmo difundidas, representaram uma minoria – foram declaradas heréticas, isto é, heterodoxas, "contrárias à opinião comum". E o próprio termo "heresia", que, na origem, significava simplesmente "escolha, partido", com o tempo, se tornou sinônimo de doutrina falsa e perigosa, devendo, portanto, ser extirpada antes de criar raízes tornando-se um perigoso desvio. As chamas da inquisição que caracterizarão os séculos mais tardios da Idade Média ainda estão longe de acontecer, mas a tendência a condenar o que minasse a unidade da *ekklesia* (assembleia dos fiéis) já tinha despontado.

Fratelli coltelli

O Novo Testamento, em particular nos escritos paulinos, já denunciava, pouco depois da morte de Cristo, a presença de tendências "judaizantes" da parte de fiéis pouco inclinados a abandonar as práticas tradicionais como aquelas ligadas aos sacrifícios durante as festas de preceito e a observância do repouso sabático. Certo Cerinto estava convencido de que Deus criara o mundo não diretamente, mas por intermédio de um anjo: esta e outras doutrinas, que viam os anjos como protagonistas absolutos no cenário da criação, mas não só, eram condenadas como potenciais promotoras da adoração de "demônios".

Tratava-se, quase sempre nestes casos, de doutrinas "nicho". O gnosticismo, o marcionismo, o montanismo, o arianismo e o donatismo, por sua vez, eram doutrinas muito mais popularizadas. Muitas delas com um caráter eminentemente teológico.

O gnosticismo (de *gnosi*, "conhecimento"), dividido em várias seitas, proclamava que seus seguidores detinham uma forma especial de sabedoria, superior àquela dos "comuns mortais". Partindo do pressuposto de que o Deus do Antigo Testamento não seria o verdadeiro Deus, mas apenas um criador e legislador, aquele que materialmente fez o mundo e lhe deu as tábuas da Lei, tal doutrina vê contrapostas, de maneira dualística e rígida, a substância perfeita e incriada de Deus com a matéria representada pelo criado. A harmonia é desfeita pelo pecado original; desse momento em diante, o homem se subdivide, de acordo com a medida em que participa do *pleroma* (princípio divino), em várias categorias: os gnósticos – livres e redimidos –, os psíquicos – redimidos pela vinda de Cristo – e os hílicos – a grande massa obnubilada pela matéria. E, já que a matéria coincide com o mal e com a carne, é necessário lutar contra ela através da ascese. Esse modelo teórico é muito parecido com aquele de uma outra doutrina muito popular na Pérsia do século III – posteriormente difundida em todo o Oriente e no Império Romano até contar entre seus adeptos ninguém menos que o jovem e futuro Santo Agostinho –, o maniqueísmo. O seu fundador, Mani, defendia a divisão rígida do cosmos em dois princípios: o bem e o mal. O homem, congenitamente material, carnal e pecador, pode se libertar somente pelas práticas ascéticas.

Também o marcionismo, cujo nome deriva de Marcião (séc. II), mesmo contrapondo-se ao gnosticismo, compartilhava do mesmo modelo dualista e da necessidade de uma ética rigorosa: Sua pregação logrou bastante sucesso, sobretudo no Oriente, a ponto de a Igreja marcionita se separar da ortodoxa suscitando protestos de muitos teólogos como Tertuliano (155-230). E o Oriente, mais precisamente a Ásia Menor, sempre foi o caldeirão da pregação "milenarista" do teólogo e profeta Montano: Convencido de que o fim dos tempos estava próximo, convocava à ascese e, em êxtase, sustentava que sua fala fosse inspirada pelo Espírito

Santo. O cunho ascético era compartilhado também pelas doutrinas propugnadas pelo bretão Pelágio (354-427), o qual chegou a defender que o homem, dotado de livre-arbítrio, tinha plena responsabilidade pelo próprio destino e que o pecado estaria situado nos atos pontuais e, por isso, não seria hereditário, podendo, assim, ser redimido através das boas obras.

O arianismo, defendido por um sacerdote alexandrino chamado Ário, elaborou, por sua vez, uma concepção bastante peculiar da Trindade levando às extremas consequências algumas reflexões do grande teólogo Orígenes (185-254). Segundo ele, sendo Deus um princípio único, indivisível e não gerado, não poderia ser igual a nenhuma outra das pessoas da Trindade. Não podendo Cristo participar da sua mesma substância, concluía-se que ele não possuísse também uma natureza divina, mas apenas "finita", exatamente igual à dos homens. Ao contrário, por exemplo, do que pregava o docetismo (do grego, *dokein*, "parecer") – que rejeitava a ideia de que Jesus tivesse possuído um "corpo" – o arianismo considerava o Messias dotado de um carisma decerto excepcional, mas, mesmo assim, continuava simplesmente um homem.

Menos teológico e mais "prático" era o donatismo. Os seguidores do obscuro pregador Donato (c. 270-?) notaram que, durante a grande perseguição de Diocleciano, não houve somente aqueles que, entre as pessoas comuns, tinham cedido e sacrificado aos deuses pagãos (os *lapsi*, literalmente "caídos"), mas até mesmo entre os bispos alguns que profanaram os livros sagrados, entregando-os aos magistrados romanos. Esses, em suma, fizeram uma *traditio*, isto é, uma entrega, de um objeto sagrado e, assim, foram rotulados como *traditores* (traidores). Por isso não eram mais considerados dignos de administrar os sacramentos. Além disso, os sacramentos ministrados por tais pessoas não seriam considerados válidos. Uma posição extremista que negava o dogma de os sacramentos serem eficazes por si mesmos, válidos independentemente da dignidade de quem os administrasse. Mesmo duramente condenado, o donatismo se propagou largamente na África e fez seus prosélitos sobretudo nas camadas mais populares e entre os escravos, que viam nele uma oportunidade de redenção ou mesmo de uma revolta social. Isso permite perceber um outro motivo de fundo, além do doutrinal, para que as heresias fossem consideradas um perigo: elas poderiam ser potencialmente subversivas. Também e sobretudo para o Estado.

O Concílio de Niceia

Nos primeiros séculos de sua existência, o cristianismo, com efeito, teve de afrontar, além do sectarismo interno, também o grande inimigo externo, o Império, que várias vezes perseguiu – mesmo que principalmente por razões políticas – as primeiras comunidades ainda não organizadas. Por quê? Simples: Os cristãos eram considerados uma ameaça para o Império enquanto se recusassem a sacrificar para os deuses da religião romana "oficial", algo que se acreditava indispensável para obter a proteção divina. Eventuais falhas prejudicavam a benevolência divina e rompiam a "paz dos deuses" (*pax deorum*), com consequentes exposições a catástrofes, desordens e desventuras incontáveis.

No fim das contas, os romanos sempre toleraram os cultos de outros povos e ainda tendiam a assimilá-los a seus próprios: bastava que não contrastassem com esse simples ditame. Por isso, também os cristãos deviam curvar-se ao paganismo, a religião do Estado, cujas práticas de culto eram regidas por lei. Quem não cumprisse os cultos prescritos perturbaria a ordem pública, comprometendo o favor dos deuses e, em última análise, colocando em discussão os próprios fundamentos da autoridade imperial. E isso porque todo imperador era também *pontifex maximus*, "pontífice máximo", e, como primeiro dos sacerdotes, detinha o poder e a autoridade sobre todos os aspectos da vida pública, também do religioso.

Não surpreende, pois, que os cristãos, em sua atividade semiclandestina –reunindo-se em casas para evitar dar na vista–, fossem acusados de praticar as piores iniquidades: até mesmo intelectuais, como Celso, o filósofo platônico, ou Marco Cornélio Frontão (100-166), o reitor predecessor de Marco Aurélio, os acusassem abertamente de infanticídio e incesto. De modo particular, a celebração da Eucaristia não era compreendida e assim mal-interpretada: um dos crimes que eram censurados com frequência, como denunciam os apologetas Marco Minúcio Felix (m. 260) e o já citado Tertuliano, era o canibalismo. A esse acompanhavam as acusações de adorar uma divindade crucificada com cabeça de asno, de se reunirem nas catacumbas tendo contatos insalubres com os mortos, de copularem de maneira torpe, protegidos pelo favor das trevas.

Aos falatórios dos acusadores de plantão, que não economizavam nem mesmo em atribuir aos cristãos a responsabilidade por carestias e epidemias, seguiam-se linchamentos e massacres espontâneos (como em Lion, em 177). Assim, em pouco tempo, o número de mártires chegou às dezenas. Mais do que frequente, a ordem de extirpar esses "ímpios idólatras" partia diretamente de Roma: Assim fizeram Nero, Domiciano, Marco Aurélio, Trajano, Sétimo Severo, Maximino o Trácio e, sobretudo, Décio, Valeriano e Diocleciano.

As perseguições terminaram em 313, quando Constantino, com seu colega Licínio, emanou em Milão o célebre Edito de Tolerância – na verdade retomado de um documento ditado dois anos antes no leito de morte por seu predecessor Galério – com o qual reconheceu finalmente o cristianismo, até então ilegal, como religião lícita, equiparando-o às outras professadas pelo Império.

Desse momento em diante, o imperador começou a considerar a Igreja como coisa do Estado, ao ponto de correr o risco de reduzi-la, em certos casos, a uma mera ramificação dele. Sobre as heresias, por exemplo, o próprio Constantino interveio tanto contra os donatistas na África quanto contra os arianos. Contra estes, em 325, fez-se promotor de um concílio ecumênico convocado por ele mesmo em Niceia, para dar uma definição do Divino, resolver o problema da consubstancialidade do Filho e do Pai, estabelecer o cálculo da Páscoa e definir outras questões de caráter doutrinal. Essas problemáticas mexiam em vespeiros de polêmicas. O clima em que, aos 20 de maio, se iniciaram os trabalhos – hospedados não por acaso no palácio imperial – era de muita tensão. Constantino convidara todos os 1.800 bispos da Igreja cristã (cerca de 1.000 no Oriente e 800 no Ocidente), mas participaram somente – e aqui as fontes da época são discrepantes – 300, aproximadamente, a maioria do Oriente. O próprio Constantino abriu o Concílio e se autoproclamou "bispo dos de fora", ou seja – assim podemos entender –, guia dos cristãos leigos. As disputas foram ferozes. O próprio Ário e seu seguidor Eusébio de Nicomédia estavam presentes defendendo as próprias ideias, mas a maioria dos bispos as considerou heréticas. Para se ter uma ideia de como a coisa estava quente, basta pensar que, a certo ponto, o bispo Nicolau de Mira (mais conhecido como Nicolau de Bari) pegou Ário a bofetadas.

O concílio terminou com a declaração da consubstancialidade do Pai e do Filho e, portanto, com a condenação das teses arianas. O resultado foi a elaboração de um símbolo (ou credo) que fixava de uma vez por todas a natureza da Trindade e das três Pessoas Divinas. Essa fórmula, retomada e retocada em 381 em Constantinopla, é a mesma que ainda hoje se recita nas celebrações litúrgicas[96]. Todavia, ao

---

96. Com uma pequena alteração no Ocidente que ficou conhecida como *Filioque*. Esse seria um dos motivos do cisma entre católicos romanos, no Ocidente, e ortodoxos, no Oriente [N.T.].

menos no que diz respeito ao arianismo, não foi algo resolutivo: Em 332, os godos, quando foram vencidos e pacificados, converteram-se ao arianismo com a pregação do bispo Úlfilas, que traduzira o Novo Testamento e parte do Antigo à língua goda, inventando para isso um alfabeto que permitia transliterar os sons, já que até esse período, com exceção das runas, os germânicos não utilizavam outras formas de escrita. Dos godos, o arianismo foi transmitido a outros povos germânicos e ter-se-ia difundido com eles na era das migrações, terminando por chegar a boa parte da Itália, primeiro levado pelos próprios godos, depois pelos lombardos.

Trégua armada

Logo depois do nascimento do cristianismo, concomitantemente à sua difusão, muitas correntes ofereciam uma versão diferente da nova religião. Duramente combatidas pelos teólogos "ortodoxos", essas teorias lograram grande sucesso no médio prazo, mas não conseguiram se impor como variedades alternativas e se acabaram – com exceção, é claro, do arianismo – em poucas gerações. Isso acontecia principalmente com a morte dos fundadores e dos primeiros adeptos. Embora por volta do ano mil, sobretudo nas regiões mais periféricas da Europa, mas também nos vales e campos, práticas pagãs continuassem a sobreviver tranquilamente.

Muitas campanhas militares foram necessárias para que Carlos Magno submetesse os saxões do norte da Alemanha e suprimisse a religião odinista professada por eles desde tempos imemoriais. A derrubada – como vimos – da árvore sagrada de Irminsul, "a grande pilastra", que ligava o céu à terra, marcou o início da longa e sanguinolenta guerra – concluída com a conversão forçada dos chefes entre os quais o célebre Widukind –, e a utilização de sua madeira para confeccionar, mais tarde, um grande candelabro (atualmente na Catedral de Hildesheim) simbolizou plasticamente o fim – violento – de uma época. O mesmo aconteceu com os ávaros da Panônia, conquistados, convertidos e massacrados. À regressão ao paganismo correspondia o desaparecimento quase total das heresias, já confinadas às margens da área de influência carolíngia, fora dos confins do Sacro Império Romano.

Por volta do ano mil, no entanto, voltaram a aparecer vozes dissidentes cada vez mais tenazes. Em geral, pode-se dizer que fossem ligadas principalmente a interpretações mais ou menos literalistas e originais das Escrituras. Algumas delas faziam ecoar a pregação milenarista que se difundiu – mesmo que pouco e esporadicamente, nesse contexto – por volta do ano mil e que tinha como base propagandística a espera do fim do mundo que se acreditava muito próxima. Pode-se saber o quanto a Igreja compreendia tais teorias vendo como ela definia quem as professasse de maneira genérica e sem distinção: "maniqueu".

Com o século XIII, as heresias voltaram com força e vigor espalhando-se por toda parte. A grande diferença daquelas do início do cristianismo era que, enquanto as antigas discordavam no plano dogmático e doutrinal, as novas se limitavam a criticar de modo virulento a sociedade corrupta de então e a imoralidade da Igreja. Mas uma atitude tão dura era justificada? De acordo com as fontes, certamente sim. O período histórico, de fato, era muito conturbado. Havia séculos que o papado e o império, as duas autoridades máximas do mundo cristão, interagiam entre si de modo cada vez mais próximo, ocupando-se a primeira das coisas espirituais (nomeando bispos e abades) e a segunda daquelas temporais (coroando imperadores e intervindo nos negócios de Estado). A contínua confusão de papéis favoreceu a proliferação da corrupção e de vários maus hábitos, como a prática da simonia (a compra e venda de cargos religiosos), do nepotismo e do concubinato. A situação nos séculos X e XI era tão degenerada a ponto de a tensão entre o império e o papado sobre qual das duas autoridades deveria prevalecer na assim chamada "questão das investiduras", na prática, dividiu a Cristandade ao meio: de um lado os que defendiam o direito imperial de controlar o clero, do outro, os que defendiam que o poder temporal do imperador fosse derivado de Deus através do papa que, sendo seu vigário na terra, seria superior a qualquer poder terreno, sobre o qual deveria deter a primazia.

Terminado o litígio no ano de 1122, em Worms, em substancial paridade, o clero – principalmente bispos e abades – continuou, no entanto, a dedicar-se às coisas mundanas, recebendo cargos e bens temporais, tecendo tramas políticas e buscando mais as prebendas do que a cura d'almas. A consequência lógica de tal comportamento foi uma deterioração dos costumes que suscitou a exigência de uma séria reforma moral. Já na segunda metade do ano mil até um pontífice, Gregório VII, tentou sanar a situação, mas com pouco resultado. Não admira assim que nascessem na própria sociedade civil movimentos de ruptura com a hierarquia eclesiástica. A natureza revolucionária e subversiva desses movimentos levou a Igreja – que lhes fora inicialmente simpática e tolerante – a reagir com violência.

Naquelas décadas o continente – máxime o sul da França e o norte da Itália – vivia ainda um momento de extraordinária expansão econômica: depois de séculos de dificuldade, retomavam-se os fluxos comerciais; nasciam novas classes sociais que tiravam riqueza e sustento exatamente dessas novas movimentações comerciais; lentamente surgiam as comunas, expressão de uma sociedade que, pela primeira vez, conhecia a mobilidade interna. Exatamente com essas novas classes sentiu-se a necessidade de uma religiosidade mais próxima da pureza originária e menos ligada às hierarquias eclesiásticas e ao dogmatismo.

Levantaram-se muitas vozes de protesto, por exemplo na Lombardia, que na época compreendia grande parte da Itália Setentrional ocupada antes pelos lombardos (dos quais guardou o nome). A região formalmente pertencia ao Império, mas o soberano, que também era rei da Alemanha, era continuadamente distante porque ocupado além dos Alpes em manter firme o seu poder ameaçado por feudatários rebeldes. Na Planície Padana, lentamente, as tantas cidades de antiga origem – que não tinham perdido a sua importância nem mesmo depois de arruinado o mundo antigo e durante os séculos difíceis da Idade Média – exploraram a ausência do soberano para fazer ruir progressivamente muitos poderes que a coroa, por direito, deveria exercitar: cunhar moedas, construir muralhas e estradas, recolher tributos. As comunidades começaram inclusive a escolher os próprios representantes para o governo. Com o desenvolvimento dos fluxos comerciais, depois do ano mil, graças à forte expansão demográfica e econômica, desencadeava-se o processo de nascimento das comunas. Tal processo teve importância peculiar em Milão, a maior e mais viva cidade, que em breve – no bem e no mal – se transformará em centro gravitacional. Até porque a Igreja de Milão sempre gozou, desde os tempos de Santo Ambrósio (séc. IV) e graças à sua grande personalidade como bispo –, de relativa autonomia em relação a Roma. Seu calendário, suas festas litúrgicas e seu rito nas funções religiosas são diferentes. E exatamente a lição de Ambrósio, grande defensor da ortodoxia e do primado da autoridade moral e religiosa sobre a civil, levou os milaneses a reagir com força quando o espírito do clero corria o risco de se distanciar daquele originário, caindo no laxismo e perdendo o necessário rigor. Foi isso que aconteceu no decorrer do século XI, quando Milão e a Lombardia presenciaram, com o nascimento e a difusão das cidades, também o florescimento de vários movimentos de protesto contra a corrupção do clero.

Os patarinos, maltrapilhos (?) de Milão

Os patarinos, por exemplo, pediam uma reforma dos costumes que se inspirasse nos valores do cristianismo primitivo: a pobreza, a humildade e a simplicidade contra a pouca moralidade e a excessiva interferência do clero nos negócios mundanos. Talvez o nome, como sugeria no século XVIII o erudito Ludovico Antonio Muratori, derive do dialeto milanês *patei*, "farrapos", denotando o pauperismo ostentado pelos seus adeptos. Mas segundo outros, como o cronista Arnolfo, buscando uma etimologia mais culta e talvez, por isso mesmo, menos verossímil, eram uns "patéticos", do grego *pathos*, "agitação", assim: meros agitadores do povo. De qualquer forma, eles souberam catalisar a atenção e a adesão não apenas do povo mais simples, mas também de personagens eminentes no panorama urbano, como o monge Landolfo Cotta e o seu irmão Erlembaldo (um nobre que foi peregrino na Terra Santa), certo Nazário chamado de *monetarius*, isto é, "moedeiro", e mais tarde até mesmo Anselmo de Baggio, o futuro Papa Alexandre II. O animador e símbolo-guia era porém Arialdo de Carimate, monge e soldado nascido em Cuggiago (Como), por volta de 1010.

O principal inimigo dos patarinos era o arcebispo Guido de Velate, que assumiu a cátedra de Ambrósio em 1045: mesmo não sendo muito autoritário, era, porém, corrupto e criou para si um grande séquito em torno da diocese pela grande "liberdade" (em todos os sentidos!) que dava aos religiosos. Não é de admirar que, durante o seu episcopado, o concubinato (que ia contra a obrigação do celibato eclesiástico e a castidade) e a simonia tenham se espalhado por toda parte. Guido, hostil a toda tentativa de reforma, procurou suprimir logo na origem todas as utopias dos patarinos, excomungando-os imediatamente. O Papa Nicolau IV, que precisava de apoio contra o imperador, interveio em favor dos patarinos, mandando como legados a Milão o teólogo Pedro Damião e o bispo de Lucca, Anselmo de Baggio, que os absolveram da excomunhão e forçaram Guido e o clero de Milão a fazer um ato de renúncia à simonia e ao concubinato. Era a declaração de guerra.

A reviravolta aconteceu em 1061 quando, morto Nicolau II, o poderoso Cardeal Hildebrando de Soana fez com que se elegesse como papa, Anselmo de

Biaggio, partidário dos patarinos, assumindo o nome de Alexandre II. Os imperiais, em vez disso, reconheceram como papa legítimo o bispo de Parma, Cadalo, com o nome de Honório II. Alexandre II, ajudado por Arialdo que o encontrara em Roma, apoiou prontamente os patarinos milaneses excomungando Guido de Velate. O arcebispo foi, porém, hábil em aproveitar a ausência do líder dos patarinos para diminuir os motins na cidade. A tática de Guido era fazer os milaneses acreditarem que a oposição às reformas fosse necessária para fazer frente à vontade do papa de sufocar a autonomia da Igreja ambrosiana. Na realidade, Guido e os padres que o seguiam queriam somente salvaguardar a própria posição e continuar tranquilamente praticando a simonia e o concubinato. O povo, todavia, foi convencido e Arialdo foi obrigado a fugir durante os motins. Pouco depois, foi reconhecido em Legnano por um frade partidário do Império e levado acorrentado a Angera, feudo de uma sobrinha do próprio Guido. Nesse lugar, Arialdo foi torturado e morto no Pentecostes de 1066: depois de ter suas orelhas, nariz, lábio superior, língua e mãos decepados, os seus algozes o cegaram e o castraram. Seu cadáver foi lançado no Lago Maior, recuperado e enfim sepultado na maior ilha.

A morte terrível de Arialdo provocou o nascimento de muitas lendas: considerado por alguns como santo martirizado; por outros, um demônio executado em nome do Senhor. Quando, um ano depois, um pescador viu uma luz sobre a ilha, perto do túmulo, alguns creram que fosse milagre; outros, que fosse feitiçaria. Prevaleceu a segunda opinião: os pobres restos mortais foram exumados, despedaçados e queimados de modo que não pudessem mais fazer mal nem perturbar as consciências. Mas os patarinos lombardos, agora liderados por Erlembaldo, não desanimaram. O novo líder, nomeado por Alexandre II como "defensor da Igreja", recebeu do papa o estandarte de São Pedro e foi encarregado de continuar a luta. Primeiramente, procurou fazer justiça ao mártir. Com muito ímpeto, Erlembaldo convenceu os milaneses a recuperar os restos de Arialdo e levá-los à cidade: diante daqueles poucos ossos esfacelados e carbonizados, incitada por um caloroso sermão do líder dos patarinos, a população se insurgiu e forçou Guido a fugir. As condenações e as nomeações que ordenara foram anuladas pelo papa e o ex-arcebispo foi forçado a se render. Renunciou a Milão somente em 1071, quando conseguiu, com o apoio do novo imperador, Henrique IV, fazer um seu seguidor assumir o trono ambrosiano: Godofredo de Castiglione. Os patarinos o contrapuseram com Aton, rapidamente reconhecido pelo papa, que assim anulou de fato o direito à investidura eclesiástica por parte do imperador. Henrique, atingido no âmago do problema (o direito à investidura), reagiu prontamente e Erlembaldo foi assassinado com outros líderes patarinos. O papa excomungou Godofredo, que foi expulso, sob aclamação popular, de Milão em 1075.

Nesse meio-tempo, com a morte de Alexandre II em 1073, seu sucessor foi o próprio Hildebrando de Soana, partidário dos patarinos, com o nome de Gregório VII. Homem de têmpera inexaurível e convicto defensor da supremacia da autoridade papal sobre a imperial, não tinha a mínima intenção de se retirar da luta contra Henrique IV. Para deixar bem claras as suas intenções, canonizou prontamente Arialdo e Erlembaldo. Vendo que as coisas não iam bem, o jovem imperador declarou deposto o papa e recebeu a excomunhão em resposta; os representantes das duas máximas autoridades da Cristandade fizeram as pazes, por um pouco de tempo, em Canossa, mas só para recomeçar ainda mais duramente a luta pouco depois. Gregório VII e Henrique IV se desentenderam de novo e, ao que parece, foi sempre o papa a começar a briga. Enquanto Henrique o sitiava em Roma, Gregório foi obrigado a pedir auxílio ao rei normando Roberto de Altavila [também conhecido como Roberto o Astuto, *Guiscardus*], que venceu os imperiais, saqueou a cidade e levou embora o velho papa, que pouco depois morreu de desgosto. A "questão das investiduras" terá seu desfecho somente em 1122 em Worms, graças a um acordo entre Calisto II e Henrique V no qual se estabelece que a investidura temporal (exceto no Estado da Igreja) será da alçada do imperador e a espiritual, do pontífice.

Depois da morte de seus líderes carismáticos e, sobretudo, do Papa Gregório VII (1085), o movimento dos patarinos teve uma lenta e inexorável decadência. Foram tidos como heréticos definitivamente e acusados de negar todo o valor dos sacramentos e promover um cristianismo interiorizado a ponto de não reconhecer as instituições eclesiásticas. Não surpreende a condenação deles pelo Papa Lúcio III em Verona, 1184 (com a decretal *Ad abolendam*), junto com numerosas outras seitas heterodoxas. Um tímido retorno dos patarinos aconteceu durante o episcopado de Leão de Perego (1241-1257), um franciscano que fora inquisidor sob o terrível podestade Oldrado de Tresseno, mas a sua ação foi derrotada. Personagem de triste reputação e amante das fogueiras, esse Oldrado foi quem – diz uma epígrafe ainda hoje visível no Palazzo della Ragione em Milão – "*Catharus ut debuit uxit*" ("queimou, como devia, os cátaros").

A heresia que vem do Leste

A propósito dos cátaros, antes de ouvir o que pregavam, convém dar um passo atrás para chegar ao Leste Europeu, mais precisamente à área dos Bálcãs, onde em uma época imprecisa, mas antes do ano mil, floresceu uma seita com muitas semelhanças com as teorias pregadas séculos antes pelos seguidores de Mani. A coincidência não era mero acaso: com o passar do tempo, vários imperadores bizantinos tinham transferido para os territórios que hoje pertencem à Bulgária e à Macedônia grupos de populações que antes habitavam a Ásia Menor, e muito provavelmente, junto com as pessoas, ali encontraram terreno fértil também as ideias. O ideólogo dessa gente, certo Bogomil, talvez um padre, defendia que Deus tivera dois filhos: Miguel e Satanael (que para os judeus era um anjo que contava a Deus os pecados da humanidade). Este último era o primogênito, mas se rebelou plasmando os seres humanos da matéria: agindo dessa forma, condenou-os a serem escravos da própria matéria e, portanto, do mal, até a redenção operada pelo irmão que se encarnaria em Cristo para derrotá-lo. Uma vez cumprida a missão, Satanael foi privado da parte final de seu nome, o sufixo "-el", que indica sua proximidade com Deus, e, então, lançado aos infernos.

Por causa de sua visão de mundo marcada por um rígido dualismo, os bogomilos praticavam a ascese, rejeitavam o Sacramento da Eucaristia e destruíam as imagens sacras considerando o desejo de representar Deus como uma profanação. Para se tornar um fiel bastava uma simples cerimônia de iniciação: ao aspirante adepto era antes colocado sobre a cabeça o Evangelho de João; depois de um período de retiro espiritual, ele recebia novamente o Evangelho e, com esse, o Batismo, ministrado não com água – considerada satânica –, mas com a invocação do Espírito Santo. Desse momento em diante, ele deveria se dedicar ao ascetismo e renunciar a qualquer contato com a carne (em sentido literal e amplo, em outras palavras: nem comer carne nem manter relações sexuais).

Os bogomilos não tinham uma igreja estruturada, nem mesmo reconheciam como legítima a organização eclesiástica "ortodoxa". Aos teólogos de então, mas sobretudo aos soberanos, não deve ter passado despercebido o teor subversivo desse grupo dado que o imperador bizantino Aleixo I Comneno capturou e mandou executar Basílio, seu líder carismático. Mesmo sem o líder, a seita proliferou nos Bálcãs onde, ajudada pela retomada dos fluxos comerciais e pelos encontros e desencontros entre Oriente e Ocidente durante as cruzadas, voltou a exercitar a sua influência transmitindo a outros a sua visão de mundo. Os primeiros a recebê-la foram os cátaros.

A pureza dos cátaros

Boni christiani, "bons cristãos", assim se definiam os cátaros, membros de uma das seitas mais numerosas e importantes da Idade Média, em âmbito europeu e italiano. A História lançou um halo de mistério sobre eles e ainda hoje suas histórias inspiram sagas e romances. Até porque, entre todos os "hereges", foram eles os perseguidos com maior acrimônia, a tal ponto que a Igreja chegou a desencadear uma verdadeira cruzada contra eles, concluída com um banho de sangue.

Por que tanta obstinação? Certamente se tratava de uma heresia muito enraizada e nada moderada. Mas a sua culpa maior foi o zelo excessivo na busca da pureza e de uma nova espiritualidade, distante das seduções do mundo e dos aparatos do poder, com os quais os cátaros não queriam ter contato algum. O modelo cátaro de sociedade, de fato, era completamente diferente daquele – sobre o qual se falava acima – difundido na Europa do século XII, mesmo que, para dizer a verdade, também eles fossem filhos dessa sociedade. Vale lembrar que o problema da moralidade, não obstante as várias intervenções papais, ainda não estava resolvido. E eis que então surgem os cátaros: uma nova seita que fazia exatamente do pauperismo e do rigor moral as próprias palavras de ordem. Como as outras, mas com uma diferença: colocava-se não dentro do sistema vigente, mas fora dele. E sem qualquer possibilidade de contato.

Como os bogomilos e os maniqueus, os cátaros acreditavam que o mundo fosse regido por um princípio dualístico: de um lado o bem, de outro o mal. O Bem era identificado com o espírito; o Mal, com a carne. Consequentemente, buscavam viver de acordo com a pureza originária, renunciando à carne e distanciando-se dos prazeres terrenos para ganhar o perfeito conhecimento da verdade. O nome com o qual são conhecidos, segundo várias fontes, derivaria do grego *katharós*, isto é, "puros", mas eles se definiam sempre como *boni christiani*. Os detratores, por sua vez, propunham uma etimologia mais prosaica: de *catus* ("gato"), convencidos de que eles adoravam o diabo sob o disfarce de um gato. A organização deles era estruturada segundo um modelo hierárquico: no mais alto degrau estavam os "perfeitos", isto é, aqueles que tinham alcançado o conhecimento. Nos estratos inferiores estavam aqueles adeptos que eram progressivamente "iniciados" no mesmo conhecimento e, através de uma rígida ascese, ajudados a se libertarem dos prazeres terrenos e a alcançar a perfeição do espírito. Para obtê-la deviam renunciar a qualquer contato de natureza sexual e a qualquer alimento que tivesse alguma relação com a procriação: carne, ovos, queijo, leite. Nada que pudesse relacioná-los com o mundo terreno e, assim, sujá-los com o pecado.

No seu isolacionismo, os cátaros deram vida a uma verdadeira Igreja alternativa à Católica Romana, com seus bispos e sua organização territorial. Mas, diferente da Igreja tradicional, as Igrejas cátaras não possuíam bens e por isso não tinham nenhum peso político. Em torno dos *boni homines* movia-se uma sociedade efervescente que se reconhecia na mensagem deles e, mesmo não fazendo parte da seita, limitava-se a solidarizar-se com ela, escolhendo-a como ponto de referência. É o caso de Languedoc, uma terra próspera de comércios onde quase todos os membros da aristocracia e a maior parte da sociedade importante – dona de terras e riquezas de dar inveja a muitos, principalmente ao rei da França – eram simpatizantes dos cátaros. Foi assim que se moveu todo um exército de barões contra os hereges de Albi (a capital dos cátaros) que, com o apoio do papa, a partir de 1208 colocou a ferro e fogo uma região inteira reduzindo-a a escombros fumegantes. O saldo final foi um verdadeiro massacre.

Uma cruzada fratricida

Em 1184, como você deve se lembrar, o Papa Lúcio III com a já citada decretal *Ad abolendam* tinha colocado na ilegalidade numerosas seitas, entre as quais também os cátaros, e anunciado a excomunhão para os leigos que não aceitassem reprimir os heréticos. Todavia, as hierarquias eclesiásticas, primeiramente o Papa Inocêncio III (1160-1216), no início os trataram com luva de pelica, limitando-se a enviar a esses territórios uma série de pregadores com o objetivo de converter os hereges. Homens normalmente aguerridos, além do todo-poderoso Pierre de Castelnau (morto em 1208), cisterciense, havia também certo Domingos de Gusmão (1170-1221): dotado de eloquente oratória, grande conhecimento doutrinal e ótimas habilidades dialéticas, percebeu rapidamente que, por trás do sucesso dos cátaros, havia sobretudo um estilo de vida irrepreensível. E essa experiência lhe será preciosa para fundar, dez anos mais tarde, a Ordem dos Pregadores.

Mas a medida adotada pelo pontífice não foi suficiente porque os cátaros se demonstravam mais indisciplinados e firmes na resistência do que o previsto. No fim das contas, ele mesmo reconhecia desconcertado como a difusão do catarismo dependia principalmente das culpas de um clero que, vocacionado a dar o exemplo, demonstrava-se tragicamente imoral e repreensível:

> Em toda essa região [Languedoc] os prelados são a chacota dos leigos, mas à raiz de todos os males está o bispo de Narbona. Esse homem não conhece outro deus além do dinheiro e tem uma bolsa no lugar do coração. Nos seus dez anos de serviço nunca visitou a sua diocese [...]. Aqui é possível encontrar monges regulares e cônegos que lançaram o hábito às urtigas, tomaram esposas ou um amante e vivem da usura.

Como querer impor a autoridade de uma Igreja desmoralizada sobre um grupo de rebeldes que levantavam a integridade de costumes como o estandarte mais alto?

Uma solução possível ao problema veio do abade de Cister, Arnaud Amaury, que sugeriu a Inocêncio que se movimentasse politicamente com os senhores locais com o objetivo de obter a expulsão dos hereges dos seus respectivos territórios. Mas, também nesse caso, a ideia revelou-se um desastre porque muitos dos próprios senhores simpatizavam com o catarismo, quando não o protegiam ou, até mesmo, aderiam a ele. Entre esses, o caso mais proeminente era o Conde Raimundo VI de Toulouse (1156-1222), mecenas e poeta cercado de trovadores que, além de cantarem livremente o amor cortês, transmitiam ideias "perigosas" como a liceidade do adultério, o mito da mulher angélica[97], o culto da beleza como fim em si mesma. Pierre de Castelnau entendeu que, obtendo a submissão de Raimundo, extirparia facilmente a "erva daninha". Moveu-se então com perspicácia. Obtendo o apoio dos seus vassalos, colocou o conde diante de fato consumado e da necessidade de fazer a dura escolha: abaixar a cabeça expulsando os hereges ou protegê-los desafiando abertamente a Igreja. Raimundo optou pela segunda e foi logo excomungado, o que liberava seus vassalos do vínculo de obedecê-lo. Diante da ameaça, já concreta, de uma intervenção armada da parte de seus feudatários contra o conde, ele prometeu submeter-se. Mas exatamente enquanto a situação parecia encaminhada para um retorno à normalidade, Pierre de Castelnau foi misteriosamente assassinado. Amaury, que não queria outra coisa, fez a culpa

---

97. Figura a quem era atribuída a tarefa de intercurso entre homens e Deus [N.T.].

recair sobre Raimundo. Foi então que o papa passou para as vias de fato. Era o pretexto para a guerra. Só faltava o apoio do rei da França, Filipe Augusto, que até aquele momento o negava porque ocupado em outra guerra contra João Sem-Terra, o soberano da Inglaterra. O pontífice prometeu então a quem participasse da ofensiva contra os hereges as mesmas indulgências previstas aos cruzados que iam para a Terra Santa. Muitos senhores feudais e prelados, ansiosos em pôr as mãos nas terras e bens de uma das regiões mais ricas da Europa, responderam com entusiasmo à proposta de guerra. À frente das operações estava Amaury, que nos primeiros meses de 1209 recolheu sob seu comando dezenas de milhares de soldados prontos a invadir o condado rebelde.

Raimundo de Toulouse, bem consciente do fato de que as forças em campo fossem ímpares, abaixou a cabeça e prometeu seu apoio contra os cátaros em troca da retirada da excomunhão. Mas a máquina de guerra colocada em movimento era muito potente e pronta a destruir sem piedade os rebeldes. De nada valeu a tentativa extrema de Raimundo Rogério de Trencavel, visconde de Béziers e Carcassonne, de resolver a questão tratando com os cruzados. O ataque a Béziers começou em 21 de julho de 1209. Depois de ter ordenado em vão a rendição dos hereges entrincheirados na cidade – somente poucas centenas –, o exército conseguiu romper as muralhas. O que se seguiu foi um massacre inacreditável. Os cátaros que se refugiaram em uma igreja foram todos trucidados sem piedade e pouco importava se no meio deles perderam a vida também muitos católicos: como conta o cronista cisterciense, Cesário de Heisterbach, quem decretou a "solução final" foi nada menos que o incólume Amaury que, não conseguindo distinguir uns dos outros, ordenou: "Matem todos! Deus reconhecerá os seus". As vítimas foram cerca de 20.000. Outros tantos, senão mais, foram massacrados em Marmande em 1219. Entre eles também mulheres, crianças e anciãos. Segundo os eloquentes versos da *Canso de la crosada*[98]

> [os soldados] correram na cidade, agitando espadas afiadas, e foi então que começaram o massacre e a apavorante chacina. Homens e mulheres, barões, damas, bebês em faixas foram todos despidos e depredados e passados a fio de espada. A terra se cobriu de sangue, cérebros, pedaços de carne, troncos sem membros, braços e pernas decepados, corpos esquartejados ou penetrados, fígados e corações cortados em pedaços ou

---

98. Canção da cruzada, em língua occitana [N.T.].

esmagados. Era como se tivessem caído como chuva. O sangue escorria por toda parte em estradas, nos campos, à margem do rio.

Depois foi a vez de Carcassonne, onde os habitantes não foram trucidados, mas expulsos e ridicularizados publicamente já que não puderam levar consigo nem mesmo as roupas que vestiam.

Os massacres continuaram numerosos com os cruzados que pareciam uma horda sedenta de sangue. Entre os protagonistas distinguiu-se um notável local, Simão de Montfort (1165-1218), nomeado capitão do exército do legado pontifício. Do ponto de vista da Igreja, foi uma escolha acertada porque, sendo originário do lugar, conhecia bem os logradouros e sabia como se movimentar da melhor forma possível. Já tinha demonstrado não ter escrúpulos durante a quarta expedição à Terra Santa – concluída em 1204 com o horrível saque de Constantinopla – e, sobretudo, em Béziers, quando participou das mortes distinguindo-se pela ferocidade e brutalidade. Daquele momento em diante, Montfort teria feito até mais, encarregando a soldadesca de arrancar os olhos e cortar os narizes de todos os prisioneiros que por azar caíssem em suas mãos durante as operações militares. Quanto mais sanguinárias eram as ações, mais aplausos arrancavam não só dos prelados, mas também do pontífice, que numa missiva parabenizou formalmente Montfort pela determinação com a qual perseguira esses "inimigos pestilentos".

Depois de Carcassonne, caíram Albi, Castelnaudary, Castres, Fanjeaux, Limoux, Lombers, Montréal, Cabaret, Bram, Minerve. Nessa última cidade, os rebeldes foram obrigados a se converterem enquanto aqueles que perseveraram terminaram queimados vivos na fogueira.

Enquanto isso, o Conde Raimundo desaparecia de cena, mas Montfort e Amaury o trouxeram de volta. Ambos se lembraram do juramento que ele fizera de má vontade e quiseram seu cumprimento. Mas o nobre homem, dessa vez, recusou-se a entregar os hereges às autoridades, motivo pelo qual foi novamente excomungado, enquanto as tropas cruzadas recebiam ordens de marchar sobre Toulouse. A situação se precipitava. O recurso que ele fez ao papa – que também teve como resultado a ordem aos legados de pôr fim à cruzada, não obstante a condenação dos cátaros como heréticos se confirmasse no Concílio de Latrão, em 1215 – foi ignorado e o conflito que se seguiu terminou com o fim da independência do condado de Toulouse, que passou à coroa francesa.

Mas as coisas não pararam aí. Assumindo a liderança de um grupo de revoltosos, em 1217, Raimundo reocupou Toulouse, e a esperança dos cruzados de reocupá-la acabou, juntamente com a vida de Simão de Montfort, morto por um projétil lançado por uma catapulta manobrada – ao que parece – por um grupo de mulheres. Os cátaros pareciam agitar-se e retomar um pouco do controle sobre a situação. Mas a morte de Raimundo (1222), e sobretudo a morte do rei da França (1223), marcaram a virada definitiva. O novo soberano, Luís VIII, ao contrário do pai, tinha toda intenção de participar como protagonista da cruzada e o fez, reconquistando o controle de muitos bastiões, entre os quais Avignon, Béziers e Carcassonne. A morte, porém, o ceifou repentinamente. Seus projetos foram então levados a termo pelo filho, Luís IX o Santo, que sitiou e levou ao chão a cidade de Toulouse. Sem a sua fortaleza, o Conde Raimundo VII – sucessor do pai a partir de 1222 – foi obrigado a reconhecer-se como vassalo do rei da França. De nada valeram outras rebeliões, terminadas em sangue. A sorte dos cátaros já estava traçada, até porque nesse ínterim, exatamente para reprimi-los, foi instituído pelo papa o Tribunal da Inquisição, fortificado por um *Studium* (Faculdade de Teologia) com sede exatamente na turbulenta Toulouse. Com a definição de alguns líderes carismáticos, que obtiveram o perdão do rei, e com o cerco e a conquista de Montségur (16 de março de 1244) e de Quéribus (1255) a história dos cátaros franceses conheceu, tragicamente entre as chamas, a palavra fim.

Os cátaros lombardos

Durante esse longo e sangrento conflito, alguns cátaros albigenses se refugiaram na Planície Padana, dando novo impulso aos seus "confrades" já estabelecidos na área cisalpina. Na Itália, perto da metade do século XIII, a Igreja cátara mais importante era Concorezzo na Lombardia, que tinha o seu centro na cidadezinha homônima de Brianzola e contava com pouco mais de mil adeptos. Outras igrejas estavam presentes em Desenzano, em Mântua, em Vicenza, em Verona. A carga subversiva do movimento pode ser percebida com uma simples consideração: à frente das Igrejas da Lombardia, como bispo, estava certo Marco, homem de origem muito pobre. Era como se estivessem a dizer que não era necessário ser nobre ou rico para se ter um cargo importante, bastariam para isso as capacidades necessárias. Tal situação estaria no limiar de uma revolução social. Eis aí um motivo a mais para que as autoridades eclesiásticas buscassem eliminar essa presença que, em longo prazo, poderia incomodar: não tanto a doutrina cátara em si quanto o espírito revolucionário que ela poderia representar.

As fogueiras se acenderam no Piemonte, em Placência, e até na região de Verona. A repressão, todavia, não foi sem reação. Se em Orvieto os cátaros reduziram a graves condições o Podestade Pedro Parenzo, amigo do papa, uma "lenda" talvez criada conta que em 1252 pouco distante de Giussano – nas proximidades de Monza – um frade dominicano inquisidor, Pedro de Verona (que parece ser de família cátara), foi morto pelos hereges enquanto desempenhava suas funções. A figura de Pedro, logo santificado pelo papa, foi adotada pela Igreja como modelo de "redenção" a ser proposto aos cátaros que se arrependessem. O objetivo era, assim, recuperar os hereges para o seio católico. O estratagema parece ter funcionado, caso seja verdade que muitos ex-cátaros – como Rainério Sacconi, de Placência, que deixou muitas informações preciosas sobre os *boni christiani* – se converteram e se tornaram frades dominicanos. Muitos, porém, preferiram morrer na fogueira, considerando-a, mesmo como terrível provação, o melhor coroamento de uma vida de ascese.

Os cátaros finalmente sucumbiram. Como outras seitas heréticas, eles não tiveram sucesso duradouro, mesmo que ainda hoje em muitas localidades do Piemonte, da Lombardia e do Vêneto apareçam cá e lá remotos testemunhos e memórias de uma presença que não foi nada superficial e ignorável. O fim dos *boni christiani*, em todo caso, aconteceu e foi definitivo ao final do século XIII. Entretanto, mais do que ao extermínio em massa, isso aconteceu devido ao isolamento que os próprios cátaros propunham como característica de sua filosofia de vida. Um isolacionismo que os condenou a não se enraizarem em massa na sociedade, a não penetrarem nas instituições e na vida política e econômica e que, portanto, foi a causa verdadeira de terem acabado.

Nas pegadas de Valdésio

Uma outra seita que se difundiu entre Itália e França no mesmo período foi a Valdense. Seu fundador era Valdésio, por muito tempo e equivocadamente chamado Pedro Valdo. Originário de Lion, no sul da França, pertencia àqueles que hoje, às vezes inapropriadamente, se chama de "burguesia": um homem urbano que tinha exercitado uma profissão e se tornou rico. As fontes contemporâneas próximas a ele, antes de tudo o *Liber antiheresis* de Durando de Osca, um dos seus primeiros discípulos, nos dizem que a certo ponto da sua vida – por volta de 1171 – decidiu abandonar todos os seus bens doando-os aos pobres e às igrejas do lugar. Pobre como o Cristo! Ao fazer isso, Valdésio não seria nem o primeiro nem o último: a sua experiência, só para citar um caso famoso, se repetirá estrondosamente no início do século seguinte com Francisco de Assis que, filho de um rico mercador, aos vinte e quatro anos de idade abandonou todos os seus bens para desposar a Senhora Pobreza. E tantos outros antes dele escolheram mudar de vida e retirar-se das lisonjas do mundo. O que diferenciava Valdésio era a escolha de pregar contra os hereges e, primeira e particularmente, contra os cátaros. A luta contra esses últimos era a mesma assumida pela Igreja. Então por que Lúcio III incluiu na lista dos hereges a serem perseguidos também os *pauperes de Lugdunun*, os "pobres de Lion"?

O motivo é simples: Valdésio e seus seguidores, começando a pregar sem a autorização da cúria, usurparam uma incumbência que era prerrogativa da Igreja. Eles o faziam de boa-fé: queriam extirpar de seu entorno a erva daninha da heresia e sustentavam que os homens da Igreja que deveriam exercer esse papel não tinham nem capacidade nem vontade de fazê-lo.

Valdésio e os seus começaram assim a percorrer todo o sul da França para pregar o Evangelho. Com o objetivo de torná-lo mais acessível a muitos que não conheciam o latim, traduziram alguns textos das Sagradas Escrituras em vernáculo. Era o mesmo fermento que séculos depois desencadearia a Reforma Luterana. O fato que Valdésio e os seus discípulos não se sentissem absolutamente fora da ortodoxia é demonstrado pela insistência com a qual buscaram a aprovação do papa à sua atividade. Em 1179, foram a Roma para participar do Concílio de Latrão, mas o encontro deles com Alexandre III não deu certo porque o pontífice, mesmo reconhecendo a boa intenção deles, não lhes concedeu o direito de pregar. Nada também no ano seguinte: a Igreja não sabia nem como controlar pregadores que não eram sacerdotes (leigos, portanto), nem como se comportar diante da presença de mulheres na seita. A decisão foi tomada em 1184: Lúcio III excomungava os valdenses com os cátaros, patarinos e outros hereges.

A excomunhão e o início das perseguições, todavia, não pararam Valdésio e seus seguidores, que, ao invés disso, continuaram a fazer prosélitos no sul da

França, na Alemanha e no norte da Itália – onde seu relacionamento com as realidades circunstantes não foi tão difícil como além dos Alpes. Isso lançou as bases para a separação dos *Pauperes Lombardi* daqueles de *Lugduno*, separação ocorrida de maneira dolorosa em 1205, quando Valdésio ainda estava vivo. Parece que até mesmo os valdenses teriam estipulado um tipo de pacto de não agressão com os cátaros, que aliás dividiam as suas colônias com outros grupos de heréticos. Conseguiram também entrar em contato com as já fortalecidas instituições comunais e o sucesso foi tamanho que em Milão conseguiram uma *Schola* para se reunirem e pregarem publicamente o Evangelho.

Valdésio morreu por volta de 1206 sem resolver seus problemas com a Igreja de Roma e intuindo o perigo da divisão entre seus seguidores. Nos anos seguintes, uma parte dos valdenses conseguiu que o Papa Inocêncio III (em 1208) reconhecesse um mandato para exercer a missão apostólica, lançando as premissas para o nascimento de uma verdadeira ordem religiosa que seria chamada de "*pauperes católicos*". Sucessivamente, muitos outros grupos presentes na Lombardia, alinhando-se a esta nova posição de "reconhecimento" da hierarquia eclesiástica, voltaram à ortodoxia: nasciam assim os "*pauperes* reconciliados". Todos mantinham seu direito à pregação, mas com a condição que este fosse derivado de uma investidura oficial da parte do papa.

Mas nem todos os valdenses voltaram ao seio da Santa Igreja Romana. Continuavam de fora os grupos fiéis à ideia das origens, uma parte francesa (*ultramontani*) e outra parte lombarda (*ytalici*). Esses se encontraram em Bérgamo, em 1218, para tentar se organizar e refazer a unidade, mas a assembleia teve como único resultado a abertura de uma disputa sobre o destino ultraterreno de Valdésio: estaria no paraíso (como defendiam os ultramontanos) ou na espera pela expiação das próprias culpas (do que estavam certos os *ytalici*)?

Nunca teremos a resposta, mas decerto, depois da reunião bergamasca, a figura do fundador se redimensionou a tal ponto que foi quase esquecida. Nascia, outrossim, como sustenta o estudioso piemontês Grado Giovanni Merlo,

> o mito da descendência dos valdenses dos primeiros apóstolos: um mito interpretado de várias maneiras, mas sempre alimentado para justificar e legitimar aqueles que, já na clandestinidade, acreditavam pregar a verdadeira fé cristã. Valdésio será, aliás, presente na memória histórica de inquisidores e polemistas católico-romanos como autor da mais sarnenta heresia. Daí passará, na historiografia protestante, como uma

entre as "testemunhas da verdade" retomada na obscura época de domínio papal, mesmo que, no pequeno mundo reformado dos vales alpinos italianos e franceses, o seu papel de iniciador dos valdenses será sempre contestado a favor do mito persistente das origens apostólicas: um mito muito mais fascinante e fundante.

Os humilhados e as indústrias *ante litteram*

Completamente diferente foi a história dos humilhados, que buscavam uma espiritualidade mais austera, mas marcada por fortes preocupações de caráter social. A experiência deles teve origem entre Milão e Como e os pioneiros eram expoentes da aristocracia urbana. Eis como o anônimo cronista de Laon os descreve:

> Nas cidades da Lombardia houve naquele tempo [1179] alguns cidadãos que, continuando a viver com suas famílias em casa, escolheram um modo peculiar de viver religiosamente, abstinham-se de mentiras, juramentos, disputas [judiciárias], contentando-se de simples vestimentas e empenhando-se na defesa da fé católica [...]. Eles se definiam humilhados baseados no fato que, não vestindo roupas tingidas, se satisfaziam com uma veste simples.

Em síntese, podemos dizer que os humilhados se subdividiam em três grupos: o primeiro era constituído por clérigos, que praticavam o celibato e viviam em uma casa comum, como se estivessem em um mosteiro; com o tempo, estruturaram-se como uma ordem religiosa propriamente dita cuja regra foi aprovada em 1201 pelo Papa Inocêncio III. Junto aos clérigos haviam os leigos, tanto homens quanto mulheres, organizados em grupos que viviam comunitariamente, mas sem emitir os votos: podiam se casar e viviam em comum alguns momentos do dia como as refeições. Enfim, os leigos que praticavam uma forma limitada de pobreza voluntária. Os três grupos davam aos pobres o excedente de seus víveres. A principal atividade dos humilhados era o trabalho com a lã, em desuso desde os tempos das invasões e reduzido há séculos à fabricação de despretensiosos tecidos de lã crua. Exatamente para buscar tecidos de qualidade superior, com o reflorescimento dos comércios, os mercadores lombardos iam para o norte da Europa: a lã crua assim importada era trabalhada mormente no campo, onde sustentava as camadas mais pobres. Que, porém, eram exploradas: Não artesãos, mas simples operários, os trabalhadores tinham baixos salários e não podiam unir-se em corporações, ficando, assim, à mercê dos mercadores de lã. Provavelmente, tenham sido os humilhados a ajudá-los em Milão. De fato, eles, ao unirem a vida ativa à contemplativa, impulsionaram as manufaturas têxteis que em pouco tempo se tornaram tão rentáveis a ponto de abastecer de lã não somente a cidade e o condado, mas também outras praças e até Veneza, impondo-se como uma verdadeira indústria *ante literam*.

A *domus* (casa) mais importante deles estava nas proximidades da Abadia de Viboldone, um pouco fora de Milão, e foi construída em 1176 no arco de tempo entre a morte do arcebispo Galdino (18 de abril) e a batalha de Legnano (29 de maio). A presença desse grupo se estendia a todo o norte da Itália (em 1216 contavam-se, somente na Lombardia, ao menos cento e cinquenta comunidades regulares e um considerável número de leigos que viviam com as próprias famílias), e, em particular, em Brianza. Os humilhados da região de Monza produziam, segundo o cronista Bonicontro Morigia, tecidos adaptados para qualquer mercado. Em Monza, elenca um catálogo, em 1298 existiam, ao todo, onze casas que, acumulando expressivos lucros, emprestavam até dinheiro a cidades e cabidos de catedrais, construíam, além de igrejas e *domus* próprias, também hospitais. No entanto, convém excluir, ao menos ao que parece, a pertença de Gerardo dei Tintori (1134-1207), o santo fundador do hospital homônimo, à ordem dos humilhados, e isso não obstante seu sobrenome pareça ligar-se a uma profissão, exercida pela família, relacionada ao trabalho com a lã.

Uma boêmia em Milão

Algumas casas humilhadas de Brianza passaram para as honras das crônicas em 1300, quando se abriu um processo contra uma mulher chamada Guilhermina a Boêmia (por sua proveniência), acusada de se autoproclamar a encarnação do Espírito Santo. Os aspectos mais "revolucionários" de sua teoria referiam-se, porém, ao papel da mulher. Se a Igreja sempre demonizou o corpo feminino, vendo-o como o porão de todos os males e a causa da perdição (cf. o capítulo sobre a sexualidade), Guilhermina e seus seguidores – homens inclusive! – colocavam os dois sexos em um plano de absoluta igualdade, subvertendo o papel subalterno até então reservado ao universo feminino e restituindo à mulher a plena dignidade. Guilhermina acreditava, além disso, ter vindo ao mundo para levar a salvação a todos que estivessem fora da Igreja, primeiramente aos judeus. Já em vida era venerada como santa e, na sua morte, por volta de 1280, o seu sepulcro perto da Abadia de Claraval se tornou destino de grandes peregrinações. Mas, no início do século XIV, os inquisidores, na ânsia de reafirmar a autoridade da Igreja diante da aristocracia milanesa que promovia seu culto, a declararam herética. Seus ossos, desenterrados, foram então lançados às chamas. Entre as chamas, também pereceu pouco depois Manfreda de Pirovano, que recolhera a herança espiritual de Guilhermina e tinha até mesmo ousado celebrar a missa com hóstias consagradas. Das atas do processo, cujo inquisidor foi Guilherme de Coccolato, felizmente conservaram-se da destruição do arquivo quatro *Quaderni delle imbreviature* [literalmente: cadernos das "imbreviaturas", eram minutas dos negócios jurídicos que, por lei, o notário deveria difundir, normalmente de forma abreviada, comprometendo-se depois a redigir o mesmo texto com a assinatura das partes e das testemunhas; posteriormente o termo passou a indicar também o registro no qual os notários copiavam as minutas dos documentos] preparadas pelo notário milanês Beltramo Savagno. De maneira que a sua história, ainda em nossos dias, continua fascinante.

Ano 1300: uma fogueira em Parma

Continuamos no século XIV. Enquanto em Roma celebrava-se o primeiro jubileu da história da Igreja, proposto pelo Papa Bonifácio VIII para decretar o triunfo universal da Igreja Católica Romana, em Parma se acendia uma outra fogueira. A vítima que se preparava para ser queimada era Gherardo Segarelli, líder da seita dos apostólicos, condenado como herege ao suplício com seus seguidores. Era 18 de julho.

Originário das adjacências de Parma e de origem modesta, ele também notou, como tantos contemporâneos, a progressiva decadência dos costumes da Igreja. Naqueles anos o papado vivia um momento de crise, abalado entre as lutas das famílias cardinalícias para obter o trono pontifício. Como antecipado no capítulo anterior, no limiar do século XIV o humilde e espiritual Celestino V, velho monge arrancado da quietude claustral e forçado a se lançar na tensão da cúria romana, renunciou ao cargo depois de poucos meses de pontificado para voltar ao convento e deixar para os outros as brigas pelo poder. Por trás de sua decisão, corria o boato de que estaria a mão de Benedetto Caetani, o qual, aliás, tinha todas as intenções de se tornar papa e, para convencer Celestino a desistir do cargo, recorreu até a sonhos induzidos e a encenações. Qualquer que fosse a verdade, o ambicioso cardeal ganhou o jogo e, em 1294, galgou a cátedra de Pedro com o nome de Bonifácio VIII, iniciando logo uma política forçada pela reafirmação da centralidade do papel do papa mesmo nas coisas temporais (e fiscais) dos outros estados, principalmente na França de Filipe o Belo.

Nesse clima, tudo menos místico, não é de se admirar que alguém, mais uma vez, se interrogasse acerca da moralidade das hierarquias eclesiásticas e tentasse propor um modelo de espiritualidade mais incisivo e veraz.

Gherardo Segarelli e seus seguidores, no entanto, mais do que com as disputas de caráter teológico, preocupavam-se com as coisas concretas e, deixando o papa de lado, não conseguiam, porém, deixar de criticar o clero próximo deles, sobretudo nas sedes episcopais, por comportamentos não exatamente irrepreensíveis: tratava-se de fato, na maioria das vezes, de homens recrutados sem vocação que, tendo feito os votos por conveniência e não por escolha, preocupavam-se mais em controlar o poder temporal do que em cuidar pastoralmente dos fiéis. A tais excessos Segarelli quis contrapor uma experiência de fé mais íntima e espiritual. O modelo escolhido era próximo no tempo e no espaço: o de São Francisco que pregava aos humildes e cantava os louvores da pobreza para quem o homem, pobre sobre a terra, seria destinado por Deus, no além, às riquezas que não se acabam.

Gherardo então se voltava aos apóstolos (a seita se chamaria, em pouco tempo, de "os apostólicos"), que imitava seja no aspecto seja nas ações e, sobretudo, naquele ideal de pobreza e de dedicação missionária que visava propagar aos simples como ele uma fé mais genuína. Começou a pregar por volta do ano 1260, mas, não muito tempo depois, o evidente sucesso que conseguia com as camadas mais baixas da sociedade atraiu para si a ira da hierarquia eclesiástica. Como seria possível – questionavam os doutos homens de Igreja – que um personagem como Segarelli, de humildes condições, inculto e também um bocado rústico, pudesse zanzar tranquilamente pregando a moderação dos costumes, a luta contra as tentações da carne e a necessidade de fazer penitência para obter o perdão de Deus e a salvação?

Entre os detratores estava Salimbene de Adam, o mais importante cronista da época, também ele de Parma, frade culto e aristocrático. A sua crítica ao trabalho dos apostólicos foi muito dura: "estultos", "ignóbeis", "porcos", "enganadores", "ladrões", "idiotas", "animalescos"; eis alguns dos "gentis" epítetos que o frade, nas linhas de sua *Cronica* dava a esses seus concidadãos, pobres e ignorantes, mas tão seguros a ponto de quererem se elevar ao grau dos santíssimos apóstolos. Ainda mais duras as acusações, as clássicas invectivas sempre lançadas contra os "inimigos da Igreja": reuniões ocultas, pregações contra a cúria, atentado contra a verdadeira fé. Além disso, o excessivo acento dos apostólicos no tema da pobreza os teria tornado tolos e a sua inconsistência cultural, incapazes de distinguir o bem e o mal, induzindo-os ao pecado. Como na ocasião em que, no afã de imitar o Cristo pobre e nu, eles se reuniram em uma casa e, despidos, lançaram as indumentárias no meio de um cômodo. Depois as roupas foram restituídas desordenadamente, evidenciando assim o desapego da propriedade das coisas terrenas. Mas, segundo o frade, o que aconteceu não deu certo: a devolução das roupas foi feita por uma mulher, instrumento por excelência do demônio, que induz o homem à tentação e ao pecado.

Heréticos ou mais santos do que os santos? De um ponto de vista estritamente canônico, Salimbene tinha razão em criticá-los. O Concílio de Lion, iniciado em 1274, procurou frear a proliferação descontrolada de ordens religiosas de tipo pauperístico e espiritual. Além disso, proibiu o nascimento de novas *religiones* e impôs às ordens nascidas depois de 1215 a dissolução e a transferência dos membros às outras ordens já aprovadas. Gherardo e seus seguidores, porém, não aceitaram conformar-se às novas regras: foram por isso declarados hereges. Mas do ponto de vista ético, seguramente, os apostólicos tinham todas as boas intenções. E, pelo que sabemos, certamente não cometeram delitos ou violaram as leis. Sua única culpa foi a de terem se demonstrado por escolha talvez um pouco mais virtuosos do que fossem de fato aqueles que deveriam sê-lo por pertencerem à classe eclesiástica.

Assim, em 1269 até o bispo de Parma, Obizzo Sanvitali, facilitou a ação dos apostólicos concedendo a indulgência a quem os tivesse beneficiado; em 1294 o mesmo prelado mandou à fogueira quatro adeptos da seita acusados de heresia. Não chegou, todavia, a condenar ao suplício Gherardo, com quem falara no passado e por quem, no fundo, nutria certa estima. Para esse, a pena foi o cárcere pelo resto da vida.

Mas quem pensou "em fazer justiça" – se é possível dizer isso – tão logo Obizzo deixou Parma para Ravena foi o dominicano Frei Matfredo: aos 18 de julho de

1300 na cidade emiliana acendia-se a fogueira, na qual subia e encontrava a morte Gherardo; com ele, dissolvia-se sua seita. Mas os fermentos que a originaram não desaparecerão com o fogo "purificador". O que se demonstrará dali a pouco com a história de Frei Dolcino.

Penitenziagite!

> A Frei Dolcino diz, pois não findaram
> Teus dias e hás de ao sol tornar em breve,
> Se desejos de ver-me o não tomaram,
>
> Que se aperceba; pois cercando-o, a neve
> Dará triunfo à gente de Novara,
> A quem vencê-lo assim há de ser leve.

Com essas palavras, no canto XXVIII, do *Inferno*, Maomé, encontrando Dante na confusão do oitavo cerco, lá onde são punidos os semeadores de discórdias, convida o poeta a advertir, no seu retorno ao mundo dos vivos, o herético Frei Dolcino que prepare um estoque de víveres suficientes para resistir ao cerco de seus inimigos. Dois tercetos da *Divina Commedia*, muito famosos e que – compostos pouquíssimo tempo depois de 1307, ano em que o frade pereceu na fogueira – testemunham quão vivo era o eco e as impressões de um fato que abalou os ânimos e as consciências de muitos.

E quem era Dolcino? Seu nome, por séculos relegado prevalentemente aos âmbitos eruditos e acadêmicos (mas não só), tornou-se célebre ao grande público graças ao famosíssimo romance de Umberto Eco, *O nome da Rosa*. Na misteriosa abadia do norte da Itália, onde, em 1327, o franciscano Guilherme de Baskerville e o seu discípulo, o noviço Adso de Melk, são chamados para investigar uma série de estranhos delitos, descobre-se que o celeireiro Remígio de Varagine e o monge Salvatore foram seguidores de um tal Dolcino. Processados, são condenados à fogueira pelo inquisidor dominicano, Bernardo Gui. Exatamente como acontecera vinte anos antes ao "mestre" de ambos. O lema deles era "*Penitenziagite*", corruptela vulgar do latim *Poenitentiam agite*, ou seja, "fazei penitência": uma prática que Dolcino emprestara do supracitado Segarelli, fundador da seita dos apostólicos.

Os preceitos morais eram simples e eficazes: crítica à corrupção moral do clero, busca da pobreza e recuperação do autêntico espírito evangélico que distinguira os apóstolos, isto é, a "Igreja das origens". Depois da morte de Segarelli na fogueira, em Parma, como se disse, os apostólicos conheceram um momento de debandada e uma grande parte desistiu de sua luta, voltando ao seio da ortodoxia e à vida ordinária. Mas não foi assim para todos.

As fontes medievais e os historiadores ainda hoje disputam sobre o local de nascimento de Dolcino: Trontano no Val d'Ossola, Remagnano Sesia, talvez a cidade de Novara, ou até mesmo Turim, nas proximidades de Parma. A hipótese mais provável, no entanto, é que tenha sido piemontês: nascido talvez em Prato Sesia, não distante de Romagnano, na Província de Novara. Em todo caso, no vale do Rio Sesia. A escassez e a falta de credibilidade das notícias sobre ele contribuem para alimentar a confusão sobre suas origens: segundo alguns foi um membro da família dos condes Tornelli de Novara, para outros, ao contrário, era filho ilegítimo de um padre. O cronista Benvenuto de Ímola, em seu comentário à *Divina Commedia* de Dante, traça sua biografia e o descreve como um personagem fora do comum: com olhar sempre alegre, era apreciado por todos graças à sua extraordinária eloquência. Na meninice chegou em Vercelli para ser instruído; o Padre Augusto, que o custodiou, o mandou estudar na Igreja de Santa Inês, onde o Mestre Syon ensinava latim. Mas ficou ali pouco tempo: segundo conta Benvenuto, roubou dinheiro na casa que o hospedava. Quando foi descoberto, fugiu de Vercelli. Foi então que, indo para o coração da Planície, entrou em contato com a pregação de Gherardo Segarelli, ativo na Emília-Romanha, mas também na Lombardia, e tornou-se seu seguidor. Ao que parece a sua eloquência e o conhecimento do latim e das Escrituras, conquistado na escola de Vercelli, o tornaram popular entre os apostólicos. Assim, com a morte de Segarelli, foi exatamente Dolcino quem levou adiante sua obra em toda a Itália Setentrional, especialmente na Lombardia, na Emília-Romanha e no Trentino. Daquilo que disse e fez nos sete anos que precederam sua queda, temos testemunhos quase diretos; suas cartas, que contêm a *summa* das suas pregações, foram de fato recolhidas e comentadas pelo próprio inquisidor que o perseguiu até a morte, Bernardo Gui, autor de vários tratados contra os Hereges, entre os quais o *De secta illorum qui se dicunt esse Apostolorum* e a *Pratica inquisitionis hereticae pravitatis*.

Ao que parece, as excepcionais capacidades de Dolcino não tardaram a fazer diferença. O seu carisma e suas palavras de fogo capturavam multidões, não só entre as camadas populares, mas também entre os mais instruídos. E atraía as mulheres. Dolcino, tendo as características que elencamos, a voz forte, alta estatura, olhos cinzentos e penetrantes, barba longa e cabelos ruivos. É natural que lhe tenham atribuído numerosas amantes. As atas dos processos trazem os nomes das mulheres que de alguma forma se envolveram com ele: Cara de Módena, as irmãs Monda de Ripa e Rivana, e uma serva delas, Brida. Mas a mulher de sua vida foi, no fim, apenas uma: Margarida de Trento.

Dolcino a conheceu em 1302, enquanto estava nos vales a pregar. Ela logo o atingiu com sua incrível beleza, que lhe rendeu a alcunha de "a Bela": pele clara, cabelos negros e densos, olhos azuis e pernas torneadas. Para alguns, "a mulher mais bonita do mundo". Diferente de Dolcino, Margarida era rica e provinha de uma família de notários. A união foi aquecida por uma extraordinária paixão. Talvez ele tenha sido tão tomado por ela a ponto de se esquecer de seu papel de reformador religioso e daqueles preceitos morais outrora pregados com tanta convicção. Fato é que o povo começou a murmurar que fosse concubino e imoral. Os opositores prepararam as acusações: os dolcinianos – diziam – fazem banquetes em que servem a carne bebem o sangue de crianças, são pedófilos, praticam orgias noturnas, dedicam-se à bruxaria e aos feitiços. O mesmo refrão de sempre. Mas isso foi suficiente para fazer Dolcino perder a paciência. Ele, em 1303, deixou o Trentino. A Igreja já estava em seu encalço e Bernardo Gui, em particular, o perseguia pela Lombardia.

Ele parou, então, primeiro em Bréscia e depois em Bérgamo, Como, Milão. Refugiou-se nas montanhas e nos vales, mas foi forçado a fugir de novo. Voltou finalmente à sua terra natal, Valsesia. Enquanto era caçado pelos homens da inquisição, alguém teve a ideia de se aproveitar da situação a seu favor para abrandar as veleidades de autonomia das turbulentas comunidades da região, combatidas pelas comunas de Vercelli e Novara e esmagadas pelo calcanhar dos condes de Biandrate. Uma notícia não confirmada atribui aos vercellenses a tentativa de tirar Dolcino deles oferecendo-lhe o comando do exército comunal. Ele rejeitou indignado. A essa altura, desencadeou-se contra ele uma espécie de cruzada: os bispos católicos, os aristocratas e as comunas de Vercelli e Novara com a bênção do Papa Clemente V.

Às armas, respondeu-se com as armas. Ao massacre de dois mil católicos ocorrido em Romagnano seguiu-se a captura e morte de muitos hereges. Os dolcinianos – entre os seguidores havia, além de Margarida, Longino Cattaneo de Bergamo, Frederico de Novara, Valdrico de Bréscia, Alberto Carentino – se refugiaram nas partes altas de Valsesia, em Campertogno, depois em Vale Atrogna, em Vasnera, depois na entrada do Vale de Rassa, em Parete Calva. Aí se fortificaram para invadir os vilarejos das redondezas. Chegaram ao confronto militar nos arredores de Camporosso. Mas a protagonista absoluta foi sempre a fome.

Dolcino permaneceu em Parete Calva até 1306, prosseguindo as operações de guerrilha entre saques, massacres e devastações. O rigor do inverno, a 1.400m de altitude, a sujeira, a fome e as doenças continuavam a ceifar as vítimas. Assim, Dolcino decidiu refugiar-se em Biellese. Ali permaneceu por mais um ano, alternando a fuga pelas cavernas com breves e momentâneas permanências nos vales, primeiramente em Trivero. Também naquele ano o inverno foi tremendo. Sobre os montes, com poucos mantimentos, dessa vez não foi possível resistir.

Aos 23 de março de 1307 começou a batalha final. O exército da coalisão, comandado por Giacomo e Pietro de Quaregna e Tomás Avogadro de Casanova, depois de três dias de luta até o sangue, acabou com a desesperada resistência dos hereges, já provados pelas doenças e pela fome. No fim, no campo de batalha restaram quatrocentos mortos e cento e quarenta dolcinianos: entre eles havia Dolcino, Longino e Margarida, que ainda estavam vivos.

Margarida foi a primeira a sofrer o suplício. Malgrado, pela sua beleza, muitos nobres a terem pedido em casamento para salvá-la da morte, perseverou até o fim e – dizem as fontes – afrontou os tormentos com grande dignidade: amarrada a um pau e queimada sobre a margem pedregosa do Rio Cervo, talvez em Biella ou em Vercelli. Seguramente foi em Vercelli que Dolcino foi executado às margens do Rio Sesia. Era o dia 1º de junho de 1307. Aquele que fora líder carismático de uma seita foi torturado de maneira bárbara: arrancaram-lhe o nariz, os testículos e o pênis com tenazes incandescentes. Segundo as fontes contemporâneas, ele não gritou nem se lamentou até o fim, limitando-se a emitir um fraco gemido enquanto lhe arrancavam as carnes até os ossos. Os carnífices prosseguiram em seu furor sobre ele até chegarem ao local do suplício. O objetivo era mostrar a todos o risco que corria quem, subversivamente, se colocava contra a Igreja. Finalmente, seu corpo foi queimado. O mesmo destino foi reservado ao fiel Longino de Bérgamo, cuja vida foi tirada sobre a grande pedra que sustém a ponte de Madalena sobre a estrada que vai de Biella a Folegno.

Rapidamente surgiram numerosas lendas sobre os revoltosos. Algumas conseguiram desafiar os séculos e, boca a boca, chegaram aos nossos dias seguindo as tradições populares. Os idosos de Campertogno ainda hoje contam como os dolcinianos, durante sua duríssima permanência em Parete Calva, por causa da escassez de recursos, tenham se nutrido de carne humana. Ainda em Parete Calva fala-se em vozes e aparições, de objetos encontrados que remetem àquele terrível inverno do início do século XIV. Ossos, lápides inscritas, correntes de ferro e armas, coisas pobres que talvez tenham pertencido aos sitiados. Talvez seja verdade ou somente sugestão. Pode ainda ser a vontade de criar uma aura mítica para atiçar a curiosidade por uma região que de outra maneira seria pouco conhecida, explorando um nome popularizado depois do romance de Umberto Eco e, sobretudo, depois do sucesso do filme homônimo de Jean-Jacques Annaud. Há, entretanto, quem jure que, ainda hoje, nas noites estreladas se possa ver a bela e intrépida Margarida cavalgar sobre um corcel negro com os cabelos soltos ao vento.

A beguina teóloga

Uma outra "Margarida", mas oriunda de Flandres, foi processada na mesma época por heresia, e, depois da condenação, terminava seus dias na fogueira. A sua culpa? Ter escrito um livreto intitulado *Miroir des simples âmes* (O espelho das almas simples), no qual explicava as etapas da aproximação das almas a Deus. A sua especulação, com fortíssima implicação mística, identificava o Deus-Amor com um ente definido como "Distante-próximo". Alcançada a contemplação depois de um percurso de ascese, a alma se depara com o Distante-próximo que se manifesta num lampo: essa visão produz a morte do espírito e o aniquilamento da alma. Privada de todo desejo e da vontade própria, a alma se anula finalmente em Deus. Mas, se aparentemente ela parece ter chegado a um grau de pura passividade, na realidade continua operando, única e ininterruptamente, o intelecto.

Cultíssima, Marguerite Porete – cuja vida é pouco conhecida no que tange ao que não é citado nas atas do seu processo – traduzira parcialmente as Sagradas Escrituras em vernáculo e conhecia de cor as obras de teólogos e místicos como Bernardo de Claraval, Ricardo e Hugo de São Vítor, Dionísio Areopagita.

Sobre o pano de fundo de sua teologia, pode-se perceber a experiência de algumas associações de homens e mulheres, que, mesmo sem ter professado os votos formalmente, viviam em comunidade praticando a castidade e confiando-se, na oração e na meditação, à leitura das Sagradas Escrituras em sentido literal. Os adeptos de tais associações, difundidas principalmente em Flandres e no norte da Europa, eram chamados de beguinas e begardos, termos depreciativos que faziam perceber, se não a condenação aberta, ao menos a suspeita da parte das hierarquias eclesiásticas.

O *Miroir* foi condenado às chamas em Valenciennes e impôs-se a Marguerite que não divulgasse nunca mais a sua obra. Mas ela continuou sem medo a fazê-lo, reescrevendo o texto desde o início e fazendo-o circular clandestinamente. Rapidamente, tornou-se uma referência para todos aqueles – e eram muitos – que se seduziam pelo movimento do Livre Espírito, por sua vez declarado herético pelo Papa Clemente V em 1311 com a bula *Dilectus Domini*. A seita, com crenças milenaristas, nascera no século XII, mas chegou a um momento de grande expansão no delicado período no qual o papado, "refém" da coroa francesa em Avignon, estava particularmente fragilizado e tinha se firmado também na região central da Itália, onde fora denunciado pelo franciscano Ubertino de Casale, por sua vez em ares de heresia pelas suas posições intransigentes.

Os Irmãos do Livre Espírito [os espirituais] se inspiravam na pregação de um frade (e abade) calabrês, Joaquim de Fiore (1130-1202), que tinha elaborado, entre tantas, a Teoria das Eras da História Terrena: à Era caracterizada pela ação do Pai (Antigo Testamento), seguia-se a Era do Filho, que, segundo seus cálculos, teria durado até 1260. Depois, segundo o monge "de espírito profético" – na definição de Dante que o colocou no paraíso – chegaria uma nova era, *nova aetas*, do Espírito Santo, caracterizada pela pureza e pela graça e pelo fim da corrupção na Igreja. Inútil dizê-lo: Também essas teorias, mesmo que alguns papas como Inocêncio III as tivessem defendido, foram fortemente suspeitas de heresia.

Voltando a Marguerite Porete, de nada valeu a tentativa de fazer reconhecer a ortodoxia de sua especulação, que chegou a ser "certificada" por três teólogos, entre os quais, provavelmente, o célebre João Duns Scotus. Outros vinte e um – entre os quais muitos já comprometidos nos processos dos templários – foram incomodados pelo grande inquisidor da França para demonstrar que o pensamento de Margarida se colocava fora da ortodoxia católica. Aprisionada no cárcere por um ano e meio, não abjurou. A sua vida se apagou em 1º de junho de 1310 em Paris, em Place de Grève, como ela própria quase preconizara: "Esta alma é esfolada para mortificação, / queimada pelo ardor do fogo da caridade, / sua cinza, jogada, aliás posta, / no mar no nada da vontade". Mas seu escrito influenciou profundamente, além dos Irmãos do Livre Espírito, também a pregação do teólogo e místico da Renânia, Mestre Eckhart. Também ele condenado parcialmente por heresia.

13
O OFÍCIO DAS ARMAS

Entre as figuras mais populares e emblemáticas da Idade Média, época de guerras e de conflitos, é muito importante a do guerreiro. Protagonista de épicas empreitadas, amante do luxo e do belo, entrou no imaginário coletivo como o nobre paladino dos fracos e dos oprimidos montado em seu corcel negro com a luzente armadura rutilante sob os raios de sol.

O que há de verdadeiro em tudo isso? Pouco ou nada. Os cavaleiros medievais, antes ainda os combatentes germânicos, dos quais são sucessores, eram principalmente senhores da guerra. Adoravam combater para conquistar, obter prestígio social e, acima de tudo, saquear. Ao ideal, impregnado de cultura cristã, do guerreiro – e particularmente do cavaleiro – entendido como defensor da Igreja e dos oprimidos opõe-se o mais prosaico soldado (e o mercenário) que faz das armas sua profissão, movendo-se a serviço do dinheiro e da glória. O que não significa, naturalmente, que o incentivo para que esses homens combatessem não fosse também de ordem religiosa, ética ou moral – ao menos no caso das ordens monásticas – algo compreensível para a época.

De qualquer maneira, estupros, saques e devastações eram frequentes. E não somente nos séculos comumente considerados mais "obscuros", mas também no final da Idade Média, quando a cena foi ocupada pelas associações de mercenários chamadas de companhias de aventura.

Furor teutonicus

A época de transição entre a Antiguidade tardia e os primeiros séculos da Idade Média foi marcada pelo aparecimento de um novo protagonista absoluto: o guerreiro germânico. O que não significa que Roma nunca tenha se relacionado com esse personagem antes, muito pelo contrário. Aliás, já se conhecia a periculosidade de tais guerreiros. Já o histórico latino Públio Cornélio Tácito (55-120), nas acuradas descrições contidas na *Germania*, evidenciara o caráter aguerrido dessas gentes dedicadas principalmente à guerra. O recém-nascido Império pôde experimentar o quanto tais guerreiros eram indômitos em 9 d.C., quando três legiões comandadas por Publio Quintilio Varão foram literalmente despedaçadas na Floresta de Teutoburgo por uma coalisão de germânicos liderados pelo querusco Armínio. A proverbial organização do exército romano, ademais, fora submetida a dura prova também em outras ocasiões por parte de vários povos bárbaros, primeiramente pelos celtas, submetidos depois de longuíssimas e extenuantes campanhas militares. Qual era o segredo do sucesso desses grupos? De acordo com fontes antigas, essas eram sociedades profundamente militarizadas. Todo homem livre portava armas. Aos jovens ensinava-se a combater assim que estivessem em condições de aguentar o peso das armas, ou seja, em torno dos quinze ou dezesseis anos. Os guerreiros permaneciam como tais até a morte ou – no caso dos mais sortudos, mesmo que a morte em batalha fosse considerada uma honra – a velhice. E todos os aspectos da vida pública e privada, desde a eleição dos chefes até as decisões sobre coisas mais comuns, envolviam a assembleia dos armados. A própria economia era regida pelos saques e incursões.

Para dizer a verdade, combatiam de maneira bastante rudimentar: quando não tendiam a emboscar, dispunham-se como cunha e se lançavam improvisadamente contra o inimigo contando com a força do choque e com o temor gerado – assim contam fontes antigas, principalmente o já citado Tácito – pelo barulho ensurdecedor e pelos cantos de guerra (*barditus*) entoados para exaltar os ânimos: "apostam tudo na aspereza do som e em murmúrios intermitentes, colocando os escudos à boca para que mais cheia e grave repercuta a voz"[99]. Com o tempo – e também graças ao contato com o exército romano – refinaram suas técnicas mesmo, por exemplo, não conseguindo obter grandes resultados nos cercos. As fontes clássicas colocam unanimemente o acento na ferocidade desses guerreiros. O *furor teutonicus* – obtido também graças ao consumo de plantas que levavam ao êxtase – inquietava e assustava bastante os romanos.

---

99. PÚBLIO CORNÉLIO TÁCITO. *Germania*, III.

Enquadrados na meta

O Império, em sua fase mais tardia, mantinha, mesmo entre muitas dificuldades, um exército amplo e bem organizado. A disciplina era rigorosa e o efetivo, bem adestrado e equipado. O pagamento – *stipendium*, de onde provém o nosso estipêndio, de *stips*, moeda de cobre de baixa qualidade – podia ser em dinheiro ou *in natura*. Em suma, tratava-se de uma profissão respeitada que garantia um nível de vida bastante confortável e uma velhice – caso se chegasse a ela – garantida: depois de servir à pátria por tanto tempo – o período variava de vinte a vinte e quatro anos – recebia-se um tipo de "liquidação" que permitia a aquisição de bens fundiários ou o início de alguma atividade comercial. Quem fazia parte do exército? Primeiramente, como acontecia com quase todas as profissões, era um ofício hereditário; por isso, os contingentes eram compostos de soldados e de seus filhos. Juntavam-se a eles os homens recrutados anualmente com base no recenceamento. Mercadores e proprietários de terras deviam oferecer, de acordo com os próprios rendimentos, um determinado número de homens armados. Enfim, as tropas eram completadas por voluntários que estivessem em condições de combate.

A solidez do exército romano, principalmente se comparado aos bárbaros, era, no entanto, mais aparente do que real. A partir do século II, nuvens cada vez mais densas obscureciam o horizonte. Alcançada a máxima expansão e incapaz de novas conquistas, o Império se encolhia progressivamente. Com as cidades que viveram o período de máximo esplendor e concentravam populações e riquezas, o interesse em guerrear saía de moda. Entre os súditos, aqueles que podiam tentavam se safar do alistamento obrigatório depositando uma determinada taxa, o *aureum tironicum* (de *tiro*, "recruta"), motivo pelo qual aqueles que acabavam no serviço militar eram majoritariamente os deserdados que não tinham outra escolha para sobreviver. Eis por que, não obstante o Império tivesse dezenas de milhões de habitantes, conseguia reunir apenas entre 500 e 600 mil homens, dos quais três quartos não eram combatentes por profissão[100]. Essas cifras não eram, porém, suficientes. Nas fronteiras, populações inteiras se movimentavam em busca de novas terras e Roma era um bocado muito suculento para não ser devorado.

---

100. CONTAMINE, P. *La guerra nel Medioevo*. Bolonha: Il Mulino, 1986, p. 29.

Nesse panorama movimentado e instável, os imperadores intuíram o perigo e procuraram contê-lo logo no início. Com o valor militar testado em numerosas batalhas, Roma procurou inserir os germânicos em seu próprio exército explorando-os como baluartes contra as outras populações bárbaras que pressionavam as fronteiras. O exército "regular" recebeu então a cooperação de contingentes dos federados, composto por populações que estabeleceram com os romanos um pacto de aliança – no étimo, *foedus*, "aliança" [por isso "federações"] – sobre o qual, em troca de um terço das terras, deveriam proteger o território contra eventuais invasores. Esses federados gozavam de certa autonomia porque respondiam aos seus próprios chefes militares, combatiam sem esquecer os costumes dos ancestrais e prestavam seus serviços em troca de uma soma em dinheiro. A medida era inteligente, mas se revelaria um prenúncio de muitas consequências nem sempre previsíveis. No nível social, os intercâmbios entre bárbaros federados e a população "latina" favoreceram a progressiva romanização dos bárbaros, atraídos por uma civilização percebida como mais avançada e pelo seu indubitável fascínio. Isso, unido ao papel-chave assumido pelos próprios bárbaros na contenção da pressão inimiga e ao progressivo afrouxamento do exército romano, fez com que, em pouco tempo, os romanos fossem dispensáveis. Pelo final do século IV, encontramos numerosos germânicos não apenas no exército romano, mas também nas instituições, o que foi para eles um formidável meio de ascensão social.

No longo prazo, o principal perigo que Roma teve de enfrentar foi não tanto a invasão propriamente dita, mas saques e cercos de cidades. As incursões aconteciam muito rapidamente, aproveitando-se com frequência dos "vãos" que se abriam no fronte quando as tropas eram chamadas a reforçar outras frentes. Isso ficou claro particularmente quando Constantino, o primeiro a retirar progressivamente as legiões dos confins do Império, deixou as guarnições somente nos limites e as deslocou para defender as cidades. Na sequência, entre os séculos IV e V, construiu-se, por exemplo, nas regiões estratégicas próximas das principais vias de comunicação que levavam aos Alpes, um sistema de fortificações, castelos (*castra*) e torres de observação que não tinham como objetivo repelir as invasões, mas conter o inimigo enquanto os contingentes se preparavam para enfrentá-lo em campo aberto. Enquanto se tratava se fazer frente a simples invasões, o *Tractus Italiae circa Alpes* – assim se chamava esse dispositivo – se demonstrou muito eficaz. Mas e quando eram povos inteiros que pressionavam?

Armados até os dentes

Quando migravam, os povos bárbaros se moviam em massa. Não somente os guerreiros, mas também os mais vulneráveis – mulheres, crianças, anciãos – enfrentavam longas marchas junto com o rebanho e as bagagens. Foi o que aconteceu, por exemplo, com os lombardos. Em 568, cruzaram os Alpes Julianos e se esparramaram praticamente sem obstáculos em toda a Planície Padana. Segundo estimativas aceitáveis, eram cerca de 150 a 180 mil pessoas, entre as quais contavam-se numerosos elementos de outras populações, como os saxões, que tinham se unido aos lombardos durante a longa migração que os conduzira do norte da Europa rumo ao Mediterrâneo ou então quando se instalaram nas planícies húngaras. Tomaram posse das cidades, que caíram uma depois da outra, e ocuparam as fortalezas ao longo das principais vias de comunicação e os *castra*. Qual era o aspecto dos guerreiros lombardos? Com certeza ameaçador. Como todos os homens livres, estavam sempre armados. No entanto, sua preferência não era pela espada, mas pelo *scramasax*, arma que constituía para eles o *status symbol* do qual nunca deveriam se separar. Era uma espécie de facão multiuso com um único gume de uns 40cm (mas foram encontrados alguns de até 80cm) próprio para a caça e para os combates corpo a corpo a cavalo. Era colocado à cintura, ao centro anteriormente ou ao lado direito; por fora da bainha, às vezes, era colocado um canivete de "serviço". Os *arimanni*, literalmente "homens do exército", tinham ainda uma espada de dois gumes, com uns 90cm de comprimento, carregada na cintura e fixada por um elaborado sistema para impedir que o portador tivesse seu passo atrapalhado. A bainha era de madeira, revestida de couro, às vezes com o interior revestido de pelos. O cabo poderia ser simplesmente de madeira ou, mais trabalhado, de bronze ou chifre, e trazer ainda como apliques dois anéis de metal concatenados, símbolo da dedicação ao rei ou ao duque.

O cinturão de couro era rico de pingentes e suas extremidades guarnecidas de ponteiras metálicas finamente decoradas em *repoussé* ou damasquinado, técnica que previa a incisão do motivo no metal e então o preenchimento do vão com prata fundida ou retorcida. O escudo era redondo, côncavo e não reto, de madeira de álamo e recoberto de couro decorado com representações de animais ou símbolos geométricos. Tinha um diâmetro de aproximadamente 80cm e uma bossa central de ferro fixado por cinco pregos: quando não era necessário, era carregado a tiracolo. Um lugar importante entre as armas era reservado à machadinha; leve e manejável, usada em duelo ou mesmo lançada a distância: a cabeça tinha forma de cunha e um característico perfil "barbudo", mas era difundida também a "francisca", cujo nome deriva dos francos. Era muito importante também a lança. Com ao menos dois metros de comprimento, tinha um forte significado mágico-sacral e ligava-se à realeza e ao mito (a lança de Odin): a assembleia (*gairethinx*) dos guerreiros, reunida para escolher o rei, o aclamava exatamente com as lanças levantadas. A sua onipresença fez com que se lançasse a hipótese de que o nome "lombardos" não significasse "homens de barba longa", mas "homens de lanças longas", ainda que – ocorre dizê-lo – a primeira explicação seja aceita pela maior parte dos estudiosos.

O equipamento lombardo era semelhante, exceto por algumas diferenças, àquele das outras populações germânicas. Uma característica mais original era constituída por algumas armas defensivas que eles "importaram" das populações orientais – ávaros, gépidas etc. – com os quais tiveram contato durante a permanência na Panônia: o elmo e a couraça em lamelas. O primeiro era feito com lâminas metálicas montadas ou de couro mantidas unidas por laços, com dois protetores de bochecha, e fechado ao centro por um nasal de metal com um penacho em cima; a segunda era formada por pequenas lâminas de metal ou de couro cozido costuradas em faixas horizontais que a tornavam resistente, adaptável aos movimentos e extremamente fácil de vestir em caso de necessidade. Quando não era necessária, era enrolada e pendurada na sela do cavalo. Os lombardos usavam também o arco recurvo composto, emprestado dos povos das estepes. As cordas eram feitas de fibra de linho, tendões ou crina de cavalo. Graças à alma central em madeira, ao ventre em ripas de chifre e ao dorso em tendão, o arco era curto e leve; a geometria dos limbos garantia um longo alcance, grande precisão e notável rapidez de ação, o que os tornava muito perigosos com essa arma.

Questão de estribo

Uma outra inovação [que os bárbaros] introduziram e que mudou para sempre o jeito de cavalgar na Europa foram os estribos. Mesmo presentes, ao menos parcialmente no exército bizantino, eram os ávaros que o usavam. Esses, por sua vez, o herdaram do Oriente (parece que foi "inventado" na Índia): graças ao apoio dado por esses arreios, garantia-se ao cavaleiro não somente mais facilidade para montar, mas também maior estabilidade e liberdade de movimento, permitindo-lhe concentrar toda a força ao abordar o inimigo sem perder a firmeza. A cavalaria também era muito importante no exército bizantino, contra o qual os lombardos – e antes deles os godos – tiveram de lutar várias vezes. As técnicas militares que continuaram em uso até o século XI são eficazmente descritas no *Strategikon*, uma espécie de manual de guerra que, por muito tempo, foi atribuído ao Imperador Maurício, mas, com toda probabilidade, foi somente revisado por ele. Também graças ao estribo, a cavalaria, que até a Alta Idade Média ocupou papel secundário nos exércitos, tornou-se um destacamento crucial graças à sua força de impacto devastador.

Até aquele momento, também entre os germânicos, exceto aqueles que tiveram um contato direto com as populações das estepes, constituídas de hábeis cavaleiros, o cavalo não era muito comum. Mantê-lo era muito caro, assim eram poucos que podiam se permitir a posse de um exemplar. Ademais, dado que na mentalidade bárbara era ligado à esfera do divino, em particular ao além, era dotado de forte conotação simbólica. O cavalo era, em suma, para poucos eleitos: uma espécie de símbolo de *status* reservado somente aos melhores, especialmente aos reis e chefes mais valorosos com os quais compartilhava a sorte. Eis por que, às vezes (como nas necrópoles lombardas de Campochiaro, Moncalieri, Vicenne etc.) aparece nas sepulturas junto ao seu proprietário: depois de servi-lo fielmente em vida, agora o acompanha na sua última viagem no além. Por longo tempo, no início da Idade Média, permaneceu em voga o direito/dever de portar armas. Mas as coisas mudaram a partir da segunda metade do século VIII com o reino dos francos. A dinastia dos Pipinidas, prefeitos do palácio dos merovíngios, dos quais tomou o poder, fundou o seu papel sobre a redistribuição das terras aos guerreiros que a mantinham. Graças às rendas fundiárias, eles puderam dar-se ao luxo de terem cavalos e equipamentos adequados para a guerra. E a sociedade começou a dividir-se de modo cada vez mais evidente entre os poucos que combatiam – os *milites* – e a esmagadora maioria dos *rustici*, ou seja, simples camponeses. O guerreiro se diferenciava claramente do resto da população: aqui começa o caminho que o levou a se identificar definitivamente com o cavaleiro que bem conhecemos muito mais pelo mito do que pela história.

Viquingues, húngaros e sarracenos: o terror da Europa

Entre os séculos IX e X, a Europa, recém-pacificada sob os francos, foi novamente ameaçada pelas invasões dos árabes e de novos "bárbaros". Caíram nas mãos dos muçulmanos todo o norte da África, a Sicília e parte do sul da Itália; retomou-se a expansão na Espanha. Esses territórios passavam a somar com o Oriente Médio, já muçulmano. A ação dos invasores era caracterizada pela leveza e agilidade tanto da infantaria quanto da cavalaria. Não obstante os bizantinos e os persas, seus rivais, estivessem mais fortemente armados e tivessem equipamentos melhores e mais completos, além de contarem com comandantes experientes e com a superioridade numérica, os árabes conseguiram explorar a própria mobilidade e a sagacidade tática de seus comandantes como o célebre Khalid ibn al-Walid (592-642), cognominado *Sayf al-Islām*, "a espada de Alá".

Não menos importante era o que os motivava: a ideologia religiosa que lhes dava a certeza de estarem combatendo uma guerra santa (a *jihad*, literalmente, "esforço") para submeter os gentios ao islã. A isso se acrescente que, em alguns contextos – a África e também a Sicília –, os próprios habitantes colaboraram para o sucesso dos árabes abrindo-lhes as portas das cidades para se livrarem do governo bizantino, cada vez mais distante e avarento.

Os sarracenos, por sua vez, agiam sobretudo com incursões rápidas e letais. Foram célebres e devastadores os saques sofridos pelas cidades costeiras como Marselha, pelas costas da Sardenha (o rei dos lombardos Liutprando mandou uma expedição para recuperar as relíquias de Santo Agostinho para evitar que caíssem em mãos infiéis e as colocou em Pavia, na Basílica de São Pedro em Ciel d'Oro), por mosteiros como Montecassino, Farfa, São Vicente em Volturno e até mesmo São Galo, no coração dos Alpes.

Mas os maiores perigos vinham do Norte, de onde vinham os normandos, e do Leste, de onde partiam os terríveis ataques dos húngaros, impulsionados, por sua vez, por outras populações asiáticas.

Com essas incursões rápidas e mortais como relâmpagos, era praticamente impossível para o exército franco responder com eficácia: a frota normanda era muito superior à inexistente força naval carolíngia; a cavalaria leve dos húngaros era rápida demais para a pesada máquina militar franca. A única solução para as populações "em risco" era construir muralhas de defesa e castelos na esperança de que fossem sólidos o suficiente para resistir.

Oriundos da Escandinávia, onde atuavam prevalentemente como mercantes ou pescadores, os normandos – "homens do Norte", chamados também de viquingues, isto é, exploradores (ou saqueadores) – pelo final do século VIII começaram, talvez em busca de novas terras, a atacar o litoral das Ilhas Britânicas enfrentando várias vezes os anglo-saxões que tinham ocupado a Inglaterra e os celtas da Irlanda. Também foram vítimas das incursões os mosteiros construídos perto do mar ou nas ilhas pelos pregadores irlandeses, como o de Lindisfarne, ao largo da Costa Nordeste da Inglaterra, horrendamente saqueado em 793 na primeira incursão dos viquingues da qual se tem notícia em crônica. Os viquingues se fixaram estavelmente na Irlanda fundando algumas cidades importantes – como Dublin – e foram expulsos pelo Rei Brian Boru em 1014, em Clontarf, em uma batalha que logo assumiu os tons de um mito.

A expansão dos "homens do Norte" continuou em várias direções com êxitos alternados. No século IX, grupos de dinamarqueses estabeleceram-se na Bretanha submetendo os reinos anglo-saxões do lugar sem conseguir superar a resistência do mais poderoso deles, o Wessex, e do seu soberano, Alfredo o Grande. Já o líder normando Rollo teve maior sucesso quando, em 911, conseguiu obter do rei da França, Carlos o Simples, a área que teria ganhado o nome de Normandia, e a estabelecer-se ali como seu vassalo, lançando as bases para um Estado vigoroso do qual em pouco tempo partiriam novas expedições para o Mediterrâneo. Enquanto isso, os normandos – a partir do século X, primeiro na Dinamarca e depois também na Noruega e, por fim, na Suécia – estruturavam-se com formas de governo mais estáveis comparadas às formas tribais, marcadas pela belicosidade que até então caracterizou tais sociedades.

Navegadores exímios, os normandos viajavam em longas embarcações, robustas e muito ágeis (as *drakkar*), atacando pelo mar e saqueando as costas e o interior, ou subindo os rios, tomando as cidades a ferro e fogo, espalhando o terror entre a população. É indicativa disso a invocação *"Libera nos a malo et a diabulo septentrionale"* ("Livrai-nos do mal e do diabo setentrional") contida em alguns missais franceses desse período, escritos, evidentemente, no terror das devastações.

Eis um episódio emblemático contado pelo hagiógrafo Aelfric na *Paixão de Edmundo*, dedicada ao rei-santo da Ânglia Oriental, um condado anglo-saxão, ultrajado e assassinado em torno do ano 870:

> Aconteceu então que chegaram os dinamarqueses com sua frota, trazendo morte e destruição em todo o território, como é costume deles. Naquela frota os chefes mais importantes eram Ivar e Ubbi, cuja aliança foi desejada pelo diabo: desembarcaram em Nortúmbria com navios de guerra, devastaram o território e massacraram a população. Depois,

> Ivar se voltou ao Leste com os seus navios, e Ubbi se fixou em Nortúmbria, tendo obtido uma vitória cruel. Ivar chegou margeando a Ânglia Oriental no ano no qual Alfredo, futuramente glorioso rei de Wessex, contava vinte e um anos. Ivar se precipitou sobre aquelas terras, como um lobo matou a população, homens, mulheres, crianças inocentes, e angariou ultrajantemente os inocentes cristãos. Enviou logo uma arrogante mensagem ao Rei Edmundo dizendo que deveria se render se achava a vida importante.

Depois de uma breve consulta ao seu bispo, Edmundo decidiu resistir e enviou o mensageiro de volta com sua resposta.

> Pela estrada – retoma Aelfric – encontrou o sanguinário Ivar, que se dirigia com o seu exército rapidamente na direção de Edmundo, e comunicou àquele malvado a resposta recebida. Então Ivar ordenou com arrogância aos seus piratas de cercarem aquele rei, o único a desprezar suas ordens, e de capturá-lo imediatamente. Quando Ivar chegou, o Rei Edmundo estava em pé na sala; pensando no Salvador, livrou-se das armas, porque queria imitar o exemplo de Cristo que proibira a Pedro de combater com as armas contra os cruéis judeus. Então os malvados amarraram Edmundo, insultaram-no vergonhosamente e bateram nele com seus bastões. Conduziram então o rei fiel a uma sólida árvore, amarraram-no com cordas robustas e de novo o fustigaram: entre os golpes, com fé inquebrantável, ele sempre recorria a Cristo Salvador. A sua fé, e o fato que clamasse sempre por Cristo em seu auxílio, exasperaram os pagãos que se enfureceram ainda mais. Então, para se divertirem atiraram-lhe flechas, até que – como São Sebastião – fosse inteiramente circundado de flechas, como os espinhos de um porco-espinho. A esse ponto, Ivar, o cruel pirata, se deu conta que o nobre rei não renegou Cristo em momento algum, continuando a testemunhar sua fé resoluta. Ordenou então que fosse decapitado e os pagãos executaram a ordem.

Às vezes, porém, os homens do Norte colonizavam terras até aquele momento desabitadas. Seus ataques se dirigiam também para o Mediterrâneo e a Itália, onde muitas regiões, repetidamente flageladas, foram forçadas, a partir do século XI, ao pagamento de pesados tributos. Enfim, levaram à criação de novos reinos que, como o da Sicília, alteraram os equilíbrios políticos e se impuseram como novos e importantes interlocutores no cenário do continente europeu.

Outra enorme e muito sentida ameaça veio do Leste: eram os húngaros, nômades impulsionados pelo avanço de povos turcos e chineses, que no século IX deixaram as estepes orientais para avançarem em ondas no coração da Europa.

Além do aspecto – eram definidos como "monstros humanos"[101] – o que mais aterrorizava era o seu grito de guerra "Hui, hui" segundo o bispo Liutprando de Cremona[102]. Para se ter uma ideia do clima que se vivia na época, pode-se citar essa passagem do cronista João o Diácono:

> No ano 900, o povo pagão e crudelíssimo dos húngaros chegou na Itália e começou a devastar tudo com incêndios e rapinas, matando um grande número de homens e reduzindo muitos outros à escravidão. Passando por Treviso, Pádua, Bréscia e outras terras, eles chegaram a Pavia e a Milão, devastando tudo.

Foi o rei da Alemanha, Óton I da Saxônia, quem colocou fim ao flagelo quando, em 955, conseguiu derrotá-los em uma épica batalha em Lechfeld, nos arredores de Augusta. Mas a lembrança desses [invasores] foi perpetuada na memória coletiva: basta pensar que o termo "orco" – com suas prerrogativas de cruel antropófago – deriva exatamente de *ogro*, que não é outra coisa senão uma corruptela de "húngaro". No território, a onda de invasões produziu o fenômeno do encastelamento, isto é, a criação de fortificações com objetivo defensivo.

Duzentos anos depois aparecem no horizonte os mongóis. Muito bem descritos pela pena do cronista francês Ivo de Narbona: "São homens inumanos, cuja lei é ser sem lei, são ira e instrumento do castigo divino, devastam terras enormes, movendo-se como feras e exterminando com ferro e fogo tudo que encontram. São os aliados do anticristo". Na sua mentalidade – era um clérigo – era automático associá-los ao demônio. Por fim, era aquilo que faziam os sobreviventes que, escapando dos massacres, contavam em tons muito sombrios a sua triste experiência. À frente desses exércitos que semeavam morte e destruição estava Gengis Khan. Temüjin – seu verdadeiro nome – graças a uma habilidade diplomática inata e a uma incomum inteligência, rodeou-se de *anda* (i. é, "irmãos de sangue"), ligados a ele por uma relação fundada na fidelidade mais absoluta, e tinha iniciado uma astuta política de alianças conseguindo fazer-se proclamar *Khan* ("chefe") do vasto e heterogêneo grupo de tribos esparsas pelas estepes. Como insígnia, ao mesmo tempo honorífica e mágica, escolheu o *tuk*, um bastão do qual pendiam nove caudas de yak (o boi almiscarado), e quando morreu, em 1227, conseguiu

---

101. ÓTON DE FRISINGA. *Chronica*. Berlim: A. Schmidt & F.J. Schmale, 1965.
102. LIUTPRANDO DE CREMONA. *Anapodosis*. Edição de E. Duemmler. Hannover, 1877.

dar vida a um dos impérios mais vastos da história: o dobro do romano e quatro vezes o de Alexandre Magno.

O segredo do seu sucesso era, além do grande carisma pessoal, o seu terrível exército (que comandava pessoalmente e sempre em linha de frente) e a imposição de respeito absoluto pela *yassak*, a lei fundada sobre costumes enraizados há séculos, mas integrada por preceitos de tolerância. Mas a sua fama no Ocidente foi bastante sinistra, a ponto de legendas e histórias o pintarem como o diabo em pessoa. Talvez porque, diferente dos outros líderes, não guerreava por motivos religiosos ou políticos, nem pelo prestígio pessoal, mas unicamente para saciar a perene fome de terra dos nômades das estepes. Encorajado pelos xamãs (os grandes sacerdotes dos povos sem pátria), estava convencido de que o seu poder derivasse diretamente do deus do céu Tngi, e que daí se legitimassem também os massacres daqueles que não aceitavam se submeter. Mas, para além das lendas (entre as quais aquela da posição exata de seu sepulcro, até agora desconhecida), o "Khan Oceano" introduziu a escrita (o *uighur*), fundamental para organizar uma burocracia estatal e para criar uma unidade cultural. A sua herança foi recolhida pelo sobrinho (ou neto) Baku, que fundou a dinastia da Horda de Ouro e conseguiu ocupar o sul da Rússia e as estepes da Ásia. Convertidos os mongóis ao islamismo, Baku estabeleceu sua capital em Saraj, de onde impôs a sua autoridade, depois de fazê-los tributários, sobre os numerosos principados russos acentuando sua distância da Europa. Mas o que mais surpreendeu os contemporâneos foi a estupefaciente capacidade de organização e de condução de um exército de cavaleiros eficientíssimo e organizado, em condições de cobrir imensas distâncias em poucos dias e de atingir com uma chuva de flechas alvos distantes enquanto lançavam a galope.

Enlatados na sela

Não os grandes sulcadores das estepes, mas, talvez, os nômades, particularmente aqueles que em 1066 em Hastings conquistaram a Inglaterra sob o comando de Guilherme o Conquistador, são considerados na iconografia entre os protótipos do cavaleiro medieval. A favorecê-los, sem dúvida, há uma testemunha excepcional: o célebre tapete de Bayeux. Com mais de setenta metros de comprimento e com cinquenta centímetros de altura, foi tecido com agulha e com fios de lã de oito cores sobre uma faixa de linho – ao que parece – por Matilde, esposa do próprio Guilherme. Navios, armas, camponeses e até o cometa Halley aparecem nos numerosos quadros que, um ao lado do outro, se sucedem a contar as histórias como em uma história em quadrinhos, com muitas legendas em latim acompanhando as cenas. Mas os verdadeiros protagonistas são, de fato, os cavaleiros, munidos de cotas de malha, elmos como calotas com muitos protetores de nariz e escudos em forma de gota, representados nas mais diversas ações.

O cavaleiro medieval, ademais, no imaginário coletivo aparece sempre revestido de ferro da cabeça aos pés. Dezenas de quilos de metal que tornavam seus passos mais lentos, desajeitavam os seus movimentos e requeriam continua assistência não só para montar a cavalo, mas também em guerra, porque se caísse do cavalo durante uma batalha estaria feito o problema. Mas era mesmo essa a imagem que se podia encontrar nos campos de batalha? Na realidade as coisas eram um pouco diferentes.

Desde quando surgiu, o cavaleiro era geralmente encouraçado, mas, ao menos nos primeiros séculos, com bastante leveza. A vestimenta mais pesada, elmo à parte, era uma cota formada de centenas de anéis de metal rebitados e enganchados em grupos de quatro que cobriam as partes vitais, ou seja, as costas e o tórax. A espessa malha de ferro garantia liberdade de movimento e protegia de ferimentos feitos por armas pontiagudas, mas revelava-se bastante ineficaz se o golpe fosse desferido em forma de corte ou com força de cima para baixo. Eis que então, por baixo da túnica de metal, o cavaleiro podia ainda vestir uma proteção extra feita de couro cozido ou de tecido acolchoado que servia para amortecer os golpes e para reduzir o risco de fraturas. Gradativamente, a cota de malha começou a ser estendida sobre os braços e coxas. Logicamente, tornava-se também mais pesada. No decorrer do século XIV, paulatinamente começaram a se difundir proteções extras de ferro aplicadas nos braços e nas pernas ou sobre as articulações, em conjunto com um elmo coberto de uma viseira, também de metal, talvez uma espécie de babador de ferro – semelhante à cota de malha – protegendo-lhe o pescoço e a nuca. Uma armadura completa assim, que se vestia por cima da já mencionada túnica de tecido acolchoado, podia pesar uns trinta ou quarenta quilos. Todavia tratava-se de uma proteção completa e que ainda conservava a mobilidade, por isso mantinham-se ainda ágeis mesmo apeados. O problema aparecia quando o cavaleiro encouraçado caía na água: se não conseguisse se livrar da armadura, o peso do metal o fazia afundar rapidamente e acabava morrendo afogado. Fora essa eventualidade, a única verdadeira e grande contraindicação era que a armadura feita de metal, escaldada pelo sol, se transformava em um verdadeiro forno. Mas isso se tentava remediar pintando algumas partes de cores mais claras.

Assim vestidos, naturalmente, os cavaleiros eram dificilmente distinguíveis uns dos outros. Por isso, cada um tinha o seu brasão pintado bem visível no escudo ou nas armas.

Obviamente, também o cavalo era encouraçado. Normalmente eram previstas proteções para a cabeça, para o pescoço e para o peito. Todo esse peso requeria um cavalo de estrutura física possante e notável estatura: razão pela qual, se comparados aos cavalos utilizados pelos germânicos no início da Idade Média, por exemplo, relativamente baixos, mas ágeis – e dos quais, como podemos lembrar, conhecemos as dimensões graças aos numerosos achados arqueológicos –, os combatentes em armadura recorriam a cavalos frisões. Convém lembrar, no entanto, que os cavaleiros tinham mais cavalos com diversas características, de acordo com o emprego que lhes era destinado. Se o corcel, por exemplo, por sua velocidade e massa era o campeão dos torneios, o palafrém era o cavalo predileto para enfrentar as viagens. Rocins e cortados eram somados aos outros animais de carga.

O guerreiro medieval possuía e utilizava várias armas de ataque (como a machadinha, a maça, a lança), mas a arma "cavaleiresca" por excelência era a espada. Frequentemente era de dois gumes e com a empunhadura mais ou menos elaborada, de acordo com a riqueza e categoria do seu proprietário – que dela não se separava nunca, considerando-a um álter ego de si mesmo. De resto, a tradição nos transmitiu até mesmo o nome de espadas ilustres de personagens igualmente preclaros: a Durlindana de Orlando e a mítica Excalibur (literalmente, "que corta o aço") do Rei Artur. A dupla espada-cavaleiro se dividia somente quando o segundo morria ou quando decidia doá-la a um homem do seu séquito realmente merecedor. Esse é o caso da Durlindana que, segundo a lenda, Orlando recebeu do seu senhor, Carlos Magno. A espada poderia ser "abandonada", mas nunca em batalha, algo considerado ignominioso" – somente se o cavaleiro decidisse mudar de vida. Foi o que fez Galgano Guidotti, nobre de Sena, no século XII, quando escolheu abandonar a turbulenta vida de guerreiro para fazer-se eremita. Subindo ao Monte Siepi, procurou madeira para construir uma cruz, mas não a encontrou: pegou a espada então e a cravou em uma rocha. A "espada na rocha" de São Galgano, que lembra muito a Excalibur arturiana (convém notar que o próprio nome

Galgano é uma variação de Gawain que aparece nas lendas ligadas ao mítico soberano, o que abriu muitas ligações e perspectivas interpretativas), é ainda hoje visível no eremitério de Montesiepi fundado por ele.

Dado o grande valor simbólico (e também religioso) da espada, durante a Idade Média, manejá-la tornou-se gradativamente uma verdadeira arte e também o combate em geral foi considerado não só um meio de se defender, mas também um modo para cultivar a própria nobreza. Um precioso testemunho disso são alguns manuais escritos a partir do século XIV que ensinavam literalmente e com o auxílio de figuras explicativas, a técnica correta de combate com as várias armas. O mais antigo tratado de esgrima até hoje conhecido é o *London Tower Fechbuch* (conhecido também como manuscrito n. I.33, cujo original é conservado no arsenal real de Leeds): datável a *circa* 1320, ilustra uma série de ações entre dois monges, um mestre e um discípulo, armados de espada e broquel, isto é, um pequeno escudo circular. Mesmo que os desenhos sejam anatomicamente imprecisos – há estranhos emaranhados de pernas e às vezes os personagens aparecem com duas mãos esquerdas! – a técnica explicada se articula em sete movimentos de base que devem ser repetidos com variações e o texto é acompanhado de breves legendas a serem aprendidas de cor para favorecer o aprendizado. O texto mais completo é, no entanto, o *Flos duellatorum* de Fiore de'Liberi de Premariacco, no Friul, composto por volta de 1410, que ilustra a instrução do cavaleiro em todos os seus componentes básicos, da luta a mãos limpas à adaga, à lança e a diversos tipos de bastões, com ou sem armadura, a pé ou a cavalo.

Questão de imagem

Mas esses guerreiros eram assim "cavalheiros" como o mito os descreve? Em todo caso, sê-lo não era uma possibilidade aberta a todos. Era necessário possuir um cavalo e quem se ocupasse em manter o animal (normalmente um ou mais escudeiros). Depois, cavalgava-se armado, o que aumentava ainda mais as despesas. Para tornar-se cavaleiro era necessário superar um tirocínio de muitos anos. Desde pequeno, em torno dos oito anos de idade, o aspirante entrava como pajem na corte de um nobre para aprender a arte da guerra. Aos quatorze anos passava à categoria de escudeiro, ou seja, "segurador de escudo" – daí o nome – de um cavaleiro já maduro, que se tornava na prática seu tutor. Assim o corajoso jovem podia colocar em prática o que tinha aprendido até então. Enquanto aperfeiçoava a sua técnica no manejo das armas com constantes e duros exercícios, seguia o seu senhor como uma sombra, ajudando-o a vestir a armadura, ocupando-se da manutenção de todo o equipamento e, sobretudo, acudindo seu cavalo. De vez em quando, podia acontecer que também ele combatesse ao lado do cavaleiro. Caso demonstrasse ser valoroso e confiável, então obtinha a investidura, que acontecia em uma cerimônia pública. Depois de pronunciar o solene juramento de fidelidade, recebia um "tapa" na bochecha ou na nuca da parte do seu senhor, uma espécie de tapa de iniciação. Tal cerimônia, que no século XIII, recebeu o nome de *adoubement* (do franco, *dubban*, "ferir"), acolhia simbolicamente o neófito no grupo dos "eleitos".

Essa cerimônia assumiu a partir do século XII, no caso das ordens monásticas cavaleirescas, um valor maior. O que não significa que também os cavaleiros "leigos" não devessem obedecer a princípios de caráter moral. Em geral, porém, pode-se dizer que para eles, já habituados a ser profissionais da guerra, toda ocasião era boa para combater. Os tempos eram tão sombrios que a própria Igreja tentou limitar os danos, primeiro aconselhando e depois impondo (no Concílio de Arles de 1037 e em outros sucessivos) um período de trégua – a *tregua Dei*, "trégua de Deus" – durante os períodos próximos das grandes festas litúrgicas e de sexta-feira a domingo; a pena era a excomunhão. Mas nem sempre isso era respeitado, como aconteceu aos 27 de julho de 1214, um domingo, quando o Imperador Óton IV, de Brunswick, e o rei da França, Filipe Augusto, se enfrentaram em Bouvines.

Também no que se refere ao respeito pelo adversário vencido nem sempre se procedia de acordo com os ditames da ética. Em Agincourt, em 1415, os nobres ingleses não aceitaram a ordem do rei de matar os seus pares franceses derrotados. O soberano, no entanto, não quis ouvir os argumentos e ordenou aos arqueiros, que não poderiam se insubordinar, que acabassem com eles a golpes de acha, um longo machado com cravos. Também quando o inimigo era poupado, não era tanto por escrúpulos morais quanto pela esperança de conseguir, com ele, um conspícuo resgate, impossível no caso de morte de prisioneiros. Não eram tão raros nem mesmo os episódios de escárnio. Em 1237, depois da vitória contra as comunas em Cortenuova, Frederico II recolheu no campo o que restava do *Carroccio*[103] dos milaneses e o levou com grande pompa a Cremona para depois

---

103. Um grande carro de quatro rodas onde se recolhiam os combatentes, comum na Itália Setentrional [N.T.].

enviá-lo a Roma com a ordem de expô-lo no Capitólio – segundo a antiga tradição – como *spolia optima* ["ricos espólios"]. Sobre o *Carroccio*, com uma corda ao pescoço, estava amarrado o podestade de Milão, aquele Pietro Tiepolo, filho do doge veneziano que, poucos anos depois, seria executado na Puglia. Faziam-lhe companhia outros prisioneiros amarrados. E, arrastando o carro, em lugar da costumeira dupla de bois, havia um elefante com arreios festivos.

A colorida escolta do exército

Convidando os cavaleiros à batalha, havia, além da obrigação de servir ao senhor, um objetivo mais prosaico: a pilhagem e, talvez, a gana por ascensão social. Porque, se é verdade que quem combatia bem e se demonstrava leal, em caso de vitória, recebia compensações em terras e feudos, também é verdade que, se as coisas iam mal, os combatentes se faziam valer sobre as populações indefesas conseguindo desse modo pouco ortodoxo as compensações pela guerra e o saque daqueles que, por sua vez, os tinham sustentado. Essa eventualidade, obviamente acontecia com frequência, mesmo no caso de êxito: o saque e o eventual resgate pedido pelos inimigos capturados era um bom modo de "arredondar" os lucros derivados do esforço em batalha. Especialistas nisso eram os viquingues, os húngaros e os sarracenos que, entre os séculos IX e X, devastaram a Europa com uma série de invasões, mas também os ingleses que, durante a Guerra dos Cem Anos (1337-1453), colocaram a ferro e fogo o norte da França com os terríveis *chevauchées*, incursões a cavalo com o objetivo de saquear, estuprar e massacrar a população.

A morte era semeada também pelas epidemias, transmitidas posteriormente pelas tropas. Em 593, o exército lombardo de Agilulfo foi dizimado pela malária às portas de Roma e o mesmo aconteceu com o Barbarossa que, por causa da doença – na ocasião a Cidade Eterna era circundada de pântanos – unida à disenteria, perdeu grande parte de seus homens entre os quais os seus melhores tenentes, os bispos Conrado de Augusta, Alexandre de Liegi, Godofredo de Espira, Eberardo de Ratisbona, Daniel de Praga, Hermann von Verden, o Duque Frederico da Suécia, Guelfo VII, Teobaldo da Boêmia, Rainaldo de Dassel e até o historiador imperial Acerbo Morena. Durante a terceira cruzada, as tropas cristãs foram dizimadas pela peste. Durante a oitava, em 1270, encontrou a morte por causa da disenteria causada pela falta de água potável até o rei da França, Luís IX:

o seu corpo foi fervido e ensopado e os restos sepultados em parte na Tunísia e em parte em outros lugares, enquanto o coração foi enviado a Paris. Em 1347, nas fileiras do exército mongol da Horda de Ouro que assediava a fortaleza de Caffa, na Crimeia, explodiu uma violenta epidemia de peste. Dali a pouco alcançou, nos navios genoveses, a Europa e em seis anos exterminou ao menos um terço da população passando à história com o nome de "Peste Negra".

Junto com as tropas viajava – como uma espécie de escolta multicor – também um cortejo de artesãos, mercantes, saltimbancos, bufões e prostitutas. Sobretudo as cruzadas foram o teatro no qual espectadores desse tipo se faziam frequentar. De acordo com o cronista árabe Imad-ad-Din, por exemplo, junto com os que chegavam à Terra Santa havia navios carregados de "belas mulheres francas, adornadas de sua juventude e beldade, recolhidas além-mar e oferecidas a cometer pecado". Durante a primeira cruzada, em 1095, antes ainda partiram alguns nobres para a Terra Santa, provocados pela inflamada pregação de Pedro o Eremita, grupos de *pauperes*, camponeses e deserdados que, ao grito de "*Deus lo vult*" (Deus o quer"), almejavam libertar os lugares santos caídos em mãos infiéis. Nas suas fileiras, além de cavaleiros com reputação duvidosa – como o célebre Gualtério sem Haveres –, havia mulheres, velhos, crianças sem organização militar alguma. Para fazer suas provisões durante o trajeto, deram-se aos massacres, saques e roubos de toda sorte acabando quase todos dizimados antes mesmo de chegar a Constantinopla. Entre as vítimas de suas ações estavam principalmente os judeus, contra os quais ocorreram verdadeiros *pogrom*[104].

Em 1251, reunidos pelo obscuro Jacó, chamado o Mestre (o Sacerdote) da Hungria, reuniram-se ao contrário na França milhares de camponeses, excluídos de todo tipo e sobretudo delinquentes. A eloquência do Mestre conseguiu convencer até mesmo Branca de Castela, mãe de Luís IX que fora prisioneiro na Terra Santa, acerca da bondade de suas ações destinadas a punir o mau costume do clero. Mas como ficou logo evidente, essa "cruzada dos pastorzinhos" – como foi depois batizada – se demonstrou a oportunidade de muitos homens e mulheres marginais se esconderem da lei e se darem a todo tipo de excessos. Em Tours capturaram um grande número de padres e, acusando-os de sodomia e corrupção, fustigaram-nos pelas estradas em meio à gentalha que aplaudia. Depois disso,

---

104. Termo russo que indica a perseguição e violentos massacres sofridos pela população hebraica em 1881 e em 1921.

começaram a saquear os mosteiros. Por onde passassem, deixavam muitos mortos e tudo reduzido a escombros. O bando se dispersou quando, depois do enésimo assassinato gratuito, o próprio Sacerdote da Hungria acabou reduzido a pedaços pela multidão. Depois de poucas décadas, porém, na mesma França desencadeia-se uma nova "cruzada" que uniria – ainda! – a gentalha aos rejeitados da sociedade contra os hebreus e o clero. E também essa seria afogada em sangue.

Monges e cavaleiros

Por falar em cruzadas, foi exatamente para tentar reconquistar a Terra Santa que se moveram grupos de cavaleiros muito peculiares. Eram homens que emitiam votos religiosos de pobreza, castidade e obediência e, no contexto, empenhavam-se em combater os infiéis e a proteger os fracos e oprimidos. Entre os primeiros *milites Christi*, "soldados de Cristo", estavam os Cavaleiros de São João, ou "hospitaleiros", que tomaram o nome do homônimo e mais antigo hospital surgido em Jerusalém para acolher os peregrinos que iam aos lugares santos. Confirmada com uma bula papal de 1113, a ordem fundada pelo Beato Gerardo Sasso se associou à dos templários – que residiam no lugar onde surgia o Templo de Salomão – e ambas, graças às generosas doações de terras e às rendas delas derivadas, distinguiam-se pela capacidade econômica, organizacional e militar.

A fundação dos templários aconteceu, segundo o cronista Guilherme de Tiro, em 1118, quando

> alguns nobres cavaleiros, cheios de devoção para com Deus, religiosos e tementes a Deus, colocando-se nas mãos do senhor patriarca para servir a Cristo, professando o desejo de viver perpetuamente segundo o costume das regras dos cônegos, observando a castidade e a obediência e rejeitando qualquer propriedade. Entre eles os primeiros e mais importantes foram dois homens veneráveis, Hugo de Paganis e Godofredo de Santo Aldemaro[105].

Todavia, a ordem foi oficializada somente em 1129 quando assumiu a primeira regra, posteriormente enriquecida em sucessivas redações: nela se prescreviam, entre outras coisas, a abstenção de frequentar as mulheres (inclusive parentes), o

---

105. BUGIO, E. (org.). "Guglielmo di Tiro – Cronaca". In: ZANGANELLI, G. (org.). *Crociate – Testi storici e poetici*. Milão: Mondadori, 2004.

recurso frequente à oração, a solidariedade coletiva, a proibição de usar a violência gratuita e o uso da besta [ou balestra], considerada diabólica e condenada – juntamente com o arco – por papas e concílios como arma proibida nos combates entre cristãos. O que, entre parênteses, não significa que não fosse empregada, aliás: do final do século XII em diante aparece sempre com maior frequência nos exércitos até caracterizar repartições inteiras (normalmente mercenárias) especializadas.

São Bernardo de Claraval (1090-1153) louvou abertamente no *De laude novae militiae ad Milites Templi* ("Em louvor da nova milícia"), o esforço dos templários – a obra é dedicada ao Mestre Hugo de Payns – em unir a audácia bélica e o ardor religioso contra os "inimigos da Cristandade" e chegou até a teorizar o "malicídio": matando um infiel, um pagão ou um herege, não se cometia um delito, mas uma ação agradável a Deus já que assim seria eliminado o mal que esses propagavam.

> Certo – explicava – não se deveria matar nem mesmo os infiéis se de qualquer outro modo se pudesse impedir a sua excessiva moléstia e opressão sobre os fiéis. Mas na situação atual é melhor que eles sejam assassinados a deixar a verga dos pecadores sobre a sorte dos justos e para que os justos não levem suas ações até a iniquidade.

As suas palavras, portanto, não deixam margem de dúvida: "o cavaleiro de Cristo mata em plena consciência e morre tranquilo: morrendo se salva, matando trabalha para Cristo".

Além de combater, tornaram-se riquíssimos graças à renda da administração dos bens dos peregrinos: deve-se provavelmente a eles o primeiro sistema bancário capilar da Idade Média. Também por isso, uma vez terminadas as cruzadas, atraíram a cobiça de muitos e sobre eles começaram a florescer as mais absurdas maledicências. Acusações aproveitadas, juntamente com a oportunidade de encampar seus bens, pelo rei da França, Felipe IV o Belo, que, com a ajuda do Papa Clemente V, os acusou de idolatria e heresia (entre as culpas: praticar a sodomia, cuspir na cruz e adorar um ídolo barbudo chamado Baphomet). Depois de um longo e dramático processo que se abriu em 1307, o fim dos templários se consumou em 1314 entre as chamas que envolveram na fogueira o último mestre Jacques de Molay e o preceptor da Normandia Geoffrey de Charnay.

Já a ordem monástica militar dos "teutônicos" – fundada na Terra Santa, durante a terceira cruzada por alguns mercadores de Bremen e Lubecca com o objetivo de assistir os peregrinos de língua alemã – entrou na história por ter arrancado dos pagãos, com campanhas bélicas de grande ferocidade, boa parte do Nordeste europeu. Comprometidos primeiramente contra os muçulmanos durante o sangrento período das cruzadas, depois da perda de Jerusalém, foram forçados a encontrar outros espaços em condições de saciar a sua sede de conquistas. Desmantelada, em 1191, a última fortaleza no Oriente Próximo, voltaram seus olhos sempre mais ao Leste, mas dessa vez no coração do continente, rumo ao Báltico, e daquele momento em diante concentraram suas energias na submissão dos povos ainda pagãos. Enfrentaram pouco a pouco os dinamarqueses, os lituanos, os russos, os poloneses, até mesmo os mongóis, em um estado contínuo de guerra que teve momentos épicos como também derrotas memoráveis. Como aquela ocorrida aos 5 de abril de 1242 no Lago Peipus, operada pelo príncipe de Novgorod Alexandr Nevskij, destinada a se tornar um mito graças ao filme de Eisenstein (1938) com músicas de Prokof'ev. Ou aquela de 15 de julho de 1410 em Tannenberg, protagonizada pelos poloneses e lituanos, que deu início a um longo período de progressiva e cada vez mais sombria decadência. Desde então os teutônicos perderam paulatinamente o controle de todos os territórios exceto daqueles prussianos, sobre os quais governava nominalmente o rei da Polônia. E o tiro de misericórdia chegou a partir de 1525 quando Alberto de Brandeburgo, grão-mestre desde 1511, aderiu à Reforma Luterana e secularizou os bens da ordem. Desde então, a *Deutscher Orden*, que por trezentos anos se gloriou com um brasão de um verdadeiro principado territorial, foi rebaixada a um ducado hereditário dos Hohenzollern, acabando por se tornar o núcleo fundante da Prússia moderna. E, mesmo que restasse ao grão-mestre – que assistiu impotente da sua residência de Ellingen, em 1526, a transferência das sedes da ordem a Mergentheim – a dignidade de príncipe-abade do Império, diminuíam a secular autonomia e o longo prestígio dos teutônicos.

Aparentemente – começando pelo vestiário – não se diferenciavam muito das outras ordens. Mas os teutônicos eram substancialmente diferentes: enquanto os templários e hospitaleiros davam muita importância também a ocupações "pacíficas", como a assistência aos peregrinos, os cavaleiros da *Deutscher Orden* faziam da guerra sua única ocupação. A memória corre aos antigos germânicos, que combatiam para entrar em Valhalla, a "sala dos mortos em batalha", ansiosos por assistir Wotan no Ragnarök, o embate final entre as potências da luz e da ordem e as da treva e do caos, pródromo do fim do mundo e de sua regeneração.

Em batalha, esse místico limiar entre treva e luz, entre ordem e caos, devia ser frequentemente superado se é verdade que a simples aparição no campo da cruz negra pátea, futura cruz germânica, e da águia com as asas abertas suscitava um autêntico terror no inimigo.

Com a espada usavam também o arado e, sobretudo, o engenho da construção: a densa constelação de austeros castelos-conventos (o mais célebre é o de Malbork, na Polônia, conhecido também como *Oldensburg Marienburg*, declarado patrimônio da humanidade pela Unesco) constituía o núcleo para futuras cidades, organizadas em torno ao solar com campos lavrados e com benfeitorias de acordo com a necessidade. A velocidade e a eficiência (exatamente "teutônica") com a qual construíam tornou-se proverbial e estão na origem do mito (além da realidade) da Prússia moderna. Outro limiar que souberam atravessar foi o da aceitação da mulher como presença ativa no seio da ordem, obviamente no campo assistencial: também isso, algo único no panorama das ordens monásticas de tipo cavaleiresco, é um traço de surpreendente modernidade.

Saques, estupros e massacres

Mas voltemos aos saques e às requisições. Essas ocorriam também durante as operações militares normais feitas normalmente na primavera ou no verão. Se, por um lado, movimentar tropas e equipamentos durante o inverno podia ser muito lento por causa do frio, da chuva e da neve, por outro, nos meses de outubro a março também era mais difícil conseguir suprimentos para milhares de homens e animais em marcha. Normalmente, quando se iniciava uma campanha militar, pensava-se também na logística. Na maioria das vezes faziam-se requisições com a força física (ou com a força da lei: os oficiais públicos e o soberano tinham o direito de *fodro*, ou seja, de exigir forragem e feno para os cavalos) de recursos necessários à população local. Às vezes, porém, organizava-se um sistema de transporte de mantimentos que seguia, junto com as tropas, utilizando rios e canais navegáveis ou o próprio mar. Raras vezes as provisões viajavam juntamente com as tropas porque corria-se o risco de tornar a marcha muito lenta, facilitando os ataques e saques da parte do inimigo.

Consequentemente, se os mantimentos não chegavam, ou mesmo se as condições climáticas tornavam particularmente difícil obtê-los, ocorriam quase sempre as incursões contra os camponeses indefesos. Durante as longas lutas entre as comunas e Frederico Barbarossa, por exemplo, o imperador se serviu várias vezes de requisições forçadas de mantimentos, saques e devastações sistemáticas dos campos em torno das cidades inimigas em vista de impedir que se reabastecessem. Para tentar sobreviver, recorria-se aos mais engenhosos estratagemas. No final de outubro de 1179, por exemplo, o próprio Barbarossa tentou inutilmente cercar Alexandria, a cidade que a Liga Lombarda tinha construído por sua conta batizando-a com o nome do papa seu arqui-inimigo. Os habitantes resistiram por meses. Chegada a Páscoa, os estoques tornavam-se mais escassos e era necessário inventar algum modo de forçar as tropas imperiais a diminuir o cerco enquanto as milícias comunais se organizavam para os socorros. O que liberou a situação foi, segundo a lenda, uma ideia genial de um vaqueiro chamado Gagliaudo. Depois de girar por toda a cidade em busca dos últimos grãos remanescentes, empanturrou a sua última vaca e, fazendo-se de rogado, a levou para pastar diante do exército inimigo. Os vigias do acampamento alemão o capturaram, tomaram a vaca e, ao abrir o bucho, notaram que estava cheio de grãos. O imperador se convenceu então que a cidade estava bem abastecida – ao contrário de suas tropas, já extenuadas – e decidiu firmar a paz. Um cerco mais bem-sucedido para ele foi o de julho de 1160 contra a cidade de Crema, aliada de Milão. Barbarossa ordenara a preparação, além das outras máquinas de guerra, de uma gigantesca torre de madeira. Então, uma vez que os assediados a tinham bombardeado à golpes de manganos e petrieras (catapultas que lançavam pedras e outros projéteis), amarrou ali, de frente e lateralmente, os prisioneiros cremonenses e milaneses. Na cidade, tomaram a sofrida decisão de continuar a defesa atirando no inimigo, ainda que isso significasse alvejar os próprios concidadãos que terminavam esfacelados, horrivelmente mutilados, literalmente feitos em pedaços. Os gritos lacerantes de quem era atingido e seus arrepiantes lamentos se misturavam ao pranto de quem, de dentro das muralhas, não podia fazer outra coisa, senão assistir impotente à tremenda agonia dos seus. Assim, segundo as crônicas, morreram os milaneses Codemaglio de Pusterla e Henrique de Landriano; os cremonenses Presbítero de Calusco, Truco de Bonate, Aimo de Galliorosso e tantos outros. A ação, no fim das contas inútil (Crema caiu igualmente e foi destruída), conseguiu a admiração do próprio imperador. Os milaneses, por sua vez, recorreram várias vezes durante o conflito à genialidade de um certo Mestre Guintelmo que construiu para eles com pressa e raiva uma ponte sobre o Ticino, projetou várias máquinas de ataque e reergueu o Carroccio maltratado depois de tantas batalhas colocando do lado lâminas afiadas de modo a cortar as pernas dos inimigos que se aproximassem.

O papel da infantaria

Por falar em exércitos comunais, convém sublinhar que tinham à disposição a cavalaria formada pela nobreza urbana, mas a parte numericamente mais relevante era constituída pelos soldados da infantaria. Não se tratava de militares profissionais, mas principalmente de camponeses arrancados da terra, quando a emergência o requeria. Podiam utilizar-se de uma variedade de armas de defesa e ataque que chamar de rudimentar seria um eufemismo: forcados, enxadas, gadanhas e outros utensílios agrícolas, as vezes modificados de acordo com a necessidade. Vez ou outra aparecia uma espada, um arco ou um porrete de ferro carregados por algum camponês um pouco mais remediado, enquanto era bastante fácil conseguir um escudo de madeira. Não obstante essa impressão casual, a infantaria continuava a grande maioria do exército comunal. Principalmente porque eram a base silenciosa e impotente da sociedade, com pouca dignidade e ainda menos direitos. E ainda eram tantos, pouco custosos e relativamente fáceis de substituir, visto que não valiam muita coisa. Em uma palavra, eram carne para abate.

A preparação técnica e tática da infantaria era, ao menos no início da experiência comunal, bastante sumária, quando não inexistente também por falta de tempo hábil para o adestramento: não se podia privar a terra por muito tempo dos braços que a trabalhavam... Com o tempo, porém, também as milícias urbanas foram reorganizadas e, no século XII, nos tempos do conflito entre as comunas e Barbarossa, também quem as preparava conhecia como combatiam os antigos exércitos e sabia como reagiam quando se encontravam diante de um impacto frontal duro e de notáveis dimensões. Para fazer frente à cavalaria, geralmente os homens se perfilavam ombro a ombro, fechando as fileiras, bem protegidos pela frente com escudos e com as lanças apontadas para fora, em direção do inimigo. Com as suas forças, se bem dosadas e direcionadas, podiam ser mortais.

A infantaria constituía a maior parte do exército também em outros contextos. Na Inglaterra, por exemplo, era formada em sua maioria pelos *yeomen*, agricultores livres que cultivavam terras próprias e eram relativamente bem equipados. Junto com o francês, o exército inglês representa o modelo de exército medieval melhor conhecido. Ele se compunha de três batalhões principais: a vanguarda (*vaward*), o centro (batalha principal) e a retaguarda (*longbow*), lançadores e arqueiros; ao centro colocava-se a infantaria e a cavalaria pesada, enfim, na retaguarda se colocavam as unidades de cavalaria leve. A cavalaria permaneceu por muito tempo a joia do exército, mas com o progresso técnico das armas, no longo prazo, sua eficiência foi progressivamente limitada. O processo foi evidente, por exemplo, na batalha de Crécy, uma das tantas da Guerra dos Cem Anos que opôs franceses e ingleses. Aos 26 de agosto e 1346 venceram os ingleses graças aos seus arqueiros: os besteiros genoveses comandados por Otonne Doria, financiado pelo rei da França, Filipe IV, colocados em dificuldade pela chuva e sem os grandes escudos (paveses) que serviam para protegê-los, conseguiam atingir no máximo um ou dois lançamentos ao minuto contra uns dez *longbowers* ingleses. Foram assim esmagados junto com a cavalaria pela precisão de uma selva de projéteis. O mesmo aconteceu em 1415 em Agincourt, ainda na mesma Guerra dos Cem Anos: os franceses, numericamente superiores, atacaram os ingleses com a cavalaria, mas afundaram no barro ou se precipitaram sobre as paliçadas afiadas colocadas para a proteção dos arqueiros e acabaram atingidos por uma chuva de dardos.

As progressivas dificuldades da cavalaria eram já intuídas em julho de 1302 em Courtrai, quando as tropas de mercadores e artesãos de Flandres tinham massacrado os cavaleiros franceses (eles ainda!) a golpes de *Goedendag* (ou seja, "bom dia", nome certamente irônico), uma espécie de maça com pregos montada sobre uma haste. O episódio passou para a história como a "Batalha dos Esporões de Ouro" por causa da grande quantidade de esporões arrancados do inimigo e empilhados pelos vencedores. Cada vez mais pesado e desajeitado, o cavaleiro tinha o fim inglório de um "pobre crustáceo" (a expressão, muito eficaz, é de Franco Cardini) espetado pela turba. O que ainda acelerou sua decadência foi a invenção e a introdução cada vez mais maciça das armas de fogo, contra as quais nem mesmo as mais resistentes armaduras podiam oferecer alguma proteção. Até a própria espada, progressivamente relegada a um mero símbolo de poder, passou de um contexto estritamente militar a um tipicamente civil, aviltada nas efêmeras modas dos duelos de armas brancas. Bombas, canhões, canhões de mão, escopetas, arcabuzes... em toda parte prevaleceu a "arma abominável" desprezada por Ludovico Ariosto com esses versos imortais:

> Como encontraste, ó malvada e bruta
> invenção, lugar no coração humano?
> Para ti, a glória militar é destruída,
> Para ti, o ofício das armas é desonrado.

Uma de suas primeiras vítimas ilustres foi, em 1526, o célebre comandante João das Faixas Pretas, ferido por um tiro de falconete – um pequeno canhão de calibre entre cinco e sete centímetros – à altura do joelho. O grande literato Pietro Aretino, que foi testemunha ocular dos eventos, descreve em uma carta como João enfrentou a amputação da perna e reporta a resposta que ele deu ao médico quando ordenou a dez homens que o segurassem para possibilitar a operação: "'nem mesmo vinte – disse sorrindo João – conseguiriam me segurar', com a vela na mão, aluminando-se a si mesmo. Eu fugi e, com os ouvidos tapados, ouvi somente duas vozes e depois fui chamado; chegando a ele, disse-me 'estou curado', e voltando-se a todos festejava grandemente o fato". De nada adiantou: o comandante morreria pouco depois por causa de uma gangrena. Representando de forma incisiva o fim de uma época.

Mercenários, soldados e capitães de aventura

João das Faixas Pretas, nascido João de Médici (1498-1526), fora um dos mais famosos homens das armas do seu tempo. Fizera da guerra a sua profissão combatendo às vezes sob as insígnias imperiais, às vezes sob as francesas, outras vezes ainda sob as insígnias papais. Nisso ele veio por último depois de um grande grupo que contava, entre outros, com o inglês John Hawkwood (c. 1320-1394), Alberico de Barbiano (1349-1409), Andrea Fortebraccio com a alcunha de Braço de Montone (1368-1424), Muzio Attendolo Sforza (1369-1424), Erasmo de Narni chamado de Gattamelata (1370-1443), Bartolomeu Colleoni (c. 1395-1475), Francesco Sforza (1401-1466). Alguns conseguiam até mesmo conquistar poder político e fundar senhorias na maior parte das vezes efêmeras (como aquela de Braccio de Montone em Perúgia e Orvieto, a de Castruccio Castracani em Lucca e Pisa, ou a de Sforza em Milão), mas em certos casos capazes, durante o século XV, de se tornarem verdadeiras capitais de arte e cultura renascentista.

Como se chegou a esse ponto? É de se recordar que nos primeiros séculos da Alta Idade Média combater ao lado do próprio senhor era considerado um dever do qual não se podia abrir mão. Com os francos e por todo o período feudal, todo vassalo devia, conforme sua renda, oferecer gratuitamente um certo número de soldados (além de ele mesmo ter de combater) com os equipamentos e montarias. Enfrentando despesas muitas vezes exorbitantes. Calculou-se[106], por exemplo, que, no século XIII, o equipamento completo de um cavaleiro poderia custar o equivalente a 1,25kg de prata. Se a isso acrescentavam-se as montarias e o séquito adequadamente armado, chegava-se ao equivalente aproximado de um ano de renda. Ainda que fosse prevista uma indenização por parte do senhor no caso de perda ou morte dos cavalos – que tinha o valor do couro descontado! –, era claro que também as eventuais entradas produzidas por conquistas e saques não eram suficientes para evitar que se abaixassem as rendas fundiárias. Além disso, as campanhas militares poderiam ser muito longas, com êxitos frequentemente nefastos. Mesmo que a prática já fosse uma realidade, foi a partir do século XII que começou a difundir-se gradualmente o pagamento de uma taxa em troca da isenção de prestar o serviço armado. O dinheiro recolhido era utilizado para pagar militares profissionais – os *soldados*, de "soldo" – dispostos a combater por longos períodos. Na Inglaterra esse imposto ganhou o nome de *scutagium* (de *scutum*, "escudo"). Também as cidades – que experimentaram uma progressiva evolução do próprio estilo de vida – se demonstraram menos propensas a fornecer combatentes, preferindo pagar em troca da isenção. O resultado foi também que, em caso de guerra, os soberanos – e na Itália as próprias cidades – recorressem preponderantemente a mercenários recrutados de acordo com a especialização. A sua força era o adestramento e a capacidade profissional no uso das armas mais diversas, particularmente depois do advento das armas de fogo. Gozavam de grande reputação, por exemplo, os besteiros (balestreiros) genoveses (que vimos combater em Crécy ao lado do rei da França), a infantaria de Gasconha, os arqueiros ingleses, os lanceiros suíços, e assim por diante.

As tropas mercenárias, unidas pelo fato de serem compostas em sua maioria de soldados de ínfimo nível social, distinguiram-se também pela extrema velocidade com a qual reduziam a ferro e fogo não somente o território inimigo, mas também o "amigo", caso o patrão não lhes pagasse o suficiente ou o saque fosse menos lucrativo do que o previsto. Às vezes, bastava o próprio nome desses mercenários para espalhar o terror. Eis como Michele Amari, o grande historiador

---

106. CONTAMINE, P. Op. cit., p. 142.

siciliano, descreve, por exemplo, os almogávaros, mercenários financiados por Pedro III de Aragão durante a conquista da Sicília (1288);

> [Usavam] um saio curto, uma touca de couro, um cinturão, sem camisa, sem escudos pequenos, calçados com polainas e botas, a trouxa nas costas com a comida, a tiracolo uma espada curta e aguda, nas mãos uma haste com ferro largo e dois dardos afiados que costumavam vibrar com a mão esquerda; então todos se fiavam da haste para o ataque e a defesa. Os seus chefes, mais guias do que capitães, chamavam-se com o nome árabe de Adelilli. Esses ferozes não recebiam disciplina, não tinham pagamento, mas o quanto conseguissem arrancar do inimigo, dando sempre um quinto ao rei; nem com esse mesmo contribuíam quando se tratasse de uma cavalgada real, ou seja, uma facção justa. Endurecidos pela fome, pelo rigor das estações, pela adversidade dos lugares; diferentes, pelo dizer dos historiadores contemporâneos, da gente comum dos homens, despiam-se de tantos panos quantos tomavam em saques; de resto comiam ervas silvestres quando não achavam outra coisa: e sem bagagem, sem impedimentos, aventuravam-se dois ou três dias pelo interior das terras inimigas: brigavam de repente, prontamente se desculpavam; hábeis e perigosos mais de noite do que de dia; entre matas e bosques mais do que em planície[107].

Na França do século XV tornaram-se tristemente famosas as empreitadas de várias companhias de aventura – como os *Tard-Venus*, a *Compagnie Blanche* (comandada por John Hawkwood e os *Écorcheurs* –, que devastavam os campos. Elas eram pagas pelos soberanos e, uma vez terminadas as operações militares, eram licenciadas: motivo pelo qual se abasteciam roubando os camponeses, incendiando aldeias, massacrando e estuprando a ponto de ser necessária uma intervenção da própria coroa para limitá-los ou expulsá-los para fora das fronteiras.

O fim de uma época

A arte da guerra assim "inovada" representou também a crise, aliás a decomposição, daqueles valores que, na era cavaleiresca, na Idade Média, inspiraram o modo de combater (e também de respeitar) o adversário. A guerra feita por dinheiro perdeu qualquer tipo de ideal para se tornar um mero meio de subsistência

---

107. AMARI, M. *La guerra del vespro siciliano, o un periodo delle istorie siciliane del sec. XIII*. Paris: Baudry, 1843.

ou de enriquecimento seja para a soldadesca seja para os comandantes, os quais firmavam um verdadeiro contrato – a *condotta*[108] – que invertiam muitas vezes e de bom grado obedecendo a quem pagasse mais. As armaduras, já ineficazes por causa das armas de fogo, tornaram-se progressivamente um símbolo de *status* em torneios e paradas (atualmente podem ser vistas em várias coleções, por exemplo, em Sabbioneta no Mantovano, com Vespasiano Gonzaga a cavalo totalmente armado, ou mesmo no Museu Stibbert de Florença) e quem as vestia passou, levando consigo as próprias empreitadas entregues agora às epopeias, da história ao mito.

Os valores que o cavaleiro representou por séculos – a ponto de transformar-se na própria simbologia cristã, o defensor dos fracos e oprimidos e o paladino da justiça – sobreviveram somente na *chanson de geste*, na memória das ordens cavaleirescas e em poemas fortemente nostálgicos como a *Gerusalemme liberata* [Jerusalém libertada] de Torquato Tasso ou o *Orlando furioso* [Orlando furioso] de Ludovico Ariosto.

---

108. No original italiano a autora se refere à etimologia da palavra *condottiere*, comandante ou líder em português, que deriva de *condotta* [N.T.].

14

Feudatários e servos da gleba

A imagem que prevalece é a das lembranças escolares. Um sistema piramidal fixo. No vértice, o rei. Abaixo dele, entrelaçados por vínculos mais ou menos estreitos, condes, duques e marqueses. Deles dependiam outras figuras menores de entidade, na maior parte das vezes, ilusória (os famosos vassalos, vavassalos, vassalos menores de livresca memória) até chegar a ele, o mítico e tão maltratado "servo da gleba". Esses eram os que contavam menos na sociedade de então, sem direitos, amarrados ao seu torrão de terra e à mercê do mais forte. Na realidade, esse estereótipo do feudalismo produzido pelos historiadores do direito no século XIX contém, em parte, uma verdade indubitável, mas é também em boa parte equivocado. Se é verdade que, de fato, a classe feudal detinha o poder político e econômico, é igualmente verdade que o fulcro de todo o sistema era o *servus*, o cultivador que trabalhava a terra do feudatário em troca de uma taxa. Ele gozava, mesmo na subordinação, de liberdade pessoal e não era escravo de sua profissão. Se na Alta Idade Média o mundo se dividia ente poderosos e humildes, do ano mil em diante, graças à retomada econômica da terra – colonizada laboriosamente e objeto de compra e venda –, começou a ser concebida como veículo de ascensão social.

O "primeiro entre os iguais"

Quais são os pressupostos do feudalismo? Primeiramente, não se pode compreender o fenômeno se não se considera o conceito típico da mentalidade germânica, ou seja, aquele do rei entendido como *primus inter pares*. Ele era visto não como um chefe supremo e absoluto, mas como o primeiro entre os homens de igual dignidade: um personagem de forte carisma cujas capacidades extraordinárias o legitimavam a conduzir todo o povo nas armas. O próprio historiador latino Tácito notara o costume de os chefes mais importantes circundarem-se de guerreiros fiéis; costume chamado por ele de *comitatus* (em alemão, *Gefolschaft* – esse é o significado da palavra em latim), um grupo de homens escolhidos pelo rei para acompanhá-lo nas suas empreitadas. Para dizer a verdade, uma instituição assim existia também entre os romanos: era o pequeno exército que seguia (o termo é um composto de *cum+eo*, "ir junto") os imperadores em seus deslocamentos e depois da reforma de Diocleciano e Constantino, chamado a apoiar as tropas das fronteiras para enfrentar o perigo das invasões.

As duas tradições – juntamente com a da clientela, da qual se circundavam habitualmente os administradores das províncias se encontram e se fundem durante a experiência do reino romano-bárbaro desenvolvendo-se, posteriormente, sobretudo no âmbito franco na assim chamada *trustes*. Tratava-se de um grupo de guerreiros selecionados (parecidos com os pretorianos de Roma) que prestavam seu serviço militar ao poderoso em troca de sua proteção. Quem fazia parte desse grupo gozava de um *status* jurídico diferente dos outros, por exemplo, caso fosse ferido ou assassinado, os seus parentes eram ressarcidos com uma compensação pecuniária (*Wergeld*) que era o triplo do normal. É lógico que tais relações não poderiam deixar de se estreitarem, assumindo implicações políticas: isso foi observado pontualmente quando esses soldados "especiais" começaram a receber bens materiais do rei.

Foram os francos que introduziram "sistematicamente" essas práticas e as disseminaram em todas as regiões conquistadas. As fortalezas do sistema eram a imunidade e a vassalagem. Honestamente, não se tratava de novidades absolutas, porque ambas eram instituições bem conhecidas já no baixo Império. A *immunitas* era a dispensa do cumprimento de um dever, um *munus*, portanto: quem a recebia era assim isento de desempenhar uma atividade ou um serviço público ou mesmo de pagar os impostos. A vassalagem no mundo da Antiguidade tardia se chamava *commendatio* e era o ato com o qual um homem se confiava à proteção de um outro. Era difundida sobretudo entre os colonos que, ameaçados pela instabilidade econômica e pelas devastações causadas pelas guerras que flagelaram o coração da Europa a partir do século III, prefeririam ceder seus terrenos a um grande proprietário e colocar-se sob a sua proteção. A união fazia a força e os grandes latifúndios, concentrados em poucas mãos, mudaram o sistema econômico constituindo, na passagem entre a Idade Antiga e os primeiros séculos da Idade Média, a ossatura do sistema senhorialista, baseado nas grandes estruturas agrícolas, de fato, autossuficientes.

Sistema de poder

Carlos Magno retomou as duas instituições introduzindo algumas modificações. Acrescentou à imunidade o privilégio de excluir de algumas terras pertencentes a igrejas ou mosteiros o ingresso de funcionários públicos. Isso comportava, como se pode imaginar, a criação de ilhas com a possibilidade de escapar do controle real. Em troca, no entanto, os prelados – geralmente bispos e abades – dedicavam-se a executar tarefas públicas para as terras e seus habitantes, recrutando os homens ao serviço militar, administrando a justiça e nomeando um representante (*advocatus*) leigo encarregado em caso de controvérsias entre os condes. E isso porque, além de não poder (teoricamente) usar as armas, o clero não podia nem mesmo comparecer em juízo. A *commendatio*, aliás, assumiu um valor mais nobre: o termo de origem céltica *vassus* ("vassalo"), que originariamente indicava o simples menino, passou a designar um homem de linhagem médio-alta que se ligava a um senhor (*dominus*) a quem jurava fidelidade.

Foi de Carlos Magno a ideia de organizar, depois de anexar áreas ainda periféricas como a Alemanha Setentrional e parte da área eslava, os territórios conquistados em um império. Inspirado pela ideologia cristã (por isso chamado "sacro"), compreendia o núcleo fundacional da futura Europa, foi reorganizado sobre a base da imunidade e da vassalagem aperfeiçoadas até criar um sistema hierárquico em condições de garantir um controle do território com a maior capilaridade possível. A ossatura era constituída pelas grandes assembleias anuais (*placiti*) nas quais emanavam-se as leis (capitulares), um *palatium* central em Aachen que hospedava uma corte itinerante, uma chancelaria eficiente e uma rede de vassalos (condes, marqueses e duques) que administravam a justiça e convocavam o exército quando fosse necessário. Enfim, uma rede de funcionários (*missi*) que envolviam o poder central com as realidades locais.

A coroa, símbolo do poder real desde a Antiguidade tardia, assumiu então uma importância decisiva – como demonstrou a célebre coroação do próprio Carlos Magno em Roma no ano 800 pelo papa. Mas no regime feudal a maior epifania do poder é – como veremos a seguir – a homenagem que o senhor recebe do vassalo ajoelhado e desarmado durante a cerimônia de investidura: um ato de submissão com implicações (também políticas) enormes, mas antes de tudo fortemente simbólico.

Deveres sagrados

Aquela região dominada pelos francos configurou-se, portanto, como uma Europa – o termo *Europeenses* aparece pela primeira vez justamente nesses anos – fundada sobre vínculos pessoais. Graças aos *Anais do reino dos francos*, sabemos que o primeiro nobre a jurar fidelidade a um rei franco foi o Duque Tassilão da Baviera que, em 757, se tornou vassalo de Pepino o Breve. Pela mesma fonte, conhecemos também os detalhes da cerimônia que previa como o vassalo deveria colocar as mãos unidas entre as mãos, também unidas, do seu senhor. Tal prática, altamente simbólica, continuou também no futuro acrescida pelo juramento de fidelidade (*sacramentum fidelitatis*) que completava assim o rito da "homenagem", também aqui simbólico. A práxis que acabou se fixando previa que o vassalo homenageasse o seu senhor (*dominus*) de joelhos e desarmado; colocando suas mãos entre as do seu superior, declarava-se seu "homem" e às vezes beijava-lhe os pés recebendo um ósculo em troca a confirmar a validade de seu vínculo. Na sequência, o vassalo jurava sobre os evangelhos conferindo ao ato um caráter sagrado. De fato, o próprio termo "homenagem" deriva de *homo*, "homem": o vassalo, ao declarar-se "homem" do seu senhor, prontificava-se a assumir diante dele as suas responsabilidades – que eram muitas.

Primeiramente, não deveria traí-lo nem se aliar com seus inimigos. "Que nunca nasça ou germine o mal em teu coração a ponto de tornar-te infiel ao teu senhor" – advertia o filho da Marquesa Dhuoda de Settimania (da qual se falou no primeiro capítulo) em 843. Mas as obrigações eram também positivas: deveria lhe garantir ajuda e conselho. Ajudá-lo fornecendo a ele, proporcionalmente à sua riqueza, homens armados a cavalo, e aconselhá-lo assistindo suas decisões importantes, sobretudo de caráter judiciário.

Se o senhor coincidia com o rei, a relação de vassalagem era muito prestigiada. Mas, com o tempo, o modelo foi replicado também em escala menor criando assim um emaranhado de relações hierarquicamente conectadas:

Do rei aos feudatários maiores, desses aos *vassi vassorum* (i. é, "vassalos dos vassalos") e ainda por um ou mais graus rumo à base. Os vassalos do rei (*vassi dominci*) eram naturalmente superiores aos outros vassalos, ainda que em condições não tanto homogêneas entre eles: eles viviam na corte em situações bem mais modestas sem um próprio feudo[109].

A escala das relações se estendia até a colocar em comunicação – ainda que indiretamente – o vértice do poder público com as pequenas realidades locais. Criavam-se assim malhas tão intrincadas que em algumas regiões, como na Inglaterra do século X, um homem livre sem um senhor era considerado um fora da lei.

Um caso peculiar – mas frequente – era aquele do vassalo com mais senhores. Nos momentos de paz, não havia problema. Mas, se os dois senhores entravam em conflito entre si, surgia um grave problema para o vassalo: A qual deles manter sua promessa? O vínculo feudal prevalecia sobre todos os outros, inclusive os de sangue, e durava até a morte. Podia ser rompido em casos excepcionais, por exemplo, quando acabava a confiança. Mas gravíssimo e irreparável era o crime de *felonia*, ou seja, quando o vassalo traía o seu senhor: a consequência era a perda, juntamente com a honra, do seu feudo. O que fazer então? A solução chegou por volta do ano mil com a assim chamada "homenagem leal": uma forma de homenagem que impunha ao vassalo que assumia mais de um pacto a obrigação de privilegiar um dos senhores.

O benefício da terra

Muito se falou até aqui sobre o feudo. Mas em que ele consistia exatamente? O termo se difundiu bem tardiamente – o que chega a ser paradoxal pois passou a definir todo o sistema: sua primeira ocorrência foi em um documento de 899. *Feudum* deriva de *fehu*, "rebanho", e se relaciona à concepção típica dos povos normandos (como o eram os germânicos antes do fim das migrações) para os quais a riqueza se identificava com a posse de rebanhos. Uma vez estabelecidos, o indicador da riqueza passou a ser a terra e o poder que dela provém.

---

109. PADOA-SCHIOPPA, A. *Il diritto nella storia d'Europa* – Il Medioevo. 1. Parte. Pádua: Cedam, 1995, p. 124-125.

Preferia-se geralmente definir a terra com o correspondente latino *beneficium*, benefício. Ao menos nos inícios, os francos concederam como benefício aos próprios vassalos terras confiscadas da Igreja; na sequência, foram transformadas em feudos as terras de propriedade da coroa. A extensão variava muito: se os benefícios maiores podiam compreender também regiões inteiras, os menores coincidiam, na maior parte das vezes, com pequenas porções de terra. À essa disparidade de bens fundiários correspondia um tratamento "proporcional" no que se referia às obrigações do vassalo, que devia oferecer um homem a cavalo a cada doze *mansi* de terra, ou seja, cerca de trinta e seis hectares.

A terra, porém, não era a única forma de benefício: esse poderia ser também um cargo público – e então era um *fief de dignité* – ou mesmo um bem eclesiástico (igreja, abadia, capela), ou ainda uma soma em dinheiro (o nome era eloquente: *feudum de Bursa*!) paga pelo senhor em um prazo regular.

Note-se que tais benefícios, originariamente, eram concedidos somente em posse e não em propriedade e não podiam ser alienados, nem vendidos ou cedidos: com a morte do beneficiário, o bem retornava ao senhor que tratava de atribuí-lo a outro. Eis por que os feudatários logo começaram a pressionar a coroa para que lhes concedesse o direito à hereditariedade. Obtiveram-na em vista da campanha militar convocada pelo Imperador Carlos o Calvo em 887: como precisava deles, concedeu-lhes o direito de transmitir os feudos aos seus filhos em caso de morte na guerra. A capitular de Quierzy-sur-Oisne, um pesado precedente, tornou-se praxe nos decênios sucessivos. Não obstante o desgosto da realeza, a tendência à hereditariedade chegou também aos feudos menores até que, em 1037, Conrado o Sálico foi obrigado, com um edito (a célebre *Constitutio de feudis*), a reconhecê-la definitivamente. A esse ponto, pode-se dizer que a sociedade feudal, mesmo existente a muito tempo, teve seu batismo oficial.

De pai para filho

O vértice do sistema constituía-se pelo *dominus*, que normalmente coincidia com o soberano. A ele ligavam-se os vassalos, nobres de alto nível ligados por juramento de fidelidade prestado com a homenagem. Descendo um degrau, os vavassalos, nobres de nível médio e baixo (os vassalos menores são um falso histórico: nunca existiram!). Esses tinham como interlocutores, como veremos daqui a pouco, os cidadãos livres (*massari*), que podiam manter a coleta correspondendo ao senhor uma quantia em dinheiro. Fechavam a pirâmide os servos da gleba, que pagavam uma taxa *in natura* correspondente à parte da colheita e deviam pagar prestações obrigatórias: as famosas *corvée*, que se distinguiam em *opera* (dias de trabalho) e *angariae* (serviços de transporte).

O filho, para suceder ao pai, devia prestar juramento nas mãos do senhor e pagar uma taxa que normalmente correspondia à renda de um ano no feudo. As mulheres estavam excluídas da sucessão a menos que não se casassem, e então o feudo passava – mediante a prévia aprovação do senhor – ao marido. Se os filhos homens fossem mais de um, o risco de fragmentação era alto, assim – como na Alemanha – ou todos os filhos sucediam simultaneamente (uma verdadeira feudalização coletiva) ou ainda – como na Inglaterra ou na França e outros lugares – somente um filho sucedia: o primogênito. Também os direitos do vassalo sobre o feudo, com o tempo, acabaram aumentando até compreender a possibilidade de alienar o próprio feudo, que podia ser comprado e vendido como um bem qualquer. E com isso morreram os ideais: segundo uma eficaz expressão do historiador Marc Bloch, chegara-se à "fidelidade colocada em comércio".

Quais eram as obrigações dos feudatários? Derivavam do elemento jurídico do sistema, a já recordada imunidade. Ela poderia ser "negativa" – a citada proibição, por parte do funcionário real, de entrar nas posses para exigir taxas ou qualquer outra coisa –, mas também "positiva": a delegação para administrar a justiça por conta do senhor e para coletar os pagamentos de penas pecuniárias. Em outras palavras, o feudatário substituía o senhor no exercício do poder sobre as terras, sobre os bens e sobre os homens que se encontrassem no território em questão. Era o "senhor do lugar". No novo clima de precariedade instaurado pelas invasões húngaras, sarracenas e dos viquingues, entre os séculos IX e X, essas senhorias rurais se fortificaram para se defenderem, mas os muros, além de protegerem a comunidade e seus bens, também eram símbolo de uma forma de governo. O castelo, no qual o proprietário conquistava diretamente todos os direitos (*allodio*), da exação dos impostos ao exercício da jurisdição, sem ter de prestar contas disso ao senhor, tornava-se assim o centro de um poder "privado" que, porém, não se contrapunha ao poder "público" do rei ou dos outros feudatários. Ele significava uma espécie de acabamento em uma sociedade cada vez mais policêntrica.

Obviamente não aconteceu assim em toda a Europa. Em muitas áreas, como na Escandinávia, o feudalismo permaneceu como um fenômeno marginal e, em geral, cada região teve sua particularidade. Bastante peculiar foi a situação na região italiana que esteve sob os lombardos, sobretudo a Lombardia: diferentemente do modelo franco, o feudo lombardo era divisível, alienável e poderia ser transmitido também por via feminina: todos aspectos que estão na origem daquela "particularidade" vilipendiada estão entre as razões da originalidade da Itália Setentrional.

Riscos do trabalho

Entre os principais deveres de um feudatário havia o de fornecer homens armados ao seu senhor e acompanhá-lo em batalha. O que podia sair – não só economicamente – muito caro. Foi emblemática, por exemplo, a história dos feudatários que seguiram Barbarossa durante as expedições decenais contra as comunas lombardas. Enquanto o imperador assediava Roma – estamos em agosto de 1167 –, o seu exército foi atingido pela malária. A Cidade Eterna era na época circundada por pântanos e, enquanto os romanos eram acostumados à doença já endêmica, seus inimigos, não: o contágio era quase certo. O imperador contraiu a malária durante as cruzadas – sendo imune, portanto –, mas seus homens não. Em poucos dias quase toda a primeira fileira dos tenentes foi varrida: os bispos Conrado de Augusta, Alexandre de Liegi, Godofredo de Espira, Eberardo de Ratisbona, Daniel de Praga, Hermann von Verden, o Duque Frederico da Suécia, Guelfo VII, Teobaldo da Boêmia, Rainaldo de Dassel e até o historiador Acerbo Morena e, sobretudo, o seu chanceler de confiança Rainaldo de Dassel. No total, os mortos foram dois mil. Frederico Barbarossa foi obrigado a se retirar abandonando grande parte de seus soldados agonizantes e escolheu a única estrada possível: a Via Francígena, porque todas as outras estavam nas mãos das comunas rebeldes. Acreditava ter garantida uma passagem segura por Cisa, já que poucos meses antes concedera aos pontremolenses um grande privilégio. Ledo engano. Ao chegar a Lucca, nos arredores de Pontremoli, encontrou-se diante não só dos habitantes locais, mas também das tropas lombardas. Com o exército já reduzido a farrapos e no extremo de suas forças, teve de se retirar rapidamente e se salvou somente graças à intervenção do Marquês Obizzone de Malaspina, que o conduziu pelos caminhos com a esposa e o que tinha sobrado de seu exército até a cidade de Pavia, sua aliada, onde chegou aos 12 de setembro. Obizzone demonstrou-se fiel: três anos antes recebera de seu senhor por feudo *"pro sua magnifico et preaclaro servitio"* muitos territórios da Lunigiana além dos vales de Taro, de Trebbia e de Apenino, então retribuiu o favor salvando-lhe a vida.

Como lembramos há pouco, o pacto de vassalagem entre o senhor e seu "homem" acontecia em uma cerimônia peculiar com implicações fortemente simbólicas. Mas nem sempre a solenidade do momento era respeitada; havia situações escandalosas. Eis um gostoso episódio cujos detalhes nos são conhecidos graças ao monge Guilherme de Jumièges, que os contou nos seus *Gesta normannorum Ducum* ("Feitos dos duques normandos"). Estamos em 911 e os viquingues noruegueses ainda pagãos e comandados pelo seu *jarl* ("conde") Rollo – ou melhor Göngu-Hrólfur, como o chamavam em sua língua – colocam a ferro e fogo as costas setentrionais da França. A população, exausta, recorre ao rei pedindo que intervenha na situação. Sobre o trono dos francos estava então Carlos, e seu apelido de "Simples" suscita alguma dúvida sobre sua belicosidade: de fato, acusavam-no abertamente de ser um mentecapto. O rei, movido pelas queixas, manda ao feroz viquingue um homem de sua confiança, o arcebispo Francone, com uma proposta tentadora: a conversão ao cristianismo em troca das terras costeiras entre o Rio Epte e a Bretanha, e tudo selado pelo matrimônio com sua filha Gisla. Rollo aceita e, depois de uma trégua de três meses, encontra-se com o rei em Saint-Claire--sur-Epte: Carlos e o duque franco Roberto em uma margem do rio e o viquingue na outra, bem protegido pelos seus homens dispostos em triângulo. Depois de discutir os detalhes do acordo, chegou o momento de pronunciar o juramento e cumprir a cerimônia. E então acontece o incrível: Rollo que era um gigante, com uns dois metros de altura, e robusto como uma montanha, recusa beijar os pés do rei no ato de receber a investidura do ducado da Normandia. Os bispos explicam ao intrépido líder bárbaro que quem se torna vassalo do rei deve cumprir aquele gesto em sinal de homenagem e submissão. Mas ele insiste: "Nunca me ajoelharei diante de ninguém – proclama confiante – e nunca beijarei os pés de ninguém". Os pedidos dos francos o fizeram ceder. Contudo, não foi o viquingue quem se abaixou. Escolheu um dos seus e lhe ordenou que fizesse o que pedia. A cena que acontece a seguir é hilariante: "Ele agarrou o pé do rei e o levou à boca e, ficando de pé, beijou o pé do monarca que acabou caindo no chão. Isso provocou risos e gargalhadas dos presentes".

Questão das investiduras

O episódio de Saint-Claire-sur-Epte foi sem dúvida retumbante, mas não foi certamente o único na história medieval. É claro que, quando a diferença de *status* entre senhor e vassalo era esmagadora, raramente se verificavam incidentes. Mas quando a relação entre as duas forças estava em equilíbrio ou pior ainda quando era objeto de alguma contenda o problema ficava mais sério.

Por longo tempo, por exemplo, discutiu-se sobre qual autoridade entre o papa e o imperador deveria ter precedência na assim chamada "questão das investiduras". Os primeiros atritos aconteceram em 1059 quando, durante o pontificado de Nicolau II, sob o conselho do monge Hildebrando de Soana, convocou-se um concílio em Latrão no qual, além de condenar a simonia e o concubinato, proibia-se a qualquer um de receber cargos eclesiásticos das mãos de leigos (também do imperador). Mas a decisão mais importante foi a rejeição de qualquer intervenção leiga na eleição do próprio pontífice, que, daquele momento em diante, seria eleito somente por um congresso composto pelos titulares das igrejas mais importantes de Roma (os cardeais) e pelos bispos das dioceses suburbicárias (i. é, próximas à Urbe). A fratura aconteceu, porém, quando, em 1073, foi elevado ao trono de Pedro o próprio Hildebrando com o nome de Gregório VII. O seu pensamento sobre o papel da Santa Sé chega até nós por um documento não oficial, o assim chamado *Dictatus Papae* (1075), que contém a suma das reivindicações e das prerrogativas do papado: sua indiscutível supremacia sobre qualquer autoridade laica (o imperador inclusive), a preeminência do pontífice sobre todos os outros bispos da Cristandade e o poder de depor os imperadores considerados indignos, dissolvendo consequentemente os vínculos de obediência aos quais estariam submetidos os súditos.

Em resposta a tudo isso, o Imperador Henrique IV convocou em Worms (ano 1076) um concílio de bispos germânicos para depor Gregório, definindo-o "não mais papa, mas falso monge". O pontífice respondeu com a excomunhão. A medida tinha suas consequências: os súditos do soberano que a recebia estariam livres de qualquer obrigação de fidelidade diante dele e então podiam rebelar-se sem o risco de qualquer sanção, poderiam se recusar ao pagamento dos impostos e de responder aos bandos. Assim o reino se tornava, de fato, ingovernável. Os grandes feudatários, tanto alemães quanto italianos, ao contrário de apoiar seu soberano contra as ingerências do pontífice, decidiram se aproveitar da situação para enfraquecê-lo e se rebelaram. Diante do risco concreto de perder o poder, Henrique foi então obrigado a ceder. E, em janeiro de 1077, foi com a esposa, em veste penitencial, a Canossa na Emília-Romanha, ao castelo da Condessa Matilde, fiel aliada do papa. Gregório o fez esperar por três dias diante da entrada e o fez entrar somente no quarto dia.

A humilhação do soberano foi proverbial, mas não pôs fim à contenda. Henrique, de fato, voltou à Alemanha e continuou, depois de domados os feudatários rebeldes, a conferir cargos eclesiásticos como se nada tivesse acontecido. Chegou a segunda excomunhão, mas dessa vez sua reação foi bem diferente. Colocando-se à frente do exército, atravessou os Alpes, dirigindo-se a Roma e cercou Castel Sant'Angelo onde Gregório se refugiara. O papa chamou em sua ajuda até mesmo os normandos de Roberto o Guiscardo, os quais chegaram na cidade aos 21 de maio de 1084. Mas, ao contrário de enfrentarem os alemães, devastaram a cidade reduzindo-a a escombros e depois se retiraram no Salernitano com o rico saque levando consigo o próprio Gregório como prisioneiro; que morrerá no exílio um ano depois.

A história das investiduras prosseguiu também depois da morte dos seus maiores protagonistas. Era, de fato, uma questão de princípio: se o pontífice com sua razão reivindicava para a Igreja o direito de eleger bispos e abades, o imperador por sua vez acreditava que fosse sua prerrogativa o controle dos cargos eclesiásticos (como os bispos-condes) que comportavam, ao mesmo tempo, também o exercício de funções civis no seu reino. A questão foi sanada com um acordo estipulado em Worms entre o Papa Calisto II e o Imperador Henrique V (1122), em virtude do qual o imperador se esforçaria por não conferir dignidades e poderes espirituais, enquanto o pontífice reconhecia ao seu adversário o direito de conceder e revogar os benefícios feudais. Ademais, havia uma diferença territorial: enquanto na Itália a consagração religiosa devia preceder a investidura feudal, na Alemanha acontecia o contrário.

"Não a ti, mas a Pedro"

Não obstante o acordo histórico, as dificuldades e os atritos entre os dois sumos poderes continuaram como se pode ver pelo emblemático episódio que teve como protagonistas em 1155 Frederico Barbarossa e o Papa Adriano IV. Frederico, ainda rei da Alemanha e da Itália, pousou em Roma para receber das mãos do pontífice – como de praxe – a coroa imperial. O papa o encontrou em Sutri esperando que o rei se ativesse a um costume antiquíssimo que – tudo indica – seja dos tempos de Constantino: deveria fazer as vezes de cavalariço e segurar-lhe o estribo tomando o cavalo pelo cabresto enquanto o papa o montava. Para Frederico, aceitar essa exigência significava admitir a submissão ao papa: exatamente o contrário do que ele defendera desde a sua eleição. Ele, aliás, tinha requerido a Adriano que removesse o afresco pintado quinze anos antes no Latrão que representava o seu predecessor, Lotário III, enquanto recebia do pontífice alguns feudos outrora pertencentes a Matilde de Canossa. A cena era ornada por uma eloquente legenda: "*Rex venit ante foras iurans prius Urbi honores, post fit homo Papae sumit quo dante coronam*" ["Antes de atravessar as portas, o rei jura respeitar os direitos da cidade de Roma, então se torna vassalo do papa que lhe confere a coroa"]. Mas o afresco não fora coberto e continuava ali à vista de todos.

Quando a situação parecia já precipitada, Frederico, sob pressão dos seus conselheiros, decidiu ceder, mas mantinha uma carta na manga. No momento crucial, pegou o cavalo pelas rédeas e ofereceu o estribo a Adriano. Quando o papa estava para montar, sussurrou-lhe: "*Non tibi, sed Petro*", "não a ti, mas a Pedro". Irritado, o pontífice apoiou o pé no pescoço do imperador sufocando uma imprecação. A honra de ambos, ao menos nas aparências, estava salva e Barbarossa pôde finalmente ser coroado, aos 18 de junho de 1155, em São Pedro. Obtinha assim, a seu modo, um triunfo memorável.

Um sistema de cortes

A anedótica diz respeito muitas vezes aos feudatários maiores (e os poderosos em geral) deixando na sombra o que acontecia nas camadas mais baixas da "pirâmide". Mas também, se fizermos as contas, o número total dos feudatários não era assim tão alto: cerca de 1% da população. Os camponeses eram a maioria, cujas condições, sejamos claros, eram muito menos tristes de quanto sugere o clichê, felizmente terminado, sobre o "servo da gleba". O *servus* em boa parte da Idade Média coincide com o *villicus*, ou seja, o trabalhador rural. Mas ele não surge de repente com a Idade do Meio, ao contrário: ele deriva do colono da Antiguidade tardia, herdeiro por sua vez do clássico. O sistema, porém, era muito diferente.

Em síntese extrema, pode-se dizer que a agricultura na época romana fosse praticada ou em *fundi* ou nos pastos, enquanto, nas áreas de conquistas, surgia a centuriação. A terra era cultivada com o sistema das alternâncias: trigo e legumes e terrenos deixados em descanso para possibilitar a recuperação natural da fertilidade. As zonas não cultivadas (*saltus*) eram vastas e situavam-se às margens das zonas habitadas ou nas regiões agrestes e montanhosas. Não obstante os rendimentos fossem de um a quatro por um – bastante baixos –, eram escassas as inovações enquanto se conseguisse produzir o necessário com o recurso recorrente à tração animal e, sobretudo, com o emprego maciço de um grande número de escravos: calcula-se que, na época augusta, entre os séculos I a.C. e I d.C., houvesse mais ou menos três milhões de escravos sobre uma população de aproximadamente sete milhões de indivíduos.

Os únicos deslocamentos significativos de mercadorias aconteciam, nos tempos de paz, para Roma e serviam para matar a fome de sua população sempre maior. A partir de Augusto, com a retomada das guerras e as primeiras mudanças na conjuntura econômica, os grandes proprietários absorveram progressivamente os pequenos por causa de sua impossibilidade diante da forte pressão fiscal. O exército pedia cada vez mais suprimentos que custavam ao Império a cada ano uma quantia que repartida entre as várias províncias de acordo com o seu peso demográfico. Nascem os grandes latifúndios e o trabalho agrícola, até aquele momento apanágio exclusivo da classe servil, agora se estende às pessoas livres e especializadas (*coloni*) que cultivam a terra confiada a eles por um proprietário em troca de um percentual da produção *in natura*.

Com o colapso do sistema subsequente às invasões e à ruína do Império, as únicas estruturas econômicas que conseguiram sobreviver foram os próprios latifúndios, onde se concentravam, nas mãos de poucos proprietários de terras, um grande número de posses e de homens. Em tempos de crise era a união que fazia a força: é lógico então que, para escapar das devastações, das guerras e carestias, cada vez mais colonos preferissem ceder o próprio terreno a um grande proprietário e colocar-se sob a sua proteção em vez de se exporem a riscos. O fenômeno da *commendatio*, verificado com certa frequência já a partir do século III, tornou-se a regra nos primeiros séculos da Idade Média: no lugar da antiga aristocracia agrária romana, agora estavam os seus descendentes, ou os novos proprietários bárbaros que haviam substituído a velha classe dirigente. Havia ainda igrejas e mosteiros que, graças às grandes heranças, acumulavam um patrimônio fundiário cada vez mais rico e vasto. As antigas *villae* (ou, como começaram a serem chamadas, *curtes*) constituíam-se de duas partes diferentes: a primeira, administrada diretamente pelo proprietário ou por seus delegados, era chamada *pars dominica* e compreendia, além das residências do senhor e dos colonos, os abrigos para o rebanho, os hortos, os armazéns, os pomares e os fornos, tudo protegido por um modesto sistema de cercas construído na maioria das vezes de cercas comuns, muretas ou cercas vivas. Junto à *pars dominica*, em relação muito próxima com ela, estava a *pars massaricia*, administrada por sua vez pelos colonos que recebiam – em troca de uma taxa *in natura* (raramente em dinheiro) e da obrigação de desempenhar alguns trabalhos para o senhor (as já citadas *corvée*) – um manso, lote de dois hectares aproximadamente. A *pars dominica* e a *pars massaricia* de um único proprietário raramente confinavam entre si, e também os mansos de terra eram normalmente distantes, intercalados por aqueles de outros proprietários.

Ligado à gleba

Um documento interessante nos revela as condições de um servo na Alta Idade Média. Trata-se da controvérsia entre certo Lúcio, de condição servil, e o proprietário Toto de Campione, membro de uma família muito poderosa graças aos fortes vínculos que mantinha com o mosteiro milanês de Santo Ambrósio. A disputa deve ter ocorrido por volta do ano 724. Lúcio busca o juiz para que ele intervenha a respeito das prestações que por trinta anos garantira a Toto. Não é claro se estava pedindo a total isenção ou – visto que provavelmente Toto tinha aumentado a sua carga – a limitação de seu trabalho àquilo que tinha desempenhado até aquele momento. Em todo caso, o peso das prestações dependia do seu *status* jurídico. Ele afirmava que os antepassados de Toto tinham concedido a Lúcio a liberdade: para demonstrá-lo, produz um ato dos tempos do rei lombardo Cuniperto (678-699) "que continha que os pais de Toto cederam a Lúcio três soldos do múndio, enquanto tinham reservado outros três soldos aos próprios herdeiros e que posteriormente Lúcio tinha resgatado o próprio múndio e eles o tinham liberado diante do altar". Lúcio, então, usufruíra da assim chamada *manumissio in ecclesia*, no entanto, só parcialmente porque dava direito ao estado não mais de servo, mas de *aldio*, ou seja, um semiliberto. A libertação do servo, para ser completa, deveria, segundo o costume, acontecer em um quadrívio. Em 721, Liutprando tinha equiparado os dois tipos de manumissões, mas, uma vez que o documento citado por Lúcio era anterior ao edito e ele – como depois especifica – não pode chamar ninguém a testemunhar provando sua condição de liberto, o juiz sentencia Lúcio a continuar desempenhando todas as atividades até então exercidas para Toto, mas também que Toto não lhe imponha outras.

Entre os servos que prestavam seus serviços, na parte patronal haviam os *ministeriales*, que possuíam competências técnicas qualificadas e então eram *docti et probati*, ou seja, expertos. Com eles havia numerosos aprendizes. A maioria, no entanto, era composta de cuidadores de porcos, vaqueiros, pastores, *bubulci* (condutores de carros de boi) e rústicos (camponeses propriamente ditos). Enfim, havia os servos de linhagem ou *massarii*, que cultivavam um manso de extensão variável (normalmente de doze pérticas, o equivalente a cerca de dez hectares: o necessário para manter uma família) e que poderiam vender o excedente (mas nunca a terra). Abaixo deles, a massa dos *aldii* semilibertos que gozavam de liberdade pessoal, mas estavam submetidos ao múndio do patrão.

Marcado pela autossuficiência, o "sistema feudal" foi o fulcro da economia da Alta Idade Média. Cada vila hospedava um pequeno mercado onde se comercializavam não somente gêneros agrícolas, mas também produtos artesanais, e os excedentes podiam ser trocados fora da *curtis* por outros produtos, dado que a moeda, quase em desuso, reapareceu somente no século VIII com as moedas de prata de Carlos Magno.

O sistema das *curtes* teve grandes consequências também nas atitudes sociais, políticas e administrativas. Se as condições dos escravos (ou servos) melhoraram bruscamente, as dos camponeses livres, por exemplo, pioraram sensivelmente. Os primeiros, menos numerosos desde o final das guerras de conquista (ainda que frequentes incursões ainda acontecessem nas costas eslavas: exatamente do termo *slavus* deriva o italiano *schiavo* [escravo]) e libertados às centenas graças à imposição do espírito cristão, obtiveram o direito de ter uma família e bens; os segundos, ao contrário, mesmo mantendo seu *status* de livres, foram obrigados a vínculos de obediência que antes não conheciam, acabando por perder a própria liberdade. A sociedade acabou se polarizando de maneira sempre mais marcada entre os poderosos e os humildes: os primeiros caracterizados pela posse das terras e dos meios de produção agrícola, os segundos vinculados aos poderosos pela sujeição, livres ou escravos, sem muita diferença. Fortalecidos pela autoridade adquirida sobre um grande número de pessoas, os grandes proprietários de terras se encontraram em pouco tempo à frente de novos centros de poder: erodindo ao já praticamente inexistente Estado central cada vez mais prerrogativas. Esse novo grupo de poderosos administrava a justiça sobre suas terras e sobre seus homens e mantinha suas defesas militares; tornavam-se assim verdadeiros senhores territoriais e constituíam a base do fenômeno feudal que descrevemos anteriormente.

As "cidades mortas"

Para compreender as dinâmicas desse mundo é útil abrir parêntesis para descrever a paisagem que circundava o homem medieval, visto que ela influenciava profundamente a vida quotidiana, o espírito e o imaginário. Também porque, assim como hoje, naquele tempo, tratava-se de uma paisagem dinâmica que mudava na mesma velocidade da sociedade e era condicionada pelas suas exigências, condicionando-a por sua vez com traços determinantes. Partamos do início.

Lendo as fontes mais antigas, poder-se-ia dizer que no dia seguinte às invasões bárbaras e às guerras que levaram à ruína do Império Romano, regiões inteiras devastadas pela passagem dos exércitos e dos saques tivessem se transformado em terras desoladas. "O mundo – escrevia Paulo o Diácono no século VIII, falando de quando os lombardos, dois séculos antes, se aproximaram da Itália – parecia ter voltado ao grande silêncio das origens, quando nem animais nem homens o habitavam". Com efeito, quem durante o século VI fosse à Europa Central ou à Itália Setentrional, encontraria em seu caminho florestas muito extensas, brejos e pântanos, enquanto descendo rumo ao Sul acabaria por atravessar amplos pastos e campos invadidos por matagais. Quanto às cidades, redimensionadas pela queda vertiginosa da população, com frequência parcialmente destruídas ou ligadas entre si por estradas já degradadas, tinham, aos olhos dos contemporâneos mais cultos – influenciados pela cultura latina e nostálgicos do florescimento e da magnificência do período imperial – um aspecto espectral.

> Por todos os lados – escrevia já no século V Sidônio Apolinário, bispo de Clermont-Ferrand – há igrejas com o teto arruinado e caindo, as portas despedaçadas, as dobradiças endurecidas, arbustos cheios de espinhos bloqueiam as entradas, rebanhos de animais giram no interior, entre as naves, perto dos altares onde o mato cresce alto. O abandono é geral.

De capitais a... sucursais

O desabafo desse bispo não era apenas literário, e para atestá-lo tomaremos um exemplo concreto: Milão. Dos dados descobertos em recentes escavações arqueológicas, fica claro que a capital ambrosiana experimentou uma notável prosperidade por todo o período do Alto Império, enquanto que, durante as invasões, começou a decadência (mesmo que não tenha sido total). Uma primeira fase de dificuldade teria acontecido a partir da segunda metade do século III, concomitantemente às primeiras incursões, quando todas as áreas externas do cinturão de muralhas foram abandonadas: a cidade, naquela ocasião, pareceu dobrar-se sobre si mesma em busca de proteção. Terminado o perigo, o prestígio e a força econômica voltaram a aparecer e de fato a cidade foi escolhida primeiro como sede de uma das casas da moeda do Império e depois, em 286, como sua capital, tornando-se a capital da Província de *Aemilia et Liguria*. Essa é, sem dúvida, a fase de maior esplendor: ao novo papel correspondia uma retomada das intervenções na construção civil que culminaram na ampliação da área circundada pelas muralhas para o Leste (talvez para proteger uma zona suburbana crescida fora dos muros anteriores) e depois também a construção de todos os edifícios públicos necessários para uma cidade de sua importância. Juntamente com o enorme anfiteatro (155x125m), o terceiro de todo o império depois do Coliseu e daquele de Cápua, construíram-se o fórum, o palácio imperial, o circo (450m de comprimento e 85m de largura, o único no norte da Itália juntamente com aquele de Aquileia), a arena, as termas hercúleas. O segundo círculo de muralhas ordenado por Maximiano tinha dois metros de espessura e media 4,5km de comprimento. Por fora, era circundado por um fosso. Das portas dotadas de torres partiam estradas pavimentadas enquanto afluíam onze vias consulares para a cidade. A vida era animada por vívidas atividades comerciais exercitadas por muitas oficinas artesanais. A população, na época, parece que chegava a cerca de 200 mil pessoas. A magnificência é bem sintetizada pelos versos de Ausônio (310-395 c.).

> Em Mediolanum tudo é digno de admiração, há grandes riquezas e numerosas são as casas nobres. A população é de grande capacidade, eloquente e afável. A cidade cresceu e circunda-se por um duplo cerco de muralhas. Há o circo, onde o povo frui dos espetáculos, o teatro com a arquibancada em forma de cunha, os templos, a fortaleza do palácio imperial, a casa da moeda, o bairro que toma o nome das termas hercúleas. Os pátios com seus pilotis são adornados de estátuas

de mármore, os muros são circundados por uma faixa de diques fortificados. As suas construções são uma mais imponente do que a outra, como se competissem entre si, o que não diminui sua grandeza nem a proximidade a Roma[110].

A grande Milão

Em Milão, lembramo-lo rapidamente, em 313 Constantino emanou o célebre *Rescritto* (ou Edito de Tolerância) que colocava fim às perseguições religiosas equiparando o cristianismo aos outros cultos praticados no Império. Pouco depois, com Santo Ambrósio (340 c.-397), a cidade viveu um novo período de esplendor. A sua diocese reunia vinte e uma cidades: Vercelli, Bréscia, Novara, Bérgamo, Lodi, Cremona, Tortona, Ventimiglia, Asti, Savona, Turim, Albenga, Aosta, Pavia, Placência, Gênova, Como, Coira, Ivrea e Alba. Milão se expandiu novamente, construiu novas estradas e as cobriu de igrejas: fora dos muros, nos quatro pontos cardeais, o arcebispo mandou construir quatro basílicas: a dos Mártires (posteriormente Santo Ambrósio), a de São Dionísio (hoje desaparecida), a dos Apóstolos (depois dedicada a São Nazário) e a das Virgens (mais tarde São Simpliciano). Mas o coração pulsante era representado ainda pela área gravitacional em torno da atual Praça do *Duomo*, como ficou evidente graças às escavações que, entre 1982 e 1990, aconteceram no centro histórico por conta da construção da linha 3 do metrô. A decadência começou depois do forte cerco protagonizado pelos visigodos que levou à transferência da capital, por motivos de segurança, para Ravena. Mesmo privada de sua grande dignidade, Milão não sofreu contra-ataques naquele momento. Na metade do século V, porém, foi o palco de uma série de eventos funestos; primeiro os saques da parte de Alarico e de Átila (452), depois – com a tomada da península pelos godos e pela sucessiva guerra de reconquista levada a cabo por Justiniano – a destruição (539) por parte de Uraia com o massacre de dezenas de milhares de habitantes. A reconstrução aconteceu com Narsete, depois do fim do conflito, com os lombardos já às portas.

Os achados arqueológicos confirmam as demolições, as espoliações e os abandonos desse período que presenciou a quase completa destruição da fisionomia da

---

110. DÉCIMO AUGUSTO MAGNO AUSÔNIO. *Ordo urbium nobilium*, 7: Mediolanum [Mediolanum é a forma latina de "Milão" – N.T.].

antiga cidade romana. No final dos sessenta anos de dominação goda, que chegou até a marcar uma tímida retomada, estava praticamente desaparecido o casario de alvenaria; muitas regiões estavam ocupadas por simples cabanas, outras tinham se transformado em hortas ou foram abandonadas, as estradas estavam cobertas de pesados depósitos de terra. Milão tinha decaído de grande centro produtor e consumidor a mero centro de serviços, com uma economia baseada não mais no comércio, mas no consumo próprio e no escambo. E era essa a situação quando os lombardos conduzidos por Alboíno, aos 3 de setembro de 569, entraram na cidade provocando a fuga do arcebispo Honorato de Gênova. Exatamente os lombardos, durante o reinado de Agilulfo e Teodolinda, contribuíram bastante para o "relançamento" de Milão como capital (contrapondo-a à ariana Pavia). Não obstante a construção (ou reconstrução) de novos edifícios religiosos e civis pelo casal reinante, o tecido urbano antigo, fortemente diminuído, tinha sido em parte convertido ao uso agrícola e os edifícios de alvenaria eram escassos, como confirmam as já citadas escavações arqueológicas conduzidas entre 1982 e 1990: da casa, ou casas, da época lombarda achadas na atual Praça do *Duomo* restarão somente os buracos dos pilares que sustentavam as estruturas, que eram, como todo o resto, de madeira. Estava destruído também o grandioso circo no qual Agilulfo em 602 associou, com uma cerimônia espetacular, o filho Adaloaldo à coroa: como os outros edifícios da época romana, dele se retiraram as pedras para construir uma série de outras coisas.

Se essa era a situação da grande e poderosa Milão, para as cidades menos importantes a decadência foi ainda maior. Todavia, é equivocado pensar que os centros urbanos tenham como que desaparecido da história para ser substituídos – como centros de produção e de comércio – pelo campo. Foram redimensionados e despovoados, é verdade; mas mantiveram de qualquer maneira um papel de prestígio diante do condado também pela presença do bispo. Já a partir do século VII, as ruínas começaram a ser utilizadas nos alicerces de novas igrejas, edifícios e mosteiros. E com o ano mil, junto com o renascimento demográfico, econômico e social, as cidades experimentaram uma renovação das energias e, na Itália, deram vida ao extraordinário fenômeno das comunas. Assim, para continuar em Milão, no século XIII o escritor meneguino Bonvesin de la Riva a descrevia como uma metrópole de 200 mil habitantes que consumia 1.200 sacas de trigo por dia e com uma alta especialização de artes e ofícios. Pelas suas palavras, existiam 40 mil homens na milícia comunal, 10 mil cavaleiros membros da aristocracia, 120 jurisconsultos, 1.500 notários, 600 administradores públicos comunais, 6 trombeteiros da comuna, 28 peritos médicos físicos (ou seja, teóricos), 150 médicos cirurgiões (práticos), 8 professores de gramática, 14 doutores em canto ambrosiano, 70 professores elementares, 40 copistas, 300 padeiros (outros 100 serviam aos religiosos), 1.000 negociantes, 440 açougueiros, 400 pescadores, 150 hoteleiros, 30 fabricantes de sinetas que se penduram ao pescoço dos cavalos, 80 ferreiros.

> Se eu quisesse elencar ordenadamente – escreve com orgulho – também o número dos artesãos de todo tipo, dos tecelões de lã, de linho, de algodão, de seda, dos sapateiros de couro, dos alfaiates, dos ferreiros de todo tipo e assim por diante; e ainda dos marcadores que rodam por todo canto desta terra entre seus mercados e são parte importante nas feiras das outras cidades; e enfim dos vendedores ambulantes e leiloeiros: eu acredito que todos que me leem e me escutam emudeceriam, por assim dizer, por causa do estupor.

Paisagens agrestes

Dos campos já se falou. Também na Alta Idade Média tinham um aspecto menos desolado do que as cidades. Os vastos latifúndios do Império Romano, de fato, tinham conseguido, de alguma maneira, sobreviver e hospedavam em numerosas porções de terra muitos homens. Nos tempos de crise, após as invasões, a união fazia a força: era lógico então que, para escapar das devastações, das guerras e das carestias, muitos colonos achassem mais cômodo ceder as terras a um grande proprietário e colocar-se sob a sua proteção ao invés de ficar expostos a riscos. As antigas *villae* (ou *curtes*), constituídas por duas partes distintas, tinham habitações, currais para os rebanhos, hortas, armazéns, pomares e fornos, tudo protegido por um modesto sistema de cercas construído na maioria das vezes de cercas comuns, muretas ou cercas vivas. Um verdadeiro microcosmo com mercados onde se comercializavam gêneros agrícolas, mas também produtos artesanais. A partir do ano mil, o campo melhorou seu aspecto e aumentou os rendimentos graças à introdução de novas técnicas de arado. O incremento demográfico levou à aragem de novos terrenos, à recuperação dos pântanos e ao desmatamento para conseguir mais terras cultiváveis. Onde as condições permitiam, começaram a se espalhar os moinhos, primeiro a água depois aqueles de vento. Se o horizonte do homem alto-medieval era constituído pelo bosque, pelo campo, por algum mosteiro e por pequenas aldeias de poucas e pobres casas, do século XIII em diante, ele se enriqueceu de castelos, cidades maiores e novos vilarejos que impuseram uma exploração mais intensa da natureza e de seus recursos. E isso não foi isento de graves consequências ecológicas.

Os recursos do bosque

O processo de decadência entre o período da Antiguidade tardia e a Alta Idade Média teve repercussões também na relação entre homem e ambiente, que mudaram radicalmente abrindo caminho a um conflito milenar do qual o primeiro nem sempre saiu vencedor. Um dado significativo: nos primeiros séculos da Idade Média, a população europeia caiu de cerca de 25 milhões do Império Romano a menos da metade. Todo esse espaço, abandonado pelo ser humano, foi reconquistado em um tipo de *horror vacui*, pela natureza. Florestas, brejos, pântanos e charcos se espalharam desmesuradamente. Florestas chegaram a ocupar grande parte da Europa Central estendendo-se por províncias inteiras e até regiões. Pode-se dizer que o homem medieval não tinha escolha: ou explorar a floresta ou perecer. Escolheu a primeira e foi a escolha correta. Transformou o bosque em seu recurso principal para a sua economia tirando dali todo o necessário para a sua sobrevivência. Especialmente a madeira: para construir, se aquecer, fabricar móveis e utensílios, pontes e barcos. A cinza das árvores queimadas servia para fazer o sabão, a casca servia para fabricar cordas e, da resina, se retirava a cola. Todas as plantas eram utilizadas: de algumas se extraíam corantes naturais para os tecidos; de umas, extratos medicinais; de outras ainda frutos e produtos alimentares. A castanha portuguesa, na Idade Média, era uma das bases da alimentação e, na falta de trigo, podia ser moída como farinha e panificada. As bolotas, fruto do carvalho, e outros produtos do bosque forneciam alimento aos animais domésticos, sobretudo aos porcos (criados no estado selvagem), a ponto que, em muitas regiões, a extensão das florestas era calculada com base no número de porcos que poderiam alimentar. O bosque era, enfim, um reservatório natural de jogos de caça.

Mas a floresta tinha ainda um outro rosto, o obscuro e misterioso. No imaginário medieval, ali residiam animais estranhos e fantasiosos como o unicórnio ou ferozes como o lobo, seres de contos de fadas como gnomos e elfos, foras da lei (um caso célebre e conhecidíssimo é o de Robin Hood), assaltantes e marginais.

Ela representava a fronteira com o desconhecido, até mesmo com o além. Realidade, imaginação e mistério se fundiam em uma mistura que ora atraía ora distanciava. Nas florestas, narram os poemas cavaleirescos, consumavam-se amores fugazes e os cavaleiros enfrentavam as provas mais importantes, e, ali, contam as crônicas, sobreviviam traços de antiquíssimos cultos pagãos e aconteciam os mais prodigiosos encantamentos.

As coisas mudaram, como se disse, a partir do ano mil, quando a necessidade de conquistar novos espaços agrários abriu uma época de conflito com a floresta e, em geral, com o que não era ainda cultivado, não importando se fosse pântano, floresta ou área marginal. A fome de terra ditada pelo aumento demográfico e pela explosão das cidades, todavia, além de favorecer o desmatamento mudou também as condições psicológicas com as quais o homem lidava com a floresta: isso pode ser notado, por exemplo, com a progressiva demonização dos animais que ali encontravam refúgio. O primeiro foi o lobo, que se tornou a personificação do diabo. Tudo isso não significou, todavia, o desaparecimento das florestas: ainda no século XIV os estatutos urbanos ditavam precauções a serem tomadas na captura de animais selvagens no caso de eles chegarem às cidades, e, no século XVI, sabemos que a nobreza amante da caça mantinha bosques e animais para praticá-la. Por toda a Idade Média, porém, também os camponeses continuaram a ver na floresta uma fonte de matérias-primas e de alimento, incrementos úteis em uma economia rural. A conservação das florestas evitava a necessidade de recorrer à compra de produtos importados, sendo, portanto, uma condição necessária para a sobrevivência da comunidade.

Homens e lobos

O progressivo reflorestamento da paisagem beneficiou primeiramente os animais que recomeçaram a reinar quase incontestes. O ser humano, nos poucos aglomerados rurais, bem como nas despovoadas cidades, era quase minoria, e muitas vezes se viu na condição de ter de se defender. As crônicas da Alta Idade Média contam como, principalmente nos momentos mais frios do ano ou quando o alimento se tornava escasso, não era raro encontrar lobos (e não só) girando nas proximidades dos centros habitados, ou mesmo penetrando-os em busca de restos. O único modo de controlar esse fenômeno eram as batidas de caça, mesmo que nunca indiscriminadas. No Edito de Rotário, por exemplo, os cervos eram protegidos: quem os ferisse ou matasse sem motivo deveria pagar pesadas multas.

A agressividade dos animais era normalmente percebida como uma punição divina. Um caso emblemático foi a apavorante invasão de gafanhotos que, no século IX, devastou as colheitas na Alemanha e na Itália Setentrional: conta um cronista que eram tão numerosos a ponto de escurecer a luz do sol. Muitas biografias de santos medievais trazem histórias de animais ferozes surpreendentemente amansados: é eloquente o exemplo de São Romédio, que domou um urso; e o santuário dedicado a ele em Val di Non (Trento) guarda ainda hoje a lembrança da história mantendo em cativeiro alguns exemplares do plantígrado, outrora muito difundido sobre aqueles montes e hoje praticamente extinto. Certos animais, além disso, eram considerados representantes ou até mesmo a encarnação do demônio, nesse caso a história representaria o santo que triunfa sobre satanás. Alguns desses, como o lobo, continuaram a revestir-se de um caráter ambivalente: ora amado ora odiado, era sempre visto com suspeita por sua natureza vagante e por sua agressividade. Porém, graças à sua força, não deixava de aparecer nos brasões ou mesmo em vários nomes.

Homens e animais, no entanto, não estavam sempre em conflito. Eles compartilhavam o mesmo destino: estiagens, inundações, oscilações de temperatura e doenças matavam seres dos dois grupos. Até porque viviam em estreito contato. Javalis, veados, cervos, lebres e outros animais selvagens não somente eram caçados, como criados. Também eram muito comuns os animais domésticos. Os bois constituíam a base da economia rural: eram úteis como tração para o arado, e, em geral, ajudavam os camponeses em todos os trabalhos mais pesados. Além disso, havia ainda os ovinos e caprinos, destinados à produção de leite e carne, os primeiros também forneciam a lã. E ainda vacas, frangos e galinhas, coelhos, porcos – criados nos bosques em estado selvagem. Havia os cavalos que, além de serem usados como meio de transporte, eram criados e preparados para o combate. Caríssimos, os cavalos de guerra eram um símbolo de *status* e tão ligados ao seu dono que, em algumas sociedades, quando este morria, os cavalos eram sacrificados e sepultados com ele. Um privilégio, se assim se pode dizer, já que as carcaças dos animais mortos eram levadas para fora das muralhas da cidade e abandonadas para serem devoradas pelos outros animais. O cachorro também gozava de *status* particular: companheiro de todas as horas e símbolo de coragem, foi, por exemplo, adotado pela dinastia dos Della Scala como mascote e emprestou o nome, entre outros, aos nobres Cangrande e Mastino.

Os animais habitavam o imaginário coletivo e protagonizavam mitos e lendas. Certamente são mais evidentes os monstros terríveis, as sereias de cauda longa e bifurcada, os dragões e os basiliscos que, representados nos capitéis das igrejas, simbolizam o pecado e os vícios e, com seu aspecto amedrontador, tornavam evidente ao povo a face descomunal do mal induzindo-o a manter distância. Mas, para o homem medieval, também os animais tinham poderes sobrenaturais. Basta ler os "bestiários", repertórios enciclopédicos com as descrições detalhadas sobre isso. O primeiro desses textos, do qual depois derivarão outros, foi o *Physiologus*, tradução latina de uma obra alexandrina do século II sobre a natureza dos animais: as figuras fantásticas e as feras que o habitavam tinham como função desvelar, através de alegorias, não somente os dogmas da religião cristã, mas também passagens inteiras da Bíblia.

Se na Alta Idade Média os animais selvagens prevaleciam numericamente sobre os domésticos, com o passar do tempo, a coisa se inverteu: as florestas, com a expansão das cidades e o desmatamento considerável, se reduziram sensivelmente depois do ano mil, e, com elas, o habitat natural dos animais. Além disso, difundiram-se sempre mais as criações que, do bosque e do pasto, passaram para as estrebarias. No século XIII, em algumas cidades, inclusive, popularizou-se a prática de colocar fora dos muros das cidades os animais que, como cabras e porcos, exalassem maus odores: um sintoma evidente da busca de bem-estar em uma sociedade que se enriquecia e, a seu modo, também se refinava; com o progresso, no entanto, distanciava-se sempre mais da natureza.

Sistema "bipolar"

O cavaleiro, o camponês, o feudatário e o servo da gleba, o *miles* e o *vilicus* são, pois, dois lados da mesma moeda, e têm muito mais em comum do que podemos pensar. Compartilham, por exemplo, um mito (positivo no primeiro caso, negativo no segundo) explosivo. O cavaleiro medieval (o feudatário caso se queira), nascido como se viu entre os séculos X e XI da desagregação do poder público e do senhorio fundiário, outra coisa não era além de um camponês rico por ter conseguido manter, único no meio de uma massa de (quase) deserdados, a propriedade das suas terras e com essas o direito de portar armas. Chamado em latim *miles* (soldado, mas na prática, sinônimo de vassalo), comumente era chamado "cavaleiro" porque se distinguia dos outros camponeses que combatiam a pé. Se o cavaleiro era particularmente fiel ao seu senhor, podia receber como presente as armas: um ato que se transmutou rapidamente em um elaborado cerimonial de forte conotação sagrada. Assim "enfeitado" – sobre a cerimônia e suas implicações, veja-se o capítulo anterior –, ele se tornava oficialmente parte do clã do seu senhor e, como tal, era isento do pagamento de impostos. Membro de uma elite, o cavaleiro conseguia um prestígio cada vez maior a ponto de obter, entre os séculos XII e XIII, a hereditariedade do título e a exclusão da "casta" de quem quer que não fosse cavaleiro por nascimento. Polêmicos, briguentos e violentos, os *milites* da Alta Idade Média representavam, porém, a perfeita oposição do ideal cavaleiresco que deles tomou o nome. Foi a Igreja que, para pôr fim aos abusos dos quais eram protagonistas, procurou inculcar-lhes comportamentos menos violentos e transformá-los em paladinos dos fracos, das viúvas, dos órfãos e dos indigentes. Missão fracassada da qual não sobrou mais do que um ideal literário destinado a um imenso sucesso graças ao movimento poético cortês.

A condição do camponês, ao contrário, era menos triste do que sugere a oleográfica imagem do "servo da gleba". Se na Alta Idade Média a sociedade se polarizara entre poderosos e humildes (com os pequenos agricultores livres e os escravos associados em uma única e grande categoria de homens dependentes de um senhor), do ano mil em diante, a retomada econômica, o aumento demográfico e a ampliação dos campos cultivados trouxe consigo – como se disse – o conceito de "terra" como um bem que poderia ser comprado e vendido e, portanto, podia promover a ascensão social. O camponês medieval alugava um terreno por longo tempo em troca de um pagamento geralmente suportável: ligava-se ao proprietário por uma relação de dependência, mas não era escravo do torrão que cultivava. Isso também não acontecia contra a sua vontade, visto que nunca perdeu a liberdade pessoal, mesmo estando em uma situação de subordinação.

Com o renascimento das cidades, em torno do ano mil, e a consequente ascensão social de novas camadas (a assim chamada burguesia), o sistema feudal se redimensionou sensivelmente perdendo muitas das características que o distinguiam até então. Contribuiu para isso, entre os séculos XII e XIII, também o progressivo enriquecimento das autoridades eclesiásticas que proibiram que o clero – até esse momento constituído de verdadeiros factótum – exercesse atividades "extras" não condizentes com sua missão espiritual. Abriu-se assim o espaço para os leigos exercerem profissões liberais. Nasceram as grandes universidades (também essas leigas) e as corporações de artes e ofícios. Os ofícios, hierarquizados, terminam por diferenciar-se e especializar-se sempre mais claramente. É muito eloquente, por exemplo, o citado elenco fornecido para Milão por Bonvesin de la Riva.

Depois de se enfraquecer profundamente entre os séculos XIV e XVI, o sistema feudal se fossilizou em uma mera exterioridade de privilégios que comportavam muitos assédios e abusos. O que o abateu – mesmo que não definitivamente em certos contextos – foi, em 1789, a Revolução Francesa.

15
Os excluídos

Prostitutas, homossexuais, bandidos, ladrões... O mundo dos rejeitados é, na Idade Média, extremamente colorido e vivo[111]. Pessoas que vivem à margem da sociedade e que com ela contrastam, negam sua organização ou mesmo são marginalizados por não se conformarem às regras e aos valores dominantes. Se quem comanda a sociedade os despreza, marginaliza e pune, o povo, por sua vez, tem para com eles uma atitude decerto ambígua: teme-os e, a seu modo, os admira. E em alguns casos até os transforma em heróis *sui generis*. Se o homossexual é condenado sem piedade pelo seu "desvio", a prostituta é um "mal necessário" que preserva o homem dos excessos; se o ladrão rouba e coloca a ordem social em perigo, torna-se, porém, simpático quando rouba dos ricos para dar aos pobres. E, caso se arrependa, pode até mesmo se redimir. A sua sorte de protagonista no submundo pode ser mudada para melhor. O que não acontece, aliás, com o proscrito por antonomásia, o judeu. Envolvido por atávica suspeita, escárnio e raiva, na primeira oportunidade é acusado das piores iniquidades e oprimido por perseguições em massa.

Foras da lei e subversivos

Por toda a Idade Média era muito comum topar com algum bandido, saqueador ou ladrão. Inumeráveis fontes atestam o sentido de precariedade difundido na ausência e desorganização (em todos os níveis) do poder central, razões pelas quais – o trecho é da *Historia novella* de Guilherme de Malmesbury – frequentemente "as casas dos pobres e dos camponeses são espoliadas até o chão e

---

111. McCALL, A. *I reietti del Medioevo*. Milão: Mursia, 1987.

os próprios moradores amarrados ou aprisionados, e não são libertados enquanto os sequestradores não recebessem como resgate tudo aquilo que as vítimas possuíam ou sobre o que [os criminosos] pudessem pôr as mãos". Combater essa praga era muito difícil: terminadas suas abordagens, sozinhos ou em grupos, geralmente desapareciam escondendo-se, e não era raro que abandonassem a redondeza para evitarem uma possível captura e para partir, no anonimato, à conquista de outros saques. Prendê-los – e puni-los – era quase impossível: ou seriam presos em flagrante ou delatados por algum dos comparsas. Um testemunho da dificuldade de limitar o fenômeno e de garantir aos culpados a justiça é a existência de fórmulas mágicas para expulsar os ladrões, como as elaboradas pelo médico inglês Johannes de Mirfeld (morto em 1409), junto com uma série de conselhos igualmente úteis. Poder-se-ia, por exemplo, escrever sobre cera virgem a invocação "+ *Agios Crux* + *Agios Crux* + *Agios Crux Domini*" e suspendê-la sobre a cabeça com a mão esquerda e eis que a identidade do ladrão seria revelada em sonho. Outros métodos eram dar um pedaço de pão sobre o qual tivessem sido escritas algumas letras ao suspeito (caso ele não conseguisse engolir, seria culpado) ou então reunir todos os suspeitos diante de um muro sobre o qual fosse desenhado um olho: quem tivesse cometido um furto começaria a lacrimar pelo olho direito. Se o culpado nega, basta fincar um prego de cobre no olho pintado no muro e esperar a reação dos suspeitos: o culpado começará a gritar como se ele próprio tivesse sido ferido[112].

Quem eram esses bandidos? Pobres e abandonados que não tinham outro meio para se manterem senão a delinquência. Mas também (como testifica o próprio exemplo citado) cavaleiros deserdados que deveriam, de qualquer maneira, arranjar um jeito de sobreviver. Eles, assim como outros abastados descontentes com aquilo que tinham, davam-se aos saques para conseguir o que lhes faltava no padrão de vida desejado. Tomemos o *Meier Helmbrecht*, pequeno poema escrito por Wernher der Gartenaere (Gärtner) por volta de 1250, em que o homônimo protagonista, um camponês que certamente não era de baixo nível, abandona a sua ocupação para se tornar "cavaleiro" em uma época em que a cavalaria, já inexoravelmente comprometida pelo declínio, era povoada preponderantemente por vilões e desordeiros em busca de pilhagens fáceis. Dado à sujeira, depois de anos

---

112. KIECKHEFER, R. *Magic in the Middle Ages*. Cambridge University Press, 1989, p. 89.

de pilhagens, retorna a casa rico e envaidecido, pronto para organizar em grande pompa o matrimônio da irmã com um dos seus capangas. Durante o banquete, porém, os vilões são capturados. Nove deles terminam logo enforcados. Helmbrecht, cegado e mutilado de uma mão e de um pé, é expulso pelo pai para a floresta, onde, pouco depois, é surpreendido por um grupo de camponeses vitimados por ele que o enforcam. A epopeia de Helmbrecht contém, pode-se dizer, todos os elementos de um caso típico: a sede por pilhagens, a rebelião contra a ordem social, a traição dos valores familiares, a falta de moralidade, a opressão dos pobres e dos fracos. Como pano de fundo, a floresta, lugar habitado por párias de todo tipo, como o próprio nome diz "bandidos" (banidos) por sua conduta da sociedade civil, que vagam sem pátria ou destino. A história não poderia terminar de outra forma senão com a forca: a justiça – laica ou eclesiástica, pouco importa – faz com que esses que tentam subverter a ordem social voltem ao seu lugar, reservando-lhes a "justa" e exemplar punição.

Os delitos e as penas

No que se refere às penas, convém dizer que elas foram amplamente aplicadas também de modo sumário por toda a Idade Média, mas nem sempre da mesma maneira. O Edito de Rotário privilegiava a compensação pecuniária (ou *Wergeld*) – ou seja, o pagamento de uma multa variável de acordo com o nível do ofendido – à pena de morte. Pagava-se por crimes como a profanação de sepulturas, a expoliação e a ocultação de cadáver, o ultraje ou os bloqueios de estradas, o desmonte de um cavaleiro, a violência gratuita e injusta – sobretudo se perpetrada contra uma mulher –, a invasão forçada de casa alheia. A pena de morte para os livres era prevista somente em casos extremos: atentado contra a vida ou conjuração contra o soberano, sedição, traição e abandono do companheiro em batalha. Com a época feudal, porém, também sob influência do pensamento teológico, a pena capital gozou de um sucesso cada vez maior. Basta pensar que Santo Tomás de Aquino (1225-1274), doutor da Igreja, sustentava que "Assim como é lícito, aliás imperativo, extirpar um membro doente para salvar todo o corpo, também quando uma pessoa se torna um perigo para a comunidade ou é causa da corrupção dos outros, ela deve ser eliminada para garantir a salvação de toda a comunidade"[113].

---

113. *Summa theologiae*, II-II, 29, art. 37-42.

Quem impunha as penas eram os vários sujeitos que administravam a justiça. Se os poderes mais altos e as fontes do direito eram o papa e o imperador, esses, para aplicá-lo, se valiam de uma intrincada rede de homens (feudatários, prelados, vassalos, funcionários) que se ramificava pelo território. Além de ser aplicada para crimes "comuns" como a traição, o furto, o homicídio, a pena capital – com relevos espetaculares – era reservada também aos crimes "de opinião", particularmente àqueles referidos à religião: quem terminava na fogueira, normalmente depois de sangrentas torturas e mutilações de todo tipo, eram sobretudo – como se pôde ler no capítulo a eles dedicado – os hereges.

Suplícios igualmente cinematográficos, também esses com função intimidadora para a população, eram reservados a quem fosse julgado culpado de alta traição contra o soberano. Sete anos depois da derrota decisiva de Falkirk, aos 23 de agosto de 1305, o escocês William Wallace, réu por conduzir os seus em uma longa rebelião contra o Rei Eduardo I, na Inglaterra, foi capturado e executado em Londres em praça pública depois de um processo sumário. Acusado de alta traição, de querer se apossar do reino da Escócia, de incontáveis assassinatos e destruições de bens, foi amarrado a uma grade de madeira e arrastado por quatro cavalos até o patíbulo, em Smithfield. Ali, depois de ser pendurado ainda vivo, teve seus membros arrancados e foi mutilado diante da multidão e, por fim, decapitado; suas vísceras foram queimadas; sua cabeça, empalada na ponte de Londres e seu corpo esquartejado em quatro partes, mandadas para os quatro cantos do reino – Newcastle, Berwick, Edimburgo e Perth – como advertência para quem ainda pensasse em se rebelar futuramente contra o domínio inglês. Em geral, a pena de decapitação era reservada aos nobres; os culpados de nível mais baixo eram enforcados.

A santidade dos ladrões

Voltando aos ladrões... observou-se justamente que a Idade Média não foi tão negativa no modo de vê-los, chegando inclusive em muitos casos a ser-lhes abertamente simpática e, em alguns casos, reavaliando-os. O fenômeno, ademais, finca suas raízes muito antes, nas origens do cristianismo como testemunha a história do bom ladrão que aparece na narrativa evangélica da crucificação:

> Então um dos malfeitores que estavam pendurados, blasfemava dele, dizendo: "Não és Tu o Cristo? Salva-te a ti mesmo e a nós". Respondendo,

porém, o outro repreendia-o, dizendo: "Nem ao menos temes a Deus, estando na mesma condenação? E nós, na verdade, com justiça; porque recebemos o que os nossos feitos merecem; mas este nenhum mal fez". Então disse: "Jesus, lembra-te de mim, quando entrares no teu reino". Respondeu-lhe Jesus: "Em verdade te digo que hoje estarás comigo no paraíso" (Lc 23,39-43).

Não obstante o seu *pedigree* pouco recomendável, não só o ladrão que se arrepende e é salvo na hora da morte pelo Cristo em pessoa (que lhe anuncia a abertura das portas do paraíso!), mas sobre ele floresceram – a partir dos evangelhos apócrifos que lhe atribuem o nome Dimas – copiosas lendas que culminaram na transformação dele em um santo[114].

La ballata di Gamelyn (metade do século XIV), cujo protagonista lembra muito o lendário Robin Hood, vê com simpatia os feitos do bando de foras da lei que combate, em nome da justiça e da equidade, a tirania do poder. Nem sempre – e são os mesmos Padres da Igreja, Agostinho sobretudo, a sustentá-lo – é fácil distinguir o bandido do legislador e o criminoso do santo. Também porque tanto os ladrões quanto os eremitas abandonaram, cada um a seu modo, o mundo e vivem fora da sociedade. Ademais: os bandos de ladrões não são outra coisa senão pequenos reinos que subsistem graças a um pacto social. Se conseguem ocupar uma cidade e submeter os povos, eis que se tornam um Estado reconhecido por todos: mas certamente não por terem abolido os saques, e sim por terem conseguido a impunidade. Somos todos bandidos, e todos pecadores sobre os quais pende a espada de Dâmocles da condenação, mas que podem se redimir – como o Bom Ladrão – se se arrependem e se convertem. Aliás, às vezes, quando decidem se converter estão convencidos de tal modo de sua escolha a ponto de empregar, para realizá-la, a mesma energia e a mesma audácia que caracterizaram a vida pregressa. Como o jovem e terrível ladrão de Trento de quem fala o Abade Cesário de Heisterbach (1180-1240) no *Dialogus magnus visionum et miraculorum* ("Grande diálogo das visões e dos milagres"). Já convencido, depois de anos de atrocidades de todo tipo, que a sua alma estivesse perdida, deixou-se convencer por um frade em se abster de todo tipo de crueldade e rezar à Virgem todo sábado.

---

114. DONÀ, C. "Pessimae vitae finis optimus: la santità dei briganti nei racconti religiosi del Medioevo". In GROSSATO, A. (org.). *Le vie spirituali dei briganti*. Milão, 2006, p. 57-86 [*Viridarium*, 3].

Cumpriu a sua pia ação com tanta firmeza que, encontrando os guardas em um sábado, não se defendeu, mesmo sabendo que se encaminhava para a morte certa. Condenado ao patíbulo, rejeita a graça que os próprios juízes lhe ofereceram comovidos pela sua beleza, e assim foi decapitado e sepultado fora da cidade. Depois disso aconteceu algo incrível: até a própria Virgem, admirada pelo seu gesto, vai ao sepulcro precário do jovem, desenterra o cadáver e une o corpo à cabeça decepada, ordenando a seguir ao bispo que dê ao defunto uma sepultura cristã. O prelado, apavorado, faz até mais: coloca o defunto na catedral e institui, em seu nome, o sábado de jejum para toda a diocese.

O sexo à margem da sociedade

Já se disse (cf. o cap. sobre a sexualidade) que na Idade Média o sexo era estreitamente ligado à ideia de pecado. Mesmo indispensável para a procriação, o ato sexual era, porém, derivado do pecado original e, portanto, condenável. Muito mais porque comportava o prazer e exaltava os sentidos. Mesmo que, como se viu, não faltassem vozes contrárias à total negação do prazer e o matrimônio fosse considerado um "mal necessário" para refrear o instinto, o que deveria ser encorajado era – Agostinho o ensina – uma atitude "sem luxúria" que permitisse o cumprimento dos próprios deveres evitando ao máximo o contato entre os corpos. Entre os meios mais eficazes para garantir uma procriação sem prazer figurava uma vestimenta à prova de qualquer tentação erótica; uma longa camisola de tecido grosso, a *chemise cagoule*, que, vestida tanto pelo homem como pela mulher, tinha uma única abertura na altura da genitália de modo que possibilitasse a cópula sem a necessidade da nudez.

Em uma visão assim, a prostituição era, em linhas gerais, condenada, mas os próprios teólogos, Tomás de Aquino entre os primeiros, a toleravam como meio para frear a luxúria e evitar a difusão – que de outra maneira seria incontrolável – de práticas "degeneradas" como o adultério, a masturbação e a homossexualidade. Não obstante essa atitude, porém, as autoridades, não somente civis como até mesmo as eclesiásticas, começaram com o tempo a favorecer a criação dos bordéis para extrair dali consideráveis rendas. A *Ordinances touching the gouerment of the stewhoulders in Southwarke under the direction of the Bishop of Winchester* [Ordenança que regula o governo das termas de Southwark do bispo de Winchester], por exemplo, regulamentava no início do século XII esse estabelecimento que era propriedade do bispo. Em 1309 um outro bispo, João de Estrasburgo, chegou ao ponto de construir por conta própria um novo bordel em sua cidade[115].

Quem eram as prostitutas? Na maioria das vezes mulheres pobres ou impossibilitadas de encontrar marido por várias razões – por exemplo, por terem sido estupradas ou por serem escravas vendidas por seus proprietários e engravidado deles mesmos. Para elas, vender o próprio corpo era mais do que uma escolha livre, era o único meio de sobrevivência. A sua reputação era bastante ruim: além de servir dignamente os exércitos – e para isso eram recrutadas por proxenetas específicos –, quando podiam, agregavam-se aos cruzados, aos bandos de criminosos, e até aos peregrinos, tirando-os do espírito de devoção que lhes marcara o início da viagem. Chegou-se o ponto de a suspeita de prostituição recair sobre as mulheres que partiam para os lugares santos. É eloquente a carta enviada por São Bonifácio a Cutberto de Cantuária, em pleno século VIII, em que o santo admoestava o arcebispo acerca do risco que comportava, para a pureza delas, deixar que as mulheres inglesas partissem em peregrinação para Roma: não somente são poucas delas, sustenta o santo, que conseguiam manter a virgindade, mas todas as cidades da França e da Lombardia – ou seja, a Itália Setentrional – já pululam de peregrinas inglesas dadas ao meretrício[116].

Se até o ano mil a prostituição não era um fenômeno organizado, com o renascimento das cidades, isso aconteceu e, se é verdade que muitas continuaram a seguir as caravanas de peregrinos e os exércitos vivendo de expediente, muitas outras preferiram estabelecer-se para explorar melhor o ir e vir de homens ligado ao renascimento das rotas comerciais. A prostituição se tornou assim um fenômeno essencialmente urbano exercido em bairros distintos; como se viu, quem se dedicava a esse ofício era reconhecida por um sinal particular, normalmente um véu amarelo que a tornava identificável entre as outras mulheres. E os bordéis, como se disse, começaram a ser explorados economicamente pelas autoridades. O rei da Inglaterra, Henrique II em pessoa, bem que pensou em emanar uma série de disposições para controlar o exercício da prostituição até nomeando funcionários específicos, os oficiais de justiça, para verificar o que acontecia nos bordéis e garantir que tudo – a começar pela higiene – estivesse em ordem. Bem

---

115. McCALL, A. Op. cit., p. 142.
116. Ibid. p. 140.

poucos, pelo que parece, se preocupavam com a questão moral. Somente Luís IX, na França, procurou retirar as mulheres da prostituição oferecendo-lhes dinheiro e uma pensão em troca do arrependimento e da promessa de mudar de vida. Mas a tentativa resultou em um fiasco estrondoso: das 12.000 prostitutas parisienses (quase 10% da população de toda a cidade que na época contava seus 150.000 habitantes) somente 200 se apresentaram para receber o dinheiro. Todas as outras, evidentemente, estavam convencidas de que o exercício da prostituição, ainda que não gozasse de prestígio social, lhes renderia muito mais.

No século XIV existiam bordéis de luxo em muitas cidades da Europa e no Renascimento algumas grandes cortesãs, além de posarem para artistas ilustres, passaram às páginas das crônicas pelas suas capacidades de entreter os ricos clientes também com outras artes além das venéreas: eram mulheres que sabiam cantar, dançar, tocar instrumentos e até mesmo participavam peladas dos banquetes em honra dos papas, como o ocorrido em Roma em 1501, e organizado por César Bórgia para o seu pai Alexandre VI. Sinal de que no Renascimento, os tempos, também para a profissão mais antiga do mundo, tinham mudado.

Os judeus entre um *pogrom* e outro

Ilustres "excluídos" foram, na sociedade medieval, e não só, os judeus. Já depois da conquista de Jerusalém e a destruição do Templo por Tito em 70 d.C., muitos se refugiaram no norte da África e na Espanha, onde fizeram florescer comunidades de mercadores e artesãos. Malgrado a diáspora, suas condições de vida eram, nas circunstâncias, boas, mas pioraram consideravelmente quando o cristianismo se tornou religião oficial do império. Seus direitos foram limitados e a própria Igreja assumiu uma atitude ambígua com relação a eles: mesmo mantendo certa tolerância formal, não somente condenou os numerosos episódios de violência que terminaram na queima das sinagogas, mas introduziu para os cristãos a proibição de se converterem ao judaísmo.

A suspeita em torno dos judeus devia-se à acusação de terem assassinado Jesus Cristo, mas as relações entre os fiéis das duas religiões nem sempre foram marcadas pela mesma tensão. O islamismo, naquela conjuntura, foi, em todo caso, muito mais tolerante, dado que permitia que os hebreus participassem ativamente da administração dos novos Estados e que se fixassem em toda a área de dominação muçulmana.

Com a crise decorrente das invasões bárbaras, no Ocidente, os judeus foram, ao contrário, bastante tolerados e até em muitos casos protegidos pela Igreja, até porque muitas vezes faziam parte de comunidades que conseguiram fazer frente às devastações graças aos intensos tráficos comerciais e à sua posição de intermediários entre o mundo cristão e o islâmico. Em algumas cortes, como a normando-suábia de Frederico II em Palermo, o imperador se rodeava de intelectuais judeus e muçulmanos a quem confiava prestigiosos cargos de poder. Sevilha, Córdoba, Granada e Toledo se tornaram, durante o reino de Afonso X o Sábio (1221-1284), o emblema da perfeita e fecunda síntese entre as três culturas: a cristã, a árabe e a judaica. Mas essas eram exceções à regra.

O renascimento das cidades a partir do ano mil trouxe consigo a ascensão de novas classes mercantis que competiam com os judeus pelo monopólio dos comércios: foi então que eles começaram a se dedicar, além do artesanato, a profissões tradicionalmente proibidas aos cristãos, como, por exemplo, o empréstimo de dinheiro a juros, contribuindo efetivamente para o nascimento e o desenvolvimento dos bancos. Se foram vistos com suspeita crescente pelo povo, os ricos banqueiros judeus se mostraram, aliás, muito úteis aos soberanos e aos príncipes europeus, sobretudo quando esses últimos se dedicavam em alguma guerra: em troca de dinheiro e financiamentos, os judeus receberam proteção quase que por toda parte e se estabeleceram em muitas regiões da Europa; mas, no clima de fanatismo religioso e intolerância que se espalhou junto com as cruzadas, voltaram também as perseguições que os massacraram às dezenas de milhares, sobretudo na Europa Central. A própria Igreja favoreceu a guetização, impondo-lhes primeiro (1215) que vestissem roupas específicas e, depois, que portassem um distintivo amarelo para não serem confundidos com os cristãos. Em 1290 foram expulsos da Inglaterra; no século XIV, da França.

A suspeita contra os judeus se recrudesceu ainda mais com a crise do século XIV, quando foram acusados de serem a causa das pestilências e de envenenarem os poços, principalmente durante a Grande Peste de 1347-1351. Entre as poucas vozes levantadas em sua defesa, estava a do Papa Clemente VI, que, com uma série de bulas, convidou o clero a protegê-los e a rejeitar as acusações infundadas: Se verdadeiramente os judeus fossem culpados de envenenar os poços e difundir o contágio, por que também eles pereciam por causa da epidemia? A população, porém, não ouvia as explicações e o linchamento dos presumíveis culpados, além do saque de suas casas e de seus bens, tornou-se uma mania coletiva na Europa Central. Em janeiro de 1349, na Basileia, os cidadãos se insurgiram contra as próprias autoridades que tinham proclamado criminoso quem praticasse violência contra os judeus e desencadearam uma caçada sem precedentes. Muitos deles, capturados na cidade, foram trancados em um edifício e queimados vivos. Em Estrasburgo, a população judaica foi reduzida pela metade; em Worms, em Frankfurt e em Mainz foram os próprios judeus que se mataram queimando as próprias casas para não serem linchados pela multidão. No fim da pestilência que varreu um terço das almas da Europa, os judeus sobreviventes eram poucos milhares.

No século XV foram expulsos dos estados alemães: de onde os asquenazes (vocábulo que provém do termo do hebraico medieval para a Alemanha, chamada *Ashkenaz*) partiram para a região da Polônia onde deram vida a uma cultura original – a cultura iídiche – que nasceu da síntese entre as raízes hebraicas e as tradições da Europa Central e eslava. Os judeus espanhóis (os sefarditas) primeiro foram forçados a se converter ao cristianismo – e assim chamados com desprezo de *marranos* e depois, perseguidos com o apoio da Inquisição, forçados a fugir. Expulsos oficialmente da Espanha em 1492, eles se fixaram na África, na Turquia e sobretudo na Holanda, onde criaram uma florescente comunidade de comércio cuja importância decisiva apareceria no século XVII.

Grupos de judeus expulsos dos reinos europeus no século XV encontraram refúgio na Itália (mesmo que, no século XVI, os judeus romanos tenham sido forçados a se refugiarem nas áreas rurais do Lácio e da Toscana), onde se fixaram constituindo importantes comunidades em Veneza, Roma, Mântua e Cremona. Mas com o fim da Idade Média, a época dos *pogroms* – termo russo que significa "devastação" – para os hebreus ainda não havia terminado.

Bibliografia essencial

Fontes

Monumenta Germaniae Historica [Série *Antiquitates, Diplomata, Epistolae, Leges, Rerum scriptores*] [diversos locais de edição, 1826].

Fontes em língua italiana

AGOSTINHO DE HIPONA. *De Civitate Dei* [trad. it.: *La città di Dio*. Milão: Bompiani, 2001].

ALCUÍNO. *Carmi dalla corte e dal convento*. Florença: Le Lettere, 1995 [trad. de C. Carena].

ANDRÉ DE BERGAMO. *Cronaca – Storia dei Longobardi 744-877*. Cassino: Ciolfi, 2011.

DÉCIMO MAGNO AUSÔNIO. *Ordo urbium nobilium*. Nápoles: Loffredo, 2000.

BEDA O VENERÁVEL. *Historia gentis Anglorum* [trad. it. de M. Lapidge: *Storia degli inglesi*. 2 vols. Milão: Mondadori, 2010].

BONVESIN DE LA RIVA. *De magnalibus urbis Mediolani* [trad. it. por P. Chiesa: *Le meraviglie di Milão*. Milão: Mondadori, 2009].

CARLOS MAGNO. *Le Lettere*. Roma: Città Nuova, 2001 [trad. de D. Tessore].

CRISTINA DE PISANO. *La città delle dame*. Roma: Carocci, 2004 [trad. de P. Caraffi].

DIÃO CÁSSIO. *Historia Romana*. Milão: Rizzoli, 1995-2009.

MARCO TÚLIO CÍCERO. *De legibus* [trad. it.: *Opere politiche* – Vol. 1: *Lo stato, le leggi, i doveri*. Turim: Utet, 2009] [ed. bilingue].

EGINHARDO. *Vita di Carlo Magno*. Roma: Salerno, 2006 [ed. de V. Marucci].

ERCHEMPERTO. *Storia dei Longobardi*. Cassino: Ciolfi, 1999.

EUSÉBIO DE CESAREIA. *Vita di Constantino*. Milão: Rizzoli, 2009.

GILDAS. *La conquista della Britannia:* De excidio Britanniae. Rimini: Il Cerchio, 2010 [ed. de S. Giuriceo].

JONAS DE BOBBIO. *Vitae Columbani et discipulorum eius* [trad. it. por I. Biffi e A. Granata: *Vita di Colombano e dei suoi discepoli*. Milão: Jaca Book, 2001].

GREGÓRIO DE TOURS. *Storia dei Franchi – I dieci libri delle Storie*. 2 vols. Nápoles: Liguori, 2001 [ed. de M. Oldoni].

GREGÓRIO MAGNO. *Storie di santi e di diavoli –* Dialoghi. 2 vols. Milão: Mondadori, 2006 [ed. de M. Simonetti e S. Pricoco].

GREGOROVIUS, F. *Storia di Roma nel Medioevo*. Roma: Newton Compton, 1972.

BUGIO, E. (ed.). "Guglielmo di Tiro: Cronaca". In: ZAGANELLI, G. (org.). *Crociate – Testi storici e poetici*. Milão: Mondadori, 2004.

HILDEGARD VON BINGEN. *Cause e cure dele infermità (De causis, signis atque curis aegritudinum)*. Palermo: Sellerio, 1997 [ed. de P. Calef]

JEAN DE MEUNG. *Le roman de la Rose*. Palermo: L'Epos, 2007 [trad. de G. D'Angelo Matassa].

JORDANES. *Storia dei goti*. Milão: TEA, 1991 [ed. de E. Bartolini].

LIUTPRANDO DA CREMONA, *Anapodosis*. Hannover: E. Duemmler, 1877.

MONTESANO, M. (ed.). *Vita di Barbato*. Roma: Carocci, 1994.

ÓTON DE FREISING. *Chronica*. Berlim: A. Schmidt e F.J. Schmale, 1965.

PAULO O DIÁCONO. *Historia Langobardorum* [trad. it. de L. Capo: *Storia dei Longobardi*. Milão: Mondadori, 1992].

PLÍNIO O VELHO. *Naturalis Historia* [trad. it.: *Storia Naturale*. Turim: Einaudi, 1982-1988].

PLUTARCO. *Vite parallele*. Turim: Utet, 2011.

PROCÓPIO DE CESAREIA. *La guerra gotica*. Milão: Garzanti, 2007.

PÚBLIO CORNÉLIO TÁCITO. *Germania* [trad. it.: *La Germania – Vita di Agricola – Dialogo degli oratori*. Roma: Newton Compton, 1995.

RODOLFO O GLABRO. *Cronache dell'anno Mille – Storie*. Milão: Mondadori, 1999 [ed. de G. Cavalli e G. Orlandi].

ROGÉRIO DE FRUGARDO. *Post mundi fabricam* – Manuale di Chirurgia. Angri: Gaia, 2011 [trad. de G. Lauriello].

SÃO JERÔNIMO. *Epistulae* [trad. it. de R. Palla: *Lettere*. Milão: Rizzoli, 1989].

TEODORETO DE CIRRO. *Historia ecclesiastica* [trad. it.: *Storia ecclesiastica*. Roma: Città Nuova, 2000].

TOMÁS DE AQUINO. *Summa Teologiae* [trad. it.: *La somma teologica*. Bolonha: Studio Domenicano, 2012].

Estudos

ABULAFIA, G. *Federico II un imperatore medievale*. Turim: Einaudi, 1988.

AMARI, M. *La guerra del vespro siciliano, o un periodo delle istorie siciliane del sec. XIII*. Paris: Baudry, 1843.

ANDENNA, G. & SALVARANI, R. (orgs.). *Deus non voluit*: I Lombardi alla prima crociata (1100-1101) – Dal mito alla ricostruzione della realtà. Milão: Vita e Pensiero, 2003.

ARIÈS, P. *Padri e figli nell'Europa medievale e moderna*. Roma/Bari: Laterza, 1981.

ARNALDI, G. *L'Italia delle invasioni*. Roma/Bari: Laterza, 2002.

AZZARA, C. & GASPARRI, S. (orgs.). *Le leggi dei Longobardi. Storia, memoria e diritto di un popolo germanico*. Roma: Viella, 2005.

AZZARA, C. *Le civiltà del Medioevo*. Bolonha: Il Mulino, 2004.

_____. *L'Italia dei barbari*. Bolonha: Il Mulino, 2002.

_____. *Le invasioni barbariche*. Bolonha: Il Mulino, 1999.

BARBERO, A. *Carlo Magno*: un padre dell'Europa. Roma/Bari: Laterza, 2000.

BELCASTRO, M.G. & ORTALLI, J. (orgs.). "Sepolture anomale. Indagini archeologiche e antropologiche dall'epoca classica al Medioevo in Emilia Romagna – Giornata di Studi". In: *Quaderni di Archeologia dell'Emilia Romagna*, 28, 2009.

BELL, R.M. *La Santa Anoressia*: Digiuno e misticismo dal Medioevo ad oggi. Roma/Bari: Laterza, 1987.

BLOCH, M. *La servitu nella società medievale*. Florença: La Nuova Italia, 1975.

_____. *I re taumaturghi*. Turim: Einaudi, 1973.

_____. *Lavoro e tecnica nel Medioevo*. Roma/Bari: Laterza, 1973.

BOGNETTI, G.P. *Santa Maria foris Portas di Castelseprio e la Storia religiosa dei Longobardi in Santa Maria di Castelseprio*. Milão, 1948 [ed. de G.P. Bognetti, G. Chierici e A. de Capitani d'Arzago] [tb. disponível em: BOGNETTI, G.P. *L'Età longobarda*. Vol. II. Milão: Giuffrè, 1966, p. 13-673].

BOIS, G. *L'anno Mille*. Roma/Bari: Laterza, 1991.

BORST, A. *Forme di vila nel Medioevo*. Nápoles: Guida, 1988.

BOSL, K. *Modelli di società medievale*. Bolonha: Il Mulino, 1979.

BOSWEL, J. *L'abbandono dei bambini*. Milão: Rizzoli, 1991.

BORTOLAMI, S. "Locus magnae misericordiae: Pellegrinaggio e ospitalità nel Veneto medioevale". In: RIGON, A. (org.). *I percorsi della fede e l'esperienza della carità nel Veneto medievale*. Pádua: Poligrafo, 2002, p. 81-132.

BROGIOLO, G.P. & GELICHI, S. *La città dell'Alto Medioevo italiano* – Archeologia e storia. Roma/Bari: Laterza, 1998.

BROOKER, C.N.L. *Il matrimonio nel Medioevo*. Bolonha: Il Mulino, 1992.

BURTON RUSSEL, J. *Il diavolo nel Medioevo*. Roma/Bari: Laterza, 1987.

CANTARELLA, G. *Una sera dell'anno Mille*: scene di Medioevo. Milão: Garzanti, 2000.

_____. *Principi e corti* – L'Europa del XII secolo. Turim: Einaudi, 1997.

CAMMAROSANO, P. *Nobili e Re*: L'Italia politica dell'Alto Medioevo. Roma/Bari: Laterza, 2009.

_____. *Studi di storia medievale*: Economia, territorio, società. Trieste: Cerm, 2009.

_____. *Storia dell'Italia medievale* – Dal VI all'XI secolo. Roma/Bari: Laterza, 2008.

CAPITANI, O. *Storia dell'Italia medievale (410-1216)*. Roma/Bari: Laterza, 1986.

_____. *Medioevo passato prossimo*. Bolonha: Il Mulino, 1979.

CARDINI, F. *La società medievale*. Milão: Jaca Book, 2012.

_____. *In Terrasanta*: Pellegrini italiani tra Medioevo e prima Età Moderna. Bolonha: Il Mulino, 2005.

_____. *Giovanna d'Arco*. Milão: Mondadori, 1999.

_____. *Alle radici della cavalleria medievale*. Florença: La Nuova Italia, 1987.

_____. *Il Barbarossa*: Vita, trionfi e illusioni di Federico I imperatore. Milão: Mondadori, 1985.

CASTIGLIONI, A. "Origini del salasso: Il salasso nel Medioevo". In: *Rivista CIBA*, ano VIII, n. 47, jun./1954, p. 1.542-1.558.

_____. *Storia della medicina*. Milão: Mondadori, 1936.

CAVALLO, G. (org.). *Le biblioteche nel mondo antico e medievale*. Roma/Bari: Laterza, 1993.

CAVALLO, G. *Libri e lettori nel Medioevo*: Guida storica e critica. Roma/Bari: Laterza, 2000.

CECI, F. "La deposizione nella tomba: Continuità di un rito tra paganesimo e cristianesimo". In: *Historia Antiqua* 13, 2005, p. 407-416.

CESARI, L. "Revenants e paura dei morti – Parte seconda: Il 'chiodo fisso' dei vampiri". In: *Pagani e Cristiani*, III, 2003, p. 119-155.

CHIESA, P. (org.). *Le cronache medievali di Milano*. Milão: Vita e Pensiero, 2001.

CHITTOLINI, G. *Comuni e signorie:* istituzioni, società, lotte per l'egemonia. Turim: Utet, 1981.

_____. *La crisi degli ordinamenti comunali nelle origini dello stato del Rinascimento*. Bolonha: Il Mulino, 1979.

CHRISTIANSEN, E. *Il Baltico e la frontiera cattolica 1100-1525*. Bolonha: Il Mulino, 2008.

CIPOLLA, C.M. *Storia economica dell'Europa pre-industriale*. Bolonha: Il Mulino, 1990.

_____. *Miasmi e umori*. Bolonha: Il Mulino, 1989.

_____. *Public Health and the Medical Profession in the Renaissance*. Cambridge, 1973.

CONTAMINE, P. *La guerra nel Medioevo*. Bolonha: Il Mulino, 1986.

CUOMO, F. *Gli ordini cavallereschi nel mito e nella storia di ogni tempo e paese*. Roma: Newton Compton, 1998.

D'ACUNTO, N. *Nostrum Italicum regnum*: Aspetti della politica italiana di Ottone III. Milão: Vita e Pensiero, 2002.

DALARUN, J. *Santa e ribelle*: vita di Chiara da Rimini. Roma/Bari: Laterza, 2000.

DE ANGELIS, V. *Le streghe*. Casale Monferrato: Piemme, 2002.

DEMPF, A. *Sacrum Imperium*: La filosofia della storia e dello Stato nel Medioevo e nella rinascenza politica. Florença: Le Lettere, 1988.

DEMURGER, A. *Crociate e crociati nel Medioevo*. Milão: Garzanti, 2012.

_____. *Vita e morte dell'Ordine dei templari*. Milão: Garzanti, 1996.

DI NOLA, A. *La Nera Signora* – Antropologia della morte e del lutto. Roma: Newton Compton, 2006.

DONÀ, C. "Pessimae vitae finis optimus: la santità dei briganti nei racconti religiosi del Medioevo". In: GROSSATO, A. *Le vie spirituali dei briganti*. Milão: Medusa, 2006.

DUBY, G. *Matrimonio medievale* – Due modelli nella Francia del XII secolo. Milão: Il Saggiatore, 2013.

_____. *La domenica di Bouvines*: 27 luglio 1214. Turim: Einaudi, 2010.

_____. *Medioevo maschio*: Amare e matrimonio. Roma/Bari: Laterza, 2002.

_____. *Il potere delle donne nel Medioevo*. Roma/Bari: Laterza, 2001.

_____. *I peccati delle donne nel Medioevo*. Roma/Bari: Laterza, 1999.

_____. *L'arte e la società medievale*. Roma/Bari: Laterza, 1999.

_____. *Donne nello specchio del Medioevo*. Roma/Bari: Laterza, 1995.

_____. *L'anno Mille*: storia religiosa e psicologia collettiva. Turim: Einaudi, 1992.

_____. *Le origini dell'economia europea* – Guerrieri e contadini nel Medioevo. Roma/Bari: Laterza, 1992.

_____. *Il cavaliere, la donna e il prete*. Roma/Bari: Laterza, 1982.

EBANISTA, C. & ROTILI, M. (org.). *Archeologia e storia delle migrazioni: Europa, Italia, Mediterraneo fra tarda età romana e alto medioevo* – Atti del Convegno Internazionale di Studi (Cimitile-Nola-Santa Maria Capua Vetere, 17-18/06/2010). Cimitile, 2011.

ELDERS, J.A. *Farmers, Friars, Millers, Tanners* – A study of the development of a medieval suburb bases on recent excavations on the site of a Carmelite friary in the Obertorvorstadt, Esslingen am Neckar, Germany. British Library, 1996 [tese inédita de doutorado na Universidade de Nottingham].

FICHTENAU, H. *L'impero carolingio.* Roma/Bari: Laterza, 2000.

FINK, K.A. *Chiesa e papato nel Medioevo.* Bolonha: Il Mulino, 1987.

FIRPO, L. (org.). *Medicina Medievale.* Turim: Utet, 1972.

FLETCHER, R. *La conversione dell'Europa*: Dal paganesimo al cristianesimo 371-1386. Milão: TEA, 2003.

FLORI, J. *La fine del mondo nel Medioevo.* Bolonha: Il Mulino, 2010.

_____. *La guerra santa*: La formazione dell'idea di crociata nell'Occidente cristiano. Bolonha: Il Mulino, 2009.

_____. *Cavalieri e cavalleria nel Medioevo.* Turim: Einaudi, 1999.

FORNASARO, F. *La medicina dei Longobardi.* Gorizia: Leg, 2008.

FRALE, B. *I templari e la Sindone di Cristo.* Bolonha: Il Mulino, 2009.

_____. *I templari.* Bolonha: Il Mulino, 2007.

FRANCOVICH ONESTI, N. *Vestigia longobarde in Italia (568-774)* – Lessico e antroponimia. Roma: Artemide, 1999.

FRUGONI, A. *Il giubileo di Bonifacio VIII.* Roma/Bari: Laterza, 1999.

FRUGONI, A. & FRUGONI, C. *Storia di un giorno in una città medievale.* Roma/Bari: Laterza, 2002.

FRUGONI, C. *Medioevo sul naso* – Occhiali, bottoni e altre invenzioni medievali. Roma/Bari: Laterza, 2001.

FUMAGALLI BEONIO BROCCHIERI, M. & PARODI, M. *Storia della filosofia medievale* – Da Boezio a Wyclif. Roma/Bari: Laterza, 1996.

FUMAGALLI, V. *Paesaggi della paura* – Vita e natura nel Medioevo. Bolonha: Il Mulino, 1994.

_____. *L'alba del Medioevo.* Bolonha: Il Mulino, 1993.

_____. *Solitudo carnis* – Vicende del corpo nel Medioevo. Bolonha: Il Mulino, 1990.

_____. *Uomini e paesaggi medievali.* Bolonha: Il Mulino, 1989.

_____. *La pietra viva* – Città e natura nel Medioevo. Bolonha: Il Mulino, 1988.

_____. *Quando il cielo si oscura.* Bolonha: Il Mulino, 1987.

GABRIELI, F. (org.). *Storici arabi delle Crociate.* Turim: Einaudi, 2007.

GANSHOF, F. *Che cos'è il feudalesimo?* Turim: Einaudi, 1989.

GASPARRI, S. *Prima delle nazioni* – Popoli, etnie e regni fra antichità e Medioevo. Roma: Nuova Italia Scientifica, 1997.

_____. *La cultura tradizionale dei Longobardi* – Struttura tribale e resistenze pagane. Espoleto: Cisam, 1983.

GATTO, L. *Il Medioevo giorno per giorno.* Roma: Newton Compton, 2003.

_____. *Storia universale del Medioevo.* Roma: Newton Compton, 2003.

GELICHI, S. & La ROCCA, C. (orgs.). *Tesori*: Forme di accumulazione della ricchezza nell'Alto Medioevo (secoli V-XI). Roma: Viella, 2004.

GELTNER, G. *La prigione medievale*: una storia sociale. Roma: Viella, 2012.

GEREMEK, B. *Uomini senza padrone*: Poveri e marginali fra Medioevo ed età moderna. Turim: Einaudi, 1992.

GIOVÈ MARCHIOLI, N. *Le sottoscrizioni dei copisti* – Problemi e informazioni [Seminário para o doutorado de pesquisa em Ciências do Texto e do Livro Manuscrito da Universidade de Cassino, 30 de março de 2004].

GOLINELLI, P. *Il Medioevo degli increduli*: Miscredenti, beffatori, anticlericali. Milão: Mursia, 2009.

GRECI, R. *Mercanti, politica e cultura nella società bolognese del basso medioevo.* Bolonha: Clueb, 2004.

GRILLO, P. *Monaci e città*: Comuni urbani e abbazie cistercensi nell'Italia nordoccidentale (secoli XII-XIV). Milão: Biblioteca Francescana, 2008.

GROSSATO, A. (org.). *Le vie spirituali dei briganti.* Milão: Medusa, 2006, p. 57-86 [col. *Viridarium*, 3].

GUÉNIN, G. & NOVILLAC, J. *Lectures historiques.* Paris: Alcan, 1926.

GUREVIC, A. *Le categorie della cultura medievale.* Turim: Bollati Boringhieri, 2007.

HEER, F. *Il Medioevo* – 1100-1350. Milão: Il Saggiatore, 1991.

HODGES, R. *Dark Age Economics* – A new Audit. Londres: Bristol Classical/Bloomsbury, 2012.

HUIZINGA, J. *L'autunno del Medioevo.* Milão: Rizzoli, 1995.

JARNUT, J. *Storia dei longobardi.* Turim: Einaudi, 2002.

KANTOROWICZ, E. *Laudes regiae*: Uno studio sulle acclamazioni liturgiche e sul culto del sovrano nel Medioevo. Milão: Medusa, 2006.

_____. *Federico II imperatore*. Milão: Garzanti, 1976.

KIECKHEFER, R. *Magic in the Middle Ages*. Cambridge University Press, 1989.

KLAPISCH-ZUBER, C. (org.). *Storia delle donne* – Il Medioevo. Roma/Bari: Laterza, 1990.

JAKOBSSON, Á. "Troublesome children in the Sagas of Icelanders". In: *Saga-Book*. Vol. XXII. Londres: Viking Society for Northern Research/University College, 2003.

LECLERCQ, J. *Bernardo di Chiaravalle*. Milão: Vita e Pensiero, 1992.

LE GOFF, J. *Il tempo sacro dell'uomo*. Roma/Bari: Laterza, 2012.

_____. *Lo sterco del diavolo*: Il denaro nel Medioevo. Roma/Bari: Laterza, 2012.

_____. *Il corpo nel Medioevo*. Roma/Bari: Laterza, 2007.

_____. *Il re nell'Occidente medievale*. Roma/Bari: Laterza, 2006.

_____. *Alla ricerca del Medioevo*. Roma/Bari: Laterza, 2003.

_____. *La borsa e la vita*: Dall'usuraio al banchiere. Roma/Bari: Laterza, 2003.

_____. *San Francesco d'Assisi*. Roma/Bari: Laterza, 2002.

_____. *I riti, il tempo, il riso* – Cinque saggi di storia medievale. Roma/Bari: Laterza, 1999.

_____. *L'immaginario medievale*. Roma/Bari: Laterza, 1998.

_____. *Il Medioevo*: Alle origini dell'identità europea. Roma/Bari: Laterza, 1996.

_____. *L'uomo medievale*. Roma/Bari: Laterza, 1993.

_____. *Il meraviglioso e il quotidiano nell'Occidente medievale*. Roma/Bari: Laterza, 1983.

_____. *La civiltà dell'occidente medievale*. Turim: Einaudi, 1981.

_____. *Gli intellettuali nel Medioevo*. Milão: Mondadori, 1979.

_____. *Tempo della Chiesa e tempo del mercante e altri saggi sul lavoro e la cultura nel Medioevo*. Turim: Einaudi, 1977.

_____. *Il cielo sceso in terra*: Le radici medievali dell'Europa. Roma/Bari: Laterza, 2003.

LEVI PISETZKY, R. "Come vestivano i milanesi alla fine del Medioevo". In: *Storia di Milano* – Vol. V: La Signoria dei Visconti (1310-1392). Milão, 1955.

LO MONACO, F. & MORES, F. *I Longobardi e la storia* – Un percorso attraverso le fonti. Roma: Viella, 2012.

LOPEZ, G. *I signori di Milano* – Dai Visconti agli Sforza. Roma: Newton Compton, 2003.

MAIRE VIGUEUR, J.-C. *Cavalieri e cittadini* – Guerra, conflitti e società nell'Italia comunale. Bolonha: Il Mulino, 2010.

_____. *Il sistema politico dei comuni italiani (secoli XII-XIV)*. Milão: Bruno Mondadori, 2010.

MAJOCCHI, P. *Pavia città regia* – Storia e memoria di una capitale medievale. Roma: Viella, 2008.

MANSI, G.D. (org.), *Sacrorum Conciliorum nova et amplissima collectio*. Florença/Veneza, 1758-1798, vols. 21-22.

MCCALL, A. *I reietti del Medioevo*. Milão: Mursia, 1987.

MELUCCO VACCARO, A. *I longobardi in Italia*. Milão: Longanesi, 1992.

MERLO, G.G. *Il cristianesimo medievale in Occidente*. Roma/Bari: Laterza, 2012.

_____. *Streghe*. Bolonha: Il Mulino, 2011.

_____. *Valdo*: L'eretico di Lione. Turim: Claudiana, 2010.

_____. *Inquisitori e Inquisizione nel Medioevo*. Bolonha: Il Mulino, 2008.

_____. *Contra gli eretici*. Bolonha: Il Mulino, 1996.

_____. *Eretici ed eresie medievali*. Bolonha: Il Mulino, 1989.

MERLO, G.G. (org.). *Vescovi medievali*. Milão: Biblioteca Francescana, 2003.

MINOIS, G. *Piccola storia dell'inferno*. Bolonha: Il Mulino, 1995.

MODZELEWSKI, K. *L'Europa dei barbari* – Le culture tribali di fronte alla cultura romano-cristiana. Turim: Bollati Boringhieri, 2008.

MOEN, M. *The Gendered Landscape*: A Discussion on Gender, Status and Power in the Norwegian Viking Age Landscape. British Archaeological Reports Limited, 2011.

MONTANARI, M. *La fame e l'abbondanza*. Roma/Bari: Laterza, 1993.

_____. *Alimentazione e cultura nel Medioevo*. Roma/Bari: Laterza, 1988.

MORGHEN, R. *Medioevo cristiano*. Roma/Bari: Laterza, 1991.

MORO, P. (org.). *I Longobardi e la guerra* – Da Alboino alla battaglia sulla Livenza (VI-VIII sec.). Roma: Viella, 2004.

MOULIN, L. *La vita quotidiana dei monaci nel Medioevo*. Milão: Mondadori, 1988.

MURRAY, A. "Suicide in the Middle Ages". In: *Synergy. Psychiatric writing worth reading*, vol. 18, n. 5, Outono/Inverno, 2012.

MUZZARELLI, M.G. *Guardaroba medievale*: Vesti e società dal XIII al XVI secolo. Bolonha: Il Mulino, 1999.

MUZZARELLI, M.G. (org.). *La legislazione suntuaria* – Secoli XIII-XVI: Emilia Romagna. Bolonha, 2002 [Publicação do Ministério para os Bens e Atividades Culturais, Direção Geral para os Arquivos: série *Fonti*, vol. XLI].

OCCHIPINTI, E. *L'Italia dei Comuni* – Secoli XI-XIII. Roma: Carocci, 2000.

OPPL, F. *Federico Barbarossa*. Gênova: ECIG, 1994.

ORME, N. *Fleas, Flies, and Friars*: Children's Poetry from the Middle Ages. Ithaca: Cornell University Press, 2012.

_____. *Medieval Children*. New Haven/Londres: Yale UP, 2001.

OURSEL, R. *Pellegrini del Medioevo*: Gli uomini, le strade, i santuari. Milão: Jaca Book, 2001.

PACAUT, M. *Monaci e religiosi nel Medioevo*. Bolonha: Il Mulino, 1989.

PADOA-SCHIOPPA, A. *Il diritto nella storia d'Europa*: Il Medioevo – Parte prima. Pádua: Cedam, 1995.

PARAVICINI BAGGIANI, A. (org.). *Federico II e le scienze – Federico II e le città – Federico II e il mondo mediterraneo*. Palermo: Sellerio, 1994.

PENCO, G. *La Chiesa nell'Europa Medievale*. Casale Monferrato: Portalupi, 2004.

PERCIVALDI, E. (org.). *Il Seprio nel Medioevo* – Longobardi nella Lombardia settentrionale (VI-VIII sec.). Rímini: Il Cerchio, 2011.

_____. *La Navigazione di San Brandano*. Rímini: Il Cerchio, 2008.

PERCIVALDI, E. *Fu vero Editto?* Costantino e il cristianesimo tra storia e leggenda. Milão: Ancora, 2012.

_____. *I Lombardi che fecero I 'impresa* – La Lega e il Barbarossa tra storia e leggenda. Milão: Ancora, 2009.

_____. *I celti*: Una civiltà europea. Florença: Giunti, 2003.

PEYER, H.C. *Viaggiare nel Medioevo*: dall'ospitalità alla locanda. Roma/Bari: Laterza, 1991.

PHILLIPS, J. *Sacri guerrieri*: La straordinaria storia delle crociate. Roma/Bari: Laterza, 2011.

PIRENNE, H. *Storia d'Europa*. Roma: Newton Compton, 1996.

_____. *Le città nel Medioevo*. Roma/Bari: Laterza, 1995.

_____. *Storia economica e sociale del Medioevo*. Milão: Garzanti, 1985.

POGNON, E. *La vita quotidiana nell'anno Mille*. Milão: Rizzoli, 1989.

POHL, W. *Le origini etniche dell'Europa*: Barbari e Romani fra Antichità e Medioevo. Roma: Viella, 2000.

PRICOCO, S. (org.). *La Regoa di San Benedetto e le Regole dei Padri*. Milão: Fondazione Lorenzo Valla, 1995.

REDA, M. & SACCO, O. "Anoressia e santità in Santa Caterina da Siena". In: *Informazione in psicologia, psicoterapia, psichiatria*, 26, Roma, 1996.

RIEMSCHNEIDER, M. *La religione dei celti*: Una concezione del mondo. Milão: Rusconi, 1997.

ROMAGNOLI, D. (org.). *La città e la corte* – Buone e cattive maniere tra Medioevo ed Età Moderna. Milão: Guerini e Associati, 1991.

RUNCIMAN, S. *Storia delle crociate*. Milão: Rizzoli, 2002.

SALVEMINI, G. *Magnati e popolani nel comune di Firenze dal 1280 al 1296*. Turim: Einaudi, 1966.

SAMSET MYGLAND, S. "Behind fragments and shards: children in medieval Bergen". In: *AmS-Skrifter*, 23, Stavanger, 2010, p. 83-93.

SCHÄFER, H. "Befunde 'Auf dem Kies' – Grabungen südlich des Karmeliterklosters in Esslingen". In: *Archäologische Ausgrabungen in Baden-Württemberg 1992*, Stuttgart, 1993.

_____. "Das Karmeliterkloster in der Obertorvorstadt in Esslingen". In: *Archäologische Ausgrabungen in Baden-Württemberg 1991*, Stuttgart, 1992.

SCHMITT, J.-C. *Medioevo superstizioso*. Roma/Bari: Laterza, 2004.

_____. *Spiriti e fantasmi nella società medievale*. Roma/Bari: Laterza, 1995.

SERGI, G. *L'idea di* medioevo – Fra luoghi comuni e pratica storica. Roma, 1999.

SESTAN, E. *Alto Medioevo*. Florença: Le Lettere, 1988.

SETTIA, A.A. *Rapine, assedi, battaglie*: La guerra nel Medioevo. Roma/Bari: Laterza, 2002.

_____. *Proteggere e dominare* – Fortificazioni e popolamento nell'Italia medievale. Roma: Viella, 1999.

SIGHINOLFI, C. *I guerrieri-lupo nell'Europa arcaica* – Aspetti della funzione guerriera e metamorfosi rituali pressogli indoeuropei. Rímini: Il Cerchio, 2004.

SNYDER, J. *From Content to Form:* Court Clothing in Mid-Twelfth-Century Northern French Sculpture. Basingstoke: Palgrave Macmillan, 2002.

SPAGNOLO GARZOLI, G. (org.). *Conubia gentium* – La necropoli di Oleggio e la romanizzazione dei Veramocori. Turim: Omega, 1999.

TABACCO, G. & MERLO, G.G. *Medioevo*. Bolonha: Il Mulino, 1981.

TABACCO, G. *Dai re ai signori*: forme di trasmissione del potere nel Medioevo. Turim: Bollati Boringhieri, 2000.

_____. *Le ideologie politiche del Medioevo*. Turim: Einaudi: 1999.

_____. *Egemonie sociali e strutture del potere nel Medioevo italiano*. Turim: Einaudi, 1974.

TOUBERT, P. *Dalla terra ai castelli*: Paesaggio, agricoltura e poteri nell'Italia medievale. Turim: Einaudi, 1995.

VAUCHEZ, A. *La santità nel Medioevo*. Bolonha: Il Mulino, 2009.

_____. *La spiritualità dell'Occidente medioevale*. Milão: Vita e Pensiero, 2006.

_____. *Esperienze religiose nel Medioevo*. Roma: Viella, 2003.

VERDON, J. "Au lit: sans chemise sans pyjama". In: *Historia*, 656, 1 de junho de 2001.

_____. *Il viaggio nel Medioevo*. Milão: Baldini & Castoldi, 2001.

_____. *La notte nel Medioevo*. Milão: Baldini & Castoldi, 2000.

_____. *Il piacere nel Medioevo*. Milão: Baldini & Castoldi, 1999.

VIGARELLO, G. *Lo sporco e il pulito* – L'igiene e il corpo dal Medioevo a oggi. Veneza: Marsilio, 1996.

VIOLANTE, C. *Chiesa feudale e riforme in Occidente (X-XII sec.)*. Espoleto: Cisam, 1999.

_____. *Studi sulla cristianità medioevale*. Milão: Vita e Pensiero, 1975.

VV.AA. *I Longobardi*: dalla caduta dell'impero all'alba dell'Italia. Cinisello Balsamo: Silvana, 2007 [catálogo da mostra de Turim, Palácio Bricherasio, 28/09/2007-06/01/2008].

_____. *Federico II*: Enciclopedia Fridericiana. Roma: Istituto della Enciclopedia Italiana, 2005.

_____. *Il futuro dei Longobardi*: L'Italia e la costruzione dell'Europa di Carlo Magno. Milão: Skira, 2000 [catálogo da mostra de Bréscia, Mosteiro de Santa Júlia 18/06/2000-19/11/2000].

_____. *Enciclopedia dell'Arte Medievale*. Roma: Treccani, 1991.

_____. *Le chiese di Milão*. Milão: Electa, 1985.

WALKER BYNUM, C. *Sacro convivia, sacro digiuno*: Il significato religioso del cibo per le donne del Medioevo. Milão: Feltrinelli, 2001.

ZIRONI, A. *Il monastero longobardo di Bobbio* – Crocevia di uomini, manoscritti e culture. Espoleto: Cisam, 2004.

Agradecimentos

Muito obrigada a Cesare Mandelli, meu professor no colégio e homem de cultura enciclopédica: a ele e ao seu grande exemplo devo a centelha que começou o incêndio.

Sou grata também a Roberto Perelli Cippo, extraordinário professor de História Medieval na Universidade dos Estudos de Milão e orientador da minha tese: ensinou-me a estudar sempre as fontes, mas, sobretudo, transmitiu-me seu amor ilimitado pela Idade Média.

Obrigada aos meus pais pela paciência.

Agradeço, enfim, ao Mário pelo apoio, a ajuda e o incentivo. Sem você, como sempre, eu não teria conseguido.

Índice de nomes e lugares

Aachen 89, 118, 139, 197, 346

Abdela 185

Abelardo, Pedro 24, 148, 152, 223

Abôndio (Santo) 259

Abü Bakr Mohammad Ibn Zakariya denominado al-Razi 183, 199, 204

Actuário, João Zacarias 182

Adaloaldo 362

Adda 218, 250

Adalghis 107

Ademar de Monteil 269

Adriano IV 354

Adso de Melk 308

Aécio de Amida 182, 184

Aelfric 323s.

Afeganistão 94, 96

Aflácio, João 185

Afonso VI de Castela e León 274

África 87, 105, 144, 204, 284, 286, 322, 377, 379

Agácio (Santo) 202

Agade 79

Agátias 77

Agilulfo 16, 91, 331, 362

Agincourt 330, 339

Agobardo de Lion 171

Agostinho (Santo) 55, 147, 164, 171, 220, 222, 283, 322, 374

Aidan (Santo) 265

Aimaro de Cluny 273

Aimo de Galliorosso 337

Aio 80

Alagísio 184

Alano 233

Alba 361

Albelda 136

Albenga 361

Alberico de Barbiano 340

Alberico de Espoleto 35

Alberico II 35, 272

Alberto Magno 49, 54s., 150, 178

Albi 130, 295, 298

Alboíno 11, 110, 362

Alcuíno de York 139, 208

Aldobrandino de Sena 111, 196

Aleixo I Comneno 293

Alemanha 42, 80s., 101, 134, 145, 179, 197, 202, 230, 268, 273, 287, 289, 302, 325, 346, 350, 354s., 366, 379

Alemanna, Via 92

Alexandre (Santo) 240

Alexandre de Liegi 331, 351

Alexandre de Tralles 182, 184

Alexandre della Spina 135

Alexandre II 290-292

Alexandre III 301

Alexandre Magno 326

Alexandre V 281

Alexandre VI 377

Alexandria 84, 217, 337

Alexandria do Egito 202, 260

Alfano 185

Alfonso X o Sábio 253, 378

Alfredo o Grande 323

Ali ibn al-Abbas al-Majusi denominado Haly Abbas 183

Alighieri, Dante 20, 60, 72, 75, 86, 117, 122, 137, 156, 173, 212, 229, 232, 246, 251s., 269, 280, 308s., 313

Al-Kindi 182

Alpes 90s., 318, 322, 354

Alpes Julianos 319

Alsácia 24, 224

Alvernia 273

Amari, Michele 341

Amaury, Arnaud 296-298

Ambrósio (Santo) 214, 240, 259, 289, 361

América 10, 82, 118, 121, 179

Anagni 279

Ancara 159

Andaluzia 150

Andreuccio da Perugia 208

Ângela de Foligno (Santa) 28

Angera 257, 291

Angiolieri, Cecco 253

Ânglia 40, 127

Ânglia Oriental 323s.

Anna de Beaujeu 31

Annaud, Jean-Jacques 312

Ansa 23

Anselmo de Baggio 290

Anselmo de Cantuária 78

Ansprando 18

399

Antão (Santo) 113, 161, 201s., 245, 261s.

Antelami, Benedetto 132

Antimo 184

Antioquia 260s.

Aosta 224, 361

Apolônio 193

Aquileia 139, 260, 360

Aquitânia 19s., 273

Aral, Mar de 96

Aran, Ilhas 265

Archiano 212

Arechi de Benevento 34

Aretino, Pietro 340

Arezzo 93, 137

Argel 136

Argélia 260

Arghun Khan 96

Arialdo de Carimate 291s.

Ário 284, 286

Ariosto, Ludovico 339, 343

Ariperto 18

Aristófanes 59, 108

Aristóteles 85

Arles 172, 197, 330

Arlete 18

Armênia 94, 104

Armínio 316

Arnaldo di Villanova 196

Arnaut Guilhem de Marsan 22

Ásia 82s., 87, 94, 104s., 230, 326

Ásia Menor 82, 145, 283, 293

Asmund 165

Assis 27s., 176, 276, 278, 301

Asti 18, 361

Aswid 165

Atanásio (Santo) 261

Atenas 156

Átila 31, 361

Atlântico 89

Aton 291

Aton de Vercelli 23, 99

Augusta 325, 331, 351

Augusto 155, 356

Aurora 18

Ausônio 360

Áustria 224

Autário 16

Auxerre 23, 165, 172, 247

Avicena 177, 183, 195

Avignon 64, 233, 299, 313

Avogadro de Casanova, Tomás 311

Bacon, Roger 178

Baden-Württemberg 64

Bagdá 96, 189

Baggiovara 225s.

Baku 326

Balcache, Lago 96

Balduíno IV de Flandres 205

Bangor 140, 265

Bárbara (Santa) 202

Barbato (São) 241

Barcelona 197

Bari 259, 286

Barinto (São) 103

Bartolomeu Ânglico 196

Bartolomeu de Pizolo 88

Bartolomeu, Pedro 269

Basílio (São) 38, 40, 293

Baumgartenberg 132

Baviera 16, 110, 151, 347

Bayeux 81, 198, 326

Beaugency 19

Beaujeu 31

Beaume 273

Beauvais 31, 196

Beda o Venerável 40, 86, 193, 211, 265

Belém 90

Benediktbeuern, Abadia de 151

Benevento 34, 171, 241

Benoît de Sainte-Maure 22

Bento de Aniane (São) 273

Bento de Núrcia (São) 262, 273

Bento IX 280

Bento VIII 127

Bento XII 281

Benvenuto de Ímola 123, 309

Berengário de Friul 311

Berengário de Ivrea 272

Bérgamo 230, 302, 310s., 361

Bergen 42s.

Bernardino de Sena 56, 60, 72, 76, 171, 253

Bernardo de Claraval 19, 152, 274, 312, 334

Bernardo de Settimânia 25
Bernart de Ventadorn 22
Bernon 273
Berti, Bellincion 75
Bertoldo de Ratisbona 46
Berwick 373
Béziers 297-299
Biandrate 310
Biella 311s.
Birr 265
Bizâncio 104
Blemides, Nicéforo 182
Bloch, Marc 202s., 350
Bobbio 91, 112, 146
Boccaccio, Giovanni 25, 40, 53, 156, 230, 246
Boêmia 249s., 331, 351
Boemundo de Antioquia 275
Bogomil 293
Bolonha 32, 71, 150s., 209, 222, 226s., 259
Bonifácio (São) 64, 241, 376
Bonifácio VIII 249, 279s., 305s.
Bonvesin de la Riva 39, 362, 369
Bordeaux 19, 167
Bórgia, César 377
Borgonha 84, 159, 224, 273
Boskstens 73
Botticelli, Sandro 157
Bouches-du-Rhone 134
Boudicca 28
Boulogne-sur-Mer 143
Bourges 19

Bouvines 330

Bracciolini, Poggio 156

Braga 172, 221, 249

Bram 298

Branca de Castela 31, 332

Brandão (São) 102-104, 113, 265

Brás (São) 202

Bregno, Andrea 233

Bréscia 23, 218, 310s., 325, 361

Breslávia 96

Bretanha 23, 28, 152, 245, 265, 323, 352

Brian Boru 323

Brianza 243s., 304

Brida 310

Brígida da Irlanda (Santa) 91, 243, 245, 265

Britânia 61, 64, 79, 198, 241

Brixen 151

Broca, Paul 83

Brunelleschi, Filippo 40

Bruno de Colônia 274

Bryggen 42

Buffalmacco 211

Bulgarus 150

Buonarroti, Michelângelo 157

Buonconte de Montefeltro 212

Burcardo de Worms 56, 58, 114, 225

Burckhardt, Jacob 154

Cabaret 298

Cabília 260

Caco 80

Cadalo de Parma 291
Caetani, Benedetto 279, 306
Caffa 206, 332
Caio Mário 31
Calábria 25
Calandri, Filippo 137
Calcedônia 87, 146
Calcutá 96
Calisto II 292, 354
Calvário 90
Camaldoli 274
Cambridge 150
Caminho de Santiago 91
Campaldino 212, 269
Campertogno 311s.
Campochiaro 321
Camporosso 311
Campos Catalúnicos 34
Canossa 13, 32, 292, 354s.
Caorle 91
Capadócia 240
Capela, Marciano 24, 105, 239
Cappellano, Andrea 47
Cara de Módena 310
Caracórum 96
Carcassonne 298s.
Cardini, Franco 339
Carentino, Alberto 311
Carlos de Calábria 25
Carlos Magno 18, 77s., 89, 108, 122s., 127, 139, 167, 171, 197, 208, 241, 269, 287, 328, 346, 358

Carlos Martel 10, 52, 77s.

Carlos o Calvo 270, 349

Carlos o Gordo 271

Carlos o Simples 323

Carlos o Temerário 31

Carlos V 62

Carnac 245

Casalecchio di Reno 227

Casola, Pedro 93

Cáspio, Mar 96

Cássio, Dião 28, 213

Castel Sant'Angelo 271s., 354

Castelnaudary 298

Castiglioni, Arturo 198

Castracani, Castruccio 340

Castres 298

Catai 94

Catalunha 197

Catarina de Alexandria (Santa) 202

Catarina de Sena (Santa) 13, 27, 246

Cattaneo, Longino 311

Celestino III 246

Celestino V 246, 259, 279, 305

Celso 184, 193, 285

Celso Aureliano 184

Cerinto 282

Cervo 101, 311

César, Caio Júlio 29, 237, 244

Cesário (São) 197, 247

Cesário de Arles 197

Cesário de Heisterbach 268, 297, 374

Champagne 22

Chartres 127, 148

Chaucer, Geoffrey 53

Chiarello di Piero di Zacheo 277

China 94, 230, 276

Chioggia 91

Chipre 93

Ciaran (São) 265

Cícero, Marco Túlio 138, 146

Cilícia 94

Cimabue 132

Cipolla, Carlo Maria 209

Cipriano 213

Ciríaco (São) 202

Cisa 351

Cister 266, 274, 296

Cividale del Friuli 106, 215, 218

Clara de Assis (Santa) 28

Clara de Rímini (Santa) 277s.

Claraval 305

Clemenfu (Ciandu) 95

Clemente V 280, 310, 313, 334

Clemente VI 208, 249, 378

Clermont 191, 359

Clermont-Ferrand 359

Clodoaldo 78

Clodomiro 77

Clodoveu 13, 77

Clonard 265

Clonfert 134

Clonmacnoise 265

Clontarf 323
Clotário I 77
Clotário II 23
Clotilde 13, 77
Cluny 24, 54, 58, 116s., 164, 172, 197, 242, 246, 259, 271, 273s.
Clusone 230
Cocacin 95
Codemaglio de Pusterla 337
Cogitosus 243
Coimbra 150
Coira 361
Coligny 238
Collegno 84, 217s.
Colleoni, Bartolomeu 340
Colônia 90, 274
Colonna, Sciarra 279
Columba (São) 265
Columbano (São) 79, 91, 112s., 140, 264
Coma 261
Como 111, 133, 259, 290, 310, 361
Concorezzo 130, 299
Congall (São) 265
Conques 134
Conrado de Augusta 331, 351
Conrado III (imperador) 19
Constança 281
Constantino (Imperador) 38, 92, 183, 185, 221, 237, 264, 286, 318, 345, 355, 361
Constantino o Africano 183, 185
Constantinopla 94, 156, 178, 202, 205s., 260, 286, 298, 332
Copenhague 195
Copérnico, Nicolau 86, 154

Córdoba 378
Cornualha 226
Correr, Ângelo 281
Cortenuova 330
Cotta, Erlembaldo 290
Cotta, Landolfo 290
Cracóvia 96
Crécy 339, 341
Crema 337
Cremona 35, 177, 183, 272, 325, 330, 361
Crimeia 94, 206, 332
Crispo, Benedetto 185
Cristiano de Mainz 269
Cristóvão (São) 202, 212
Cú Chulainn 61
Cuggiago 290
Cunimondo 110
Cuniperto 357
Cutberto de Cantuária 376

D'Arcoli, Giovanni, denominado Arcolannus 195
Da Vinci, Leonardo 157
Dalmácia 23
Damasco 93
Dâmaso 260
Damião, Pedro 55, 113, 119, 124, 197, 290
Daniel de Praga 331, 351
Dateu 38
De Brion, Simon 117
De' Cerchi, Humiliana 28
De Cessolis, Tiago 253

De Charnay, Geoffrey 334
De Chateau Neuf, Jocelin 202
Décio 286
De Coca, Giovanni Diego 233
Dei Conti de Segni, Lotário 47
Dei Tintori, Gerardo (São) 304
De La Grange, Jean 233
De Lèvre, Jean 230
Delhi 96
De' Liberi da Premariacco, Fiore 329
De Lorme, Charles 208
Della Scala, Cangrande 367
Della Scala, Mastino 367
Del Morrone, Pier 246, 279
Del Rio, Martin Antonio 179s.
De Lucca, Paolo 195
De Médici, Cosme 177
De Médici, João de Bicci, denominado João das Faixas Pretas 340
De Médici, Lourenço 47, 156
De Meung, Jean 47, 64
De Mirfeld, Johannes 371
De Molay, Jacques 334
De Montbaston, Jeanne 143
De Montfort, Simão 298
De Mussis, Giovanni 128
De Paganis, Hugo 333
De Payns, Hugo 334
De Perego, Leão 292
De Pizan, Christine 13, 25
De Salerno, Trotula 25, 57, 74, 186, 188
De Tresseno, Oldrado 292

De Troyes, Chrétien 22, 62

De' Salimbeni, Niccolò 122

Denari, Odofredo 252

Der Gartenaere, Wernher 371

Desenzano 130, 299

Desidério 23

Des Roches, Pierre 269

Dhuoda 25, 139, 347

Dietmar de Merseburgo 229

Di Filippuccio, Memmo 200

Dijon 160

Dimas 374

Dinamarca 110, 141, 191, 195, 220, 323

Di Nola, Alfonso 216

Diocleciano 147, 284, 286, 345

Diodoro Sículo 61

Dionísio (São) 202

Dionísio o Pequeno 236

Dobbiaco 90

Dolcino de Novara 11, 308-311

Domenico Selvo 124

Domiciano 213, 286

Domingos (São) 276, 295

Donato 92, 284

Donizo 32

Doria, Ottone 339

Dos Ubertini, Guilherme 269

Dublin 141, 323

Duccio de Buoninsegna 132

Durand, Guilherme 213

Eberardo de Ratisbona 331, 351
Eco, Umberto 141, 308, 312
Edelberga 13
Edessa 19
Edimburgo 373
Edmundo de Ânglia (Santo) 323s.
Eduardo I 203, 373
Eduardo II 168, 203
Eduardo III 203
Eduardo o Confessor 203
Edwin 13
Egéria 93
Egídio (Santo) 202
Egídio Romano 48
Eginhardo 108, 139, 167
Egito 41, 93, 110, 183, 202, 260s.
Eisenstein, Sergej 335
Elígio (Santo) 247
Ellingen 335
Emma 18
Enda 103, 265
Erasmo (Santo) 202
Erasmo de Narni, denominado o Gattamelata 340
Érico o Vermelho 220
Ernulfo de Rochester 78
Erwig 78
Escandinávia 80, 206, 219s., 322, 351
Escócia 265, 373
Espanha 37, 78s., 90, 93, 100s., 136, 144, 150, 178, 199, 322, 377, 379
Espira 179, 331, 351
Espoleto 18, 35, 271s.

Esslingen 42
Estêvão II 272
Estêvão VI ou VII 272
Estrabão 86
Estrasburgo 24, 270, 376, 379
Etiópia 183
Europa 10, 20, 22, 32, 53, 72, 82s., 86-89, 94s., 97, 99-101, 112, 123, 125, 127, 129, 132s., 136, 148, 150-153, 156, 170, 178s., 183, 197, 199, 204s., 209-211, 215, 223s., 228, 230s., 233, 241s., 243-245, 252, 254, 267, 273s., 276s., 287, 294, 297, 303, 313, 319s., 321, 324, 326, 331s., 335, 347, 351, 359, 364, 377-379
Eusébio de Nicomédia 286
Eustáquio (Santo) 202
Exeter 241
Externsteine 242
Extremo Oriente 95s.

Faber, Felix 90
Falkirk 373
Fanjeaux 298
Farfa 273, 322
Félix (São) 259, 285
Fernando I de Leão e Castela 274
Ferrara 32, 93, 156
Fez 136
Fibonacci, Leonardo 136
Ficino, Marsílio 156
Fiesole 84
Filipe I de França 203
Filipe II de França, denominado Augusto 297, 309, 330
Filipe IV de França, denominado o Belo 203, 306, 334, 339
Flandres 197, 224, 312s., 339
Florença 40, 75, 84, 102, 137, 156, 177, 192, 194, 222s., 252, 343

Folegno 312

Foligno 28, 207

Forli 233

Forlimpopoli 245

Formoso 272

Fortebraccio, Andrea, denominado Braço de Montone 340

Fourquet, Jeanne, denominada Hachette 31

França 19-21, 23, 31, 39, 48, 50, 60, 62, 90, 96, 101, 111, 129, 139, 143, 148, 152, 171, 199, 202s., 204, 230s., 238, 248-250, 252s., 269, 273s., 276, 280, 289, 295, 297-302, 306, 311, 323, 330-334, 339, 341s., 350, 352, 376-378

Francígena, Via 90s., 351

Francisco (São) 176, 276, 301, 306

Frankfurt 379

Frascaro 84, 217

Frederico de Novara 311

Frederico I de Hohenstaufen denominado o Barbarossa (Imperador) 24, 81, 90, 104, 150, 246, 270, 331, 337s., 351, 354s.

Frederico II de Svevia (Imperador) 150, 178, 189, 192, 275, 330, 378

Frescobaldi, Leonardo 91

Friuli 80, 106, 215, 218

Frontão, Marco Cornélio 146, 285

Fulberto 24, 148, 152

Fulda 191, 241

Fulgêncio de Ruspe 223

Gagliaudo 337

Gaio 147

Galeno 48, 181s., 192

Galério 286

Gália 93, 134, 244

Galilei, Galileu 86

Galles 265

Galluzzi, Bonifácio 152

Gambara 80

Gandersheim 24

Gandoni, Matteo 151

Gani Bek 206

Gargano 91

Garibaldo 16

Garin, Eugenio 155

Gasconha 19s., 25, 341

Gelásio 243, 260

Gemona 222

Gengis Khan 94s., 325

Gênova 361s.

Genoveva 31

Gentile de Foligno 207

Gerardo de Cremona 177, 305-307, 309

Gerbert d'Aurillac 136, 148

Gertrudes 78

Gervásio de Tilbury 166

Giabir ibn Hayann 177

Giacomo de Quaregna 311

Gigny 273

Gilberto de Nogent-sous-Coucy 203

Gildas 61

Giotto di Bondone 132

Giraldo Cambrense 120

Giselle 18

Gisulfo II 186

Giussano 300

Glendalough 265

Gobi, Deserto de 94

Godofredo de Castiglione 291

Godofredo de Espira 331, 351

Godofredo de Santo Aldemaro 333

Goito 217s.

Golfo Pérsico 94

Göngu-Hrólfur 352

Gonnor 18

Gonsalvi 234

Gonsalvo 234

Gonzaga, Vespasiano 343

Gotland 220

Gozzano 218

Graciano 260, 275

Granada 378

Granason, Thord 44, 254

Grécia 85

Gregório de Tours 78, 167s.

Gregório Magno 55, 113, 119, 161, 211, 223

Gregório VI 280

Gregório VII 79, 288, 292, 353

Gregório XII 280

Gregório XIII 251

Grenoble 274

Grimoaldo 17

Grimoaldo IV de Benevento 171

Grím Heggsson 44

Groenlândia 73

Gualberto, João (São) 274

Gualtério sem Haveres 332

Guelfo VII 331, 351

Gui, Bernardo 308-310

Guido da Toscana 35, 271

Guido d'Arezzo 137

Guido de Espoleto 271

Guido de Montpellier 39

Guido de Velate 290s.

Guidotti, Galgano 328

Guilherme de Aquitânia 20, 273

Guilherme de Baskerville 308

Guilherme de Champeaux 152

Guilherme de Coccolato 305

Guilherme de Jumièges 352

Guilherme de Malmesbury 78, 81, 370

Guilherme de Normandia 18

Guilherme de Saliceto 194

Guilherme de Tiro 333

Guilherme de Volpiano 127, 166

Guilherme o Conquistador 52s., 326

Guilhermina a Boêmia 304s.

Guintelmo 337

Gutenberg, Johann 145

Güyük Khan 95

Hastings 18, 53, 326

Hawkwood, John 340, 342

Helinus 185

Helmbrecht 372

Helmiques 110

Heloísa 24, 152

Henrique de Landriano 337

Henrique II Plantageneto 20, 203, 376

Henrique IV (Imperador) 291s., 353

Henrique V (Imperador) 292, 354

Henrique VIII da Inglaterra 65

Heppo 214

Herjolfsnes 73

Hermann von Verden 331, 351

Hermano de Caríntia 177

Herrad de Landsberg 24

Hessen 241

Hildegard von Bingen 13, 24, 111, 186, 188, 194, 200, 247

Hildesheim 242, 287

Hipócrates 82s., 181, 184, 193

Holanda 379

Holbein, Hans o Jovem 65

Honório II 291

Honório III 277

Hood, Robin 364, 374

Hugo de Espoleto 18

Hugo de Provença 35, 272

Hugo de Santalla 177

Hugo de São Vítor 312

Hugo 150

Huizinga, Johann 155

Hungria 43, 92, 109, 218, 332s.

Hvítá 44

Ibn Battuta 96

Ibn Butlân 189

Ibor 80

Ildebrando de Soana 290, 292, 353

Ildegonda (Santa) 268s.

Imad-ad-Din 332

Imbelloni, José 83
Ina 39
Índia 137, 183, 276
Inglaterra 18, 20, 53, 96, 122, 127, 134, 203, 231, 253, 269, 274, 323, 326, 338, 341, 348, 350, 376, 378
Inocêncio III 39, 47, 70, 213, 249, 295, 302s., 313
Inocêncio VIII 179
Iona 264s.
Irlanda 76, 91, 102, 112, 120, 134, 140s., 242s., 263-265, 323
Isidoro de Sevilha 105, 213
Islândia 253, 265
Itália 59, 84, 96, 106s. 123, 127, 132, 134, 137, 147s., 150, 153s., 184, 197, 199, 209, 217-219, 230, 233, 242, 245, 250, 253s., 270-274, 276s., 287, 289, 299-302, 304, 308s., 313, 322, 324s., 341, 351, 355, 359s., 362, 366, 376, 379
Ivar 323s.
Ivo de Narbona 325
Ivrea 216, 272, 361

Jacó 150
Jacó denominado o Mestre (ou Padre) da Hungria 332
Jacopone de Todi 75, 214
Jacques de Vitry 150
Java 96
Jelling 220
Jerônimo 29, 113, 147, 197
Jerusalém 86s., 93, 99, 191, 205, 232, 260, 333, 335, 343, 377
Joana d'Arc 13, 25, 31
João (São) 134, 214, 293
João Crisóstomo 240
João de Montecorvino 96
João de Parma 207
João de Pian del Carpine 94s.

João Hispano 177
João Sem-Terra 297
João X 35, 271
João XI 35, 272
João XVIII 280
João XXII 277
Joaquim de Fiore 313
Jonas de Bobbio 112
Jordanes 83
Jordano de Pisa 135
Jorge (São) 92, 202
Juliano de Toledo 78
Juliano o Apóstata 77, 182
Justiniano 37, 205

Kempe, Margery 94
Khalid ibn al-Walid 322
Kiev 96
Kildare 243
Killeay 265
Kraemer, Heinrich 179
Kragelund 73
Kublai Khan 96
Kulmbach 110

La Motte St. Didier 202
Lago de Como 110
Lago Magior 410s., 291
Lamberto de Espoleto 272
Landino, Cristóforo 156
Langres 113, 225, 229

Laon 148, 303

Lapa 27, 246

Lario 133

Leão Magno 260

Lechfeld 325

Legnano 291, 304

Le Goff, Jacques 118, 155

Le Maistre, Martin 65

Leno 23, 216, 218

Leonor da Aquitânia 19, 233

Lérida 197

Lewis, Ilha de 253

Líbano 187

Licínio 286

Liebhard de Passau 132

Lilla 247

Limoux 298

Lindisfarne 265, 323

Liutprando 17s., 30, 33s., 78, 133, 322, 358

Liutprando de Cremona 35, 272, 325

Lodi 361

Lombardia 154, 237, 244s., 289, 299s., 302-304, 309s., 351, 376

Lombardo, Pedro 223

Lombers 344

Lomello 16

Londres 42, 143, 254, 373

Lorena 224

Lorenzetti, Pietro 132

Lotário (Imperador) 270

Lotário III (Imperador) 355

Lucas (São) 134, 374

421

Lucca 145, 195, 197, 290, 340, 351

Lúcio III 292, 295, 301

Lúcio Vero 146

Ludovico d'Albert 233

Ludovico o Germânico 165, 270

Ludovico o Pio 165, 273

Luís IX da França denominado o Santo 31, 128, 299, 331s., 377

Luís VI da França 203

Luís VII da França 19

Luís VIII da França 299

Lutetia 31

Luxeuil 112

Luzia (Santa) 92, 202, 250s.

Mâcon 169

Mai, Angelo 146

Maiella 279

Mainz 167, 221, 269, 379

Maiolo de Cluny 273

Malaspina, Obizzone 351

Malbork 336

Maldivas 96

Malésia 96

Malmesbury 78, 81, 370

Manfreda de Pirovano 305

Manfredo 189

Mântua 32, 130, 156, 217, 299

Manuel Comneno 104

Maomé 237, 308

Marcas 27

Marcião 283

Marco Aurélio 146, 285s.
Marcos (São) 134
Margarida da Hungria (Santa) 43
Margarida de Antioquia (Santa) 202
Margarida de Cortona (Santa) 28
Margarida de Oingt (Santa) 28
Margarida de Trento 310
Marghera 91
Maria de Champagne 22
Marmande 297
Mar Negro 95
Marósia 35, 271s.
Marrocos 136
Marselha 39, 199, 206, 322
Martinho 90, 161, 167, 245, 250, 281
Martinho IV 117
Martinho V 281
Martírio (São) 240
Masaccio 234
Mateus (São) 134, 260
Mateus de Acquasparta 234
Matfredo 307
Matilde 20, 32, 326, 354
Matilde de Canossa 13, 32, 355
Maximiano 360
Maximino o Trácio 286
Meca 94, 237
Mediterrâneo 82, 88-90, 145, 319, 323s.
Melozzo de Forli 233
Melzio o Monge 182
Mendrisio 126

Mergentheim 335
Meridião 275
Merlo, Grado Giovanni 302
Mernoc 103
Messina 206
Mestre 91
Mestre Eckhart 314
Middleton, Richard 64
Miguel Arcanjo (São) 167, 212
Miguel Escoto 178
Miguel VII Ducas 124
Milão 38s., 90, 130, 134, 146, 156, 176, 185, 240, 251, 259s., 286, 289-292, 302-304, 310, 325, 331, 337, 340, 360-362, 369
Minerve 298
Minúcio Félix, Marco 285
Módena 32, 41, 71, 133, 225, 310
Moeslund 73
Moller-Christensen, Vilhelm 195
Moncalieri 321
Monda de Ripa 310
Monneret de Villard, Hugo 133
Montanari, Massimo 107
Montano 283
Monte das Oliveiras 90
Monte Siepi 328
Montebelluna 88
Montecassino 116, 183, 262, 322
Montpellier 39, 150, 192
Montréal 298
Mont Saint-Michel 91
Montségur 299

Monza 68, 219, 300, 304
Morena, Acerbo 331, 351
Morieno 177
Morigia, Bonicontro 304
Moutiers, Mosteiro de 160
Muratori, Ludovico Antonio 140s., 290

Nantes 152, 221
Nápoles 150
Narbona 296, 325
Nazaré 93
Nazário 290
Nero 81, 286
Neuss am Rheim 268
Nevskij, Alexandr 335
Newcastle 373
Niceia 264, 285s.
Nicolau (São) 96, 250, 259, 286
Nicolau de Poggibonsi 93
Nicolau I 15
Nicolau II 290
Nicolau III 280
Nicolau IV 279
Nieder, João 231
Nilo (São) 274
Nilo 262
Nitardo 270
Nivelles 78
Nocera Umbra 216, 218
Nono, Teófanes 182
Normandia 18, 79, 91, 323, 334, 352

Nortúmbria 13, 323s.

Noruega 30, 42s., 253, 255, 323

Novacella, Abadia de 151

Novara 11, 29, 111, 218, 224, 309-311, 361

Novgorod 335

Núrcia 262, 273

Nuremberg 257

O Diácono, João 325

O Diácono, Paulo 16, 67s., 79, 139, 184, 218, 359

Odilon de Cluny 242, 246, 273

Odo de Cluny 54, 58s., 273

Oleggio 29

Øm 141, 191

Ongaresca, Via 92

Oribásio de Pérgamo 182

Orígenes 284

Orlando 328, 343

Orléans 23, 31, 139, 172, 221

Orte 271

Orvieto 137, 300, 340

Oseberg 30

Óstia 124, 272

Óton de Freising 104, 280

Óton I da Saxônia 24, 325

Óton IV de Brunswick 330

Oxford 150

Pacômio (São) 262

Pádua 142, 150, 207, 325

Paládio (São) 263

Palermo 144, 275, 378

Palestina 93

Pamir 94

Panônia 109s., 218, 320

Pantaleão (São) 202

Parenzo, Pedro 300

Parete Calva 311s.

Parini, Giuseppe 209

Paris 25, 31, 148, 150, 152, 197, 314, 332

Parma 128, 133, 207, 291, 305, 307-309

Passau 132

Patrício (São) 140, 202, 263

Paulino de Aquileia 139

Paulo (São) 48, 55, 282

Paulo de Égina 182, 184

Pavia 23, 91, 218, 322, 325, 352, 361s.

Pedro (São) 79, 90, 260, 355

Pedro de Éboli 185

Pedro de Verona (São) 300

Pedro III de Aragão 342

Pedro o Eremita 332

Pedro o Venerável 24

Pedro Valdo 300-302

Pelágio 284

Pepino de Herstal 78

Pepino o Breve 77

Pequim 96

Peredeo 110

Pérgamo 145, 182

Péricles 82

Pérsia 95, 104, 183, 283

Perth 373

Perúgia 208, 340

Petrarca, Francesco 32, 156, 246, 280

Petrônio (São) 259

Picardia 224

Pico della Mirandola, Giovanni 156

Piemonte 300

Pierre Bruegel o Velho 257

Pierre de Castelnau 295s.

Pietro de Quaregna 311

Pisa 135, 195, 211, 281, 340

Place de Grève 314

Placência 91, 128, 300, 361

Planície Padana 60, 88, 130, 289, 299, 319

Plateário, João 186

Plateário, Mateus 195s.

Plínio o Velho 86, 145, 199

Pó 32, 88

Poggibonsi 93

Poitiers 10, 20, 52

Poitou 19

Poliziano, Ângelo 156

Polo, Marco 94-96, 104

Polo, Niccolò 94-96

Polônia 335s., 379

Polônia, Bento 96

Pombia 111

Pontida 273

Pontremoli 91, 351

Poppa 18

Porete, Marguerite 313

Portus 272
Povegliano 218
Prato 62, 309
Prato Sesia 309
Prémontré 275
Presbítero de Calusco 337
Preste João 104
Prignano, Bartolomeu 280
Privernum 219
Prokof'ev, Sergej 335
Provença 35, 130, 224, 272
Prússia 335s.
Pselo, Miguel 182
Ptolomeu 85s., 177
Puglia 331

Quênia 96
Quéribus 299
Quierzy-sur-Oisne 349
Quildeberto I 77, 111

Rábano Mauro 123, 139, 191
Rabban bar Sauma 96
Radegunda 23
Raimundo Rogério de Trencavel 297
Raimundo VI de Toulouse 296
Raimundo VII de Toulouse 299
Rainaldo de Dassel 331, 351
Ratisbona 46, 331, 351
Ravena 307, 361
Razi 177

Regino de Prüm 38, 159
Régio da Emília 71
Reichenau 191
Reims 148, 191, 269
Reinardo de Baumgartenberg 131s.
Remígio de Varagine 308
Rémy, Nicolas 179
Ricardo de São Vitor 312
Ricardo I 18
Ricardo II da Inglaterra 18, 122
Richart de Montbaston 144
Rímini 277s.
Rivana 310
Roberto da Normandia 18
Roberto de Bellême 162
Roberto de Chester 177
Roberto I o Pio da França 203
Roberto II da França 19, 127, 167
Roberto o Guiscardo 292, 354
Rochester 78
Rodolfo o Glabro 10, 127, 159, 166-169, 229
Rogério de Frugardo 187, 190
Rogério I da Sicília 144, 275
Rogerius 193
Rollo 18, 323, 352
Roma 9, 14, 22s., 35, 39, 88, 90s., 94, 122, 156, 202, 210, 233s., 236, 247, 260s., 264, 271s., 280, 286, 289-292, 302, 305, 316-318, 331, 346, 351, 353, 355s., 361, 376s., 379
Romagnano Sesia 309
Romano, Matteo 25
Romans d'Isonzo 216, 218

Romédio (São) 366
Romualdo (São) 274
Romualdo de Benevento 241
Roncisvalle 269
Roscelino 148, 152
Rosmunda 11, 110
Rossano 274
Roswitha 24
Rotário 17, 22, 30, 32, 51, 58, 77, 98, 133, 138, 205, 366, 372
Rouen 78, 221
Rudel, Jaufré 19
Rugen 80
Rússia 237, 326
Rustichello 95

Sabbioneta 343
Sacchetti, Franco 124, 253
Sacconi, Rainério 300
Saint-Antoine-l'Abbaye 202
Saint-Claire-sur-Epte 353
Saint-Denis 132
Sainte-Foy, Abadia de 134
Saint-Etienne 84
Saint-Germain des-Prés, Abadia de 222
Saint-Médard, Mosteiro de 166
Saint-Michel, Abadia de 91
Salamanca 150
Salernitano, Garioponto 185
Salernitano, Nicolò 185
Salerno 57, 74, 150, 183, 185s., 191s.
Salernus 185

Salimbene de Adam 128, 306
Salomão 100, 333
San Gimignano 200
Sant'Albano Stura 218
Santa Maria ad Perticas, Igreja de 218
Santiago de Compostela 91
Santo Abão (Ilha de) 103
Santo Sepulcro, Igreja do 90
Sanvitali, Obizzo 307
São Bartolomeu de Lipari, Mosteiro de 275
São Bento em Polirone, Mosteiro de 273
São Galo, Mosteiro de 40, 322
São João das Quatro Faces, Igreja de 134
São João de Acre 100
São João do Latrão, Igreja de 272
São Lourenço de Aversa, Igreja de 126
São Miguel Arcanjo, Igreja de 167
São Miguel, Mosteiro de 274
São Pedro em Ciel d'Oro, Igreja de 322
São Vicente em Volturno, Abadia de 322
Saraj 326
Sardenha 322
Sárdica 259
Sasso, Gerardo 333
Savagno, Beltramo 305
Savoia 224
Savona 361
Savonarola, Miguel 195s.
Saxão Gramático 165, 228
Saxônia 24, 325
Schiapparelli, Luigi 143

Schönau 268

Scoringa 80

Seez 79

Segarelli, Gherardo 305s., 309

Sena 31, 200, 222, 328

Sêneca, Lúcio Anneo 86

Sérgio III 35, 271

Serperi 274

Sesia 309-311

Sétimo Severo 286

Settimania 25, 347

Sevilha 87, 105, 213, 378

Sforza, Francesco 340

Sforza, Muzio Attendolo 340

Sicília 37, 144, 178, 189, 199, 279, 322, 324, 342

Sidônio Apolinário 83, 359

Sigiprando 18

Sigisberto de Genbloux 204

Silvério 280

Silvestre II 136

Simeão (São) 261s.

Sinai 93

Síria 96, 261

Sirmione 23

Sisínio (São) 240

Skalla-Grímsson, Egill 44

Skelling Michael 265

Smithfield 373

Soissons 166, 275

Solino 105

Spencer Larsen, Clark 195

Spilamberto 41, 218

Sprenger, Jacob 179

Sprota 18

Sri Lanka 96

Stapelio, Giovanni Bodeo da 188

Sturluson, Snorri 109

Stuttgart 144

Suábia 112

Subiaco 262, 273

Suger de Saint-Denis 132

Suíça 224

Sumatra 96

Suso, Henrique 231

Tácito, Públio Cornélio 29, 76, 81, 97, 184, 316, 345

Tânger 96

Tannenberg 335

Tarento 275

Tassilão da Baviera 347

Tasso 80

Tasso, Torquato 343

Tebaida 265

Temüjin 325

Teobaldo de Boêmia 331, 351

Teodolinda 16, 68, 91, 219, 362

Teodora 35, 124, 272

Teodora Anna 124

Teodorata 18

Teodorico, rei dos godos 77, 184, 217, 219

Teodósio 258, 260

Teodulfo d'Orléans 139, 221

Teófilo de Protospatários 182

Teofrasto 188

Termini Imerese 275

Terra Santa 65, 89-91, 93s., 100, 104, 191, 202, 268, 290, 297s., 332, 384

Tertuliano 74, 283, 285

Testona 218

Teutoburgo 242, 316

Thabit 187

Thule, Ilha de 87

Jacó de Varagine 212

Tibre 39, 331

Tiepolo, Pietro 331

Tirel, Guillaume, denominado Taillevent 122

Tirol 250

Tito 377

Tjelvar 220

Toledo 40, 78s., 172, 183, 378

Tomás de Aquino 55, 64, 85, 150, 170s., 178, 223, 267, 372, 375

Tomás, Diácono 184

Tønsberg 30

Tortona 361

Toscana 35, 69, 154, 209, 268, 272

Totila 22

Toto de Campione 357

Tours 170, 192s., 332

Trajano 286

Tremona 126

Trento 207, 222, 240, 310, 366, 374

Treviso 92, 325

Trezzo sull'Adda 218

Trivero 311

Truco de Bonate 337
Tryggvason, Olafr 255
Turim 16, 29, 84, 217s., 361
Turíngia 241
Turpino de Reims 269
Turquestão 94
Turquia 379
Túscolo 270

Ubbi 323s.
Uberto, Frade 166
Úlfilas 147, 287
Ulm 64, 197
Úmbria 27
Uppsala 87
Urbano VI 281
Urbino 156, 278
Usama ibn Munquid 187
Uzbequistão 94

Val d'Ossola 309
Val d'Intelvi 133
Val de Susa 91
Vale de Non 240, 366
Val Trebbia 91
Valafrido Estrabo 191
Valdrico de Bréscia 311
Valle de Aosta 224
Vale de Rassa 311
Valenciennes 313
Val de Rendena 240

Valeriano 286

Valla, Lorenzo 156

Valle Atrogna 311

Vallombrosa 274

Vamba 78

Varmondo de Ivrea 216

Varrão 236

Vêneto 92, 154, 300

Veneza 70, 88, 91, 93-95, 100, 124, 136, 156, 207, 226, 237, 304

Ventimiglia 361

Vercelli 23, 99, 309-311, 361

Verdon, Jean 62, 247

Verona 16, 70, 110, 130, 143, 147, 259, 298-300

Vézelay 19

Viboldone 304

Vicelino 214

Vicenne 321

Vicenza 130, 299

Viena 190, 202, 287

Vincenzo de Beauvais 196

Virgílio de Salzburg 86

Virgílio de Trento 207, 240

Virgílio, Publio Marone 155s.

Vital, Orderico 162, 229

Viterbo 197

Vitige 280

Vito (São) 202, 210

Volga 96

Wace, Robert 22

Walchelin 162s.

Wallace, William 373

Warmondo 123

Wearmouth 40

Wessex 324

Westminster 20, 116

Whitby 79, 265

Widukind 287

Wiligelmo 133

Winchester 250, 269, 375

Worms 56, 114, 197, 225, 288, 292, 353s., 379

Wulferio 229

York 139, 208

Zeno (São) 259

Zerbi, Gabriele 45

ÍNDICE GERAL

Sumário, 7

Introdução, 9

1 A mulher, a criança, o ancião, 13
   Questões de múndio, 14
   Propriedade do homem, 17
   A corte de amor, 20
   Distantes do mundo, 22
   Mulheres eruditas, 24
   As santas anoréxicas, 26
   Espírito guerreiro, 28
   Fora do coro, 32
   Infância negada?, 35
   O flagelo do abandono, 37
   Crianças expostas e oblatas, 39
   Como cabra-cega..., 40
   Pequeno e indefeso?, 42
   O fim da vida, 44

2 No quarto de dormir (e não apenas), 46
   Os prazeres da vida, 46
   Amor ou sexo, 47
   Mas que pena!, 49
   Não desejar o cônjuge alheio, 50

A negação do prazer, 53
Quanto às posições, 54
E não cair em tentação, 56
Frutos do pecado, 57
Retidão e perversão, 58
Excessivamente puros, 60
Idade Média moralista?, 60
Promíscuos e felizes, 61
Mulheres de má fama, 63
Modas obscenas, 64

3 O hábito faz o monge, 66
Vestir-se na Idade Média, 66
Sempre as mesmas vestes (ou quase), 67
O fascínio das cores, 69
Primeiro, não exagere!, 71
Se queres parecer bela, 73
A maquilagem existe e é vista, 75
Questão de... cabelo!, 76
Vamos dar um corte!, 78
Boa barba não mente, 79
Ruivo de cabelo ruim, 80
Feios de dar medo, 82

4 Viajando, 85
A Terra ao centro, 85
A estrada e seus perigos, 87
Nas pegadas dos peregrinos, 90
Fugindo do (próprio) mundo, 92
Marco Polo e os outros, 94
Sistematizações precárias, 96

Albergues militares, 99
Tabernas em comum, 100
Viagens fantásticas, 102
O mundo mágico do Preste João, 104

5 Na cozinha e à mesa, 106
O bom prato, 106
As bebidas dos deuses, 109
O triunfo (?) de Bacco, 112
O alimento e a penitência, 114
A glutonaria dos conventos, 115
Comer pouco ou comer muito?, 118
A sacralidade do alimento, 119
Idade Média "condimentada", 120
As boas maneiras à mesa, 123
Fazer dieta ou viver em dieta, 124
Entre carestias terríveis, 127
...e comer até explodir, 128
Os cátaros, puros e abstêmios, 129

6 Artistas e intelectuais – escrita e invenções, 131
Não artista, mas artífice, 131
Os "mestres" de Como, 133
Um mundo de invenções, 135
A douta ignorância, 138
Santos e cultores, 139
Por fim, a conta, 142
Anotações à margem, 143
Revolução no papel, 144
Escrever e reescrever, 146
Universitas: uma cultura laica, 147

Intelectuais de profissão, 149
Divos na cátedra, 151
Mudança de perspectiva, 153
O Humanismo vence as trevas, 154
A nova expressão do ser humano, 155
Retrato do artista como indivíduo, 157

7 Medos, terrores, tabus, 158
Rosto magro, barba caprina, 159
O Bando de Hellequin, 162
A morte inquieta, 163
Fantasmas assassinos, 165
Prodígios de mau agouro, 166
Ficar sem pão, 167
Pega pestilento!, 170
Entre mil tabus, 171
O mercador? Um ladrão honesto, 173
Os poderes da alquimia, 177
Mulheres e bruxas, 178
As razões de uma caça, 179

8 A medicina medieval, 181
Bizantinos, árabes e germânicos, 182
A escola salernitana e as médicas, 185
Uma ciência sumária, 187
Médicos, curandeiros, beatos, 190
Um conceito estranho de limpeza, 196
O mistério do sabão, 199
Trocar-se é cansativo, 200
Santos e reis taumaturgos, 201
Epidemias funestas, 203

Rezar para crer, 206

O ar (pestilento) da cidade, 208

9 A morte na Idade Média, 210

A relação com os mortos, 210

O "rito" da morte, 211

Embaixo da terra, 216

Sepultados na igreja, 220

A morte dos inocentes, 222

Revenants, ou seja, os "que retornam" da morte, 225

O terror da senhora de preto, 228

Dança macabra, 230

A arte de bem morrer, 231

Inferno, purgatório e paraíso, 232

En transi, 233

10 Festas e folclore no quotidiano da Idade Média, 235

As horas do dia, 235

O calendário na Idade Média, 236

O "quebra-cabeça" pré-cristão, 237

Diálogo ou violência?, 239

Um novo sincretismo religioso, 242

Figuras no meio do caminho, 244

A era da vida, 245

Carnaval, Quaresma, Natal: entre o sagrado e o profano, 247

Jogos e brincadeiras, 251

Provas de força... nórdicas, 254

Jogos para crianças, 256

11 Na Igreja, 258

Do bispo ao papa, 258

Os monges, fora e dentro do mundo, 261

A Irlanda, uma ilha de santos, 263

A dura vida do monge, 266

Corruptos, ignorantes e guerreiros, 269

A época férrea do papado, 271

Desejo de renovação, 272

As ordens mendicantes, 276

Clara de Rímini, a apóstola, 277

Quando o papa renuncia, 278

12 Contra a Igreja: a heresia, 282

Fratelli coltelli, 282

O Concílio de Niceia, 285

Trégua armada, 287

Os patarinos, maltrapilhos (?) de Milão, 290

A heresia que vem do Leste, 293

A pureza dos cátaros, 294

Uma cruzada fratricida, 295

Os cátaros lombardos, 299

Nas pegadas de Valdésio, 300

Os humilhados e as indústrias *ante litteram*, 303

Uma boêmia em Milão, 304

Ano 1300: uma fogueira em Parma, 305

Penitenziagite!, 308

A beguina teóloga, 312

13 O ofício das armas, 315

Furor teutonicus, 315

Enquadrados na meta, 317

Armados até os dentes, 319

Questão de estribo, 320

Viquingues, húngaros e sarracenos: o terror da Europa, 321

Enlatados na sela, 326

Questão de imagem, 329

A colorida escolta do exército, 331

Monges e cavaleiros, 333

Saques, estupros e massacres, 336

O papel da infantaria, 338

Mercenários, soldados e capitães de aventura, 340

O fim de uma época, 342

14 Feudatários e servos da gleba, 344

O "primeiro entre os iguais", 344

Sistema de poder, 346

Deveres sagrados, 347

O benefício da terra, 348

De pai para filho, 349

Riscos do trabalho, 351

Questão das investiduras, 353

"Não a ti, mas a Pedro", 354

Um sistema de cortes, 355

Ligado à gleba, 357

As "cidades mortas", 359

De capitais a... sucursais, 360

A grande Milão, 361

Paisagens agrestes, 363

Os recursos do bosque, 364

Homens e lobos, 365

Sistema "bipolar", 367

15 Os excluídos, 370

Foras da lei e subversivos, 370

Os delitos e as penas, 372

    A santidade dos ladrões, 373

    O sexo à margem da sociedade, 375

    Os judeus entre um *pogrom* e outro, 377

Bibliografia essencial, 381

    Fontes, 381

    Fontes em língua italiana, 381

    Estudos, 383

Agradecimentos, 395

Índice de nomes e lugares, 397

EDITORA VOZES
Editorial

CULTURAL
- Administração
- Antropologia
- Biografias
- Comunicação
- Dinâmicas e Jogos
- Ecologia e Meio Ambiente
- Educação e Pedagogia
- Filosofia
- História
- Letras e Literatura
- Obras de referência
- Política
- Psicologia
- Saúde e Nutrição
- Serviço Social e Trabalho
- Sociologia

CATEQUÉTICO PASTORAL
Catequese
- Geral
- Crisma
- Primeira Eucaristia

Pastoral
- Geral
- Sacramental
- Familiar
- Social
- Ensino Religioso Escolar

TEOLÓGICO ESPIRITUAL
- Biografias
- Devocionários
- Espiritualidade e Mística
- Espiritualidade Mariana
- Franciscanismo
- Autoconhecimento
- Liturgia
- Obras de referência
- Sagrada Escritura e Livros Apócrifos

Teologia
- Bíblica
- Histórica
- Prática
- Sistemática

REVISTAS
- Concilium
- Estudos Bíblicos
- Grande Sinal
- REB (Revista Eclesiástica Brasileira)
- SEDOC (Serviço de Documentação)

VOZES NOBILIS
Uma linha editorial especial, com importantes autores, alto valor agregado e qualidade superior.

PRODUTOS SAZONAIS
- Folhinha do Sagrado Coração de Jesus
- Calendário de mesa do Sagrado Coração de Jesus
- Agenda do Sagrado Coração de Jesus
- Almanaque Santo Antônio
- Agendinha
- Diário Vozes
- Meditações para o dia a dia
- Encontro diário com Deus
- Guia Litúrgico

VOZES DE BOLSO
Obras clássicas de Ciências Humanas em formato de bolso.

CADASTRE-SE
www.vozes.com.br

EDITORA VOZES LTDA.
Rua Frei Luís, 100 – Centro – Cep 25689-900 – Petrópolis, RJ
Tel.: (24) 2233-9000 – Fax: (24) 2231-4676 – E-mail: vendas@vozes.com.br

UNIDADES NO BRASIL: Belo Horizonte, MG – Brasília, DF – Campinas, SP – Cuiabá, MT
Curitiba, PR – Fortaleza, CE – Goiânia, GO – Juiz de Fora, MG
Manaus, AM – Petrópolis, RJ – Porto Alegre, RS – Recife, PE – Rio de Janeiro, RJ
Salvador, BA – São Paulo, SP